黒田基樹・佐藤博信
滝川恒昭・盛本昌広 編

戰國遺文 房総編 補遺

東京堂出版

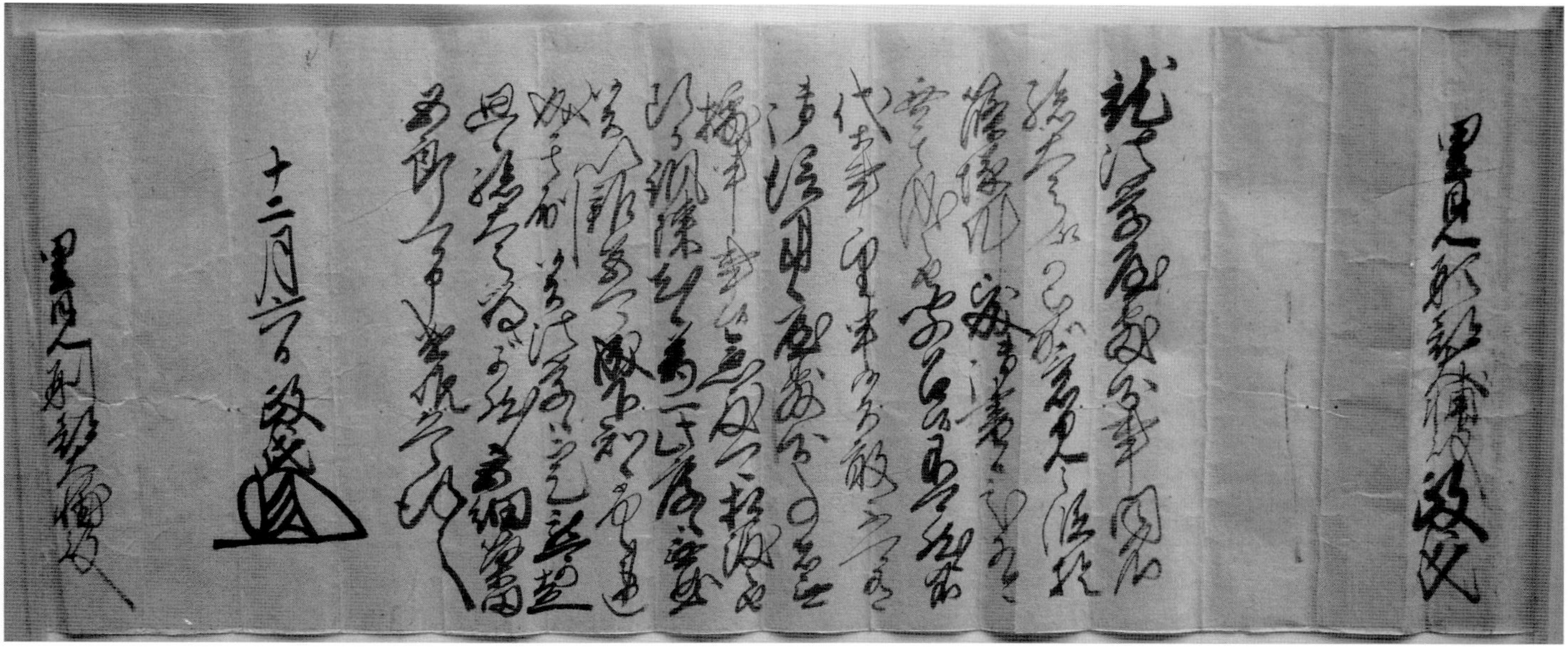

足利成氏書状（備前妙興寺文書）　本文5頁、第2749号文書

序

この『戦国遺文房総編』は当初四巻本をもって編集・刊行を終える予定であったが、その後に確認された史料も少なからずあり、索引を含めて五巻本として本巻を刊行することとなった。索引は、人名（滝川恒昭・黒田基樹担当）・地名（盛本昌広担当）・寺社名（佐藤博信担当）からなる三部構成である。

史料では、付編補遺として特に以下のものを収録した。文明年間の武蔵金沢称名寺僧と上総真里谷武田氏や木更津などとの関係を記す「鏡心日記」（付編一八）、天文年代の上総武田氏と小弓公方足利氏に関する貴重な「軍記物」である「さゝこおちのさうし」（笹子落草子）・「なかをおちのさうし」（中尾落草子）・「小弓公方様御討死軍物語」を全文収録した（付編二一・二二・二三）。特に「なかをおちのさうし」には、原本（曾存）を書写した年月日（「てんしやう十五ねんひのとのゐ十月十三日」）の識語もあり、中世末期に書写された点、史料的価値が高い。いずれも、「井上作左ェ門蔵本」を幕末の国学者色川三中が文化八年（一八一一）に「伝写」したものである。また千葉氏とその周辺に関する詳細な記録である「千学集抜粋」（付編二四）も全文収録した。妙見信仰との関係を示すものだけでなく、千葉氏の様々な軌跡を窺うことができる貴重な史料である。「千学集抜粋」自体は、従来から「金剛授寺所蔵」本

（曾存）を転写した「丙午」（寛文六年〈一六六六〉）書写の佐原清宮家本を再転写した村岡良弼本＝国立公文書館所蔵本（内閣文庫本）が『紀元二千六百年記念　房総叢書　第二巻（軍記）』一九四〇年）などに収録されて利用されてきた。本巻では、その元本となった佐原市清宮家所蔵本を翻刻した。その他、先巻で部分的に収録した「仏像伽藍記」（四六九・付編一九）などもその全体的理解が必要と考え改めて全文収録することにした。

これらの史料は、すでに「仏像伽藍記」（四六九・付編一九）は佐藤博信「上総藻原寺所蔵『仏像伽藍記』」（『千葉大学人文社会科学研究』十七号、二〇〇八年）、「鏡心日記」は盛本昌広「中世六浦の生活誌―文明十六年、称名寺僧鏡心の日記―」（『六浦文化研究』二号、一九九〇年）・『千葉県の歴史資料編中世4（県外文書1）』（千葉県、二〇〇三年）、「さゝこおちのさうし」（笹子落草子）・「なかをおちのさうし」（中尾落草子）・「小弓公方様御討死軍物語」は小笠原長和「『笹子落草子』にみる戦国の映像―上総武田氏とその内争―」（『中世房総の政治と文化』吉川弘文館、一九八五年）、「千学集抜粋」は『妙見信仰調査報告書（二）』（千葉市立郷土博物館、一九九三年）などによって全文紹介・検討されてきたが、房総戦国史上重要な史料な故により広範囲な利用を期して全文収録した。なお、口絵写真には、新出文書である（永正元年ヵ）十二月六日付里見刑部大輔宛足利政氏書状（二七四九。備前妙興寺文書）を掲載した。本文書を検討した滝川恒昭「戦国前期の房総里見氏に関する考察―新出足利政氏書状の紹介と検討を通じて―」（『鎌倉』一一九号、二〇一五年九月）も併せて参照されたい。

本巻をもって『戦国遺文房総編』は終巻となるが、都合二七八五通、付編二四通を収録することができた（なお、一八一九と二三四〇、二〇五四と二三七一は重複）。これによって房総戦国史研究→東国戦国史研究→列島戦国史研究への礎の一端となりうればと念じている。とともに様々な特色を持った房総中世史料論の検討は、東国中世史料論のための重要な礎となると同時に列島中世史料論の展開にも繫がるものと考える。それは、現在編集・刊行中の『南北朝遺文関東編』と今後編集・刊行が予定されるであろう『室町遺文関東編』（仮題）と相俟って期待が深まるところである。

ただ、この『戦国遺文房総編』は、宗教関係の聖教奥書・曼荼羅本尊・仏像胎内銘・金石文（板碑・石塔類銘文）などの全面的な収録には至らなかった。しかし、昨今のこうした文書史料以外への関心の高まりは、その関係資史料の蒐集の必要性を強く示唆している。この方面、特に金石文では、房総には長い調査・研究の歴史があり（篠崎四郎『房総金石文の研究』私家版、一九四二年。同『日本金石文の研究』柏書房、一九八〇年。『千葉縣史料金石文篇一・二・三（補遺）』千葉県、一九七五年～一九八〇年など）、それらを土台に房総関係でも全面的に編集・刊行されることが望まれる。首都圏の一角として都市化が全県的に進む千葉県におかれた状況は、まさに緊急を要する課題である。これらの作業は、たんに宗教史の分野の留まらずより総体的かつ構造的な房総史論を展開せしめる基礎的条件となるに違いない。

なお、この『戦国遺文房総編』は第一巻が二〇一〇年五月に刊行され、本五巻目が二〇一六年二月に無事刊行され終巻の運びとなった。この間、六年以上にわたって、わたしたち四人で編集を全うしえたことは、大きな喜びとするところである。またここに至る背景に第一巻の序で述べた様に『千葉縣史料』・『千葉県の歴史資料編』などの先学の史料編纂が大きな遺産として存在することを思い、改めてその学恩に対して厚く感謝する次第である。最後に千葉県文書館（旧千葉県史料研究財団）と東京堂出版編集部林謙介氏には、終始変わらぬ御配慮を頂いた。改めて記し拝謝したい。

二〇一五年十二月吉日

黒田基樹
佐藤博信（文責）
滝川恒昭
盛本昌広

目次

序
凡例
補遺（二七三九号〜二七八五号）……一
付編補遺（一八号〜二四号）……三四
索引凡例……一〇六
人名索引……一〇八
地名索引……二七四
寺社名索引……三〇三
図版……巻首

凡例

一、本書は、『戦国遺文―房総編』補遺として、補遺文書四七通・付編補遺七点および人名・地名・寺社名索引を収めた。

一、文書名には、原則として正文・案文・写などの別を示し、記録や編纂物から採録したものは写とした。

一、無年号文書のうち、年代比定可能なものは、その年代のところに挿入した。比定不可能であるが、内容・差出人・宛名・同収文書等により関連場所に適宜収めた場合は、文書名の下に※を附して、その旨を示した。

一、文書の署判については、花押は（花押）とし、姓名を（　）で傍注した。印章の場合は、その形状を示して、印文ほかの必要事項を（　）で傍注した。

一、収録文書で検討の余地があるものについては、その旨を文書末尾に○を付して注記した。

一、原文には、原則として常用漢字体もしくは正字を用い、読点「、」、並列点「・」を加え、真仮名・変体仮名は、原則として現行仮名に改めた。

一、原文の摩滅・虫損等は字数を推定して□または［　］で示し、また文書の首欠は（前欠）、尾欠は（後欠）で示した。

一、本文の異筆・追筆は、「　」、朱書は『　』で示した。原文の墨抹は▨で示し、その文字を読むことが出来たものは、文字の左側にゝを加えて、右側に書き改めた文字を加えた。

一、文字の欠落部分や誤字の場合、推定可能の時は、（　）内に編者の案を示し、当て字などを元のまま示す必要があると認めた場合は（ママ）と注した。また本文中の人名・地名・寺社名などの説明傍注も、ともに（　）内で示した。その他、編者が加えた文字や文章には、その頭に必ず○を附して、本文と区別した。

戦国遺文

房総編　補遺

○二七三九　足利成氏書状写　○正木文書

其方時宜具被申上候、簡要者一両日内在御動座、可有御勢
仕候、次於下総国市河(市川市)致合戦、悉理運之由只今注進到来、
定目出可被存候間、被仰遣候、恐々謹言、
正月廿日(康正二年)　成氏(足利)
岩松右京大夫殿(持国)

○二七四〇　足利成氏書状写　○武家事紀三四

於京都御進止者、一所不成其綺段候、諸代官存知前候、
就中足利(足利市)荘事、被下御代官、直可有御成敗候、
一、勝長寿院門主成潤事、如以前啓上、同心聞候、陣館於
移日光山(日光市)候間、意趣何事候哉由尋試候処、以罰文乍令陳
謝加敵陣候、太虚偽之至候、彼書状為御披覧写進候、
一、去年正月六日、上杉(上杉)修理大夫入道(持朝)幷憲忠被官人等、相
州島河原(平塚市)江出張間、差遣一色宮内大輔(直清)・武田右馬助入道(信長)、
討発(ママ)、多今(令)討取候了、同正月廿一日・翌日廿二日、上杉
右馬助入道(性順)・同名太夫三郎(顕房)幷長尾左衛門入道(昌賢)等、武州・
上州一揆以下同類輩、引率数万騎、武州国府(府中)辺競来間、
於高幡(日野市)・分陪河原(府中市)、両日数箇度交兵刃終日攻戦、為始上
杉両人、討取数人候、至于今残党者、束手令降参候了、
其後敗軍余党等常州小栗(筑西市)城館籠間、野州結城(結城市)御厨江進旗
差向、外様軍士数日相戦攻落候間、小山下野守(持政)館江令帰
着時節、上杉民部大輔(房定)・同兵部少輔(房顕)保具越州(ママ)・信州群(軍カ)勢、
長尾左衛門入道集調武州・上州党類、野州天命(佐野市)・只木山(足利市)
他日張陣、今川上総介(範忠)率海道諸勢相州江襲来リ、千葉介
入道常瑞(胤直)・舎弟中務入道了心(千葉賢胤)・宇都宮下野守等綱等如合
符所々江令蜂起処、千葉陸奥入道常義(康胤)父子存貞節(輝)、属味
方間、(相脱カ)副諸軍於総州多胡(多古町)・志摩(多古町)両城決雌雄、千葉介入道
兄弟・同専一(人脱)家円成(城)寺下野守(直重)一類以下千余人討取候、
余党等尚以同国市川(市川市)ニ構城郭候間、今年正月十九日不残
令討罰、然間両総州討平候了、
一、宇都宮等総(綱)事、欲加対治(退)刻、長子四郎(宇都宮明綱)召具芳賀伊賀守
幷紀・清両党令帰伏陣下、於等綱者、雖形衣頬(ママ)乞降免候

間、以慈憐儀(宥カ)寛免候、
一、山河兵部少(輔脱カ)・真壁兵部大輔構要害成敵讐間、可加討戮処、各退城内帰降候了、
一、上杉八郎・同庁鼻和六郎・同七郎(憲明)・長尾左衛門入道以下両国一揆等、武州崎西郡(加須市)ニ相集、輝玄申間、将師於差副数多兵軍、去年十二月三日・同六日致軍戦、為宗勇兵等数百人討取候了、残逆(徒)等方々皆以令馳(敗カ)走候、
一、天命(佐野市)・只木山(足利市)仁、数月令纒集敵軍等、塞用路不漏欲討留処、不遂一戦抛身於溝壑令漂没残軍等、尚武州・上州江旗於令横行候、加追討、重可致註進候処、庶幾者、速預無為御返事候者、誠以可為都鄙安泰基候、此趣具被懸尊意候者、所仰候、恐々謹言、

(康正二年)四月四日　成氏(足利)

三条殿(実雅)

○二七四一　足利成氏加判黄梅院領目録

○黄梅院文書

(足利成氏)(花押)

円覚寺黄梅院領当知行之事

上(総)州　周東郡(君津市)三直郷
武蔵州　小山田保(町田市)山碕(崎)郷四ケ村
同州　河田村(足立郡)
同州　殖竹郷(足立郡)
同州　小玉村
相州　山内荘山碕(崎)郷(鎌倉市)
同州　同所菜園屋地等

已上

享徳六年(康正三年)四月十三日

○二七四二　足利成氏加判報国寺領目録写　○相州文書所収鎌倉郡報国寺文書

（花押）（足利成氏）

報国寺領当知行之地

一、武州小山田保（町田市）下矢部郷真光寺

一、相州山内荘秋庭郷之内那瀬村（横浜市戸塚区）

開山塔

休耕庵領当知行

一、相州深沢内常葉村（鎌倉市）

一、同国七沢（厚木市）之内半在家、小野（同上）内半在家、舟子（同上）内半在家

報国寺領当乱来不知行

一、上総国山辺保内田馬郷（東金市）

休耕庵領当乱来不知行

一、武州崎西郡（加須市）柏間本郷

一、上野国二宮之内蛙（蛭）沼（前橋市）

一、常陸国信太荘青谷（阿見町）

一、相州一宮（寒川町）之内北殿分

享徳廿六年（文明九年）九月十日

○二七四三　太田資忠書状　○黄梅院文書

「（封紙ウハ書）
謹上　黄梅院（鎌倉市）　図書助資忠」

太田

就去十日於境根（柏市）合戦、預尊札候、誠畏悦之至候、如今御方何も無相違、凶軍数百人被討補（捕）候段、併可属世上御静謐時節出来候歟、委曲帰国之時可申述候、恐々敬白、

十二月（文明十年）十七日　図書助（太田）資忠（花押）

謹上　黄梅院

○二七四四　足利成氏感状写　○石塚文書

去九月廿八日、於長南（長南町）城責之時、致忠節之条、神妙也、弥可抽戦功之条（状）如件、

文明十五年十月十五日

（花押）（足利成氏）

綿延（渡辺）縫殿助殿

○本文書は、なお検討を要する。

○二七四五　造網三所大明神社造営棟札銘写　○三柱神社文書

奉三所大明神重造営事、

大檀那武田八郎氏信正年十一歳

土屋上野入道正安信遠

本願檀那長尾主計入道了本吉成

長尾宮房丸正（生）年十五歳

円蔵房大和律師

長尾助二郎　　同太郎左衛門尉

同八郎左衛門尉　同七郎左衛門尉

当郷代官土屋熊太郎丸正（生）年七歳

大工佐貫（富津市）郷内定林入道

文明十七歳乙巳九月十日

○二七四六　日泰曼荼羅本尊　○板倉家文書

酒井清伝入道授之

大持国天主　大広目天

天照大神

天台大師

鬼子母神

南無無辺行菩薩幷文殊菩薩　第六天

南無上行菩薩

南無

南無妙法蓮華経　日泰（花押）

南無

南無浄行菩薩　八幡大菩薩

南無安立行菩薩　大増長天

明応二年

二月十一日

○本資料は、なお検討を要する。

○二七四七　千葉胤将判物写　○旧妙見寺文書

千葉介御宿坊任代々例御庵室相定処也、雖然今度先祖系図
高野山登□　□、於向後不可有相違者也、仍而一札之
旨、如件、

延徳弐年八月日　平（千葉）胤将在判

高野山蓮花谷
御庵室

○二七四八　日泰一辺首題　○本寿寺文書

酒井小右衛門尉
南無□□□□　大目天王
南無妙法蓮華経　日泰（花押）
南無釈迦□　大目天王　日什末流
明応九年十月　日

○本資料は、なお検討を要する。

○二七四九　足利政氏書状　○備前妙興寺文書

（封紙ウハ書）「里見刑部大輔殿　（足利）政氏」
（端裏）「（切封墨引）」

就法学屋敷分事、同名孫太郎江可被加意見之段、於篠塚（佐倉市）陣
被成御書候処、于今無其儀候由、聞召候、不可然候、名代
等事望申候者、敢不可有御信用候、屋敷分之事者、無拠申
事候、急度可相渡之由、断而諷（諫）陳尤候、万一此度も無曲候
者、以雑色可成下知候、尚々速成其刷候者、法学も定懇可
走廻候、孫太郎為ニ可然候、委細簗田五郎可申遣候、恐々
謹言、

（永正元年カ）十二月六日　政氏（花押）

里見刑部大輔殿

○二七五〇　善勝寺鐘銘写　○土気古城再興伝来記

元亨四年甲子二月晦日
極楽法寺住持沙門領忍謹誌

願主　性一
蓮　忍（以下不明）
結明阿（以下不明）
永正三年丙刁（寅）十一月三日
善生寺　日光時代
大工　清原国宗
大檀那酒井小太郎定隆敬白

○本資料は、なお検討を要する。

二七五一　広橋守光奉書　○守光公記永正九年閏四月二十一日条

禁裏御料所渋河・畔蒜（木更津市など）等事、近年無音、無覚束思食候、堅被仰付運上候ハヽ、可喜□□由、内々被仰下候、委細者彼僧（宗長）可申候、恐惶謹言、

（永正九年）後四月廿一日　守□□（広橋守光）

鎌倉殿（足利政氏）

二七五二　某書状　○日向定善寺文書

（端裏書）「□（上）□人定ノ事」

（永正十一年）永正年甲戌三月比、日要上人、惣而日向国門中、別而本永寺日杲・財（光寺）□□日妙被仰下御状々（云カ）、妙本寺住地可被定（持）云々、
九州衆云
○且者冥慮難計、且者当国（日向）為面目、其後従本山（妙本寺）、重而使僧本明房境（堺）まて下、自和泉式部卿被下也、去程ニ当国門徒同十二年乙亥三月、於財光寺被遂談合、以○両使申被上候、仍
日妙代官蓮能房日信○中将□日含、日杲御代官（如カ）
此両使同年七月「十」（「八」の字の上に重ね書き）日立当国、同年■（十）月神無七日富山（小泉久遠寺）参着ス、此由申達シテ日継上人仰ニ房州ノ■（銀）金銀難出由蒙仰間、此両使駿州ヲ同月九日ニ立テ○房州　同月十六日　石塚之御影御座ス所ニ参着ス、サテ衆檀談話有テ、○妙本寺　僧衆檀方ヨリ又以両使迎被進畢、仍日継上人同年霜月七日妙本寺ニ御下アル也此末ニ、未聞也
従当国両使ヲ被登候、用途ハ両人ニ十貫也、境（堺）ノ式部卿ニ従衆中二貫、日杲・日妙ハ不被進候、

（後欠）

○二七五三　金剛地熊野神社縁起写　○金剛地熊野神社蔵

奉造建　御神体　　酒井惣四郎昌敏

大永六年丙戌九月二十六日　則台座の板に書付有之

「大永六年より延宝四年まで百五十二年なり」

○二七五四　日曦書状※　○備前本蓮寺文書

尚々、
書状給候
彼方
候之由

御状委細披見申候、長々其方ニ御逗留候、御身労令察候、
弘通之御志難有存候、為御上洛之駿州府中（静岡市）迄御出候之処、
日敬并酒井宗四郎（昌敏）と抑留候之間、御逗留承候、近比之御面
目之至候、改一品二半之宗旨被令八品所顕宗旨候事、門徒
之御忠節無比類存候、此旨本尊御影へ申上候を致祈念候、
弥可有御弘通事、肝要候、恐々謹言、

七月廿四日　　日曦（花押）

慶住坊
御返事

○前号文書酒井惣四郎（宗）に併せて載せる。

○二七五五　録内御書奥書　○平賀本土寺文書

右、此御抄者、下総国風早荘勝鹿郡平賀郷（松戸市）長谷山本土寺常
住物也、以日意御本書写之、筆者勝妙坊日信、為逆修奉写
之、大旦那原光信子息肥前守為祈禱也云々、於小西（大網白里町）正法寺
集之、

大永七年丁亥五月十二日

本土寺日遊（花押）

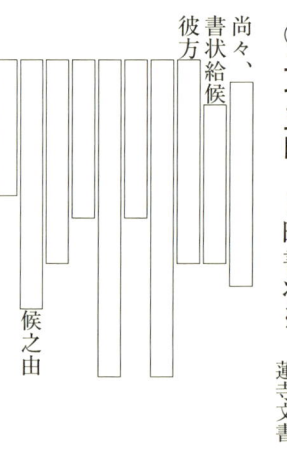

○二七五六　千葉勝胤・昌胤連署定書写　○旧妙見寺文書

定

一、当寺境内諸社・御神領御建立以後、守護不入之旨、平(千葉)常胤永之間、胤将(千葉)代任往古之例、永守護不入之証文被致神納、諸役・諸沙汰住持可為下知、仍而守護検断壱人外前ゟ不可入候、若有神敵之人而不入越破者、蒙妙見大菩薩之御罰子孫永可断絶者也、為後世如件、

享禄二年三月日

(千葉)勝胤判

(千葉)昌胤判

○本文書は、なお検討を要する。

○二七五七　妙浄寺棟札銘　○中島妙浄寺蔵

(表)

聖主天中天　迦陵頻伽声　右彼御堂建立

大持国天王　大広目天王　本願主　真如坊

南無無辺行菩薩　大日天王

南無上行菩薩　鬼子母神　天照大神　日従誌敬白

南無多宝如来

南無妙法蓮華経　南無日蓮大聖人　日向聖人　日泰（花押）

南無釈迦牟尼仏

□□皆是神有

南無妙行菩薩　十羅　八幡大菩薩　代々先師等
南無□立行菩薩　大月天大増長天王　祈願意□□満足　敬
大毘沙門天王　棟□之旨如件　白
我此□安穏　天人常充満
上総国周東郡末□（利カ）郷内竹際村（君津市カ）
妙浄寺建立事享禄第二天己巳
六月五日柱立同八日棟上同四年辛卯
三月十八日堂供養之儀令成就
助成合力衆　真如□□□
宰相阿日満　石川図書助　泰真妙真尼□
桜井越後守　高信助　大沼四郎衛門　五位母妙延
石川七郎左衛門　西女工
大工　三郎右衛門　酒屋　鈴木源右衛門

（裏）
若有聞法者
無一不成仏
唯我一人
能為収護
現世安穏
後生善処

(表面)

○二七五八　新蔵寺旧蔵棟札銘　○鴨川市郷土資料館蔵

(シリー)　聖主天中天　迦陵頻伽声　牌文師文殊師利菩薩　大旦那当庄当目代正木大膳太夫平通綱
大工肥後守　小工六郎左衛門　平三郎
新三郎

(キリーク)　神河山新蔵寺　惣戒師釈迦牟尼如来　証誠大梵天王　別当大行事順永僧都　河俣新六綱忠　兵衛三郎
鍛冶緒形加賀守　隼人佑

(ボローン)　哀愍衆生者　我等今敬礼　戒行事普賢菩薩　本願順永上人　脇本願[ ]尉
□□(享禄)三□□十月廿四日辰□(寅カ)□　磯[ ]

(裏面)

勝福寺　宥□　勝琳坊　妙仙　源心　妙仲　太郎右衛門　彦太郎　源右衛門　平五郎　山口妙永　□□
庵　道□
源意律師　源□律師　忠雄　中納言　菖蒲女　秋□
執翰法眼道雄（花押）
成就院道雄　西光坊　三郎右衛門　太郎右衛門尉　永仙　妙西　妙仙　妙□
慶伝律師

○二七五九　某書状　〇安房妙本寺文書

追而申上候、三人登山衆無何事下向被申候、就中墨十三丁被下候、如御意、学文者幷ニ我々三人迄モ一丁宛頂戴申候、返而科ゟ奉蒙計ニ候、悉寵と申候、文体モ申候、其只非一御座候、一偏ニ御免許奉仰候、
謹言上令申候、抑妙・久両御本山共ニ御繁栄、偏ニ広布之様ニ承及、三世之御満足是ニ不過間敷、各々目出度奉存候、
一、久遠寺守護不入ニ被達仰候、是亦偏ニ目（日目）上之御再来と奉存候、随而先代之文証、大石別当職在小泉（富士宮市）ニ之由、懇ニ被達公聞候、書出等悉御下候ゟ拝見申、奉驚耳目候、
一、久遠寺就御造営、御堂作等其外世出法具・世具等迄過分御造作前代未聞、　日我上人様智福御円満、頗権者之御振舞、末法愚迷之灯明に而御座候、御頼母敷御事ニ候、
一、久遠寺御堂御勧進之事、今程者難成御座可有歟、重而日寿と御評判専一候、将亦臼杵衆二人歟三人歟参詣候、権実雑乱人々名乗等御取返肝要ニ候、
一、兵部卿（日義）之事、久住者と申、鈴木殿大旦那と申、御代官御意尤ニ御座候歟、猶々連々御司（指）南所仰候、
一、妙本寺無為、殊ニ御弓箭静謐目出度御事ニ候、
一、就此国（日向）之法難仰被下子細、先以御遠慮可有歟、可然砌ニ者、重而従此国可申上候、左様之比御調法可被成歟、
一、本門寺和談何事茂可為等輩之由被仰候、已前　日継上人・日国上人之御代に茂此之御（御）
（後欠）

○二七六〇　法華三部経奥書　〇筑前妙安寺蔵

（観普賢経）
「
小湊第十八祖　可観院
日延（花押）
今ハ筑前香正寺之什物也
関東　下総　香取郡千田荘中村郷（多古町）之学室ニテ買求也（スリ消し）
」

当檀那胤吉

于時天文十一年壬寅七月十五日

下総之中村之檀（談）所ニテ我等若年之
皆此御経金一両ニテ我等かい（買）申候
筑前香正寺
日延（花押）」（スリ消し）
当檀那胤□（吉カ）
諸罪消滅

（無量義経）「
于時
天文十八年己酉大才八月十八日
申剋奉書之

「此点付事此経出来已後一百年シテ台雄可観院日延示之」

○二七六一　日我久遠寺置文　○安房妙本寺文書

（端裏書）「久遠寺置文　日我」

定

一、久遠寺之事、従　日郷上人已来及代々而、本血脈之上人者、妙本寺ニ居住有之、仍日伝上人牛王丸童体之時、有上人職頂戴而、御老体之後、本血脈者侍従阿闍梨日周ニ御相続、富士之代官職者、日宣・日崇及両代而被仰付、加之後代者可随時宜与置状有之、是則妙本寺之上人之御筆跡也、於末代従妙本寺可被申付事治定也、既日周上人之御代茂従妙本寺被相抱事必然也、大石寺日時之状等可思之、其以後日永上人九州江御下之状、其外椌字之御本尊寄進之由来等、剰日安・日継茂因位之時者、久遠寺之代官職被勤之、出世之日者妙本寺之上人職、各存知之処也、然ぉ近代構己儀（義、以下同じ）莵角之子細雖有之、遠者日[redacted]（要）〔安〕・日継之御代、近者日我代に、任上代以来之例証、富士久遠寺者可為代官分之旨所定実正也、於後代若引近代之非例違乱之輩有之者、可為大謗法、東西之門徒等僉儀而、可有追脚(却)門家者也、
一、天文六年丁酉富士殿謀叛之時、日是有同心而還俗之後、久遠寺御堂・客殿等焼亡、世出悉破滅及数年而、御尊□(形)御牢屈之後、日我加内意、尊形本地に御帰座、学乗坊日和切払地形番役被勤之、僧衆少々還住、旦那大体本覆、因茲同十四年乙巳兵部阿闍梨日義、代官分に申付、同十五年丙午日我遂登山、至于翌年之春住山之内府入造営、法具・世具如形為付置之、椌字之御本□(尊)等者、佐野平右衛門尉替身命財警固申、日我に被渡之、如元久遠寺に安置之、同十八年己酉日我為願主御堂造営之、仍真俗之再興日我所尽厳□(密)也、殊先代国主・目代等之判形数十通所持之、当日亦有□□(子細)而義元(今川)江守護不入之判形令競望之、為末代之証跡久遠寺日我上人与宛所在之、於未来従妙本寺富士之代官等可定之事歴然也、後日之衆旦可被存此旨者也、
一、従上代妙本寺・久遠寺両寺お一人而被相抱上人者、妙本寺に居住、久遠寺者当其時而代官所也、然者日宣・日崇者以日伝・日周之御下知在住、日安者以日永之御儀在住、日院者以日安之御意被住、日進茂以日安之御意住、日継者以日要之御意居住、日忠者以日継之御意住、日是亦以日継之御意住、当時日義者以日我儀在住、先代以来於代官所無疑者也、然間、寺者久遠寺雖為本寺、本住持者妙本寺之上人也、依之両寺一寺之契約也、随而両寺之本血脈者、日蓮・日興・日目・日郷・日伝・日周・日祐・日永・日安・日信・日要・日清・日継・日我与可次第、於久遠寺毎月之御勤御茶日々之香花可被捧之、御影供之事者、蓮・興・目・郷・伝・周六膳、自余者以御鉢可然歟、但可随時宜、久遠寺代官職之次第者、日宣・日崇・日院・日進・日忠・日義与可次第、是亦被尽行体勤仕之間、於久遠寺者勤行香花等可有之、御台者可為鉢之飯、於自余之寺々者任其人之志者也、日安・日継等□(因)位

之時、代官分雖被勤之、被備本血脈之筋、幸於久遠寺勤行香花等被供之上者、別図之次第不可有之、其上前代日周平僧之御時者、富士之代官職被勤之、従日伝妙本寺之本血脈御相続之日、久遠寺之代官職お者日宣に被仰付畢、(日伝)□□之御筆跡于今在之、若然者日周お茂富士之小筋可被係之哉、若又以住山之儀其沙汰有之者、日要・日我等茂可為其内乎、両条共不叶相道理者也、殊日是之事依為大謗法之悪人、物血脈之事者不及沙汰、代官職之次第お茂除之上者、彼代之己儀一向不可用之、所詮妙本寺・久遠寺両寺之本血脈者、唯一筋可有之者也、久遠寺者代官職之小筋也、然者自余之末寺等之血脈に不可相似之間、代官次第之時者雖記置之、因分果位・小筋大筋等能々可有分別也、東西本末一同之本血脈者、妙本寺に在之、兼又広宣流布之日者、権者可有出現之間、日目御門流正嫡血脈之上人在住之戒壇者可任其時、当日愚昧之身而諍論無益也、仍門家之衆徒可被守此趣者也、

一、久遠寺代官職被勤之方、或被名乗日文字、或住持与可被呼之、任先規上人号之事者内外曽不可有之、判形之本尊是亦一向不可有之、書写之与可有之、房州・九州之僧且に不可被書与之、於其国者競望之人有之者、上人之代官而可被書之、諸事雖有文証・現証、近代之非例不可用之、於自今以後妙本寺之上人者、雖為無能無智之若輩、不論有智高徳、久遠寺代官分之方、守本血脈之正理、任代々上人之掟、往信心志而、不可被成軽賤憎嫉之思者也、

一、化儀法体共任代々之遺誡、一信二行三学之志可為肝心、就中如日要・日継之時代可有之、他門他寺之例証者、雖叶道理不可用之、雖不知道理之旨、至明聖先師之掟者、可有信用之、殊構新儀破先規事一切不可有之、

一、久遠寺之衆中日文字等之事、上人江無披露不可有頂戴之、付衆分僧形之嗜之事、先聖之誡与謂当代之諫与謂、堅可被守之、於自今以後乱行放逸之輩有之者、寺旦加呵嘖不信用之者、於其上可有其沙汰者也、

一、西国之登山衆徒久遠寺致下向輩有之者、不可有許容、妙本寺江無参詣而不叶事也、日永上人之御代此沙汰畢、

日是代之事不足信用、若有子細而従富士下向之方者、可仰上人之下知也、然者登山之方糺其子細、可被為連経入堂者也、

一、東国之衆徒久遠寺江無登山者、自今以後袈裟赦免之儀不可有之、若有子細而於不参之輩者、上人之一行可有之、付僧俗共妙本寺之引付無之者、不可有許容者也、

一、東西仏法談合之日、妙本寺之上人幷衆徒中江無披露而、西国方江或遺書状、或以口上不可被申越、久遠寺・妙本寺両山談合之後、可有披露也、

一、本門寺（重須）与久遠寺和談之日者、対座同輩之所礼也、於本門寺者勤行者彼住持被始之、盃者此方之住持初之、於久遠寺者行事者此方之住持始之、觴者本門寺之住持被初之、日浄・日安之御代、其以後日継・日国之御代、天文年中日耀・日我之代、古今之例如斯、彼日妙之筋目、此日目之正嫡、互本末之沙汰不可有之、後代共以可為如斯、若又此方之上人房州住国之日者、久遠寺之代官分之人、本門寺之上人与可為同輩之所礼、依為此方之上人之代官也、

一、御堂之事、日我幷兵部阿闍梨日義、久遠寺・妙本寺之衆旦学頭坊日寿幷僧衆、妙秀寺日源等造営物合力也、法泉坊日鎮・増円房日提（異筆）「提」別而之執持也、至行体者久遠寺之衆旦、房州之僧衆二十人、筑紫衆四人内外之走回（廻）也、大蔵卿日常者為供物之調和泉堺遣也、妙本寺之所化衆等者、於房州勧進以下之取持也、今度御堂供養而総・房両国之衆旦勧之、大進公（日仁）為使僧送之、戸板以下之造作等之事者、其寺家与旦方中連々可有談合也、日我苟世出不如意而府入其外大途之造営等走廻事、偏日義阿闍梨無退屈可有堪忍歎之心底故也、然間自今以後上表之儀不可相叶、造作苦労者雖為勿論、本末長久之奉公、自他成仏之為素懐之間、以信心志可有住持也、然者世出共少々雖有不儀不足、法命大切之間、衆旦可被許之、但寺家衰微之所行、自身無道之振舞有之者、衆旦以志堅可有其意見也、若又於被背妙本寺之上人者、衆旦不可被為一味、従此方可加下知者也、次又小節之造営草屋等之再興、法具・世具以下之嗜等者、其国之寺旦可在執持者也、東西之馮不可有之、

其故者九州・和泉堺等及大破当寺亦世出不弁、殊御堂・客殿依無之、衆旦共念願之間、於後々年者御堂之柱取等有度之由、各所存也、然間其寺之御堂垂木以上之事者、先以五六年之内者可難成、諸事其分別可有之、一向非可捨置申、東西之登山衆涯分連々可勧之、其寺之衆旦弥被励信心志、寺家無大破之様可有警固也、蓋一々之条数不可有違背、於中古近代菟角之儀雖有之、於偏屈之執情可被存此趣、殊任代々之内証守正信正理而記置之事、敢為不可招後代之乱也、仍置状如件、

天文十八年己酉十一月十六日　妙本寺当住　日我（花押）

駿河国富士久遠寺置文　当代官　日義阿闍梨

○二七六二　稲荷大明神社造営棟札写　○千葉県文書館所蔵神保家文書

氏神棟札控

天下泰平　小河山城守藤原吉広

吐普加身依身多女

奉造立稲荷大明神社一宇成就処

寒言神尊利根陀見

国土安穏　小堤村願主　神保大内蔵

（裏面写）

天文廿年辛亥卯月七日

于時寛保元辛酉九月十五日　古棟札写

○二七六三　日輪曼荼羅本尊裏書　○池上本門寺蔵

此日輪聖人之御筆下希有也、池上（大田区）ニ（本門寺）大小三幅、比企谷（鎌倉市）（妙本寺）ニ三幅、京本覚寺（京都市）ニ一幅、常陸国築地妙光寺（潮来市）ニ一幅、四天ハ尉○大蔵筆之絵像、武州神奈河（横浜市神奈川区）浄滝寺ニ一幅、上総国伊北之庄（いすみ市）光福寺ニ一幅已上、都鄙ニ此御本尊迄十一幅也、末代尚以可為難得、然処堺妙法寺仏寿坊永全関東十二年学問之時、房州法談一座

小湊（鴨川市）誕生寺へ参詣之次、上総池上・比企谷両山之諸末寺数ケ所歴覧之時、説法卅八日勤事、光福寺当坊主光寿院日精、此輪師之御筆下弐幅所持之内ヲ難去致所望、於池上奉表補絵者也、

天文廿二年癸丑七月五日　　法印日現（花押）

○二七六四　簗田家譜奥書写　○静嘉堂文庫所蔵

大永四年

両老人申

（中略）

酒井常陸入道

松友軒月庵道周

横田下総入道

帰伏斎忠山道孝

于時天文廿四年乙卯林鐘（六月）三日

喜運斎書之

○二七六五　飯香岡八幡神社大般若経奥書　○飯香岡八幡神社旧蔵

（巻二九六）

総州太守原式部大夫平□□（胤清）

為子孫繁栄也　　主建清（保生庵）

○原胤清の没年、弘治二年二月十二日に併せて載せる。

○二七六六　雲版銘　○陽泰寺蔵

本国下総州相馬郡「豆州」（追刻）

法雲山吉祥禅寺打板「中島郷」（追刻）（伊豆の国市）

「永禄第六癸亥八月吉日」（追刻）

「奉納　宝泉寺常住（追刻）

応永七　三月廿日「斎藤」（追刻）

旦那沙弥祐寿「大工」（追刻）

施主檀那高橋妙経敬白」

住持比丘周健誌之、

○二七六七　日現書状　○中村妙興寺文書

尚々、□

法難之事、旧六月廿四日始候而九月十三日迄、既ニ及百日、
自他論諍東八州不及申、京都辺迄無其隠候義、是非不被及、
脚力無音何事ニ候哉、且者一宗之滅却不歎、且者一門之滅
亡不尋候条、言語道断之至無是非候、乍去佐倉屋形(千葉胤富)　御懇
望附而常寂院還住当月十三日、乍恐　日現一人功を成候義、
氏政(北条)様迄可聞召候、八月十二日両酒井(酒井胤治・胤敏)より披露被申候キ、
一途存切候得共、相・甲御動之砌、大切と存候故、一旦者
属無事候、然者、学陽坊・光明寺我儘ニ致候条、度々大行
律師被申越候、何事ニて候哉、誰人ニ彼寺をハ相続申候哉、
聞届可被申越候、背法則乱古例輩者、破和合僧之重罪仏家
御禁断各々覚悟前ニ候、方々自他之嘲失面目候、光明寺我
物之義必然候者、衆義可令停止候、爰元聞届候而可承候、
急便候者、早々、恐々謹言、
(永禄六年)九月廿五日　日現（花押）
金光律師
玉印
刑部卿

追而□
過歳大行律師等閑候て
□□候、□□□加ハ
□意不可然候、尚々、□□
□五ヶ寺全□□之時静謐候、□錯
乱為成□

○二七六八　北条氏康・氏政連署書状写　○大阪狭山市教育委員会所蔵江馬文書

八日一戦勝利注進之間、則従仕場(ママ)遣之、今度□前代未聞之
儀候、最前敵退由申来を勝利存、先衆車(ママ)次々之瀬を取越候、

敵者大将里見義広(弘)為始安房・上総・岩付勢、鴻台(市川市)拾五町之内備相手候、此有無不知遠山(綱景)以下聊爾ニ鴻台上候処ニ、敵一銘押掛候間、於坂半分崩、丹波守(遠山綱景・隼人佑)父子・富永(康景)其外雑兵五十被討候、能時分ニ氏政(北条)簱本備寄候間、則押返、敵共討捕候、切所候故、氏康(北条)簱本者不知彼是非候、既先勢如此仕様、相続行兼術無了簡候処、跡者召集鍛直、無二一戦令落着、従鴻台三里下へ打廻候、敵も添而備寄候間、及西刻遂一戦、則伐勝候、正木弾正・次男(ママ)里見民部・同兵部少輔・荒(薦)野神五郎・加藤・長南・多賀蔵人を為始弐千余人討取候、太田美濃(資正)も深手負下総筋へ逃延候、此衆太田下総・常岡・半屋を為始悉討取候、雖義広討死候由候、其頸未見来候、椎津・村上両城自落之由申来候、源蔵(北条氏照)・左太(北条綱成・康成)父子・左馬(松田介(憲秀)乍常兼粉骨候、新太郎(北条氏邦)事、能時分従川越走着走廻候、此度之軍始中終両簱本を以切留候、此上者向小田喜(大多喜町)・左貫(富津市)可相動之条、先今度者可治馬覚悟候、謹言、

正月八日(永禄七年)　　氏政

氏康

幻庵(北条宗哲)

松田尾張守(盛秀)殿

石堂(巻)下野守(家貞)殿

○本文書は、なお検討を要する。

○二七六九　上杉輝虎書状写　○三州寺社古文書三

彼飛脚とく(疾)ニも可返候へ共、爰元様見届させ可越ためとめ置候、然者爰元様和田(高崎市)少地ニ候得共、晴信(武田)年(念)を入いかにも堅固ニしらわれ候間、落居さうなくつき堅候、併馬を為寄候上者善悪ニ不及候間、無二ニせめへきそうふ(ん)にて、当月七日より取詰候へ共、れいしき国衆油断之様候つる間、越後之者共直ニ召連、惣体白井(長尾憲景)安内(案)者にて、去一日ハとり入候、北条(高広)・箕輪(長野氏業)・横瀬(成繁)を始いつれの国衆もとはかり候しを、一つも取へす候へ共、涯分かせき、そうしや(長尾景健)・白井・越後衆者くるハにそのまゝのほりつめ置候、けつくよのてよりハてをいもこれなく候、うちのまるとはり(戸張)へは五間とハ申渡候へ共、十間のうちにて候、そこもとへも直ニ

こへ見つかり候間、いまゝてハ志内口よりハてき（敵）まへちかく候、又人数も味方者大くんニ候か、少地とハ中なからまへ五返に取まき候へ共、うつの宮（広綱）・佐竹（義昭）・あしかゝ（長尾景長）衆者ひきはなし陣取ニとんしやくなくおき候間、人数にふそくハこれなく候、併めい地にて候間、ほとのひ候てにん数すき候ハん時、両持の後詰あつてよこあい（横合）きうちのところをは、しられす候、ちやく（若輩）はいなから身のうへもののふんハ、人数只今の分ニ候ハ、後詰ハいかんあるましく候や、又両持後詰すくにおゐてハ国衆の事ハ佐・宮を始弓矢かいなくわたられ候間、越後衆計ニていくさ（戦）ハかないかたく候、房州（里見義弘）・太田（資正）いくさにまけ候時よりも、たゝいまハきうくつなんきニ候、とかくにこのたひハかた〳〵にあふへき事いかんあるへく候やと、心ほそく候間、はやくはりをやるへきために、一昨夜いちはんやりをとり、へいきハまてこへ候て、見かくしをゆわせ候へ者、めのまへの者ともハはらをたて候てうたてしかり候、これ又よきなく候へ共、さゆうになくゆたん候へ者ことのひ候てきうしくちおしく候間、さてセいを入候、こさいかのきやくりきけんぶん、こさいにおよハす候、謹言、

かいほつ又ろう人衆のうちに一両人ておい候、させるきなくうすてニ候、返々いつもよりかへりたく候間、このたひハおつとあるへく候やと心ほそく候、

（永禄七年）三月十三日　　虎（上杉輝虎）（花押）

金津新右兵衛尉殿
吉江中務少輔（忠景）殿
本庄美作守（実仍）殿

○二七七〇　酒井胤敏カ官途状写　○山本文書

官途事、成之候、謹言、

永禄八年
四月十六日　　胤敏（カ）（花押）

山本内蔵之介殿

〇二七七一　結城晴朝感状写　〇北条氏歴代朱印・花押写

此度於総州臼井《(佐倉市)》之地動、神妙候也、

三月廿四日《(永禄九年)》　（花押）《(結城晴朝)》

中山右京亮とのへ

〇二七七二　北条氏政書状　〇『思文閣古書資料目録』二一四号

如来意年甫之吉事、不可有尽期候、殊白鳥給候、珍重候、仍太刀一腰進之、表祝儀計候、恐々謹言、

正月十五日《(永禄十年)》　平氏政《(北条)》（花押）

謹上　原十郎殿《(胤栄)》

〇二七七三　日蓮消息裏書　〇本寿寺文書

大檀那酒井左衛門二郎康治

三行

奉寄進御消息

時代本寿寺日盛（花押）

（至貞享五年戊辰百二十一年

永禄十一年戊辰三月廿八日

〇二七七四　里見義堯室追善記識語　〇安房妙本寺蔵

里見義堯公ノ御台所江御追善

奉読集巻置御文之事、

房州御屋形里見義堯ノ御台所、永禄十一年戊辰八月朔日、一番鶏ニ二番鶏之間ニ御逝去、積年五拾五才、爰妙本寺日我三十余年蒙御緒志御重恩、其内御文天文廿二年七月廿三《(十カ)》夜、金谷実城《(富津市)》ニテ悉焼失、其以来十五六年之御文有も、其中□《(三)》も十通余、九州下向之時所持之而諸大名之女中方ニ進之、于今相残処之御文、集置申分ニ裏ヲ打、奉納妙本寺処也、裏書・詩歌・長詞・説法等書之、

日我敬白

（後略）

○二七七五　酒井政辰カ元服状　○山本文書

元服
（元亀四年）十二月吉日政辰（ママ）（花押）
山本彦三郎殿

○二七七六　小神野唯勝印可状　○福岡市博物館所蔵文書

（朱印）右兵法之儀、累年御鍛錬、就中拙夫、自播磨守所相伝仕候分、不残懸御目候、就之、此度印可之義、被仰出候、若輩与申、雖見慮千万ニ奉存候、依難背貴意、捧印可状候、如此之上者、自然不顧恐、相伝仕度由、申上仁至于有之ニ者、毎度被為誓詞候而、無御機（気）遣可被為相伝候、為後日印可之状如件、
（異筆）「天正二年甲戌」
八月十一日
小神野与兵衛
唯勝（花押）（朱印）（朱印）
香取大明神

○二七七七　日耀弔文　○本寿寺文書

（後筆）「土（千葉市）気城寺第七世」
本寿寺常住　日耀（花押）
為妙修霊位菩提也、
天正第二年甲戌十月十日

○二七七八　北条氏政書状　○寿命院所蔵文書

其以来無音之間、令啓候、抑度々於其表敵被討捕、手堅被及防戦候、戦功不浅次第候、将又東敵東口へ打出由候間、則武州・下総之者共申付、指向候、定敵敗北程有間敷候、就中上州口へ甲州衆可越山由、雖注進候、実説于今無之候、至于事実者、早々可遂出馬候間、其口弥堅固之備、可為肝要候、将又両種、江川一荷進之候、猶安房守（北条氏邦）可申越候、恐々謹言、
（天正九年）五月七日　（北条）氏政（花押）
長尾左衛門入道（憲景）殿

○二七七九　北条氏政書状　○永倉恵一氏所蔵県文書

四日注進状、今七日辰刻参着候、仍□□（如顕カ）先書、敵榎本（栃木市）表張陣、於当方構之地□兼日堅固之備ニ申付候間、於後詰可有時節由、雖覚悟候、手遠之諸味方中、定苦労可有之由、令校量間、為始陸奥守（北条氏照）、武州・下総両国之人衆悉今朝打立候、愚之事者、西口難計候間、聞合候、万乙勝頼（武田）上州打出候□、不移時刻可出馬候、細々注進待入候、将亦自京都（京都市）下候者之書付令披見候、従此方指遣使も、定近日可帰候間、珍説有之ハ、急度可申届候、恐々謹言、

追而、彼商人市左衛門者、道ハ何を通候哉、必重而之使ニ、能々糾明候て可承候、信濃口をハ手堅

（天正九年）五月七日　　　　　　　　　氏政（北条）（花押）

相留由、此方へハ自京都返答ニ候間、実否為可知候、已上、

県因幡守殿

○二七八〇　山本宗久印可状　○反町英作氏所蔵文書

就天正拾弐年甲申弥生下旬之比、平長真公（色部）ニ従遂参拝、兵法御所望之由被仰出、永々致祇候、其上種々御懇情之処、恐悦難謝心、伺彼ヲ見一々是ヲ梅檀（ママ）於馥二葉、不空名下云、師ヲ尊驚（ママ）之処、誠天竺・震旦・我朝於三国先規有之、既天帝拝畜為師良黄執履、香取之社僧飯篠長威於神前備香花授兵術、其徳儀々タリ、殊更長真公於兵道御器用之間、愚老従若之昔老後至于今訖（迄）、諸流尋授[redacted]新々影之流、新初ル手筋之処、於高上極位者、一太刀引切真妙剣弱鷲（鶵カ）雁英傑諸具足留鑓者曲尺幻其外不迨中段者記、至于高上者、不残一ケも悉令伝授畢、依御鍛錬新変寄特可有之候、随而、先度給候起請文之内、中段訖（迄）者拾五人、高上之秘術者御実子共ニ以起請文御指南可被成者也、仍印可之状、如件、

天正拾弐年甲申

山本無辺斎

武州住侶（朱印）

卯月廿六日　　宗久（花押）

（朱印「天満大自在天神」）

色部修理大夫（長真）殿

参人々御中

○二七八一　簗田助縄ヵ朱印状

○野田市立興風図書館所蔵渡辺文書

当知行庄内徴々付而御用捨条々

一、めしもミ（飯籾）、五ケ一丁亥（天正十五年）年より辛卯歳（天正十九年）まて、御用捨之事、

一、きわりくさ、五ケ一丁亥年より辛卯年迄、御用捨之事、

一、駒之口、如右五年、半役ニ御用捨之事、

一、力者勧進、如右五年、半役御用捨之事、

一、見世役、如右亥年より辛卯歳迄五年、半役被定下事、

已上、

右、侘（詫）言依中上候、被立御用捨候、厳密可令采配者也、仍如件、

（印文未詳朱印）

天正十五年丁亥八月廿三日

○二七八二　榊原康政書状写

○松平義行所蔵文書

遠路御使札本望至極候、仍家康（徳川）江御帷子五被進候、一段祝着被存候、能々相心得、可申入之旨候、幷我等方へ御帷子二贈給、忝存候、然者当御陣之様子、定而雖可被及聞食候、御望之由候間、拙者見及候分大概書付進之候、先三月廿七日伊豆堺至沼津（沼津市）御動座、廿九日之寅剋御出勢、当日午剋頭者（以前ヵ）、山中城（三島市）近江中納言殿（羽柴秀次）一手之御人数ニて片時之間乗捕、五六百被切懸候、彼競以一日之間、為始足柄城（南足柄市）、十二三捨逃候、卯月朔日箱根（箱根町）御越山、二日峠々峰々御陣取リ、三日ニ小田原（小田原市）へ被押詰候、抑小田原城存之外堅固、被構広大候、東西五拾町、南北拾八町、廻リ三里、西為峨々大山、東北ハ不及馬之蹄茂深田也、南者為漫々大海也、誠雖欺銀山鉄壁程地、先自西北南次第々々御取巻候、御旗本ハ九州島津（義弘）幷大友（吉統）、中国毛利（輝元）・同吉河（元春）・小早川（隆景）為始、房州里見（義康）、此等

都合其勢五万余騎候、右陣ハ長谷川藤五郎(秀一)・羽柴左衛門(堀秀政)
尉(佐)・池田三左衛門(照政)幷海賊衆九鬼大隅守(嘉隆)・脇坂中書(安治)、左陣ハ
御旗本指継長岡越中(忠興)・米沢侍従(伊達政宗)、次浮田宰相(宇喜多秀家)、次近江中納
言殿御手衆中村式部少輔(一氏)・堀尾帯刀(吉晴)・一柳伊豆守(直末)・山内
対馬守(一豊)、次大柿少将殿(羽柴秀勝)・松ヶ島侍従(蒲生氏郷)、次内府(織田信雄)御家中深井左
衛門尉・天野周防(雄光)・土方勘兵衛(雄久)・羽柴下総守(滝川雄利)、次家康家中
拙者(榊原康政)幷酒井宮内大輔(家次)・石川左衛門大夫(康通)・井伊兵部少輔(直政)・松
平周防守(康重)・牧野右馬允(康成)、東南ハ海賊衆加藤左馬(茂勝)・長曽我部(元親)、
家康海賊衆間宮(高則)・小浜(景隆)、都合其勢三万余、漕浮時ハ浪上俄
陸地与成歟見渡候、又陸地之御取(陣脱カ)ハ、従虎口際後陣ハ、其
厚所ハ廿四五町、其薄所ハ拾七八町、早川(小田原市)自湊際東南渚迄、
寸地・尺地之無透間御囲候、去程旗旌・指物色々様子、
様々模様、翻風有様、吉野(吉野町)・竜田(三郷町)之花紅葉、喩之非物之数、
其繁事ハ、稲麻竹葦(葦)喩にも猶難及候、敵味方鉄炮之音無鳴
止間、数揃打込時ハ、百千雷同時鳴落歟与被疑、上有頂、
下那羅倶底迄鳴響驚、味方サヘ消肝候、城中者共、殊女童
共左社啼悲覧与被推量、哀候、上様(羽柴秀吉)御陣城ハ、高山(石垣山)頂上十

丈余磊築、上穿雲、箱根連山放城(敵)直下被御覧候、御屋形造
様子広大成分野、凡聚楽(京都市)・大坂(大阪市)難劣相見候、其外一手々々
構陣城、天主・矢倉白壁輝天、陣屋々々者、悉除(塗)土籠、小
路々々割竪横、陣取者、大将之依意楽、或魚鱗有取之、或
構鶴翼有之、依山川之地形、鳥雲陣取有之、如何成強敵可
破之共不相見候、為高々有屋形、細少而綺麗成屋形有之、
松竹植有集草花、好野菜茄子・大角豆又蔓菁麦等作有之、
総而色々植木・書院・数奇屋・陣屋共驚目候、大道東西五
拾騎・廿騎往復、馬之足音・物具之声拾二時中無鳴止間、
又従日本国商人集来候、国々名物、津々浦々之魚肴、唐
土・高麗之珍物、京・境(堺)之絹布、一而無不売買、京田舎遊
女烈(列)棟掛小屋、小屋之門前成市、扨又御兵粮ハ千石・二千
石之大船、一万余艘(マヽ)連送之、無絶間候、陣中一日不得貧事
候、然則於此御陣中送生涯、可有退屈候共不覚、因茲弥励
勇候者也、随而廿一日相州玉縄城(鎌倉市)明渡、城主北条左衛門(氏勝)剃
髪成染衣形出仕申候、其後伊豆国下田城清水上野(康英)楯籠候、
是茂剃首助命、城指上申候、北国出勢事、羽柴筑前守(前田利家)・

長尾喜平次（上杉景勝）為始、信州芦田（依田信蕃）・真田（昌幸）、都合其勢五万余上州臼井之麓松井田（安中市）城押詰等破塀埋堀之間、楯籠大道寺則（政繁）降参、申助命候、頬武州岩付（さいたま市）城、浅野弾正（長吉）殿為物主、木村常陸介（一）、家康家中本多中書（忠勝）・鳥居彦衛門（元忠）尉・平岩七之助（親吉）、都合三万五千押詰等曲輪三四乗破候間、中一日持、五月廿二日明渡候、爰物之哀を留候ハ、彼城主太田十郎（北条氏房）妻子舅女共虜、其外千余人之侍共妻子、悉召籠候処、子ハ母に取付、母ハ子之手を引泣悲分野、如何成無心野心も湿袖、武々士（人カ）不侵籠手無之由、飛脚再三到来候、此外関八州小田原籠城者共、（妻子脱カ）尽召籠候、哀成次第候、其後同国鉢形（寄居町）に氏政（北条）舎弟安房（氏邦）守楯籠候処、北国人数并浅弾人数可押寄支度候処、急懇望申、助身命候、前代未聞之比興者之由、敵味方申候、其後同国忍之城（行田市）、関八州并出羽・奥州諸卒為初、常州佐竹（義宣）・結城（晴朝）、都合三万余騎押詰、水責可致之支度之処、種々懇望申候、依之東国名城十四五、其外小城当座之足懸、彼是城数六七拾、或捨逃、或明渡、命計御詫言申候、次同国号八王寺地（八王子市）、累年北条陸奥守（氏照）被築立候付而、寔叵翔鳥獣、雖非可立足候、羽柴筑（前脱）守為物主、信州・越国人数同時押寄、六月廿三日早朝攻落、彼城代横城（地カ）為初千人討取候、然者伊豆国韮山城（伊豆の国市）北条美濃守（氏規）楯籠候、福島左衛門大夫（正則）・戸田民部（勝隆）少輔・蜂須賀阿波守（家政）・生駒雅楽頭（近規）・前野但馬守（長康）・伊賀侍従（筒井定次）、都合其勢五万余、百日之間、昼夜手痛雖攻之候、于今堅固候、然則家康恩不浅故、城指上尤之由、達而異見被申候、定而是も程有間敷候、去程氏直（北条）父子年来振関八州威程之無威言共、箱根山之切所被越候時、一合戦之無心馳、一夜討程之無行、弱々与籠城窮運与乍申、不及是非次第、無云甲斐分野為体候、古将言、合戦之負者似恥更非辱、唯戦所而不致合戦為恥、不申哉、将又惣官軍々宛始者廿万騎候、関八州・出羽・奥州迄士卒一人不残出仕申、属御膝下、西国・北国所々方々諸士故障雖（マヽ）遅参申輩追日参陣候間、着致之外之者共、不知其数候、大方諸手書注候処、今都合五拾万（余脱カ）有騎被宛（記カ）候、従神武已来如此之不思儀之御威風未聞之所候、此体候者、異国迄可有御随事案之内候、猶珍儀候者、追々可申入候、恐惶謹言、

榊原式部大輔
康政

天正十八年六月日
加藤主計頭（清正）殿
御報

○本文書は、なお検討を要する。

○二七八三　浅野長吉書状写　○日向記所収文書

一、関東在陣為見廻、預御使札候、殊更帷子贈給候、遠路御懇意之段、別而令満足候、
一、此面之儀、当春三月廿九日、伊豆国山中城（三島市）為中納言殿（羽柴秀次）御手即時被攻崩、城主其外数千人被討捕候事、
一、以右之威、敵端城悉明退、不移時日小田原へ被押寄、則被為取巻候事、
一、拙者茂奥関東仕置之事被仰付、四月□（廿六日ニ）小田原表罷立、武蔵国・上総国・下総国・常陸国・□□（下野）国・上野国城々請取候事、
一、武州内岩付城（さいたま市）、北条十郎（氏房）居城候、及異儀候間、則五月廿日押寄、拙者父子・木村常陸（一）・岡本下野（良勝）・家康人数為右之衆即時乗崩、数千人討捕候、此城者関東ニテ一・二ケ所之名城候事、
一、武州内八王寺之城、北条陸奥守（氏照）居城候、丈夫ニ雖相拘候、羽柴筑前守（前田利家）父子・越後衆（上杉景勝）・木村常陸・山崎志摩守（堅家）・小笠原為此衆不移時刻責崩、城内之者一人茂不残被切捨候事、
一、拙者父子・石田治部少輔（三成）・真田安房守（昌幸）・関東侍佐□□（竹・宇）都宮（国綱）・結城（晴朝）・天徳寺（宝衍）・水谷（勝俊）・多賀谷（重経）為□（此）勢唯今武州内押（忍）之城取巻水攻ニ申付候、是又急々可落去（居）事、
一、如此之上者関東八ケ国・出羽・奥州悉一遍ニ相澄候事、
一、奥州之伊達（政宗）・南部（信直）其外小身成衆迄不残出仕候事、
一、小田原之儀者取巻比ヨリ塀柵七重八重被仰付、此比者仕寄ニ而城之塀キワニ諸勢相付塀ヲ埋外城丸共数多被乗捕候事、
一、北条（氏直）之儀色々身命之侘言申上候得□（共）、□（中）々聞召不被入候、小田原城内へ関東□（八州之諸侍楯籠）候之間、悉可被攻

殺旨候、兎角□(落去不可有程)候、頓而可為帰陣候条、其節可
申達候、□□(恐々)謹言、
(天正十八年)七月朔日　浅野弾正少長吉
伊東民部大輔(祐兵)殿
御返報

○二七八四　茶会人数交名　○山中真喜氏所蔵文書

(天正十八年カ)十一月十七日あさ(朝)
一さと(里)　そうむ(宗無)(住吉屋宗無)
ゆうきせうく(結城少将)(秀康)
あわのしゝう(安房侍従)(里見義康)
むらかミ(村上)(村上義明)
ほん田中しよ(本多中書)(本多忠勝)
いこまとのも(生駒主殿)(生駒忠清)
二さと　そうあん(宗安)(万代屋宗安)
ミのゝかミ(美濃守)(羽柴秀長)
ミそくち(溝口)(溝口秀勝)
せんこく五ひやうへ(仙石権兵衛)(仙石秀久)
つた(津田)小平二(次)(津田秀政)
ひねのおりへ(日根野織部)(日根野高吉)
三さと　きうむ(休夢)(黒田高友)
いけたひつ中(池田備)(池田長吉)
かわしりひせん(川尻肥前)(川尻秀長)
うへたさ太郎(上田左太)(上田重安)
まつらたうか(松浦道可)(松浦隆信)
〻〻〻
さなた(真田)(真田昌幸)

十一月十七日あさ
一ま
ふなこし（船越）（船越景直）
四さと　ゆあミ（友阿弥）
なかわむさし（中川武蔵）（中川正成）
ミつのいつミ（水野和泉）（水野忠重）
とたむさし（戸田武蔵）（戸田重政）
なりた（成田）
ふわひこ三（不破彦）（不破直光）
五さと　きうあミ（久阿弥）
たか山（高）（高山重友）
とこ山（徳）（徳山秀現）
しはたけんさへもん（柴田源左衛門）（柴田勝定）
なかわらせううん
いなは（稲葉）ひやう《きやふふ》（刑部）
六さと　そうむ（宗無）
こんとうおりへ（近藤織部）（近藤重勝）
あをき木のかミ（青木紀伊守）（青木重吉）
よこはまミんふ（横浜民部）（横浜茂勝）
くわ山（桑）しきふ（式部）

○年代、美濃守の比定、なお検討を要する。

○二七八五　羽柴秀吉朱印状　○浅野家文書

覚
もくそ（牧使）城とりまき候衆

一、七千人　羽柴加賀宰相（前田利家）
一、千五百人　羽柴会津少将（蒲生氏郷）
　　会津少将一手
一、三百人　羽柴出羽侍従（最上義光）

一、三千人　羽柴東郷侍従（長谷川秀一）
一、二千人　羽柴丹後少将（長岡忠興）
一、二千人　木村常陸介（一）
一、千二百人　大谷形部少輔（吉継）
大谷形（刑）部少輔一手
一、五千人　羽柴越後宰相（上杉景勝）
一、五千人　蜂須賀阿波守（家政）
一、三千人　福島左衛門大夫（正則）
一、二千五百人　戸田民部少輔（勝隆）
一、二千人　中川小兵衛（秀成）
一、六百人　小野木縫殿頭（重次）
一、四百人　牧村兵部少輔（利貞）
一、三百人　岡本下野守（良勝）
一、百廿人　加須屋内膳正（真雄）
一、百八拾人　高田豊後守（治忠）
一、百廿人　藤懸三河守（永勝）
一、八拾人　太田小源五（一吉）

一、百廿人　片桐主膳正（貞隆）
一、百廿人　古田兵部少輔（重勝）
一、百八拾人　新庄新三郎（直定）
木村ひたち一手
一、百卅四人　秋田太郎（実季）
加賀宰相一手
一、百人　南部大膳大夫（信直）
加賀宰相一手
一、廿五人　本堂伊勢守（忠親）
会津少将一手
一、拾人　大崎左衛門尉（義隆）
大谷形部少輔一手
一、八拾八人　油利五人衆

合三万七千百人

備前宰相組（宇喜多秀家）
一、壱万人　羽柴備前宰相
一、四千人　生駒雅楽頭（親正）
一、千五百人　前野但馬守（長康）
一、千人　加藤遠江守（光泰）
一、二千人　石田治部少輔（三成）
一、三千人　羽柴常陸侍従（佐竹義宣）

合弐万千五百人

一、弐万五千人　羽柴安芸宰相(毛利輝元)

以上

右備前宰相一組、幷安芸宰相鬮取之上ニて、安芸宰相押へニ在之者、備前宰相同一組之衆ハ、城を可取巻候、但あきの宰相くじ取の上ニて、城を取巻候ハヽ、備前宰相同一組之衆をさへニ可有之事、

古都ニ可有之衆事

一、四千五百人　小西摂津守(行長)
一、三千五百人　羽柴対馬侍従(宗義智)
一、二千人　松浦形部卿法印(鎮信)
一、千三百人　有馬修理大夫(晴信)
一、七百人　大村新八郎(喜前)
一、五百人　宇久大和守(五島純玄)

合壱万弐千五百人

一、七千人　加藤主計頭(清正)
一、八千人　鍋島加賀守(直茂)
一、五百人　相良宮内大輔(長毎)

合壱万五千五百人

一、三千五百人　黒田甲斐守(長政)
一、四千人　羽柴豊後小侍従(大友義統)

合七千五百人

一、千三百人　毛利壱岐守(吉成)
一、七千人　羽柴薩摩侍従(島津義弘)
一、千三百人　高橋九郎(元種)
秋月三郎(種長)
伊藤民部大輔(祐兵)
島津又七郎(豊久)

合九千六百人

一、七千人　羽柴小早川侍従(隆景)
一、千人　羽柴久留米侍従(小早川秀包)
一、千七百人　羽柴柳川侍従(立花宗茂)
一、五百人　高橋主膳正(直次)
一、六百人　筑紫上野介(広門)

合壱万八百人

都合五万六千人
右面々、戸田民部少輔(勝隆)今迄在之古都令居陣、後迄之
城所見計、普請可仕事、
釜山浦ニ在之普請衆
一、四千九百人　浅野弾正少弼(長吉)
浅野左京大夫(長継)
羽柴伊達侍従(政宗)
一、六千人　羽柴岐阜侍従(織田秀信)衆
一、千人　増田右衛門尉(長盛)
増田右衛門尉一手
一、三百人　宇都宮弥三郎(国綱)
増田右衛門尉一手
一、百五拾人　羽柴安房侍従(里見義康)
増田右衛門尉一手
一、弐百廿人　那須太郎(資晴)
成田下総守(氏長)
合壱万弐千六百人
右浅野弾正、増田右衛門尉釜山浦ニ在之而、城普請可申
付候、幷兵粮請取、扶持方可相渡候、岐阜衆ハ伝之城ニ
可置ものハ置候て、其外の者ニハ普請可申付事、

一、前野但馬守(長康)、加藤遠江守(光泰)事、最前ハ釜山浦ニ可有之由、
雖被仰付候、備前宰相若候間、何之陣取ニても、生駒雅
楽頭(親正)、石田治部(三成)両四人ハ、宰相一所ニ陣取、卒爾動(働)無之
様ニ、可令異見候、自然異見を不聞候者、有様ニ此方へ
可申上事、
一、古都より釜山浦迄之間伝城々在番衆
一、七百人　宮部兵部少輔(長熙)
一、千人　南条左衛門尉(元清)
一、五百人　木下備中守(荒木重堅)
一、弐百五拾人　垣屋新五郎(恒総)
一、五百人　斉村左兵衛尉(政広)
一、五百人　明石左近允(元知)
一、三百五拾人　別所豊後守(吉治)
一、五百人　服部采女正(一忠)
一、九百人　羽柴郡上侍従(稲葉貞通)
一、弐百五拾人　一柳右近大夫(可遊)
一、二百人　竹中源介(隆重)

一、三百人　谷（衛友）出羽守
一、弐百人　石川（貞通）備後守
　　合六千人　此外きふ（岐阜）衆内
右伝城不入所ハ、加賀宰相（前田利家）、会津少将（蒲生氏郷）、浅野弾正申次
第ニ可仕事、
一、兵粮届候て持候者ハ、手柄次第自分ニ続可申候、無之
者ハ九州中国衆ニ不限、人数有次第、着到面兵粮米、浅
野弾正、増田右衛門尉手前より、可請取事、
一、御人数兵粮、追々被遣候、於其上可被成御渡海候間、
各不可有由断事、
　　舟手衆
一、千人　九鬼（嘉隆）大隅守
一、千四百人　藤堂（高虎）佐渡守
一、千人　脇坂（安治）中務少輔
一、五百人　加藤（嘉明）左馬助
一、四百五拾人　来島
一、百六拾人　菅平（達長）右衛門尉

　　　　桑山（一晴）小藤太
一、七百人　同　小（貞晴）伝次
一、四百卅人　杉若伝三郎
一、弐千人　羽柴土佐侍従（長曽我部元親）
一、六百人　堀内（氏善）安房守
　　合八千弐百五拾人
一、七百人　咸昌城　亀井（茲矩）武蔵守
一、二百人　金海城　毛利（重政）兵橘
一、百七拾人　釜山海幷金海城　早川（長政）主馬首
　　合千七拾人　三人
右条々、委曲加賀宰相（利家）、会津少将（氏郷）両人ニ被仰含候、令相
談無越度様ニ可申付候也、
　　文禄二年三月十日（羽柴秀吉朱印）
○紙継目裏ごとに羽柴秀吉朱印あり。二五〇四号の正文。

付編補遺

〇一八　鏡心日記　〇金沢文庫文書

（前欠）

八日、（文明十六年八月）夜ヨリ大雨、四時マテ、大（大宝院）ヨリ焼米来ス、昨日ミル（海松）ヲ
里ヨリ給候ヘ共、アイテ候ハて、直よりウタ（歌）二首連ス、
アワレケニ我ニニアワン妻モカナヲキノハ上ニコロヒアソ
ハン、ミル丸童子ヨムナリ、
八十八ノ妻ノ申事ニ、アラコメ〳〵シノ申事ヤナト思ヘト
モ一首、
　ウスキ子ノチキリマレナル夜ナレトモ
　　アフワウレシキ米山ノ月

九日、雨降、二室ヨリ茄子五十来、
十日、半雨、夕方ハ清天、里ヨリ合飯給候、菜サ、キ、
▨▨▨（十一日）甲子祭ル□　□内□　□カリ東三院、
十一日、▨（乙）（酉ゝ）丑、大宝院開山忌、惣行副物モチ白、時菜シキ
アフリ、タカホ、イモノクキ、汁イモ、餅、フトウ粉、大
根、大宝院勤ニ合、ウリ、吉茶、味曽二ハイ、塩代五文、
六浦（横浜市金沢区）へ人遣、茄卅五、
十二日、甲（丙）寅、大乗坊ヘトホラフ、白酒アリ、
十三日、「乙」（「丁」の字の上に重ね書き）（丁）卯、唱礼鏡心、大工方ヨリ焼米来ル、茶二袋
返、
十四日、戊辰、慶順入来夜宿、餅ニ茄、雑煮、清酒、
十五日己巳　放生会、鎮守供、御供惣ノ時僧衆斗、汁、イモ
一升二合ニ茄廿加、菜、カウ（香）ノ物八文、カチメ小結四把ノ、
布薩説戒本匠、十四日宮内出行、十衛門四郎出来、衛門三
郎同道、
十六日、往生講、頭ハ聖如房、或ハ本匠房、

十七日、長浜（横浜市金沢区）へ参、下向大宝へ、大豆洗、
十八日壬申、門前順礼、大工十衛門太郎・与五郎・馬四郎、
味曾煮時五人、粟二升ウハ持来ル、秋年始テ納、当役請取、
就院家事、海老名ヨリ主計方（カ）ヨリ状来ル、
十九日、朝勤巳後ヨリ持病発ル、宝光院ヨリ味曾給候、くる
ミ、カウ、能観イハイ□　□□メンニテアセタラス、又茄、
味曾水、大宝ヨリ枝太豆、焼米給候、
廿日甲戌、清天、義俊作ノ初頭、白米時分ニ持来ル、布六ヒ
ロ三尺買、庫祖母チクコ阿、シチヲクナリ、
廿一日、御影供、唱礼、鏡心、海巌寺（海岸寺）前住忌時、白米一斗
一升六合、六十四人分汁、イモ三升五十文、豆符（腐）七帖廿四文、コ
ンヤク十枚卅文、副物餅百卅文、味曾汁一杯半、シキシ汁
一杯半、菜、アイ物十分一杯、
万心ニ庭サウチ、硯水無之、言語過言ナリ、イモハ十八文
ツ、、理趣三昧ハ尼寺御坊ニテ有之、唱礼聖如房、後俊翁
来、
廿二日丙子、俊翁□ニ餅四十字、西三室ニテ餅、点心、今日
ノ時四比、番衆五郎三郎、納所ヘ朝作ヨリ仕ル也、餅斗ニ
テ、モカリ（殯）結、竹根堀ル、宝光院ヘ代借用、俊翁モ借用、
能観方ヘイハイ（位碑）ノ代百文遣ス、太子講式、聖岩香売来ル、
非時ハサ、キ、アワ、米三種一杯□也、
廿五日、菩薩忌、弓アリ、日中不参、西三ニテ白物アリ、
焼米、其後者□大宝院□□□（焼米参カ）□　□ハツタケ、コンニヤ
ク、
廿六日、彼岸始、
廿七日、藤沢（藤沢市）ヘ出行、菅野左馬助殿夜宿、さへもん五郎殿、
廿八日、今朝ヒヱ田越ニ蓮花寺（鎌倉市佐助）ヘヨル、長勝（鎌倉市材木座）ヘ一丁、夜宿、
廿九日、時ハ地蔵院、蓮花寺同道、終日酒、蓮花寺夜宿、
晦日、帰寺、蓮花寺ニテ小時、日中以前ニ帰ル、地蔵院ハ岩
付ヘ他行、塔ノ辻（鎌倉市）ニテ真里谷入道殿（武田清嗣）ニ対面、
九月一日、弓アリ、六浦ニテ真里谷対面、武田三河（清嗣）
入道対面、長崎道印・佐枝大炊助両使、道灌（太田）ヨリ、何事ヤ
ラン、人々不審アリ、
二日、真里谷方下行、

三日、護摩堂へ時請、憲範之月忌、御結構、
四日、五室放入、白一升、コンニヤク一、大根二把、ハシカミ、西三・二藤沢へ出行、宗珍□□(五寸カ)キヤラ卅文、酒・ミソウツ、三人シテ、
五日、敷地年〱始時、天気クモル、半雨、
六日、朝勤行、帰ニ、五室ニテ餅三ツ、、二室へ東三・俊翁・聖林、小僧ノニコフシ、
七日辛卯、八日　九日、八幡祭礼、合飯、白酒三提、瓶子一双ニ入、湯帰ハ二・三・五請申也、下部共ニ飯酒、柿五ツ、曳、　十三夜、イモ五文、
十四日、雨降ル、時ハ麦飯、
十五日、大雨、夜ヨリフル、布薩説戒本匠房、朝ハ西三室へ、点心請、冠着祝、合飯、清酒、是ノ時麦ナリ置也、左衛門四郎息、
十六日庚子清天、石切山ェ上ル、権現へ参柴(横浜市金沢区)、
十七日辛丑清天、宝光院ニテハツタケ所望、飯アリ、酒買廿、
十八日壬寅清天、竜誕(胆)合、五百五十文ニテ、千百九十五片アリ、
十九日癸卯清天、左衛門四郎極楽寺へ遣、蓮花寺又地蔵院へ、塩二升ツツ、　又甲州武田穴山殿(信懸)、寺家一見、玄賀房旦那便酒、六・五・二・三、宝光院ニテ、常院鐘参リ、伊豆狩野殿同道也、
廿一日、唱礼一本匠、
廿三日、さへもん(左衛門)四郎帰ル、方丈ヨリ油給候、
廿四日、大宝御使百文、橦、盆花、ミル、クルミ、栗、非時アリ、常住なし、家中違例キク、
廿五日、内談アリ、□(前カ)須道全□□(地カ)違乱止事、
廿九日、真里谷弔ニ□　□高柳(木更津市)マテ付、木佐良津(同市)マテ、風渡(富津市)ヨリ五十駄賃、能満寺ヨリ馬二疋借用、
晦日、椿戒早朝対面、布施一貫文、

十月大

一日、高柳ニ帯(滞)留、時ハ円蔵坊、非時、

(後欠)

○一九　仏像伽藍記　○藻原寺蔵

（前欠）
□（午カ）時許、御堂ヘ御入也、依為時番衆、侍従日然
自下陳内陳仏擅ノ上ヘ取上奉リテ、大聖等ノ具足ヲシ
付奉也云云
四菩薩ノ料足事、十六貫文也、木作、肉髻水精、□（輪カ）
光、御目玉共ニ十六貫也、惣シテ上下ノ員ト共ニ廿貫文許
也、

塗師・薄師事

一、四菩薩荘厳等事
上総国一宮荘（二宮町）社僧豊前公康応（永）二年二月十九日約束也、十六貫文ニ定也、
二尊御入マシ次第事并役人事
一、四菩薩荘厳等事
康永二年癸未三月六日始、同五月四日ニ其功畢、
一、仏師上総国一宮荘内宮本豊前・同弟子
助・同讃岐三人シテ奉荘厳之、
一、料足事、薄塗計也、十貫、

一、絹青一貫文、一五百文仏師　豊前
一、二百文　助房、一百文　銀　座料
一、二百文　下地布
一、中尊打物事
大檀那深渕弥次郎殿範通奉作之給也、
銀金細工　康永二年癸未六月廿八日根本五郎太郎藤原氏
吉胤奉作之、六月廿九日晦日始之、
同子息根本六郎二郎正氏二人シテ奉作之、但

打物題目ノ本ハ以弘安二年己卯大才四月八日御本尊於
六月廿九日所奉写之也、侍従阿日然奉写之、
一、御殿入次第事、日記有之、十月八日也、延年
大衆・殿原左右楽屋ニテ勤之者、同日供養
有之、当寺別当奉供養之、後ニ申、移之、
妙光寺別当　（花押）
一、追鐘次第事、
入銭、雖八十貫定ト、九十貫文也、

貞和二年丙戌十月六日土形取初祝在之
同月廿五日夜タ、ラ祀、祝有之、同廿六日
銭ツモリ、同月廿七日雖定之、甲乙人鎮多間、
依合期、次日廿八日ニ未尅奉鋳之、同日酉尅鋳也、
鐘木(鎚)当
一、ワニ口事、同卅日奉之、鋳師両大工也刑部郷内(長柄町)度解郡内
鐘楼堂斧《オノ》初十一月五日柱石スヘ、同廿日柱
立、同廿二日廿三日、同十二月五日フク也、
ム(私カ)鐘ニ彫付候刑部郡内針谷郷住人広斜(ママ)広綱
土解郡内堀内郷住人法名沙弥

申置法門条々事
一、日弁邪義ハ先年日証罷出テ、経文・御書釈ニテ
悉申詰於当山、十如是自我偈題目此経難持
唱ヘ畢テ帰ルトテ、日弁開山已来弘通方便品ヲ任正
里(理)、日証唯今弘通申初メ畢ヌ、末代ニ心有ラン人弘通可
被申事ハ日証弘通ノ余慶可ト為申留テ帰リ畢ヌ、此義
能々弘通ノ人ハ腹ニカケ□(テ)持可被申也、
一、比企谷本尊印相事
為ト身延山所願計也、但兎モ角モ身延山ノ御義ニ任可被申
也
宝徳四年壬申二月四日寅尅
法印日証
在御判
私云以日証聖人御直筆謹而奉書写之、
御筆藻原妙光寺御座也、
永正十三年丙子五月十四日沙門日匠太輔阿（花押）

妙光寺造栄事
嘉暦二年才次丁卯正月三日事始、同二月三日
柱立、同三月三日棟上、同後九月十一日造
進畢、此道場者先師旧処也、爰仁藤
原範綱重改旧処也、幷以一結合力所令造
進也、嘉暦二年才次丁卯後九月日
時檀那榎沢孫太郎範綱

時貫首常蓮律師日秀
四天造立事　大檀那深渕弥次郎範通
文和二年癸巳七月廿二日、御衣木自木佐良（木更津市）津至（到歟）来未剋、淡路法橋七月廿八日至（到歟）来、
同御衣木　加持事　同自廿三日至廿九日、
朝夕勤行、有参籠、小弐殿　筑前殿　日形
四天事始事　雑掌在之、
七月廿九日卯時也、此日雨フル、
上小弐殿　卿阿　助阿　上野阿　深渕弥次郎殿
又三郎殿（河内）　大進阿　対馬公　筑前公　尾張公
能登公　理公　筑後公　常陸公

伊予　日形　湯浅孫二郎　小法師兵部阿後来
治部阿後来　原殿後来　豊後後来
四天細ケツリ淡路法橋子息上総房後来
踉跄《リヤウヤク》《タメラウ》　認《トムル》《シタヽムル》
私云、此正本ハ日然筆也、以後　日胤聖人御代仁為末代

新正歟、律師日顕《ケン》令写之畢、新旧二本共ニ
妙光寺御座也、某日匠（大輔阿エノサハ）重而為末代写之而已、

永正八年辛未十一月二日夜大地震アツテ
藻原ノ大堂幷御影堂等悉ユリクツス、其
時当貫首日泰ハ前年永正七年ニ位ヲ相続アツテ
次年五月五日ニ身延ヘ御参□□御下向ノ□（時カ）浜村ニテ
地震ニ値御座ス、如此藻原ヘ御着有テ□□年
内アリ、次年壬申ノ春御屋方（形）［　　］
御座ス、
同永正▨（十三）年丙子四月八日御影［　　］
同年五月八日ニ日禅（ママ）聖人ノ御代ノ［（頃カ）　　］』
御代ニ千葉殿ヨリ取ラレ玉フ鐘、三［（上カ）　　］
取ア井ノ時、コウサカノ要害ヲ［　　］
其時、日清祝言ニ罷越、此ノ鐘［　　］
無疑当寺之鐘ノ□有テ五月［　　］
明ル九日七ツ比ニ引付申、奇（希）代不［　　］

上ニ有之〈

一、永正十四年四月八日済藤次郎右衛門於［　　］
房州東条殿所持御影・御自筆ノ一部一巻ノ御経［　　］
カ井トリ奉納当寺、妙光寺当貫主日泰

一、同年三上（但馬守）・真里谷（武田信嗣）ノ取リア井ニ付テ真里谷ヨリ早雲（伊勢宗瑞）衆ヲ

（後欠）

〇二〇　某覚書写　〇松平義行所蔵文書

天文七年十月七日平氏（北条）綱奉対大（小）弓（足利義明）、企大軍策義兵、故武（武蔵）・相（相模）・豆（伊豆）軍兵引率五千余騎、真向葛西城（下総国）郭、上軍旗招敵粧、既以綾然処、源（足利）義明為追討彼軍衆、両総（上総・下総）・房（安房）士卒具足一千余衆馳向彼軍勢、加一戦処、互寄見哓々吹立掛大鼓動々打懸、猛勢一同時声挙、吐鳴叫寄被寄掛被掛按々攻々間、従甲冑中建煙、従刀剣先出火、干戈戦覃数刻、去間一法競五六取後十及敗軍時、大手遮前後不逃追懸、搦手繞左右不洩追詰、討戮処、壁如入綱之袋魚、去程寄衆騎兵十文字八馬八角掛割開或自馬上組落、有被頭者、或為自落馬不被捕生頭者、或馬離溺廻有被代者、或鞭駒掛脱、有輔者脚弱者例辷後人被撃、是剛者飛躍先人逃脱、臆病者听所剴痿心死、大高者左逃打太刀挙名、其外軍死一々為録不遑比学、泰（ママ）此君雖達文武、後時節来給歟、御命運尽給歟、不御一身耳、御親子・御兄弟三君（足利義明・義淳・基頼）同時御滅亡、并数百人撃死、唐天ニモ有否本朝曽未听、生者必滅之掟、今始雖非可驚、此将最期無拠、分理誠以耐悲憐、併只今及比量摩醯焼梵天如攻帝釈、将亦源君隰西都、似覆平盛、其師此歟、此闘其歟、以仏語案之、約人心思之、観彼久遠猶如今日也、爰有軍役之奉行、有名梟首著関山理、直掛獄門頭七百八十云云、凡軍場為体、皮肉被曝雨露、弥臭臓腑被犯雪霜、倍腥鳶鴉群々食肉吸血、狗犾挙々嚼骨喰胎、看者流涙、听者抱愁、雖然亡魂有凴（ママ）身休髪膚雖朽、応原、預明将之実験、忽脱修羅闘諍苦懃則心仏早索懐乎、抑氏綱撃捕日掛扶桑大将軍、加之一々明兵、其外虜分所不知其数、就是八州武士靡幡、二馬東関軍従守彼旗本帰此幕下、肆戦陣高名無隠、都鄙軍旅名誉無曇天下、

剰国家付手事、風如靡草木、群宅入足斗水似随方円夫師合天道則得利、背天道則先利、軍書云、天道自然也、無論無功、倩以此里思此旨、依当家儀兵、代他家逆兵、真里谷捴《武田信隆》領・原一《胤清》跡遂本意事、敢以為満足、是天道之相応歟、是地儀祐幸歟、仍戦場勝劣之状如斯、

○二一　さゝこおちのさうし

○静嘉堂文庫蔵

さゝこ《笹子》おちのさうし

つら〳〵をもんみればあしたに花をあひするゑいちんはゆふべのあらしにちり、よひに月をきむ《吟》するようがくはあかつきのくもにかくるゝ、ようばいとうり《楊梅桃李》のむつまじかりしにほひもはるのかぜにうせ、らんぎく《蘭菊》こうやう《紅葉》のさかんなるいろも秋のしもにうつろふ、これみなせぢ《世上》やうのありさまなり、されば　かづさ《上総》のみだれしらんしやう《濫觴》をくわしくたづぬるに、たけだ《武田》のちやく〳〵まりやつ《真里谷》の太郎のぶたか《信隆》、かとく《家督》になをらせ給ひてのちはこくちう《国中》さらにしづかならず、そのゆへいかにと申に、御そふ《祖父》のぶまさに御子あまたましますあいだ、そうりやう《惣領》、そし《庶子》のいへ《家》をわかつてかみ《上下》しもとこそたてられけり、しかりとは申せどもすいぎよ《水魚》のごとくまし〳〵て、くにのせいどう《政道》いちはなれば、きようのかぜえだをならさず、けんおう《玄応》のあめ《雨》つち《土》をくだかず、せきのとざさぬみよとかや、しかるにのぶたか《信隆》の御よとなり、ゆみやのくふうわかくして、うつろ《洞》のひやうぎとり〴〵なり、いへにつたふるらうどう《郎党》の申すぢをばあしきようにきこしめし、きのふやけふのわかとの《若殿原》わらの申ぜう、しやうり《条理》におぼしめさるゝは御うんのつくるところなり、こゝにほりのうちくによし《堀内国吉》と申て御身ちかきさぶらひども、のぶたか《信隆》の御まへにひざまづき、わたくしごとに申やう、さても御どうみやう《同名》三郎殿こそきみの御ためには御はくし《伯叔》よくにてまします大がくのすけ《大学助》のぶあき《信秋》、をなじく御そく《息》おゝいのかみ《大炊頭》よしのぶ《義信》にこゝろをあわせましまして、そうりやうの御いへをかたむけんとの御ないだん《内談》すでにらつき《落居》よとうけたまはる、きみは御ぞんじ候はぬかとさま〴〵申

あげければ、のぶたか《（信隆）》きこしめし、しもとしてかみをはかろうくわんくんは、をのれ《（己）》とめい《（命）》をうしなふとあるもんにはかゝれたり、はと《（鳩）》ゝいふ鳥はさんしのれいぎをみださず、ましてにんかい《（人界）》にしやう《（生）》をうけ、ぶゆうのみちをぞんずる物が、かみをはかろうためしなし、此ことせんしてあしかりなん、いそぎたいじをくわへよとほりのうちくによし《（堀内国吉）》によしりやうじをもつて、ごとう《（後藤）》、つるみ《（鶴見）》りやう人の物どもにおほせくだされけるやうは、さてもみづからのぶしげ《（信茂）》はそふ《（祖父）》こつにく《（骨肉）》のすぢめ《（筋目）》をわすれ、とうけ《（当家）》にむかつてゆみをひき、やをはなたんとのくわだて、ひとへにてんま《（天魔）》のしよぎやう《（所行）》なり、ひどう《（非道）》のそし《（庶子）》をすておゐて、だうり《（道理）》のそうりやう《（惣領）》のいへにまいらんか、ひだう《（非道）》のそし《（庶子）》をとりたてゝ、だうり《（道理）》のきみ《（君）》をすてべきか、いそぎおうけを申べしとて、かさねぐ〱の御つかひたて、ごとう《（後藤）》、つるみ《（鶴見）》りやうにん《（両人）》の物どもはとあるところへあつまりて、一どうに御かへり事をこそ申あぐ、われらりやう人と申は御せんぞより此かたしも《（下）》のみうち《（御内）》にわけられ申候人はかみ御一だいにてましませば、

とりのそうよく《（双翼）》くるまのりやうりん《（両輪）》とあをぎ中候、しかりとは申せども、のぶしげ《（信茂）》御ひだう《（非道）》のぎやうたゞとにかくにのぶたか《（信隆）》の御こゝろをばそむき候まじと申あげけることばこそひとへにのぶしげ《（信茂）》の御うんのつくるところなり、さるあいだのぶたか《（信隆）》はなゝめならずによろこびて、くによし《（国吉）》をはじめとしておもてもふらぬつは物を三十よにんすぐりて、夜はんをまぎれにさゝご《（笹子）》のしやう《（城）》へしのばせ、つるみ《（鶴見）》がなかのてい《（亭）》にかくしをき、ぢぶん《（自分）》をこそはまちいたり、あらいたわしや三郎殿、これをばゆめにもしらずして、よひにはしゆえん《（酒宴）》らんぶ《（乱舞）》にてよなか《（夜中）》にもなりければ、すこしまどろみ給ひしに、あしきゆめを御らんじてかつぱとをきさせ給ひて、みだひどころ《（御台所）》にうつりてゆめ物がたりありけるは、さてもみづからはきやう《（興）》がるゆめをみて候、こしのかたながふたつにをれ、しろきはと《（鳩）》がひとすがい《（一番）》、まくらのうへにとびきたり、びん《（鬢）》のかみをぬきもつて、にしひがしへさると見て、むねうちさわぎて候うなり、みだひどころ《（御台所）》はきこしめし、それゆめと申はしん《（心臓）》のざうようきをえんじてみ

へ候、かたなのふたつにおるゝと見給ふはめでたきずいそう(瑞相)にてましますぞ、むかしばくや(莫邪)がうちしつるぎ(剣)こそしけん(雌剣)ゆうけん(雄剣)とてふたつのたからになるとかや、しろきはとを見給ふはゆみやをまもりおはしますいわしみづ(石清水)のけしん(化身)にて、きみのくらゐをひきあげてにしやひがしのたいしやうに申さんためのずいさう(瑞相)なり、なにかくるしく候べき、はかなかりけることのはの、かりそめぐさのわかれとは、のちこそおもひしられたり、さるあいだのぶしげ(信茂)は御しんじよ(寝所)にたち、たちかへりすこしまどろみ給ふそのひまに、三十よ人のつわ物ども、さゆふのかべをしのびこへ、ときをわつとぞつくりける、いたわしやのぶしげ(信茂)はときのこゑにおどろきて、いかに〳〵とのたまへば、よせてのつは物申すやう、ごとう(後藤)、つるみ(鶴見)二人の物、こゝろかわりをなし申御かいしやく(介錯)にまいりたり、はや御はらをめされよとてこゑ〳〵によばはりけり、三郎殿はきこしめし、ぜんごふかくのやつばらにむかつて、ことのしさいをちん(陳)ぜんはむねんのしだひとおぼしめし、九寸五ぶんをするりとぬき、はら十もんじにかききりて、五ざうをつかみいだして四はうのかべへなげつけ、とうこく(当国)のめつぼうとこれをさいごのことばにて、うつむきになつてぞふし給ふ、つは物どもは此よしをみまいらせ、御一け(家)のきみにてましませば、なみだをながしてかへりける、さればしやくそん(釈尊)あちやせ(阿闍世)をきやうげ(教化)し給ふことばにも、せんねんあくしゆ、いんあくしゆ、しねんめつとゝかれたり、此もんのこゝろをあんずるに、ぎやくしんなき人をがいすれば、をんてきとなつてがいをくわふ、ぎやくねんある人をがいすれば、をんてきとなることなしとほとけもこれをのべ給ふ、かの三郎のぶしげはそうりやうのいへ、さくらのさかりの花のにほひなきをつねにはなげき給ひしに、よしなき物のいつわりにてうしのふ、とがのむくいのくものぶたか(信隆)の御身にはやくうけさせまし〳〵て、ほどなくむなしくなり給ふ、ちうげん(忠言)みゝにさかふ、よはろうやく(良薬)ともににがしとはいまこそおもひしられたり、さるあいだごとう(後藤)、つるみ(鶴見)りやう人のともはうへみぬわしとふるまひしを、三郎殿のざんこん(残恨)の御たましい、くさのかげにてむねんとやをもはれけん、けんもちこうち《（監物河内）》がしんちう《（心中）》にいりかはらせ給ひて、さてこそこうち《（河内）》きやう《（興）》がる心いできたり、さても三代のしゆくん《（主君）》をごとう《（後藤）》、つるみ《（鶴見）》がしたのねのさんずん《（三寸）》のとがにてうしなひ申といひながら、とりわけつるみ《（鶴見）》がぢやうない《（城内）》にて御しやうがい《（生害）》にてましませば、けんろう《（堅牢）》ぢしん《（地神）》すいくわしん《（水火神）》、さてはわこく《（和国）》の大小しん《（神）》もさぞなにくませ給ふらん、てんどう《（天道）》かなわぬ人々のきやうだい《（兄弟）》をとりたてゝ、いへをつがせんものうさよ、ごとう《（後藤）》はきこゆるゆみとりにてきみによしあるかたなれば、かの人々のさんなん《（三男）》にかめわかまる《（亀若丸）》と申て十三さいになりけるを、むこぎみとごうしてすでにしよりやう《（所領）》をわたさんとす、しかるにごとう《（後藤）》がにようばう《（女房）》はつるみ《（鶴見）》がためにはあねごぜん《（姉御前）》、此ことをきくよりもひやうごのすけ《（兵庫助）》にさしむかひ、うちなげいて申やう、まことやらん、よの中にはぢよく・あいよく・さいよくとてみつのよく《（欲）》のそのなかに、さいよくと申はこいしきなかをうとくなすなかだちなり、つたへきく五郎のみやはきやうだ

いふわにましましてみとせ《（三年）》たゝかひ給ひしも、りやうち《（領地）》のゆへとうけたまはる、げんぺいりやうかのあらそひも、しよりやうのたしやう《（多少）》ときく物を、かのしたのこ太郎がをやまにとつてながされしも、しよりやう《（所領）》をあらそふゆへぞかし、此ことさしをきたまはずば、れんりひよく《（連理比翼）》とちぎりおくきやうだいのたまてばこ《（玉手箱）》、あわぬなりともなるならば、みをやともにくさのかげにてふかくうらませ給べしとかきくどきつゝいひければ、ごとう《（後藤）》此よしうちきいてあざわらつて申やう、とうこく《（当国）》にてわれらにゆみをひかん物はあくりう《（悪竜）》のひげをなで、みやうこのをゝふむごとし、ましてつるみ《（鶴見）》におゐてをや、けいくわう《（蛍光）》が月にあらそい、とうろう《（蟷螂）》がをの《（斧）》とかや、なにかをそれの候べき、すでにしよりやう《（所領）》をうけとりしはなかを《（中尾）》、さゝご《（笹子）》両ぢやう《（城）》の、ひとへにたえんなかだちとのちこそおもひしられける、さるあいだつるみ《（鶴見）》此よしきくよりも、しやてい《（舎弟）》の三郎をちかづけて申やう、まことやらんこうち《（河内）》はなんぢかしよりやう《（所領）》をとりはなし、ごとう《（後藤）》がさんなん《（三男）》かめわか《（亀若）》をむこぎみとなづ

けて、しよりやう《所領》をゆづるとうけたまはる、きやうだい《兄弟》となる事はさんぜのちぎりあさからず、三郎がぢよく《辱》はわがはぢ《恥》にあらずやと大かくふしの人々を、しゆくん《主君》とたのみまいらせて此ことをなげきしに、よろこびの御かへり事きたれば、きやうだい《兄弟》の物どもはなのめならずによろこびて、さあらばいろをあらはせとて、けんもちこうち《河内》がほりのう《堀の内》ちへをしよせて、ひとつものこさずやきはらふ、ごとう《後藤》此よしきくよりもいそぎおたき《小田喜》はせまいり、とものぶ《朝信》に申あくるやう、さてもたくみのすけ《内匠助》は三だいのきみの御めいをたち申、てんたう《天道》をもはゞからず、いくほどなくして御とうけ《当家》にむかつてゆみをひかんてはじめに、こうち《河内》がざいしよへをしよせて、ひのてをあぐるのぢやう《条》きつくわい《奇怪》なり、いそぎ御たいじあるべしとまつさかさまに申なす、とものぶはもとよりもごとう《後藤》がためにはむこぎみにてましませば、げにもとおぼしめされけん、さうしう《相州》へししや《使者》をたて、ほうぢやう《北条》のしん九郎うぢやす《氏康》に人しゆを申こわれけり、ほうぢやう《北条》殿はきこしめし、さあらばうつてをむけよとて、御どうみやう《同名》ほうぢやう《北条》の九郎うぢたねに一まんよきをさしそへらる、しもつさ《下総》にはちばのすけ《千葉介》、三ぜんよきをたなびきて、ころはてんぶん《天文》十二年ふみ《文》月上じゆんに、秋かぜともろともにさゝご《笹子》のぢやう《城》へをしよせて、ときをわつとぞあげたりける、つるみ《鶴見》はもとよりまちもうけたることなれば、ちつともさわぐことはなし、いで〳〵よせてのたいしやうにけんざん《見参》せんといふまゝに、くろかはおど《黒革威》しのよろひをばくさずり《草摺》ながにさつくときとつて、うわを《上帯》びちやうとしめ、三じやく《尺》一すん《寸》そうらいけるしやくだう《赤銅》づくりのたち《太刀》をはき、おもてのやぐらにつつとあがり、たいしやうぢん《陣》にむかつて申やう、さてもつるみ《鶴見》はしやうし《小身》んにてはそうらへども、なを《名》こうだい《後代》にのこさんことのうれしさよ、とうごく《当国》のたいしやうをひきうけ申候うだにもよのめんぼくとぞんずるに、ほうぢやう《北条》ちば《千葉》のりやうたいし《両大将》やうを申うけ、きよきうちじに申さんこと、なにごとかこれにしかんや、さりながらいのちがふたつほしうそうろふ、一をば此ぢやう《城》中になげすて、一をばのこしをき、ともの《朝信》

ぶの御ゆくすへをみまくほしゆう候、ゆへをいかにと申に、ていしやう《（貞松）》はかれ《（枯）》んとてはみどり《（緑）》すくなし、くんわう《（君王）》はほろびんとてはちうしん《（忠臣）》をうしのふとあるもんにはかゝれたり、ふちう《（不忠）》の物のいつはりにてちうしん《（忠臣）》ひさしきつるのこをうしなひたまはは、きみが世のあつぱれほどは候まじと申せしことばのすへのよに、けにもとおもひしられける、

かゝりけるところに、たいしやうぢん《（陣）》のうしろよりごとうひやうご《（後藤兵庫）》となのつて大をんあげてよばゝるやう、三だいさう《（代相）》のきみにむかつてさびやをいかけしろうぜき人、はやせめころせとげちすれば、四はうよりもときをあげ一どうにせめのぼる、つるみ《（鶴見）》此よしみるよりも、やぐらよりもとんでおり、さんにんばり《（三人張）》に十三そく、とつてからりとうちつがひ、おもてにすゝむつは物をさしつめひきつめさんぐ〱にいたりける、せいひやうにいたてられてせめしらんでぞ見へたりける、とものぶ《（朝信）》は御らんじて、つのたて、はこだて、しないだて、もつたて、かいたてをとり《（鳥）》のはがい《（羽交）》につきしぼりたんだせめよとげちし給ふ、のぶながはこれをみて、たとひきんざんてつぺき《（金山鉄壁）》をたてにつくとは申とも、ひとまどはやぶらんとよつひきすましてはなしける、そのやがはしりわたつて十八まいのかさねたてをはらり〱とやぶりのけ、一ぢんにすすんだるごとう《（後藤）》がよろひのくさずり《（草摺）》をひやうふつといぬゐて、うしろのかわらおもてひばな《（火花）》をちらしてたつたりける、ごとう《（後藤）》おうきにおどろきて、いのちをまつとう《（全）》もちてこそほんいをばとぐべけれとはるかにしばゐ《（仕場居）》をひいてのく、かれがやさきにおどろきて、はんくわい《（樊噲）》、ちやうりやう《（張良）》、ようゆう《（養由）》もおもてをむけべきやうぞなき、ほうぢやう《（北条）》殿の御げちにて、みちやう《（実城）》のほりそこ《（堀底）》よりすきくわ《（鋤鍬）》どもをそろへて、たかき山をほりかへせば、つち山のかなしさはいちどにへいち《（平地）》とくづれゆく、つわ物これをたよりとして、みちやう《（実城）》をさしてせめのぼる、つるみ《（鶴見）》此よしみるよりもかなわじとやおもひけん、わがやどさしてはしり入、三だいけいやく《（契約）》つかまつるちようよくわしやう《（和上）》と申て、ぢやうど《（浄土）》のちしき《（知識）》のましますにさしむかひて申やう、ねんらいたのみたてまつるさいごの十ねん《（念）》、

たゞいまなりとこうたりける、ひぢり(聖)此よしうちきいて、つるみ(鶴見)をすゝむることばには、りけん(利剣)そくぜみだ(弥陀)がうときくときは、かたきにむかつてうつたち(太刀)をば、みだ(弥陀)のりけん(利剣)とくわんずべし、かたきをむみやうとこゝろへて、一しやうしやうねんさいかいぢよときりはらい候べし、しゆゆ(須臾)のあいだとくときは、まなじりをてんぜぬあいだにむじや(無常)うのさとり(悟)をひらくべし、此ほつし(法師)もほどをへず、一れんたくしやう(蓮托生)のさんくわい(参会)をとぐべしとてころものそでをしぼられけり、つるみ(鶴見)此よしみまいらせ、はや〱いと(暇)ま申とて御まへをたちけるが、さすがをんあいのきづなきれやらで、なかい(仲居)をはるかにみわたせば、としごろのにようばう(女房)とおぼしくて、十や七のわかともをまへにおつたてはせきたり、たくみ(内匠)がさゆうにひきすへて、のふいかにたくみのすけ(内匠助)、此わかどもたすけをき、かたきのてにもわたるならば、うたかのゑ(鵜鷹)をうつやうにうたれんことはむざんなり、たゞいま御身のてにかけて、ふしもろともにひきつれて一つみちへもゆきたまへ、さて身づからはわごぜんとかいらう(偕老)をちぎること、二八三四のはるのよの、ゆめばかりなるかりのよに、けんぢよ(賢女)のなをばながすまじと、きぬとつてなげすてぢがい(自害)せんとみへけるを、おまへなかい(仲居)のにようばう(女房)ども、つるぎをうばいとりければちからをよばず、にようばう(女房)はなくよりほかのことはなし、つるみ(鶴見)此よしみるよりもいそぎざしきをはしりいで、おもてをさしてゆきけるが、まてしばしわがこゝろあすをもしらぬおい(老)のはゝ(母)に、さいごのいとま申さんとはゝ(母)のすみかにはしりいり、いまはこうとぞ申ける、はゝ(母)は此よしみるよりも、やゝいかに五郎殿、つれなきいのちながらへて、かゝるうきめにあふさか(逢坂)のせきもり(関守)も、わが子をとむるよしもがな、いまはなれていつのよに、御身のすがたをみるべきと、よろいの袖にすがりつく、つるみ(鶴見)此よしみまいらせ、ゑしやぢやうり(会者定離)ときくときは、あふはわかれのはちめなり、ふかくなげかせ給ひそと、ふりきつてはしりいで、いのちをかるこめくるわにはせあがり、にしひがしをみてあれば、うんかのつわ物どものがさぢとせめのぼる、つるみ(鶴見)此よしみるよりもひごろならい(習)しなぎなた(長刀)をみづくるま(水車)にまわして、よせきたるかたきをにしひがしへおつつめて、さんをみだしてきりふする、いくさなかばとみへしとき、なぎなたふたつにうちをつて、いまはちからもつきはて、、にしにむかつてねんぶつし、こしのかたなをするりとぬき、はらをきらんとおもひしに、ほうぢやう(北条)殿の御うちに、はぎはら(萩原)となのつてつるみ(鶴見)がまへにはせきたる、つるみ(鶴見)此よしみるよりもから〳〵とうちわらい、こしふせんときくときはさいほう(西方)まつたくとをからず、らいごう(来迎)さらにうたがはず、ひつとく(必得)おうぢやう(往生)かんせん(眼前)たり、きやくそくせしゆん(逆則是順)ときくときはかたきもすなはち一れん(蓮)のうてな(台)のえん(縁)をむすぶべし、はやくびとれといひければ、はぎはら(萩原)うしろへとびこへて、かぶとのしころ(錣)づきよりもみづもたまらずうちをとせば、くびはむかひにをちけれども、ねんぶつのこゑたへもせず、みる人きく人もろともに、それゆみとりとなる物はたれもこうこそあるべけれとほめぬ人こそなかりけり、

さ、ごおちをわんぬ、

○二二　なかをおちのさうし　○静嘉堂文庫蔵

なかを(中尾)おちのさうし

かくてひやうごのすけ(兵庫助)は、おもふほんもう(本望)とげければ、あんどのおもひなすところに、こゝに大がくのすけ(大学助)の御ちやうには、さてもつるみ(鶴見)きやうだいは、われらふし(父子)の物どもを、はんしとたのみしかひもなく、かたきにうたせしむざんさよ、いそぎごとう(後藤)をたいじして、たくみ(内匠)がしゆら(修羅)のきうえん(旧縁)を、しづめばやとぞんずれば、はうぜう(房州)へしし(使者)やをたてよしたか(里見義堯)に此よしかくと申されければ、よしたか(義堯)きこしめしてりやうまさき(両正木)におほせつけ、一千よきをたなびきて、ころは四月のくもま(雲間)より、はつほとゝきず卯の花の、いろかをかくしてときのまに、なかを(中尾)のぢやう(城)へおしよせて、ときをどつとぞあげたりける、おりふしぢやうな(城内)ひ(ろカ)にはほうぢやう(北条)殿のみうち(御内)にあしがる(足軽)大将ふくむら(福室)たちわき(帯刀)

ざへもん、七十三きにてこもりける、さるあいだごとう《後藤》は、
ふくむろ《福室》ともつ《ろカ》ともにやぐらにのぼり、かたきの人しゆを
つもらんとはるかに四はうをみわたせば、よたはやしのひ
よさきに、おうまく《横幕》みへ《三重》にうちながす、はうぜう《房州》のたいし
やうよし《義堯》たかの御ぢんしよ《陣所》とおぼへたり、まつやまをくだ
りには大がくのすけ《大学助》のぶあき《信秋》二百よきにてひかへたり、せ
きぐちのつゝみには、おゝいのかみ《大炊頭》よしのぶ《義信》三百よきにて
かためらる、おうはたけをくだりには、はうぜう《房州》のぢう人
にまさき《正木》大ぜん《膳》ときしげ《時茂》、おなじくしやうげん《将監》ときまさ《時昌》、
をなじく十郎ときたゞ《時忠》七百よきにてぢんをとる、ふくむろ《福室》、
ごとう《後藤》にむかつて申やう、そうぢんをみわたすに千四五百
きによもすぎじ、ほりをこゑんそのあいだ《は脱カ》ゆみをそろへて
いてとるべし、きてごろにもなるならば、いしゆみをはな
しかけ、四ほうのほりへうちひてよ、つゞいてのぼること
あらじ、ばんとうむしやのならひにて、ちうちんふすきて
あるあいだ、みやうにちにもなるならば、たつ田はつせ《初瀬》の
もみぢばの、あらしにあふてちるごとく、みなちり〴〵に
ひくならば、此ちやうかんようきうたるべしと、ごとう《後藤》に
ちからをあわせける、ごとう《後藤》なゝめによろこびて、おもて
のぢんにさしむかい、大をんあげてよばゝるやう、のふい
かにはうぜう《房州》のめん〳〵ぢう《面々中》、かけあいの一せんは、た
び〳〵におよんでまいりあふ、ぢやうくわく《城郭》のせめあひは、
これがはじめにあるらんに、かゝるわづかのほりのうち、
いそぎせめとり給ふべし、まいりあはんといゝすてて、や
ぐらのいたをたゝいて、てきをろうするふぜいなり、
よしたか《義堯》此よしきこしめし、にくき物のことばざし、は
や〳〵せめよといかり給ふ、うけたまはると申てそうぢん
はうつたちて、ひた〳〵ときてにつく、たいしやうよした《義堯》
かは、はうぜう《房州》かげ《鹿毛》と申てはやみち《早道》のありしに、きんぷく《金覆輪》
りんのくら《鞍》しかせ、わが身かるげにゆらりとのり、そうぢ
んをかけまはし、げちし給ふやうは、一まいはぎのわたし
だてを、まつかう《真向》につきかざし、おもてもふらでせめのぼ
れ、かべぎはにもなるならば、たて《楯》をばすてゝ、しこる《凝》べし、
おくびやうもかうみやう《功名》も、けふこそみ物に候よと、げち

してこそとをり給ふ、さるあいだつわ物どもはわれも〱とせめのぼる、たいしやく《帝釈》しゆら《修羅》のたゝかいも、かくやとおもひしられたり、きてごろにもなりしかば、かべにつけたるだうつき《胴突》どもばらり〱ときりをとす、ごとう《後藤》がうんのきわめには、きてにうて、をどりこへ、むしやにはさらにあたらさり、これをきをひ《競》にせめのぼる、ごとう《後藤》此よしみるよりも、ふくむろ《福室》がよろいのそでをひきとめて、のふいかにたちわき《帯刀》殿、とてもいのちをたぶならば、いそぎみちやう《実城》へはせあつまり、さいごのいくさつかまつり、しゆらだう《修羅道》のみやげとして、ひとつみちへといゝければ、ふくむろ《福室》はうちきいて、いへをいでしその日より、きん花のいのちをばわがきみにたてまつる、御身とわれともろともに、ひとつしば《一仕場》よといゝすてゝ、みちやう《実城》をさしてひいている、さるあいだかたきは、四はうよりもせめいれば、ひばなをちらすありさまは、しゆらだう《修羅道》よそになかりける、かたきはあらてをいれかへければ、みかたはしだひうすくなる、あるひはうちじにするもあり、あるひはいけどらるゝ物もあり、いまふくむろ《福室》はたゞ一人にうちなされ、ぼうぜんとしてたつたりしが、さいごのいくさとおぼしくて、ひとゝせおやにて候物、みうら《三浦》のしろ《城》をせむるとき、さきがけ申せしはなむけに、こどの《北条氏綱》よりもたまはりけるこなぎなたの候を、ゑながく《押取延》をつとりのべつゝ、にしよりひがしへ一もんぢ、きたからみなみへ十もんじ、やつはながた《八花形》といふまゝに、さん〲にきつてまはりしを、物によく〱たとふれば、ゑんこう《猿猴》がきゝ《木々》のこずへをつたつて、かせかかすみをたなびきて、ひともみもんだるごとくなり、いまはちからもつきはてゝ、九すん五ぶんをするりとぬき、はら十もんぢにかききつて、ちのいきをほつとつき、こうじ《口上》やうにだいもく《題目》十ぺんばかりとなへつゝ、いぬい《犬居》になつてふしけるを、みだれあふてくびをとる、かのふくむろ《福室》がさいごのしぎ《時宜》、ほめぬ人こそなかりけり、かくてごとう《後藤》もふくむろ《福室》と、おなじまくらとおもひしが、まてしばし、わがこゝろいのちをまとふもちて、かめ《亀》はほふらい《蓬莱》にあふとかや、こんどのいのちたすかりて、そのほんもう《本望》をとげんと、こゝろのうちにぞんずれば、きぬとつてかみにかけ、ほりをしのんでをちてゆく、まさき《(正木)》十郎これをみて、あやしきもののすがたかな、あれを〳〵といゝければ、ろうと《(郎党)》うぜんごにかけふさがる、ごとう《(後藤)》せんかたなきまゝに、すかしごゑにて申やう、のういかに人々、ごとう《(後藤)》殿のをんう《(御内)》ちにこふでと申おうな《(翁)》なり、たすけ給へといゝければ、十郎此よしきくよりも、おうふでもこふでもまづとらへてつらをみよと、きぬひきのけてみてあれば、ごとう《(後藤)》がをちゆくすがたなり、十郎こゝろにおもふよう、それゆみとりと申は、きのふは人のうへ、けふはわが身のうへなれば、たすけばやとぞんじて、さゆうをきつとみてあれば、みねが《(嶺上)》み・さぬき《(佐貫)》のつわ物ども、きつさきをとゝのへて、のがさじとまちゐたり、いまはちからもをよばねば、のういかにひやうごのすけ《(兵庫助)》、これにてのがし申とも、ゆくさきにてうたれん事、ひつち《(羊)》のあゆみ《(歩)》ひまのこま、ほどはあらぢとぞんずれば、みづからがてにかけて、ぼだいをとうてまいらせん、ごとう《(後藤)》此よしきくよりも、なさけある人のことばか

な、みづからもぢやうない《(城内)》にてはらをきらんとおもひしが、こんどのいのちたすかりて、そのほんもう《(本望)》をとげんとぞんずるに、ぢせつ《(時節)》のがれがたふして、いけどらるゝ、さいごのしぎ《(時宜)》、めんぼくのうこそ候らへ、さりながらくるしくも候はぬ、いにしへをつたいてきくに、もろこし《(唐土)》のくわんわう《(漢王)》は、しかうのいくさにうちまけて、ぢかうのせきをしのびしを、おつつきてからめとる、くわんわう《(漢王)》さいごのことばにも、くんむいのちをおしまず、をしむはこうけい《(後継)》のためなりと、のこしをかれて候、とをからずわがてう《(朝)》には、みなもとのよしつね《(源義経)》、むねもり《(宗盛)》をいけどつてかまくら《(鎌倉)》にくだるとき、けいごのぶしどもよりあふ《(寄合)》て、むねもり《(宗盛)》はいのちをおしみしゆへにより、いけどらるゝと申せば、むねも《(宗盛)》りきこしめし、あるもんをひいてのたまわく、みやうこしんざん《(深山)》にあるときんば、ひやくじゆ《(百獣)》これをおそるゝ、みやうこあなにあるときんば、を《(尾)》ゝひいてしよくもとむる、むねもり《(宗盛)》もいにしへは、へいけ《(平家)》のみやうしやうとて、くんむのをそれをえたりしが、いまげんぢ《(源氏)》のくわいきやうにを

ちて、みやうし《こカ》のしよくをもとむるふぜいなりとのたまへしも、いまのぶやす《信安》が身のうへに、おもひしられてあはれなり、のういかに十郎殿、五人のこどものそのなかに、一人もとうぢんへいけどつてましまさば、ばんじはたのみたてまつる、たすけおゐてしゆけ《出家》になし、じやうきやうの一くわんをもよきにかくして、のぶやす《信安》がぼだひをとうてたび給へ、はや〳〵いとま申とて、にしにむかつて手をあわせ、ねんぶつのかずつもりしに、十郎てづからたちをとり、たゞひとかたなとみへつるとき、四十五さいの花ざかり、ぢやけん《邪見》のあらしにちりをつる、こゝにごとう《後藤》がすへの子に、こまわかまると申にて、物のあはれをとゞめける、めのと《乳母》のにようばう《女房》にいだかれて、いづちへもしのばずしてぐにん《愚人》なつ《夏》のむし《虫》とかや、かたきの五郎がひかへたる、をもてをさしておちてゆく、ひとへにうんのきわまりなり、五郎此よしみるよりも、めのと《乳母》のかたよりひきをとす、こまわかなんだ《涙》のひま《隙》よりも、のういかに五郎殿、ちゝごはかたきにましますとも、はゝ《母》わ、御身のをばご《叔母》ぜん、をばはをやにてましまさぬか、をいはこにては候はぬか、われらもそでのうつりかの、したしきなかにて候を、ちゝごにうらみのあればとて、なさけなきふるまいやと、をとなしやかにいゝければ、さしもにごうなるものゝふも、ともになみだをながしつゝ、たすけばやとおもひしに、のぶあき《信秋》の御ぢやうには、かたきのすへにて候らへば、はやがい《害》せよとのたまへば、五郎もちからをよばずして、ゐいいかにこまわかよ、たすけとうはおもへども、こゝろにまかせぬよのならい、はやさいごよとすゝむれば、こまわかなみだ《涙》のひま《隙》よりも、みだれしかみをたかくあげ、かやでのようなるてをあはせ、なむあとばかりをさいごにて、花のこずへはちりおつる、めのと《乳母》のにようばう《女房》これを見て、しがい《死骸》にわつといだきつき、ひとつみちへとなきなげく、げにだうりともなか〳〵に、申ばかりはなかりけり、かくてそうぢんのぐんびやう《軍兵》ども、たいしやうぢんへはせあつまり、くびのぢつけん《実検》なかばとみへけるところに、こゝにきたのかたよりも、くろくも《黒雲》ひとむらとびきたり、御ぢんのうへにを、いける、しよにん(諸人)きやうをなすところに、かのくろくものうちよりも、三郎殿(武田信茂)の御たましい、たんこんき(胆魂鬼カ)といふをに(鬼)、あらはれ、てんちもひゞけとよばゝるやう、しう(主)にふかう(不孝)のやつばらをば、かくこそはかろふ物なれど、いまはこゝろやすしとて、みやうくわ(冥加)のいきをほつとつき、なるいかづち(雷)やでんくわう(電光)のひかりをはなして、なかを(中尾)、さゝご(笹子)のりやうぢやう(両城)を、やゝしばらくなりわたり、ほくはうさしてひいてゆく、ぢん中の人々は此よしを御らんじて、あら人がみやをに(鬼)やとて、身のけもよだつばかりなり、さるほどにごとう(後藤)、つるみ(鶴見)りやうにん(両人)のたへはつるありさまを、物によく〳〵たとふれば、せつせん(雪山)のめいみやうち(命命鳥)よう、どくやく(毒薬)をふくして、をのれ(己)とめい(命)をすつるとかや、しゆくん(主君)にうとき御ばちの、いまめのまへにあらはれて、たまをみがくりやうぢやうに、くさぼう〳〵としてとう人さらになかりけり、これをみる人々は、きみのごめいにしたがいて、ちうこう(忠孝)をかさねば、げん世にては、ゆみやのほまれをよものほかにめぐらし、とうらい(当来)にては、一ぶつとのかくごの月をながめつゝ、きみ(君)もしん(臣)ももろともに、二せあんらく(安楽)のちぎりは、あにうたがいのあるべき〳〵、かなづかいほんのごとくうつしまいらせ候

てんしやう十五ねんひのとのゐ十月十三日

右笹子中尾二冊子井上作左エ門本伝写了

文化八年辛未七月一日　中山信名

○二三　小弓御所様御討死軍物語

○続々群書類従史伝部三

頃は天文七年戊戌《つちのえいぬ》、春も半の折節、下総の国とかや、国府台といふ所、元は上杉の家老太田道灌さうとう取り立ての古地なり。今は小弓の御所様御取り立て候ひて、武蔵の国江戸の城に差し向つて御旗を立てさせらる、北条左京の大夫氏綱は、伊豆・相模・武蔵三箇国の守護たりと雖も、御所様へ対し申し、緩急を構へず。数度に及び、奏者を代へ、手を変へ、さま〴〵御赦免の段申上げ候へども、小弓

様御見聞は、一たび鎌倉に御座を立てられ候て、東八州を召し置かれ、日の下の将軍と御覚悟定まる御事なれば、御赦免の儀は更になし。然る所に、古河の御所晴氏様と、小弓の御所義明様、年月御仲不合《ふあひ》なれば、古河様より小弓様を御追討あるべき御内書ども、氏綱に下され候へども、氏綱見聞は、「上は御一代、下として慮外を存ずべきにもなければ」とて、御赦免の儀申す。すぢめはうちをかすゝしかども、下総の軍兵等、鴻の台へ寄せられ、上野・下野・甲州・駿河、同日に氏綱分国へ御乱入の催し御議定なり。その上は、氏綱、「日月延びては叶ふべからず」とて、江戸川越両城へ、やがて兵粮《ひやうろう》を籠め置き、堀を掘り、櫓《やぐら》を上げ、普請してこそ構へけれ。時に至つて十月七日に、氏綱は鴻の台に出陣す、彼の鴻の台といふ所は、江戸の城より程遠さ三十余里と申すなり。隅田川の水上《みなかみ》猿が股といふ所より流れ、分れて市川、中川、浅草川とて、三筋四筋の大川、潮の満干に渡《わたり》なし、浅草川に船橋を架け、市川・中川は潮の満干に渡ありとは申せども、猿が股へ差し上り三十余里を打ち廻り、在々所々を放火あるべき評談し、鴻の台のつゞき、松戸の台といふ山へ先勢打上ぐる。鴻の台に御着きありける小弓様は、上総・下総両国の軍手、幷に御習ひ、城を離れて十里ばかり御出であつて、物近に御備へ候ひしなり、七日、巳の刻より申の刻に至るまで、箭軍野伏限りなし、小弓様の御勢は二千余騎といふなり、左京の大夫氏綱は三千余騎にて控へたり。年月御赦免を申す恐れの首尾なれば、真平には打向はず、恐れをなして、物遠に、駒を控へて備へたり、小弓様は、この由を手弱にや御覧じけん、召具せらる、さて又、寄手の兵共は、一ぞくを選りにかす、谷を越え岨《そは》を伝ひ、思ひ〳〵に馬に乗り、相懸りにぞ懸りける、然りとは申せども、小弓様の御勢は、待ち戦と下知なされ、この山よりは高き峰に、小松四五本立ち並ぶ、其の下蔭に、御旗を御立てあつて見えにけり、互に射る矢は雨と降り、天火、稲妻、飛ぶ蛍、いづれを分つ光ぞや、矢叫びの声限りなし、敵味方の放つ矢は中にてやすへ、下へ落つ、内々氏綱見聞は、「此の度の戦を取り掛け申すものならば、年月の御赦免申す筋目は偽りと、上総下総両国の諸侍は存ずべし、引かばや」とは思へども、「此の際引くならば、東八州の軍勢を召具せられて、小弓様明日は鎌倉へ御乱入は必定ぞ、さりとては、よけがたなく、おの〳〵存ずる事共なり、ことさら大河三筋まで後《うしろ》に当て、引くならば、一人も残るまじ」と思ひ定めて、氏綱は手備へをして時を待つ、巳の刻より野伏して、申の終になりければ、北条氏綱は、嫡男の新九郎氏康に団扇を取らせて、「只今」と戦始めて寄せ掛くる、氏綱の足軽言葉戦ひ申すやう「小弓様の御備へ弱々しく見え申す。あはれ御引き候へかし」とて、狂歌一首かくなん、

御所さまの小弓の弱くなりぬれば引きて見よかし力なくとも

小弓様の御足軽も、やがて返歌にかくばかり、

あづさ弓互に引くも引かれねば運の極みは天にあるべし

かやうに詠み連ぬ。御所様の御備へは岩磐石《がんばんじやく》か、鉄《くろがね》の築地などともいひつべし。大木の風に靡かぬが如くにて、槍の柄を膝に載せ、切先《きつさき》を揃へ、兜の錏、鎧の板袖、相々《あひく》、膝を折りてぞ備へたる。寄手の兵これを見て、「叶はじ」とや思ひけん。駒の手綱を掻い繰つて搦手さして馬を入る。物にも慣れぬ小若党、小弓様の御備へ疎懸《まばらがけ》して切り掛る。御所様の御備へ「今は」と見え給ふ。御几辺の方々、鴻の台にはやり物ななわらて、抜手に掛けて一同に切り掛る。氏綱と軍の引き掛け、瀬の習ひ、少し空引きしたりけり。氏綱と氏康の馬廻りはこれを見て、物の具を取り持ちて、一同に攻め掛る。あやなくも小弓様の御勢は崩れぬ。伝へ聞く、其の昔、唐国《からこく》に於て、周の武王と殷の紂王の牧野といふ所にて御戦ひ候へば、敵味方の流す血は海となりて流れしも、この如くにや候ひし。この度も敵味方入り乱れ、鍔を割り、鎬を削り、暫しが程は、敵味方の差別も見え分かざりし事共なり。氏綱の軍勢は弓と槍に左巻きして、二重の四手《しで》を着け、袖印にも采配を切り付けたり。又、合言葉には、「敵かと問はゞ討つと答へよ」となり。其の答へなき者をば見分け見分けて組み討ちする。項羽・高祖が戦ひ、樊

噌・張良もこれより外の事あらじ。氏綱・氏康の下知に従ひ、軍勢は器物《うつはもの》に水の従ふ如くなり。さすが小弓様も日の下の将軍御心掛けの事なれば、一族も御御館《おんみたちの》退かず。戦の勝劣は世の習ひなれば、定めなくして御所様負けさせ給ふものなり。立所《たちどころ》にて御父子御舎弟の基頼様御討死なされけり。御痛はしとも、なか〳〵申すに尽きせざりしなり。又奉公の方々、国方の面々、悉く御供あり。心なき雑兵は、逃死《にげじに》には討たれぬ。氏綱の軍勢も随分の小者討死仕り、戦場の有様、太刀の折、槍の折、算を乱すが如くなり。御所方の御勢、早馬に打乗りて、逃げ延びて行くもあり。其の中に町野の十郎と申せし人、小弓様御父子御討死承りて、三日過ぎて検見川といふ所にて追腹を切れりとかや。比類なき働きなり。明けて八日、辰の刻、鴻の台へ打入りて、首を集めて数見れば、一千余と注文あり。小弓様御父子の御首級《みしるし》、日の下の将軍古河の御所へ持参あり。か丶りける所に、諸奉公の方々、又、国方の面々の首共を此所に尋ねて、出家たち鴻の台へ寄り来り、首を見分けて、とり〴〵に衣の袖に押し包み、かたわらさして、わうらい丶丶しは三まいに押し隠し、念仏するぞ哀れなる。小弓にましまし御台方、これをば夢にも知し召さず。月を眺めて花に愛で、思ひ〳〵の御遊び、思し召し寄らざる折節、御所様の年月御秘蔵召されし月毛の馬、所々に薄手負ひ、紅に身を染め、御厩さして駈け入りぬ。御台様に申し上ぐ。時の移れば逃げたる雑人どもは駈け廻り、「今は叶はじ、片時も忍ばせ給へ、御台」とて、御手を引きて出でければ、十や五つの若君様、過ぎ来し方は御庭の白砂《しらす》をだにも踏み給はず。「何と歩ませ給ふべき」と、西や東と立ち迷ひ、「御乳《おち》」や「乳人《めのと》」と声々に、叫ばせ給へど甲斐ぞなき。かくてあるべきことならねば、山路を指して落ち給ふ。卑しき賤に打紛れ、行方も知らぬ遠き野を辿り給ふぞ哀れなる。御所様の御事は、昔も今も習ひとや、御心を寄せ給ふ思ひ人は数十人。其の中に、年の頃二十ばかりの女房の、思ひ立ち給ふやう、「いつまで生きて、いつの世に、誰に契りてあるべき」と、二つなく思ひ切り、御自害と申すなり。一両日も前頃とか、鴻の台より、御所様の御台へ文を参らせけり。「軍の習ひ定めなし。若し討死もあるならば、上総・下総両国の請侍は、氏綱が旗本へ集るべし。たとひ年月敵なりとも、北条氏綱は情の深き武夫と伝へ聞し召さるれば、尊き寺へ御身を寄せ、怠らず後の世を願はせ給ふものならば、何の仔細かあるべき」と、繰り返し〳〵筆を尽して書き給ふ。氏綱は此の由を承り及びて、御台方の御座ありける御寺の門前までも、武夫《ものゝふ》の一人も差し遣すことはなし。かくて、上総・下総の卑しき賤の女、賤の男も、親子の行方知らずして、手に持ちたる物取り落し申すなり。折節、七日の夜に入れば、月の光も宵の後、おの〳〵闇路に辿り行く。二つや三つや緑児《みどりご》は、親の行方を知らずして、立所にあこがるゝ。逃げ散りどもに踏み殺され、海辺の砂に埋れて、数を知らずぞ転び死す。怒りて猛き武夫ども、涙を流して打過ぎぬ。かくて、軍の折節、数に勇める武夫どもは、敵の首に物の具を取り添へて、氏綱の陣の前に膝を突く。氏康は是を見て、「今日の高名、甲乙はなけれども、年にも足らぬ若武者の、かくの如くの働き、末代までも頼もしき事なりけり」と感ぜらる。三日過ぎて九日に、小弓の城へ駈け入りに、恐れながらも御所様の御番所に陣を取る。明けて十日、早天に、上総の国の中島に五千余騎にて陣を取る。近辺を放火すれば、藁家一つも残らざり。真里谷八郎太郎信隆、一両年は浪人して、氏綱を頼みて、武蔵の国の傍、金沢に在宿して年月を送りしが、此の時小船に乗り、五百余町の海上を一時に渡海して、陣中へ馳せ参ず。上総の国の諸侍この由を聞くよりも、百騎二百騎引き連れて、「我も〳〵」と氏綱の旗本へ時を移さず馳せ来る。然れば、真里谷、三日も過ぎざるに五百騎になりにけり。年月は信隆を嫉みつる弟の八郎四郎、その外親類、同苗、家の子に至るまで、氏綱と氏康の太刀影に恐れて、総領信隆に悉く膝を折る。下総の国とかや、小弓の城の本主《もとぬし》、原の式部の大夫胤栄、年月は小弓の御所様に国を追はれ申して、此所彼所を流浪し、近年月は武蔵の国へ打越し、氏綱を頼みて、浅草に在宿せしが、程を経て十七年、思はざる所に氏綱と氏康の太刀の光に引かれて、只今小弓へ本位するこそ奇特なれ。三日の中に六千余騎になりにけり。其の外の諸侍千葉の介将胤を初めて、氏綱に向つて互に礼を届けらる。五三日の中に両国を収め、北條氏綱およそ日本に隠れはあるまじ。両国の面々、親類、大名、思ひ〳〵に取り合ひしが、氏綱の下知により、この度悉く一見して、先勢をするとかや。かゝりける所に、鎌倉鶴ヶ岡造立あつて、二千余年、その以後修理もなし。上下の廻廊、瓦、檜皮の破れ落ち、軒は忍《しのぶ》と忘れ草、露や雫の怠らず。「破れ絶えなん其の跡、千草となりて、虫の声物凄くなりぬべし」と、哀れ催す折節、北条氏綱建立を思ひ立ち、断念して礼拝あり。昔は、日本六十余州の大名小名奉加して、頼朝へ奉る。只今の氏綱は、三箇国の守護なれど、たゞひとり思ひ立ち、京番匠、奈良大工、数百人呼び下し、伊豆・相摸・武蔵三箇国の諸職人悉く集つて、海辺近き山々の材木を取り下し、三四箇年に建立あり。「かくの如く、神慮など目の前の事なり」と、貴賤上下存ずるなり。小弓の御所様は、社家様と申して御名乗り候へど、建立造営の趣、九牛の一毛も思し召しは立たれずして、徒に年月を御暮し候ひしなり。北条氏綱は、神忠も深く、子孫にも孝行、諸侍に情《なさけ》のいと深き事ども、筆紙に尽し難きなり。軍は十月七日、同二十三日に鎌倉へ立ち帰り、建長寺、円覚寺、五山十刹の僧中を申さるゝ。京都のしたい頓写懺法、きやうたう親疎、拈香《ねんかう》をなされけり。殊勝さども、なか〳〵申すに尽きざりしなり。小弓の御所様、来世に於ては成仏得脱の台に入らせ給ふべし。北条氏綱は、仏神三宝の恵深くして、百代百孫まで名《みやう》あるべき事ども、眼前たるべきものなり。

天文戊戌十月二十五日。

軍は十月七日寅《とら》の刻、丁《ひのと》の未《ひつじ》の日なり。御所様東御備へ、氏綱は西北丑寅、かくの如く備へ掛り給ひき。搦手は丑寅なりしなり。鴻の台は南、軍場《いくさば》松戸の台は北なり。北より南へ散りしなり。

○二四　千学集抜粋　〇清宮家蔵

一、桓武天皇第五の王子葛原親王一品式部卿宮の御子高見王、無官無位にて失給ふ、葛原第一の王子高望親王十二人の御子おはします、第一に良望親王、第二には国(平)香、第三には良文、第四には良将、第五には良兼、第六には良生《ウラ》、第七にハ良門、第八には良経、第九には上野守良広、第十には常辰文次郎、第十一には駿河十郎、其余ハ女子也、良将鎮守府将軍、将門親王の父なり、

一、良文ハ人王六十代醍醐天皇の御代、奥羽両国を知行して下り給ふ、これによつて良文を陸奥守と申なり、

一、将門平親王ハ、人王六十一代朱雀帝の御時、承平元年に謀叛を起せり、陸奥守良文を伴ひて、関東上野国に乱れいり、上野国群馬《クルマノ》郡府中花園の村、染谷河といふところ、おりしも水まして、吹風なミたかゝりけれハ、たやすくわたすへきやうなし、こゝに十二三はかりなる小童いて来て、此川わたすへしと云、良文・将門の是ほとに水まし波たかゝらむにはいかにと云、さらハ瀬ふみせんものをと、真先かけにけれハ、大将はしめ、これをたのみにわたしにける、水ハ南へと落て、馬のふと腹かゝすにて渡す、国香の大軍はわたしかねて、河のむかふにひかへて、いくさをはしめける、さて染谷川にて、七日七夜のうちに合戦三十四たひなり、みかたハ七騎にうちなされ、良文も落馬しにけるか、心中にきねんしけるハ、此あたりにいかなる仏神三宝おハしますや、いまのたゝかひにちからを合せ給へと、その時、羊妙見大菩薩、雲中より下りまして矢を拾ハせ給ひ、良文七騎に与へ射させけれハ、七騎の声ハ千万騎の声と聞へて、敵のうへには剣の雨ふらしけれハ、敵の大軍ミな度を失ひける、彼七騎は手もおはす、大敵にきり勝給ふ、小童たちまち天に升らむとせしとき、両将ハいかなる神とそ伺ひにける、善哉我こそハ妙見菩薩そ、親王（高望親王也）の妃汝を妊給ふて三月なる頃、此わかむ

なん誕生しなんには、妙見大菩薩の氏子に奉んときせい申給ひしゆへに、染谷河にあらはる国香の大軍かなハすして蜘の子を散らすことく失ぬ国香ハ山中ニひそみかくれぬこの、ちハ、良文・将門の小符《シルシ》には月星こそハと告おハりて失給ふ、さてこそ九曜を家紋とせられける、

聖武天皇勅願所、行基菩薩御創立、神亀五年己卯八月十五日の開基なり、本尊は妙見大菩薩にておはします也、群馬ノ郡府中花園郁ノ七星山息災寺と申、本尊を或説に、美珠香都麿の作とも申、木像七体おハします、中にも、羊妙見大菩薩、即小童と出現し給ふなり、此時御詠歌有、

月星を手に取からにこの家の久しきことはこうかされかす、

さて此已前には松竹鶴なり、五葉のねたけ也、わかきミ御誕生の御時、かならす胞衣に、九曜松竹おはしけると申伝ふ也、是菩薩の守らせ給へる不可思議なり、縦令御嫡子たりとも、後に御家になほらさるハ、松竹はかり也、御誕生に胞衣を洗ひみれは、今にしかありとそ、

一、良文・将門の七騎、既にいくさに打かちて、此ところにいかなる仏神やおはします、と土人にたつねにける、ちかきなるはなそのむら息災寺に、妙見大菩薩おハすとそ、さてかしこにまいり給ふて、七番つゝの小笠懸を射て奉る也、郎等文次郎を留めおきて、つゐには菩薩をぬすみ奉りていいて来よ、といゝ付ける、郎等ハ髪おろし、三年の間そのところに住て後、常住の僧となりてつとめまつりぬ、正月五日しゆしやうをならひ、わか君良文をまもらせ給ひ、菩薩はや出給へと申にける、御戸おしひらき出させ給ふ、文次郎かしこみて、菩薩は七体と聞にしものをと申、されハとよ、染谷河にて矢拾ひけるとき、土のあしに付たりとて、ふミ出し給ふ、これをみとめしりて、御供奉申也、実に承平三年癸巳十二月廿三日なり、平井の簑崎といふ所に一夜おはしまし、さて本所武蔵国藤田かふのおはすとこ

ろ、文次郎いえゐのくらにあんちし奉りて、二人の娘をやおとめとして、みつから太鼓うちて神楽申上る也、秩父の大宮へ移らせ給ふなり、又鎌倉の村岡に移りて村岡五郎と申也、良文鎌倉へ移りし日、八ヶ国を領し、子孫繁昌し給ふ也、

一、良文に御子五人あり、長子忠輔、父にさきたちて失にける、二男忠頼、村岡二郎と申（上野二郎トモ、又上野介、上野のくろトモ、）、三男忠光、権中将駿河守と申（三浦介の祖）、四男忠通、鎌倉平太夫（梶原の祖）、五男景久長江太郎是なり、

一、将門は下総相馬に新京を建て、平親王と号す、相馬小次郎是なり、

一、妙見大菩薩ハ無始無終にておはします也、北天におはすときは、こうかさのかすよりもとめり、閻浮提におはしてハ、七百刧を経給へるゆへ、妙見とハ崇めまつる、これ信敬せんにハ、寿命延久疑なきものなり

一、良文の七騎ハ　陸奥守良文　平将門

上野二郎忠頼　権中将三浦忠光

上野介良経　村岡平太夫忠道

粟飯原文次郎常時

一、三浦の祖三男忠光は将門の乱によりて常陸国に配流せらる、このゆへに常陸中将と申、後赦免ありて船に乗りて三浦の郡三浦にいたり、安房国を知行して三浦に住せり、村岡四郎忠光と号す（にや）父村岡五郎なれハ、その子為名を三浦平太夫と申、十二年の合戦の時、高兵七人の内也、其子為次三浦平太郎と申、其子義次六郎庄司、其子義明三浦大輔、其子義宗椙《スギ》本太郎、二男義澄別当介、

一、梶原の祖ハ、良文の四男忠通村岡平太夫也、村岡に住し、鎌倉・大庭・田村を領して鎌倉の鼻祖なり、その（子脱カ）景道鎌倉権太夫、その弟権五郎景将、安部貞任退治の時高兵七人の内にて後陣の大将軍たり、景将の子景長、その子景村鎌倉太郎、その子景時梶原平三景時、また羽林頼朝後陣の大将軍たり、

一、忠頼の子三人有、嫡子の忠常ハ上総国上野ノ郷に住し、

同国人見といふ所に三日逗留して後、下総国に移り給ふて両国を領す、下総権介《ゴンノカミ》ハ是也、こゝにおゐて妙見大菩薩は長嫡《家督》に属、二男悪禅師忠尊大力にて角を折る也、三男正常ハ秩父の祖なり、

一、悪禅師の子三人有、長子常宗中村太郎、その子宗平中村庄司也、二男実平土肥次郎、その子将平真田与市也、三男遠宗土屋三郎、その子遠平弥太郎也、二男実平は土肥の祖、三男遠宗ハ土屋の祖なり、

一、忠頼の三男正常武蔵権守、その子武基秩父別当大夫、その子武綱秩父十郎、その子重綱権守秩父冠者、十二年合戦の時先陣の大将軍たり、その子重弘太郎太夫、その子重義畠山庄司、同舎弟小山(田脱)別当有重、重義の子秩父重忠畠山太郎、鎌倉殿先陣の大将軍たり、その子重康也、

一、将門平親王御事、朱雀天皇の御時、天慶三年庚子正月廿二日、天台座主法性坊尊意、横河において大威徳の法を行ひ調伏せしめ給ふ、行壇の上に紅血流れける、尊道いそき悉地成就の由奏門(問)せられける、天皇御感のあまり、即法務大僧正になされけり、将門の正直、今ハしも諂佞に還れハとて、妙見大菩薩捨給ふなり、大将平貞盛・俵藤太藤原秀郷、親王将門を追罰し給ふ也、承平元年関東に打入ける、将門狼戻十年にして、天慶三年四月廿五日打死、御頸ハ上洛する也、

一、忠常下総権介《カミ》《大友ニ居ル》御子二人有、長子常将、二男覚算大僧正、妙見御座主也、同六院六坊、

一、常将御子一人常長千葉大介《千葉ニ移ル》と申、常将は大手大将軍たり、常長大介、十二年合戦の時八幡殿御伴として海道大手の大将軍たり、

一、常長御子七人、長子常兼《大友ニ居ル》、二男常晴相馬五郎、上総介の祖也、三男常房鴨根三郎《かもの二郎イ》、即千《チ》田の祖也、四男頼常原四郎《即原の祖》、五男常益岩部五郎、粟飯原に移る、六男常余粟原六郎、七男覚永第二の座主、是より五頭はしまる也、

一、上総介の祖千葉常長二男常晴上総介、その子常澄上総

大介、その子広常上総介八郎・権介《スケ》也、
一、常兼大椎権介《カ》大椎ニ居ル観宥、法諡星成院殿、大椎にて御捐館也、御年八十三、実に大治元年二月十日也、御子四人有、長子常重、二男常衡、三男常康海上与市臼井六郎、その子常忠臼井七郎、四男常広匝瑳《サッサ》八郎、その子政胤飯高四郎、是より三家はしまる也、
一、常重大千葉介善応、法諡照浄院殿、御年九十八千葉にて御捐館也、実に寿永二年癸卯二月三日也、御子三人、長子常胤、二男胤隆武射《ムサ》七郎、三男胤光椎名ノ八郎、後にこれを加へて五頭とハ申也、三世座主宥覚は常重の甥なり、
一、常胤千葉介、在鎌倉にて弁谷殿《ヘンノヤツ》と申、貞見と称す、御年八十三御捐館、法諡を浄春院殿と申、実に正治元年己未二月廿四日也、初頼朝（源）の御伴申、一千余騎にて都に押上り給ふ、頼朝の左の一座なり、其子七人、長子胤政、二男師胤相馬小次郎、三男胤重武士《タケシ》三郎、四男胤信大須賀四郎、五男胤通国分五郎、六男胤頼東ノ六郎、其子重胤六郎、二男胤方本庄七郎、三男胤朝木内八郎、第七男四世覚伝座主也師胤等これを相馬天王といふの時六東のはしめ也、
一、胤政在鎌倉にて弁谷殿と申、観応と称す、御年六十三御捐館、法諡を常仙院殿と申、実に建仁三年癸亥七月廿日也、御子十二人、長子成胤加曽利権守、二男泰胤土気《トケ》太郎、千田に移る、三男胤時埴生三郎、四男師胤遠山方七郎、五男師時神崎五郎、六男常秀堺平次郎、七男胤広三谷四郎、八男胤忠多辺田太郎、九男胤幹《トモムツ》六崎六郎、十男覚秀五世座主也、外女子二人、此とき八頭はしまる也、
一、成胤《シケ》権守、在鎌倉にて正珍と称す、御年五十七御捐館、法諡を仙光院殿と申、実に建保六年戊寅四月十日也、御子三人長子胤綱、二男覚仙大僧正六世座主也、外女子一人、
一、治承四年八月廿三日、頼朝相模国石橋山の合戦に懸負て、土肥の真鶴と船（ママ）にのり、安房国につき、藤（安達）九郎盛長御伴して渡り給ふ也、同九月四日右兵衛佐頼朝上総国へ着給ふ、房州には安西三郎景益、上総には上総介

八郎広常、下総には千葉介常胤、三ヶ国の人々まゐり給ふ也、常胤・胤政父子上総へまゐり給ふ、加曽利冠者成胤ハたま〱祖母の不幸に値り、父祖とも上総へまゐり玉ふといへとも養子たるゆへ留りて千葉の館にあり、送葬の営をなされける、彼祖母は秩父大夫重弘の中娘也、程へて成胤も上総へまゐり給ふ、山辺郡司寺《シ》(守カ)太郎成高千葉寺に住す、寺山武士五郎入道久能、長峰田所三郎胤行、神田次郎成利、雑色安次郎、小別当善四郎、ともに七騎也、ここに千田判官親政ハ平家への聞へあれハとて、其勢千余騎、千葉の堀込の人なき所へ押寄せて、堀の内へ火を投かけける、成胤曽加野まて馳てふりかへりみるに、火の手上りけれハ、まさしく親政かしわさならむ、此儘上総へまゐらむには、佐殿の逃たりなんとおほされんには、父祖の面目にもかゝりなん、いさ引かへせやと返しにける、結城・渋河にて行合ける、頃ハ治承四年辛丑九月六日の事なるに、成胤その日の出立には、褐巾の直垂に唐綾の鉢巻し、

梨打烏帽子に撫縄《フシナハメ》の大鎧、熊皮の揉蹈皮《ナメシタビ》に銀にて縁重渡し、白鵜羽の征矢をおひ、漆籠藤の弓を握り、月毛なる馬に乗り、鐙踏張大音上け、是ハ桓武天皇三代の孫陸奥守良文の八代千葉介常胤の孫胤政嫡子成胤、生年十七歳、今日敵の大将親政に見参せんと、紅の扇を開き、いさや来れと千余騎を招き、多勢の中へ七度まて馳入給ふ、打取やから数を知らす、本より案内は知りつ、此浦両道ありて、一筋は馬の足たゝす、一筋は馬の足立ぬ、さらハしはし馬の足を休めよとて、浦に打出、おの〱弓杖ついて息つきゐたり、親政はるかにこれを見て、敵ハ小勢にてしかも矢たね尽つるそ、引包て打とれと、大勢引具し取巻たり、その時七騎の頭上に一朶の紫雲まひさかるよとみけるうち、丱結たる童子、雲中より下り立て、矢を拾ふこと鳥の喙むよりも快く、成胤等か前に打立て射させ給ひにけれは、成胤等は大刀を真向にさしかさし、一斉に敵を靡せ、精神ます〱盛んなり、親政麾下の勢は、馬をすくり

蕎地に駈けなやまさむとせしに、おほへす人馬辟易して、或ハすくみ或ハ辷《マロ》ひ、鞍より翻落さるものも多かりける、屈強の勇士等先彼童子を射取れと、横合より散々に射けれとも、その矢中にて落、或は羽きれ箆折れて、通す矢こそなかりける、成胤等ハ薄手も負す、ゑいゝ声にて親政の旗本ちかく攻入たり、親政大勢こらえゝす落行こと二十里、遂に馬の渡りまてそ追打しにける、いくさ果て、先より上総へまゐり、佐殿へかくと申上けれハ、佐殿仰られけるハ、千葉の曩祖より相伝の妙見守護神こそ、乱軍の中に矢を拾ひ射させ給へる事、我朝神国とハ申せとも、今におゐて珍しき事也、急きまいりて祈念も申へき也と、同廿日千葉へ御こしありて、妙見御参詣也、御伴には、先陣上総権介広常、長南太郎重常、長北二郎家仲、次郎常家、伊保庄司常仲、同太郎常信、二郎常明、小太夫時常、佐是《ゼ》四郎祥《ヨシ》師、天羽庄司秀当《マサ》、常間《チカ》同四郎師常、安房国には、安西三郎景益等一門、その勢一千余騎、千葉へ館して御移有、結城野には白旗二、三十流おしたて給ふ、千葉介常胤、胤政、成胤、三家・六頭・五頭・八頭都合其勢六千余騎、佐殿を守護し申て、追而江戸・葛西・大井・品川・豊島・足立の面々まゐられける、夫より武蔵国へ打越給ふ、千葉介常胤一千余騎にて御供也、そのゝち備前の小島、壇浦、平氏追落の時まても、まさしく妙見大菩薩化現し給ひて、佐殿を守護し給ふもの也、

一、照覚ハ胤綱の甥にて、七世の座主也、

一、胤綱正山と称す、年三十一御捐館、栄照院殿と申、実に安貞二年丁卯五月廿七日也、御子二人、時胤外一人女子也、

一、時胤、大応と称す、年二十四御捐館、法諡常光院殿と申、実に仁治三年壬寅九月十七日也、此時まて妙見御内陣にて琴及琵琶其他十二楽の声ありて、管弦さまゝ也、時胤御一門、諸侯集会して是を聴聞する也、琴琵琶の音は常に絶すとこそ、

一、頼胤、常善と称す、年三十七御捐館、長春院殿と申、実に建治元年癸卯八月十六日也、御子三人、内一人女子なり、亀若丸七歳の御時、武蔵国府三郎母方につゐて、親類なりとて鎌倉にのほりて亀若丸を失ひたてまつらむとす、千葉の民、妙見の御前にて嘆き申させけれハ、御内陣に弓弦の音して、鏑矢一枝西を指てとひ行と見たてまつるに、品川宿にて国府三郎打死せり、さて亀若丸は千葉へ御帰館なり、衆民よろこふ事限なし、

一、都東山に珠天《酒呑》童子そ住ける、院宣によつて宝生《保昌》是を退治す、此刀大裏におさめたてまつる、これを宝生の懐太刀といふ、

一、胤宗、在京、浄山と称す、御捐館年四十五、法照院殿(謚清脱カ)と申、実に正和元年壬子三月廿八日也、御子三人、長子貞胤、二男八世座主覚源、外女子一人、胤宗在京の日、殿上の女房に契て、遂に是を盗出さんとはかりにける、此事内へ聞へて、彼女房ハ大裏にて失ハれける、その追福のためにとて、阿弥陀七体、千葉の庄の内にたて給ふ也、

一、妙見納物とて、火取、水取、玉、牛王、一条院の薄墨の御証文、七難開毛三《メ》筋長七尋也、鳳皇羽五本、いつれも箱に入らる、頼朝の納め給ふ白糸鎧甲、御多羅枝鴇《トキ》羽征矢、三尺八寸剣、広光作也、蛇巻け《をしてかしむき》ハ即死す、宝生懐太刀、即珠天童子を打し刀也、二尺七寸、菖蒲つくり也、良文よりして納物とも、皆秘事とす也、

一、貞胤、在京、善珍と称す、御捐館年六十一、法謚浄徳《法阿弥》院殿《陀仏》と申、実に観応二年辛卯正月朔也、御子二人、女子一人、此御代には、妙見大菩薩千種に顕れ給ふて守護し給ふ事限りなしとそ、一門繁昌国内平治士民よろこひ申す也、此御代より時宗にならせられ、法阿弥陀仏諸沙汰の御使を常覚様某に仰つけられけるとき、御神に疵なつけそ御院内に疵なつけそと、前代の事不入を申出して沙汰つよく申さるへし、愚僧に越度もあらむには、某一人当院をまかり出て、疵つけ申まし、妙

見をハ供分社人家風にわたし申へく由、仰付られしま丶、御使に申事安く存せらる、いつれの御上さまもかやうにおほされたらむには、何事もよくあるへきにや、

一、千学集と申は、御家代々引付と妙見御相伝の正月三日の夜の修正とハ、千《チ》文字・葉文字の二字を題として、よろつことの葉を続けて、年中の事を顕ハし給ひて、妙見の御前にて慚愧懺悔をし、年中の悪念を払ひ祭ることの御鈴なり、是御一門及国内繁昌の御祈念也、神代より取り伝へたる鈴の音を聞て千とせのはるにあふかな

鈴の音にあしきをあつめふりすて丶よしそとおもふあら玉の春

此千学集は三巻にて、千文字一巻、葉文字一巻上下にて二巻なり、是ハ委しく御家事を注《シル》し申おくなり、

一、上野国群馬郡府中花園村七星山息災寺、武蔵国藤田へ御わたり有て、同秩父郡武光命《タケミツシャウ》の内大宮へ移したてまつり、又陸奥守(平)良文鎌倉へ御供して、同村岡に居住し、八国を領し、子孫繁昌す也、遂に村岡に移し給ふ、これによつて良文を村岡五郎と申なり、御孫(平)忠常、上総へ移し給ふとき、仁見に三日逗留なされける、人見妙見是なり、忠常上総上野郷に居住し、後に下総に移り給ふ、是より忠常を下総権介と申也、同東ノ大友江御供なり東大友《東追友とも》妙見これなり、又上総大椎へ移し奉る、されハ妙見大菩薩ハ千葉嫡家に付せ給ふ、これによつて下総千葉庄池田郷千葉寺の宮へ移し奉る所、(千葉)常重三男胤高これを竊たてまつる所、いそき追駈しに、池田なる田の中へ匿しけるを、やかてたつね出し奉りて、常重の主殿に安置し奉りける、上下あゆミを運ひ祈念しけるとそ、

一、氏胤、在京、常珍と称す、御捐館欠実に貞治四年乙巳九月十三日也、御子四人、長子満胤、二男宗胤千田太郎、三男重胤馬場八郎、四男胤高原孫次郎、

一、満胤、道三《イ山》と称す、御捐館年六十四、法号徳阿弥陀仏と申、実に応永三十三年丙午六月八日也、御子四人、長子兼胤、二男康胤馬加殿、三男胤賢中務大輔、四男円覚九世座主遷化六十八、

　河辺に大堤はら郷といふ所あり、胤賢御はら被成候、こゝに千葉殿の御廟とてあり、帰りてもよしなしとて、御はらなされ候也、

一、兼胤、喜山と称す、御捐館年三十九、法号眼阿弥と申、実に永享二年庚戌六月十七日也、御子三人、長子胤直、次ハ女子、次ハ男珍覚十世座主遷化五十五、

一、胤直、相応寺と称す、御捐館年四十二、法謚慎阿弥と申、実に享徳三年甲戌八月十五日也、御子三人、長子胤将、二男胤宣五郎、拾六歳にて卒す、三男亀乙丸は実胤也、御子自《コレ》胤、御子盛胤、御子治胤、御子範胤、武蔵国三叉の屋形なり、胤直の甥覚実十一世座主也、

一、胤将、高山と称す、御捐館年二十三、法謚厳《コン》阿弥と申、実に享徳三年甲戌六月廿三日なり、御子なし、千葉にて御逝去也、

一、胤宣、五郎照山と称す、年拾六、法謚重阿弥陀仏、実に享徳三年甲戌八月十二日也、世継に入り給はす、

一、康胤、太相と称す、御捐館年五十九、法謚法阿弥陀仏、浄応と申、実に康正二年丙子十月朔日也、御子二人、長子胤持、外ハ女子也、康胤初常陸大掾殿の養子に為せ給ひ、後帰りて馬加に屋形つくりをなされ移らせ給ふ、馬加にてその儘千葉の御家を御継きなされしや、

一、胤持、大覚と称す（平山ニ居ル）、御捐館年二十三、法謚興阿弥陀仏と申、実に康正二年丙子六月十二日也、御子なし、成（足利）氏の御方して、上総八幡の合戦に打死、御頭ハ都へ登りける、八幡無量寺を（馬加殿の御子二世にして亡す）創立して胤持の御廟所とせし也、

屋形さま御紋、みたれ星の以前には、松竹に鶴の丸なり、松竹を御家の紋になされ、鶴の丸をハ海上へ進上せられけるか、後には鶴亀にておハしましける、

大治元年丙午六月朔、はしめて千葉を立つ、凡一万六千軒也、表八千軒、裏八千軒、小路表裏五百八拾余小

路也、曽場鷹大明神より御達報稲荷の宮の御前まて七里の間御宿也、曽場鷹より広小路・谷部田まて、国中の諸侍の屋敷也、是ハ池内鏑木殿の堀の内にて、御宿ハ御一門也、宿の東ハ園城寺一門家風おはしまし、宿の西は原一門家風おはします、橋より向御達報まては宿人屋敷也、これによつて河向を市場と申なり、千葉の守護神ハ曽場鷹大明神、堀内牛頭天王、結城の神明、御達報の稲荷大明神、千葉寺の龍蔵権現是なり、弓箭神と申は妙見八幡摩利支天大菩薩是也、千葉御神事は大治二年丁未七月十六日始る也、七世常重御代の事也、御幸仮屋は神主八人社家八人乙女四人、御祭の御舟は宿中の老者《オトナ》の役也、供物は千葉中野十三貫ところ也、同関銭諸侍衆上け申也、一関は仮屋の供物を神主にとらせ、一関は老者《オトナ》にとらせて、御祭を勧め申也、結城舟は天福元年癸巳七月廿日始る也、十二世時胤の御代の事也、御浜下りの御送りの御舟也、結城の村督《オサ》に完倉出雲守と申もの永鏡のために取立しもの也、結城は今の寒川なり、大治二年御神事の始より天正二年甲戌まて凡三百四十三年也、

尊星王菩薩は慈悲深重にして正直甲なる人を守るへしとの御誓也、正直甲とは仮令ハ、千騎の主百騎の主ひとしく物を申上るとも、大人の非道を道理とし小人の道理を非道としわけさせらるハ甲人にあらす、これを妙見菩薩は捨させ給ふ也、小人の道理を理とし大人の非道を非道とわけさせらるゝハ甲人也、是を守り給ふ也、正直甲なる人と申すハ此こと也、仮令ハ胤直御代に、原越後守胤房家風と円城寺下野守直重家風と口論して訴へ申に、直重その時下野か非道を道理、越後か道理を非道とわけさせられしより一乱はしまる也、胤直おほさるゝには、下野は多勢、越後ハ無勢なるゆへに、下野を引給ふ也、これによつて菩薩の胤直を捨給ひけり、享徳(三)二年甲戌正月二日の暁片野美濃守胤定籠り奉る所、十二歳はかりの小童、甲冑を帯したるか美濃守に告て云、

神風に吹ちらされて胤直のすけもはしらもかなハさり
けり
美濃守申て旦那原方はいかに童子再告て云、
神風の長閑なりける時にこそ高間か原の末そ久しき
と御声有てうせ給ふ、二首の御詠歌を左衛門太夫秀義、千学集の中へ書入おかれし也、
上野国群馬《クルマノ》郡花園郷七星山息災寺は、人王四十五代聖武天皇御勅願所也、行基菩薩御建立、神亀五年己卯(マヽ)八月十五日開基也、御本尊ハ北辰妙見大菩薩六体おわします也、本地七仏薬師七星にておわします也、此うちにおいて羊妙見千葉へ御移らせ給ふ也、
下総国千葉庄池田堀内北斗山金剛授寺は、仁王六十六代一条院の御勅願所也、長保二年庚子九月十三日大僧正覚算和尚御建立、御本尊ハ北辰妙見尊星大菩薩、国主下総権介平忠常御代也、此菩薩ハ本地東方浄瑠璃世界の主薬師破軍星にておはします也、此寺は調伏破滅のことはせす、御神の御祈念まて也、六院の供分は後六東の御建立にて、六東祈願所也、此寺六院六坊所也、六坊は院家の老《オトナ》にて御番と申也、

一、康胤ハ馬加殿にておハす也、満胤の次子にておせ(は脱)しか、常陸大掾殿子なきにより養子にならせらる、後大掾殿実子出来しまゝ、下総へ御帰り有て、馬加に屋形作りしておはし、馬加殿と申也、大掾殿重代の刀持せられ、今に佐倉にありとそ、

一、原越後守胤隆三男範覚、十二世座主、遷化年四十三、

一、輔胤、築常と称す、御捐館年七十七、法諡《クン》公阿弥陀仏、実に延徳四年壬子二月十五日、氏胤の曽孫也、岩橋殿と申奉る、平山へ御上り也、御子三人、孝胤《ノリ》、源意と（二男源意、）称す（即菊間御坊、三男胤次）、菊間御坊也、三男胤次、道甫と称す、椎崎十郎、氏胤三男重胤、馬場八郎、重胤の子胤依《ヨリ》、胤依の子三人、長子金山《カナ》、二男公津《ク》、三男岩橋、岩橋は輔胤也、輔胤二男源意ハ成身院也、子源秀ハ光言院也、子源長ハ天生院也、成氏(足利)の若君蓮花光院殿の御弟子にまゐり給ふ、此時菊間八幡の御社領なりに給ハり、帰り給ふ

て菊間におハす也、長崎お移りの後佐倉へ移らせらる、

一、孝《ノリ》胤、常輝平山ニ居ルと称す、御捐館年六十三、法諡眼阿弥陀仏、実に永正十八年辛巳八月十九日也、佐倉へ御上り也御子三人、長子勝胤、二男胤家氏戸(成)殿、三男少納言殿、その子右馬助おものい殿、

一、勝胤、常𧦅平山ニ居ルと称す、御捐館年六十三、法諡共コ(其カ)阿弥陀仏と申、実に享禄五年壬辰五月廿一日、御子十二人、長子昌胤、二男勝住椎《ムラ》崎殿、三男胤重神島《カシマ》殿、四男勝門公津《クウツ》殿、五男公弁《クワウベン》岩橋殿トモイ、六男常覚イ十三、七男一印吉祥寺、八男重阿弥海隣寺、九男覚顕イ胤十四座主也、外三人女子、

一、昌胤、常天と称す、御捐館年五十一、法諡法阿弥陀仏、実に天文十五年丙午正月二十七日也、御子二人、長子利胤、二男胤寿臼《ヨリ》井四郎、三男胤富《トム》海上九郎、四男は親胤也、

一、利胤、辰賀と称す、御捐館年三十、法諡覚阿弥陀仏、実に天文十六年丁未七月十二日也、御子なし、御位には御舎弟親胤御なほり也、

一、親胤、常円と称す、御捐館年十七、法諡眼阿弥陀仏、実に弘治三年丁巳八月七日也、

一、胤富、常源と称す、御捐館年五十五、法諡其阿弥陀仏、実に天正七年己卯五月四日也、康胤の時、兼胤、胤直、胤将三世をハ、家系を擯出して、胤富は廿七世となる、千葉養運御子胤富の養子覚全、十五世座主也、

一、邦胤、常琳と称す、御捐館年二十九、法諡法阿弥陀仏、実に天正十二(三)年乙酉五月七日也、御子二人、長女北条氏康の御孫にておハす、次男新田におハします御孫亀王殿、三歳の時、邦胤御捐館也、

千葉御家御元服儀式の事

桓武天皇の例に任せ給ひて、今におゐて御位につかせ給ふ所、遠くは天竺の太子檀特山に登て御即位也、大唐王子天台山に上て御即位也、近くは日本王子、比叡

山に升(昇カ)て御即位也、その例に倣ハせられ、葛原親王、高見親王、高望親王、いつれも山にて御即位なされし也、高望の御子良文(平)、比叡山にて御元服あらせらる、後陸奥守となりて陸奥へ下りて、又関東へ移り給へるとき、若君をして上野国息災寺妙見大菩薩御宮前にて御元服なさしめ給ふ、即上野次郎忠頼(平)と申也、此例に随ひ、代々妙見の御前にて御元服あらせらる、下総権介忠常(平)ハ、堀内におゐて妙見大菩薩を崇め奉り、北斗山金剛授寺尊光院を建立し給ひ、住寺より御字を申請て、御神前にて鬮をとらせられ、御字を定め給ひて御元服あらせらる、此時寺家秘訣毘沙門天を妙見菩薩の御代りに新介三度まて拝し給ふ也、忠常、常将、常長、常兼、常重(千葉)、常胤、胤政、成胤、胤綱、時胤、頼胤、胤宗、貞胤、氏胤、満胤、兼胤、胤直まて、以上十七世とも堀内妙見宮にて御元服也、その後、康胤御子胤持、輔胤、孝胤、勝胤まて以上五世は、平山におはしけれハ、平山より御参詣ありて妙見宮にて御元服なり、御供両人家子郎僮に定めぬ、御警固御人数、国中いつれも御供なり、其例に任せ、昌胤御元服の時も佐倉より千葉へ御参詣有て、妙見宮にて御元服也、平山におハすまては、正月三ヶ夜の御鈴をも千葉堀内妙見御仮屋にて御取なさるゝ也、夫まては堀内の西東に陣屋を作られ、国中諸大名諸士、御年なさせらる、此陣屋をタウヘン屋と申也、

一、孝胤御時、公方様(足利政氏)御発向ありて、篠塚に御旗を立させられし時、本間殿六崎にて孝胤に逢て、三ヶ年の間御旗を立させられ、御退治を加へらる、但し御覚悟によつて御帰座あるへきか、御子一人御字を御請あるへきよし仰せわたさるゝ也、孝胤御返事には、某代々妙見菩薩の宮前におゐて元服いたスことなれハと也、本間殿第二の御子をと仰らる、孝胤申けるハ、某の家は二男ハ嫡子に一字を申請らるゝよし、本間殿力なく馬を返されし、誠に妙見大菩薩の守護し給ふゆへにや、やかて敵を破られし、そのゝち孝胤御孫勝胤長子昌胤と

も妙見宮にて御元服なされける、孝胤は正直甲にておハせし也、

一、永正二年乙丑十一月十五日、昌胤御元服につき高篠より妙見宮へならせらる、烏帽子装束にて御参詣也、御先打ハ原孫七也、後陣は幡谷加賀守也、二騎御供にて若侍廿騎御供也、警固の人数二百騎千葉まて、五百騎警固ハ高篠迄也、住寺(持)御使して中途まて出迎ふ、本庄図書助(胤知)参申上様に、拝顔のゝち木村出雲守と同心申也、高篠して御字を三つ請取らせられ、宮前にて御鬮をとり、御字を定めらる、出雲守請取て、高篠まゐらる、高篠より千葉まて警固の面々生足也、馬上はたゝ三騎也、下部廿人、原孫七高篠まてまゐられ、御対面有て御酒下さるゝ也、御先に中治は左、別当は右を歩む、真野竹の根を持也、次御長刀、次御太刀、次繖袋入にて長具足なし、堀内の南門にて下馬なされ、惣大七社大明神の御前に七五三《シメ》を引、妙見御参詣の道より御庭まて新菰を敷、藺草《イケ》履を召させらる、馬加ノ直《タヽチ》役なり、御庭より御沓を召させらる、鎌倉三郎次郎役なり、住持庭上まて出迎らる、神前にて御酒七献、御神へ御酌は屋形様、御座の酌ハ供僧、同荷用供分なさせらる、御縁には椎名伊勢、井田美濃二騎、礼酒の時住寺参りて盃を取上て、二騎の御供召出し、御役人木村左京亮三人住寺を召出し、屋形様の御盃供分中参りける也、御供警固御人数、御馬・御腰の刀納めなさるゝ也、人々を住寺の盃にて召出す也、院家老者弐人、屋形様御盃にて召出し下さる、神主は神前へ召出し御盃下さるる也、惣御座過て御太刀持吉原を住寺召出し下さる也、御神前進物の次第ハ、御馬壱疋、御太刀、鳥目千疋、所帯壱所御寄進也、御神楽銭弐百疋は大夫所へ神事のこと也御神前の御使、木村左京亮、代物は平次郎尉持てまゐらる、八幡宮へ鳥目百疋、麻利支天天神へ同百疋、千葉寺龍蔵権現へ同百疋、御達報稲荷大明神へ同五十疋、御使ハ安藤豊前守、神主所え御使は両人也、御馬・腰刀納められける人数の事

井田美濃守　御馬一疋　御太刀一腰
佐久間伯耆守　海保但馬守
金剛寺少弼　山梨主税之助（本庄源五郎）
坂戸兵部少輔　和田大蔵丞（本庄弥太郎）
三谷孫四郎　坂戸修理之亮
椎名八郎　粟飯原文四郎
坂戸孫三郎　木村出雲守
安藤豊前守　三谷蔵人佐
粟飯原孫太郎　山室孫四郎
鏑木助太郎　幡谷宮内少輔
粟飯原大学　三谷大膳之亮
幡谷又六郎

此外国中面々百余人

一、若侍二十騎、御供衆木多・陛橋左右に分れ御庭に踞る、その中へ御樽一対、御肴七献、御酌中山八郎三郎、御警固の人数老敷人々は東の御庭に踞る、その中へ御樽一対、御肴七献、御酌本庄図書之助、下部二十二人の者、西の御庭に踞る、是へ樽・肴を下さるゝ也、酌ハ丞七郎五郎、御座七献の御酒過て、外陣迄老敷面々まゐらる、井田美濃守、海保但馬守、金剛寺少弼、佐久間伯耆、坂戸、山梨、山室、和田の人々まゐりて後、警固御供人数御前へ召出され、御酒下さるゝ也、御下向の時は御庭にて住寺三度の御礼有、中途まて御門送りにまゐられ、やかて先例の通、使を以申述らるゝ也、

一、御参詣の御祝言として、寺家より御馬一疋、住寺の御代官蓮乗院、御使は本庄図書助、御下部三人御引手物也、御代官へ巻物一也、図書助へ巻物一也、下部三人へ鳥目百疋也、御供分衆へ金文弐百疋、老敷者六人へ家玉弐百疋也、供分は妙見を守り奉り、神前に居れる者也、丞下部力者中へ御馬一疋也、御供分の役三人、雑掌仕両人へ褒美先例の通下さるゝ也

御肴七献　　御酒七献
初献　三くミ（三組）　盃は土器也、対重　弐膳
弐献　ふの吸物　足附の盤　弐膳

三献　雑煮　足附のおしき　弐膳
四献　昆布いか　足附の盤　弐膳
五献　鶏卵　足附のおしき　弐膳
六献　芋巻　足附の盤　弐膳
七献　めんす　足附の盤　弐膳

何れもあたら敷つくりて絵をかく、いつれも盛台ハ塗物也、御供二人は平おしき絵をかく、御盃は、礼酒ハ土器、燗酒は塗物盃也、三くミは昆布、かち栗、もちい一重ひし形也、昆布は下に四すち、上にたつに五すち、九の字に象る也、栗は七ツ、雑煮の御ときも、お盤の向ひに昆布・もちいをおく也、御箸はいかにもすくにおき申へし、七献は神の御酒ともに、屋形様五献、住持は三献、屋形様ハ四献、以上七献也、神様へは御神の御酒ともに、以上五献也、初献ハ上様、三献は住持と、七献を打替〳〵上様・住持御はしなさるゝ也、御肴御神一膳、上様一膳、二騎の御供へ二膳、住持へ一膳、以上五膳也、

一、承平三年癸巳十二月廿三日妙見御供申時、常時息災寺太夫末子乙寿に妙見御供申せとねもころ（ママ）に語る、みつからも同心と申て妙見の御先に立ちける、道をみて御供申なりとそ、さて大椎より千葉へ御供申、今の御先払の太夫の先祖也、それより千葉に居住す、

一、屋形様御役人の事、金親は御旗指の御役なり、中治は御長持取出し申、御陣にての奉行也、此ゆへにいつれも名字のもの也、小別当は御幕を打申、庭にての御用人也、即御下部といふ、千葉にての役は、中治ハ正月三ヶ夜の御仮屋作り奉る也、小別当の役ハ御仮屋の御門を荘《カサ》る也、又神主三ヶ夜とらるゝ鈴を直し、且御庭にて細灯を亘る、雑色ハ御陣觸の役也、

一、当寺の前代は六院六坊にてありし、胤直（千葉）以来六院になられし、六坊は己（已）に退転す、六院ハ六東の祈願所として、六東より建立せられしゆへ、六東の名字を定め給ふ也、六坊ハ原・園城寺・粟飯原・三谷・椎名・鏑木・池内の名字中六坊に定め給ふ、十二供也、近年は

当院の老敷者□□供となられし、名字なきものハ供分
にはなられさる也、

一、むかし妙見大菩薩、屋形様御堀内におはしますときハ、
粟飯原・三谷・椎名・鏑木・池内の人々、妙見を守り
奉りて御番なされし、（千葉）胤直の後当院へ御移り、住持覚
実客殿に移しまゐらす後ハ、供分六人六坊には院家老
各六人して妙見宮御番申所、（覚）範学の代軍役なされしゆ
へ、六人の番破れにけるとぞ、

一、南御所様義明（足利）大弓御座の時、大永七年丁卯（亥）十一月廿五
日、範学の佐倉へまかるとき、妙見の前立ある御供は、
（千葉）勝胤様へしんせられける、勝胤御精進なされ拝し奉る
也、御参詣は享禄元年戊子二月朔七十五日迄御精進な
さる、也、卯月五日御参詣御供には山梨薩摩・鏑木神
六両人なり、行水三度、両人は烏帽子上下を召さる、
御精進八魚・鳥・韮・葱・大根・蒜・紅蓼・蘭葱なり、
妙見大菩薩御参詣の容体御元服の一儀也、御進物もさ
まく〜なり、

三夜御鈴の事

一、正月三夜の御鈴は、御幸ありて後、屋形様ならせられ、
御鈴始る也、咲申事恒例也、座主鈴を取初て、屋形様
御取あり、御一家中面々に取られし後、座主妙見の御
前にて御祈願申さる、時、左衛門太夫万歳楽と三度申
さる、也、妙見へ御酒を奉り、屋形様・座主両座にな
ほり給ひて御盃出る、屋形様御酌にて三献、三々九度
御式代ありて、初献は屋形様、二献は座主、三献は屋
形様めしあくる也、御酒過てまかるとき、縁にて三度
御礼有、座主・神主供分には、縁にて二度御礼有、供
分に御酒御式代、座主中の儀式は座主のことく也、三夜
の鈴の御礼として、宿坊へ御使一休一本御越しなさ
る、也、

一、正月座主まゐられけるとき、まつ御茶・御酒・御肴、
五献三度の御式代にて、御酒は三夜のことく也、同宿
二人、殿原二人、中山・本庄召出し下させ、御返礼を

ハ宿へ御越なさる丶也、御門送りハ十二間の縁まて、三度の御礼なり、代官には二度の御礼也、

一、椎崎・公津・鹿島・六東の一家中とも、御門送りは庭までにて、庭にて三度の御礼也、何方にても殿原召出し給ハる也、

一、正月生実へまかりけるとき、まつ御茶・御肴、七献酒過て帰りけるとき、門送り縁にて二度、庭にて三度の礼也、同宿二人、殿原いつれも召出し給ハる也、返礼、御使にて寺家へ御越しなされける、

先代掟の事

一、座主供分と御神前にて左右に分り御座也、西座、

一、御神楽奉幣上け申也、神主・禰宜は内陣の左に踞る也、

一、増寺出仕には外陣の右に踞る也、

一、夜番の事、先代は供分六人、殿原六人、二人番にて守り奉りし、範学の御時破られし、もと老成者六人の役也、

一、六供の御座上の事、少長に随ひて次第不同也、西蔵院・蓮乗院・慶陽院・真如院・円勝院・福寿院、以上六僧也、正月出仕には同心也、御肴、三献三度の式代、御盃ハ座上より始る也、御茶子《コ》、御茶三組の礼酒、雑煮・燗酒也、

一、老成者の事、中山・本庄・金親・高千代四人、正月出仕次第不同也、御酒・肴二度、御式代座にて下さる丶也、余家の風はみな召出し下さる丶也、

一、神主・禰宜出仕の事、供分同様、三度の式代、三夜の修正過て、仮屋にて酒下さる、先代鈴の所也、常覚御代は内にて下されし、屋形へ出仕も内にて御酒下さる丶也、

一、御奉射の時、御宮にて酒三献、その時供分中、社人衆、殿原衆、御酒あり、住持は出さる丶也、三献にて酒まと《古伝也》ハる、社人はしめてうち的を射る礼なり、御奉射は神主太夫八人、供分六人、侍六人、凡廿人なり、

一、極月二十七日、院内祈願に釜を清め、堀内にて御酒を

上け奉る、酒・肴・供物下さる、御酌は御供役の者なり、

一、むかし妙見の屋形御堀内におハせしときハ、惣代七社の宮、八人の太夫、四人の八乙女を集めて、御神楽を上け申さる、大旦那国中御祈願申也、八人の太夫ハ白張烏帽子に上下を着する也、四人の八乙女は襌振《チハヒ》を着し、鈴と扇を持て命舞《ミコ》をする也、襌振は金襴緞子也、いろある絹もて仕立へし、袖は大にして、紅糸にて□をおくへし、

一、八人の太夫の事、第一左衛門太夫ハ左近四郎、第二左近八郎、第三弥九郎、笛の役也、第四兵衛五郎、大鼓の役也、第五兵衛二郎、小鼓の役也、第六民部四郎、鞨鼓の役也、第七民部五郎、太鼓の役也、第八左衛門四郎、大拍子の役也、惣代の宮にての事也、

一、四人の八乙女は、第一米市、第二専市、第三松市、第四乙市これなり、神事正月五節句、斯くのことし、

一、六人の供分ハ、屋形の堀内に妙見おせ(は脱カ)しときは、住持の客殿に六供参りて御祈願申せし也、甲戌年の世の中より後、妙見大菩薩を住持覚実のおハせる客殿へ移し奉り、供分社人一所にて御祈願申す也、今の御社の在所これなり、かの客殿炎上しぬ、廿三世輔胤(千葉)のとき、五間四方に仮屋をは立給ふ也、廿八世親胤(千葉)、原式部太夫胤清代に、もとのことく御建立し給ふ也、座主覚胤の時とそ、

一、院家の諸沙汰掟の事、臼井に原孫二郎胤貞おハせし時、円城寺右衛門丞忠当《マサ》・原大蔵丞胤安、此両人の異見に任せ、本庄内匠助(胤村)に申しつけ相定められし、

一、当院の遁世は髪そる事有へからす、切成《キレ》とも息災所の法也、其儘送るへき也、

一、先代ハ、住寺供分菩薩所法東院といふ院家に、位牌を立おき、夏中経《ケ》、二記の彼岸経をハ、六人参て読給ふ、盆の棚をも此院家に結ひて、住持供分まゐりて、水を手向け、代々を吊(弔カ)ひ申也、住持の居所には位牌を立すして、彼院家に立て申也、

一、範覚の御時、彼法東院破れて、真如坊に盆の棚を結ひ、位牌を立て申、夏中経・二記彼岸経を読給ふとき、蓮乗坊定実と申供分衆等、真如坊の領分とも存せす、それに日ことに参り申事の口惜敷とて、妙見宮の番屋にて夏中経・彼岸経を読給ふ也、常覚よりこのかた、住持居所に盆棚を結ひ、且又位牌を立て申事初る也、彼法東院の寺領ハ、小作の内院内方と申所也、後日のためしるしおくとそ、

一、当寺を一条院の勅願所と申仔細は、聖武天王勅願所は息災寺也、これによつて申也とそ、

一、承平三年癸巳十二月廿七日、文二(常辰)郎倉の煤をおろして妙見大菩薩を入れ奉る也、年中の事、十二月廿三日、同廿七日、正月朔・二・三、同七日、望廿二日、三月三日、四月八日、五月五日、六月七日、同望、七月七日、同既望、同念、同廿二日大祭也、十一月朔、同望、毎月朔・望念ニ御祭りにて、御神楽上け申也、

一、大御供は、十三膳中御供は九膳、小御供は七膳也、

一、寺中、両国の内諸所御神領等、守護不入の事ハ、当寺を御建立なさせられける下総権介平忠常開基の後、不入に定めおかれし、胤(千葉)将往古の例に任せ、不入の証文帳をハ納められける、これによつて諸沙汰・諸役以下、住持申つけらる、守護検断外に一人も入らぬといふ意にて、若神明敵対の党ありて不入を破らむとならハ、大菩薩を屋形様へ返し申て、放火すへきか、又ハ屋形様御手引の地へ移し奉り、供僧・社人・家風とも御供申し、寺を開くへき也、住持たらむもの、万事常に覚悟せらるへき也、其期に臨て狼狽せらるましく候なり、

範学

一、妙見宮賽銭の事、五拾疋・百疋・弐百疋・三百疋、馬・太刀・刀・小袖、惣して納物は、住持・神主これを分取らるへし、

十疋・廿疋・三拾疋・五拾文・三十文は、供分これを取らるへし、

十文・弐拾文・蒔銭ハ、増寺これを取らるへし、

御神楽銭ハ太夫これを取らるへし、屋形様壱貫弐百文、原・木内・御一門百疋、御家風中五拾疋、以下の人々三拾疋つゝおハす也、

一、屋形様千葉より平山へ御越し、又長崎へ移らせられ、それより佐倉へ移らせらる、天明(文明)十五(六)年甲辰六月三日、佐倉の地を取らせらる、庚戌(延徳二年)六月八日市の立はしめ、同八月十二日御町の立はしめ也、廿四世孝胤(千葉)の御代とそ、立てのゝち永禄二(三)年庚申まて七十九年也、或ハ云、立てのゝち九十一年也と、元亀四年癸酉十二月十二日夜炎上しにける、

一、七世常重(千葉)の代、大治元年丙午六月朔、初て千葉を立つ、立てのゝち永禄三年庚申まて凡四百三十六年也、(源)頼朝の代治承元年丙辰八月六日、初て鎌倉を立つ、立ての後、永禄三年庚申まて凡三百八十六年也千葉立て五十年の後鎌倉、立り

一、十九世胤直(千葉)の千葉を退散せしは、康正元年乙亥三月廿日の事也、永禄三年庚申まて凡百五年也、持氏(足利)の鎌倉を退散せしハ永享十一年辛酉(己未)二月十日の事也、永禄三年庚申まて凡百二十年也、

一、下総国北斗山金剛授寺ハ、一条院勅願所本尊、妙見大菩薩、大僧正覚算和尚開基、長保二年庚子九月十三日也、下総権介平忠常御建立薄墨の御証文あり、権大僧都・権少僧都・権律師・阿闍梨の官まてなられし、

住持代々血脈の事

第一	大僧正覚算和尚	三世	平忠常御二子
第二	権大僧都覚永	五世	常長御七子
第三	権大僧都法印宥覚	七世	常重(千葉)御子 イ甥
第四	権少僧都覚伝	八世	常胤御七子
第五	覚秀法印	九世	胤政御十子
第六	大僧正覚仙和尚	十世	成胤御二子
第七	照覚律師	十一世	胤綱御子 イ甥
第八	権少僧都覚源	十四世	胤宗御二子
第九	円覚法印	十七世	満胤御四子

第十　珍覚法印　十八世　兼胤御三子
第十一権大僧都覚実法印　十九世　胤直御子（イ甥）
第十二権少僧都範覚　原越後守胤隆三男
第十三常覚僧都　廿五世　勝胤御六子
第十四権大僧都覚胤　廿六世　昌胤御子（イ常覚弟勝胤九子）
第十五権大僧都覚全　廿九世　胤富養子（千葉養運子）

一、金剛授寺立て後、天正十年壬午まで
凡五百九十二年也、

供分本坊

第一好寂坊市原九郎勝子　眞如坊二代成就院成就坊
第二西蔵坊佐久間　子　成福院西龍坊
第三蓮乗坊小野道印子　今昔同三代明勝院
第四福秀坊神主　子　五代共替る利勝院入人
第五宝光坊草香辺殿子　真乗坊五代替る　延命院入人
第六宗持坊善金子　慶陽坊　龍珠院となる入人

供分出坊是也、むかしハ律師・阿闍梨にて、御番なされし、覚実の御時まて、寺家脇坊にておハしまし、妙見寺家へ移らせ給ひし後、供分坊と号して、みな〳〵屋敷を立て、一坊ことにかはりおハします、即覚実の御代也、

妙見宮御番の事　此番の事ハ、範学軍に出給ひより、被破れぬ、以前にはしかと弐人番にておハせし、

好寂坊　相番守殿　此跡ハ　深山図書之助（円覚御供本庄五世孫也）
西龍坊　同　渋井殿　同跡　那須源三左衛門
蓮乗坊　同草香辺殿　同跡　金親三郎左衛門殿
福寿坊　同山崎殿　同跡　金親兵部少輔殿
宝光坊　同高知丸殿　同　高知丸ハ子也
宗持坊　同市原殿　是ハ退転す

一、金剛授寺覚算和尚三世宥覚、我は社僧なりとて盆棚を結ひ、保延三年丁巳八月廿二日宝幢院を建給ひて、二記彼岸経を読せられ、聖霊に水を手向給へり、

宝幢院
第一覚乗法印　第二覚清法印　第三覚授法印
第四覚養法印　第五鏡覚法印　第六覚朝法印
第七覚専法印　第八等覚法印　第九欽覚法印
第十快覚法印　快覚の時宝幢院退転す、金剛授寺十四代覚胤法印宝幢院を再興せさせ給へり、往古より本尊ハ阿弥陀如来なり、

一、当寺より屋形様へまゐられしとき、御門送り御縁まてにて、三度の御礼也、御一家は御門送り庭まて、又三度の御礼也、覚実の時、椎崎道甫長嶺（千葉胤次）におハしける時、御門送り縁までにて帰らせ給ハんとしけるを、覚実、道甫の御袖を取て、庭へ引下し給ふ也、常襄様（千葉勝胤）ハ常覚の御門送り御縁までにて三度の御礼也、坂戸上野介御父子の御間にておハせハと申されける、常襄新介殿（千葉昌胤）御らん候まま、前の如くにと仰出さるよし、いつれも存られ候事、

一、屋形様三十余世にならせられ、当寺は十五世なり、屋形様御二男をハ当座主になさるゝ也、もし御曹子様御移りなき時は、供僧家風にて、寺家を持れて御移りを待れける也、仮令、御親類たりとも御苗子おハさねハ、座主にハなられさる也、

一、惣代七社の宮、八人の宮人、四人の八乙女参りて、屋形様国中の祈願申さるゝ也、むかしハ妙見宮にては、三上乱の時より妙見宮にて御祈願申さるゝ也、三上但馬守、

一、一条院薄墨の御証文は、範覚の世に井の鼻を持れし時、永正十三年丙子八月廿三日、三上但馬守二千余騎にて押寄て打落す、此時薄墨の御証文は宝器ともみな失にける、天正十年壬午まて六十六年也、

一、中山殿と申ハ、原越後守胤房の末子胤宜《ヨシ》中山八郎太郎といふ、後、出雲守と申、子二人、長子胤□《タダ》下野といふ、次子胤義治部少輔、
又云、胤宜の子胤次石見守、小中台に住す、胤次の子胤友左衛門丞、猿又にて死す、川しらさるゆへ、流れ

給ふ、水練を学ハさる也、胤法牢人のときとそ、
胤義の四男胤広原九郎兵衛、胤広の子胤相刑部左衛門、
長子□平左衛門、その子四郎右衛門、大滝にて死す、
その子四郎右衛門、その子玄蕃殿、
一、治承四年庚子九月六日、成胤(千葉)十七歳、結城合戦より天
正十三年乙酉迄凡四百六年也、
一、□《ニイナ》名の長に、岡田善阿弥と申もの、妹聟に深山左京之
亮といふ人有、その娘を原新左衛門胤善善阿弥方へ遊
山に御出ありし時、わか一人の子に契約をハなされけ
る、此子七、八歳はかりの時、屋形様の命により、新
左衛門殿討れにける、善阿弥ハ伯父なれハ、驚きて彼
若子《ワコ》をむさの牛尾なる福満寺へ具して預置ぬ、四、五
十年の後、胤房(原)より新左衛門事子はなきやと御たつね
有、善阿弥急き福満寺へ人を走らせ、胤房へ斯と申上
けれハ、則めし出し給ふ、老成者なりとて、我聟なり
ける近江浪人の西郡源三郎殿を差添申也、此時胤房、
己か苗字にてはいかゝとおほしめされけむ、牛尾を冒

させ、彦七郎殿と申也、此時献断役を渡され給ふ、今
の西□《ゴリ》是これなり、牛尾美濃(胤資)入道と申ハ彦七郎殿の事
也、善阿弥姓の子にておハせし、牛尾の苗子二筋有て、
御伝なりとそ、
一、千葉大介常長四男頼常ハ、原四郎のはしめ也、第二常
保・常継・常朝・清常・胤季・胤和《カズ》・胤位《ヒラ》・胤家・胤
定・胤惟《コレ》、是にて十世也、女子一人おハしける、
千葉氏胤の四男胤高、原孫次郎光岳、胤親、孫次郎貞
岳、胤房、越後守勝岳、胤隆、讃岐守全岳、朝胤、淡
路守太岳、基胤、孫次郎継岳、胤清、式部太夫超岳、
胤貞、上総介震岳、胤栄《ヨシ》、十郎・式部太輔九世、
一、原重代の蛇太刀は、氏胤在京の御時に、都にて蛇にな
りける、氏胤末子胤高に参らせらる、
一、同氏胤の三男重胤、馬場八郎、馬場のはしめ也、公津
へ移らせらる、郎等円城寺弾正尚家、同刑部少輔政俊、
片野美濃守胤定御供申也、

先代御引附の事

一、当院六供ハ、先代に六東の御子、五、六、七歳はかりのときにハ粟飯原・三谷・椎名の御子になさせらる、末には当院の老成者の子にさためらる、也、拙夫の類はならせられさる事、此儀は屋形様と御同座ありて、御盃を献する故にこそ、前方には、屋形様御二男もて当寺にならせけれとも、た、今ハ御一家衆とてもならせらる、御二男おハしまさねハ、供分家風にて寺家を持れける事、先代よりの定めなり、

八世平(千葉)常胤の末東系図の事

第一胤頼東六郎御子三人　重胤東六郎二男兵衛丞隆信　胤方本庄七郎　三男胤朝木内八郎　胤行中務太夫素暹

泰行図書介行暹　胤仲兵衛丹波守　胤顕遠江守

胤氏出羽守朝仁　松千代丸禅慶　兼常兵部丞

兵部丞保元　泰常保春

胤頼の後木内系図の事

第一胤朝木内八郎右衛門　上総介　第二胤成八郎兵衛丞

第三胤継総七郎　第四胤信左近将監興阿　第五胤持八郎兵衛丞誓阿

第六胤安八郎左衛門　第七胤定八郎右衛門　第八胤仲小見小五郎清光

胤仲、清光と称す、小見小五郎、上総守護に移らせらる、喜山(千葉兼胤)御代也、

第九胤義小五郎範応中　第十胤邦小五郎石見守　宝山

第十一胤拾《トヲ》　小五郎安仲　胤治小五郎林中　打死

永正元年甲子四月十三日、篠塚陣より公方様(足利政氏)御馬御入遊ハされ《ならせられ》し時、胤治舅原胤隆打給ふ也、

北条氏家系

良望親王第二王子平将軍貞盛、第二子繁盛第一世、惟時、惟持、惟家、直方、政範、時方、時家、時包、時政北条四郎遠江守、長時武蔵守、義時左京太夫・武蔵守、時房相模守、泰時武蔵守、時氏修理之亮、頼時越前守、

維時武蔵守、時頼相模守西明寺、康正元年薙髪、此時日蓮出世、人王八十八世後深草帝御時也、時宗相模守法光寺、貞時相模守最勝寺、高時相模守入道宗鑑、廿八万騎にて上洛す、その時管領にてありし、義房相模守、時盛右京太夫・陸奥守、政時相模守浄王寺、寅時修理太夫金沢殿、有時相模守・北条四郎以上、廿六世胤（千葉）直の時、妙見菩薩を寺崎へ捨申せし所、覚実法印御供ありて、十二間の客殿へ移しまゐらす、屋形様より大切の御神預なりとて、供分六人に老成者六人さし添られ、御番おゝせ付らるゝ也、覚実はその屋敷寺家へ移らせらる、妙見菩薩在所は即覚実の御屋敷なり、範学の時、軍役なさるゝに付、侍番ハ止られける、今は供分の御番まて也、昔は粟飯原をはしめ、御近習衆まても妙見御守護におゝせ付られたり、

上総介家系

一、千葉介常長二男常晴相馬五郎、　第一常晴上総介、常清松間太郎・上総介　常澄、広常上総権介・八郎、二男重常長南太郎、常門上総介、常仲伊保太郎、常時、常詮、常信、常顕、三男常実滝三郎、常則、常家長北二郎、師常、直常、家満尺谷二郎、常持、氏常、成常已上十六世成常の時退転也、

一、常清御子胤親、上総国角田《ツノタ》と号す、御子十人

第一信胤横田太郎　第二泰胤大竹二郎　子信景野里三郎

第三行信大金三郎　第四満胤麻里《マリ》四郎　第五佐胤高滝五郎

第六景胤金田六郎　第七胤義藤江七郎　第八時親麻里谷八郎

第九時隆天羽《アマウ》九郎　第十胤光刑部十郎

物代七社の事

一、第一陸奥守良文、第二親王将門、第三良文嫡忠頼上野二郎、第四忠常下総権介、第五常時文次郎、同娘二人、

已上七人、惣代七社大明神と現し給ふ、妙見大菩薩惣政所なり、八人の社人、四人の八乙女参りて、屋形様およひ国中の御祈願申さるゝ也、供分ハ住持客殿に参りて御祈念申さるゝ也、胤直（千葉）退散の時、覚実客殿へ妙見菩薩を移し給ひしのち、三上乱の時より妙見菩薩立せられし所にて、供分社人一所にて御祈念申さるゝは近ころの事也、

一、住持世々遷化に御移、跡は死に目に逢給ハす、野辺へも御供なし、供分六人老成者も野辺の送ニ出給ハす、妙見宮の御番を承るゆへ也、供分中は屋形様・諸旦那の御祈念申の義也、さるからに御出なき也、いつれも家風髪そらす、御神の御奉公申の義也、身ちかきもの共五三人髪そらせらる、御神馬を納るものハ野辺へは出さゝる也、

一、角田第四満胤（千葉）の子円覚、十三歳にて座主とならせられ、七十八歳にて遷化、御神御奉公六十五年也、兼胤（千葉）の子珍覚十五歳にて座主とならせられ、五十七歳にて遷化、御神に御奉公四十二年也、胤直（千葉）甥覚実十四歳にて座主とならせられ、七十八歳にて大日堂にて遷化、御神に御奉公六十六年也、範覚幼名千代童、生には暇乞もなく、死ては死に目に逢ふ事なく、野辺の御供もなかりし、

一、原胤隆の子範覚、十三歳にて座主とならせられ、四十三歳にて遷化、御神の御奉公三十年也、那須源蔵・半沢藤右衛門両人越して髪をそりし也、勝胤（千葉）の子常覚、幼名安寿丸とて範覚の甥にて、生に暇乞をせられ、そのゝちに遷化也、九歳にて座主とならせられ、四十四歳にて遷化、御神に御奉公二十八年也、勝胤の末子覚胤、二十三歳にて座主とならせられ、五十歳にて遷化、御神に御奉公廿四年也、佐倉より小沢外記・麻生六郎左衛門両人越して髪をそられし也、覚全は十九歳にて座主となられし、

一、当寺住持退転おハしますも、ゐ《ジ》け僧時宗なと申立る事叶ふまし、その宗の心にて御一代御通しなさるへく也、覚胤座主の事を本庄伊豆（胤村）申立てけるハ、御一代堂客殿

じけ様におハせし、又屋形様御子にても、おふくろ方かひなくは無用になさるゝへく、その方の御親類出入家風にきたふもたられ候、仮令ハ千葉御苗字の御親類におハすとも、十人廿人もたせられし方ならハ御用たるへく、院家の御意趣失せし家風御神領も、世にある人にこめられて、前々不入もいらぬ様におほえて、屋形様の御子とてもほんの御はらならむには、さも《しかる》あるへきにや、さては原殿の子さも《しかる》あるへし、それもつきの御はらならむには無用たるへし、末の世の人々のためをハ申也、よき御威勢屋形様か原殿の御子座主にならせられんとき、当寺の御法度定めらるへく不入の御判を御申うけられ、末代の御法度遊ハさるへく、開基の後、常胤(千葉)不入の御判は当寺建立三世忠常(平)の不入の御判、其後胤将(千葉)新介の御判、今度胤富(千葉)の御判、国(邦)胤(千葉)の御判、御父子とも御連判にて妙見宮へ納めらる、以上三度なり、忠常開基の後、常胤の御判は御縁記引つけ御文書不入の状、一条院の薄墨の御証文は、三上(但馬守)の乱に

猪鼻にて失にける、胤将の不入の御判ハいまもあり、当屋形様の御判もおハします、守護原殿の御判なきゆへに、牛尾殿より六ヶ敷事ともいく度おほせつれとも、つゐにまかりならすへし、此ためにて候まゝ、屋形様の御判の上にもなほ又小弓(原氏)の殿さまの御判をも申うけへし、この分よく〳〵心得しかるへき也、

一、海上の紋はむかしは九曜にて、小紋は鶴の丸也、頼朝(源)当国を討れけるとき、三家・六東まゐられける、海上太郎常幹《トモ》に、御扇に鶴亀つゐたるをハ御手移しに給ハりける、夫よりして小紋にハ鶴亀をそせられける、海上ハ丸鶴也、そしハ舞鶴也、

一、海上庄ハ三郷也、舟木郷千貫、本庄郷千貫、絳根《アカネ》郷千貫、已上三千貫の所を海上庄といふ、本庄二郎常高、海上二郎常幹の弟也、本庄郷に住するゆへ本庄殿と申也、此時海上三郷第一の人と謂ハれし、

一、良文(平)五世千葉介常長四男頼常原四郎の後十一世胤惟女子一人、千葉廿六世氏胤四男胤高原孫二郎光岳、胤親

原孫二郎貞岳、貞岳の末子胤善原新左衛門尉、胤資牛尾美濃守入道、胤広尾張守、胤家隼人佐、胤重左衛門、弟右衛門尉、弟竹二郎殿、小金城にて皆打死、
胤清弥五郎、胤直弥五郎・左近太夫、胤仲右近太夫、

一、牛尾美濃守(胤資)入道の子五人、第一尾張守(胤広)・第二五郎右衛門・第三仁戸名《ニヘナ》三郎左衛門・第四女子小金高城和泉室・第五女子府中石塚室、已上五人、
五郎右衛門の子五郎右衛門、その子源七郎・左京亮、沼田《ヌマ》にて打死、子牛尾半七郎公津にて打死、弟牛尾出羽守、同左京亮・出羽、同左京亮・出羽、仁戸名三郎左衛門、その子仁戸名牛尾大和守、弟牛尾主計、
その子牛尾右近、

一、生実におハせし上様(足利)義明也かうの台にて御はらなさせられし日、佐倉様は昌胤(千葉)、小弓は胤清(原)、座主は常覚にてありし、八郎太夫・右兵衛、弥三郎太夫・大内蔵、弥三郎・八郎太夫、伯父甥にて取合て、両祢宜になられし、むかしハ二人の大祢宜也、

一、原のはしめ、正月十三日頼道生れ給ふ、初湯の上ゆつり葉一もとふりかゝる目出度事なれハと、原の紋に九曜にゆつり葉をなされける、海上太郎、海上庄をは不入にと、原十郎常継について申請れける、常継申されけれハと則不入にそ落付ぬ、その礼として海上の紋鶴を原十郎常継にまゐらせける、その事によつてゆつり葉を加へられし、此分佐倉御本城の上様胤富(千葉)より仰出されける、

一、胤直(千葉)を相応寺と祢す、永禄三年庚申より此世(寛文六年)まで百五年也、屋形様当所におハせし時は、誰かハ諸沙汰・諸公事申へきや、

一、木内石見守胤治の林中、府中におハせしとき、八幡の宿にて、妙見の太夫兵衛二郎といふものを胤治家風平野といふもの打にける、覚実いろ〳〵おゝせられけれとも、木内とりあへねは、御輿を大庭まてそ出し給ふ、原越後守(胤隆)御馬を出され御あつかひなされしゆへ、大庭より御輿をハかき入ぬ、彼咎人平野に縄を打て渡され

にける、千葉御不入御田討の貝から塚にて、草か部《クサベ》右京亮といへるか、院家の家風を打て、御ほこの先に首を貫きてさらしぬ、御罰にや、帰るとはらきりて、林中の世には跡たへぬとそ、

一、仁戸名牛尾三郎左衛門ハ、神領辺田の百姓三郎五郎といへるものを、己か被官なれハと辺田へ押こミ打ける所、覚実の仰には、被官たりとも神領へ押こみ打は在所の沙汰叶ふましとて、御輿を御門までそ出されける、牛尾美濃(胤資)守殿大庭までまゐられ、さま〳〵申されしのち、三郎左衛門は山林して落付ぬ、

一、仁戸名三郎左衛門の子牛尾兵部少輔ハ、仁戸名に、さくの内といへる九貫五百の神領を押領せられし時、範覚御鉾を立られしに、小弓へ御馬を出され御取なしなされし、兵部少輔の子うなやの御弟子にて、ちこにておハせしを、範覚の御弟子に上らるへき約束にて落付ぬ、此ほとの千葉寺の山本坊也、斯ることのありし故か、仁戸名の苗字も絶にき、

一、範覚のとき、貝塚に物見はたけといへるありて、宮窪と論ありける、宮窪に十一騎の士といへるかありしとき也、此ものとも引たて、論にはしにける、貝塚百姓ハ申に及ハす、代官まかり出てさま〳〵申て、宮窪に御ほこを立て給ふ也、神領に落付ぬ、十一騎の士御罰にて今は絶てけり、

一、松戸に小谷常陸殿といへる人、範覚の御時、岩瀬と松戸の田一たんの論にて、常陸所へ御鉾を立られける、此御罰にて、長ハ今に絶へて他領となりける、

一、八幡の河上但馬殿といへる人、範覚の御時、谷中の神領の内屋敷一軒おハせしを、八幡の内なるよし申されけるゆへ、供僧社人とも出て御鉾を立られける、今に河上ハ跡絶にき、

一、大野に原豊前殿といへる人の被官石手弟、神領の西へ大勢おし込、諠譁騒動せられしに、西の百姓はら、棒もて彼本人を打ける、死たりとて西の百姓一人を打ぬ、打おさめしとき、棒うちはおきて帰りぬ、打れし百姓

一、椎名伊勢殿ハ、神領久方・大林・平木潟といへる所々を押領せられしを、調伏なされけれハ、御罰にて惨毒に逢れし、

一、常覚の御時、那須兵庫といへる人と新五郎両人して、夜中に慶陽坊をとられし事のあらハれけるを、金親兵部丞・市原新左衛門・成田与五右衛門に仰せ付られ、九月廿九日うたせにける、是、牛尾弥五郎（胤清）殿の御時にて、院家不入を破るへしとて、御使にハ伊藤新右衛門・西□治部・石井雅楽介・小沼玄蕃丞、御庭へまいりて、那須が首と雑物を御渡し候へと種々申されける、新五郎をも斬せらるへかりしを、供分中来迎寺、道路にてとりてたすけにける、先世より不入なれハとて、首ハ御わたしなきゆへ、佐倉様、小弓へ御申入られけれとも、先々のことくたるへきとて、首ハ御わたしなく、むかしのことくおち付ぬ、

一、覚胤の御時、家風小島七郎左衛門といへるもの、高名ありしに、よくも相はつれけるを、牛尾殿、在所の沙

は島田とて、いまの四郎兵衛の地主也、範覚いたく立腹なされ、御輿を大野の豊前坊の内へ立て給ふへきよし仰せ出されけれハ、生かへりの本人を縄うちて出させける、さくさ辺のおりとにて、千葉へハ入すして、山崎民部少輔に仰せ、頭きりて鉾につらぬき調伏しにけれは、豊前は跡絶給ふ也、

一、常覚の御時、大野の百姓に三郎二郎といへるもの、継子《ママ》の代に小金へ召捕れしを、下野殿（高城胤忠）聞し召され、神領は不入なるに、寺家へも披露なく代官にも聞せられす口惜敷よし仰らる、されハ、申上たくハ候へとも、咎人の遁もすへきやと、まつは召捕せしめとも、家内その他には、すこしも無沙汰これなく差置し、此上ハ内議も申へきなり、と御使ハかへりにける、されとも百姓は今に縄付ぬとて、供分・神主・殿原衆まかりて種々申なし、所の悪徒七人ありけるを、さりハか台にて、六人まてそきられにける、中に一人縄をときて同心いたし、帰りにける、

汰によりて、牛尾平右衛門・同大膳亮・同兵部少輔に仰せて、多勢を引つれ打よせて、七郎左衛門の家へ人をのほせてこはさせられけるに、覚胤の出給ひて、竹もて家の上なるものをたゝきおとし給ふ、供分の面々社人とも三人の奉行を当所の丞の所へさし置ける、原胤清へ此よし申入られけれハ、急ぎ帯刀殿を御馬にて、在所の沙汰さし置かるへしと、胤清仰せ出さるゝ也、いつれも結城へ帰らるへしと也、されとも牛尾弥五郎(胤直)殿ハ胤清の御子にておハしけれハ、牛尾の苗字三人差添給ひて、今度院家の不入を破るへしと瑣細申されけれとも、胤清ちゝに及はれけれハ、臼井に胤貞(原)のおハせは、此よし申入られ、また屋形様へも申上られけるに、円城寺右衛門(忠当)・原大蔵(胤安)、臼井よりハ胤貞御こしありて、胤清種々申されけるハ、昨今勢国寺・宗徳寺なとさへも、御信仰なれハ御不法もなされけるにや、まして当家はしめの守護神、ことに屋形様千葉におハせしときならむにハ、いかてかやうの事申さるへきや、

と胤清を申宥めけれハ、すくに落付ぬ、その御礼として、覚胤座主等は勝胤(千葉)より、御かたミの鎌倉九郎二郎にて大きりはの脇差を胤貞へまゐらせける、臼井よりすくに佐倉へ御出あり、此時の屋形様ハ親胤(千葉)民部丸にておハします、屋形様御悦喜遊ハされ、院家にあしきもの有ゆへに、妙見御院内に疪付申也、今度本庄内匠(胤村)奇特に寺家の沙汰を奔走しけれハと、則内匠に命せらるへきよし、小弓にて胤貞も御意のことく申さるへしと右衛門・大蔵申さるゝまゝ、彼両人をもて寺家へ仰せこさるゝ也、覚胤当所の沙汰を仰付られ御判を下しおかる、此おそれに内匠の佐倉へまゐられけるを、右衛門・大蔵の取なしをもて、屋形様より御一礼下しおかる、実に天文廿一年壬子六月五日也、此沙汰ありし後ハ、当寺の沙汰もむつかしからす随意也、寺家へ不入の御判、始中終本城の邦胤(千葉)とも四世の御判ありける、
後ハ妙見菩薩の御沙汰いみしかりける、

一、妙見七体と申奉るハ、七星七仏薬師にておハします也、

貪狼星最勝世界主蓮意仏
巨門星妙法世界主光音自在仏
禄存星円満世界主金色成就仏
文曲星無意世界主最勝吉祥仏
廉貞星浄住世界主広達知弁仏
武曲星法意世界主法界遊戯仏
破軍星浄瑠璃世界主薬師如来

妙見大菩薩ハミな薬師にておはします也、中にも千葉妙見ハ、浄瑠璃世界主破軍星薬師にておはします故に、軍の守護神とならせ給ふ也、

一、兼胤(千葉)御世に、上総の守護を小見小五郎(胤仲)へ下しおかる、小見は木内の庶子也、上総へ移るとき、屋形様はしめ御一門・御家風より騎馬一人合力あられしゆへ、一日の内供の衆三十六騎にて上総の府中へ移らせらる、是より木内は老成者三十六騎也、

一、胤仲小五郎清光、胤義小五郎範応、胤邦小五郎・石見宝山、胤拾《トヲ》小五郎安仲、胤治小五郎林中、府中にて打死、実に永正元年甲子四月十三日也、両公方様(足利政氏・高基)篠塚御陣の時也、原越後守胤高(隆)打取ける也、政氏(足利)・高基(足利)両公方、千葉孝胤退治にて、三年の間篠塚に御陣也、御本意なく御帰座の所、木内の表裏なれハと押寄て打給ふ、木内は胤隆の聟也、それより木内退転す、喜山(千葉兼胤)へ上総守護下さるゝよし仰せ出さる、小五郎今日の日は五墓のよし仰らる、一代も大儀ならむに五代まて立し事目出度と申されける、五墓に立られすゆへ、木内ハ五世にて退転す、永正元年甲子より永禄三年庚申まて凡五十五年也、

一、下総国葛飾郡千葉庄池田郷は千葉の本郷也、千葉は一庄一郷にて分て郷と申事ハあるましき事にや、

一、当寺諸沙汰の事ハ、親胤(千葉)様、原胤貞、円城寺右衛門丞忠《マサ》尚、原大蔵丞胤安仰られし、六供談合申て諸沙汰いたさる(当)へし、本庄伊豆守(胤村)申付られ候、後日の為一札如件、

天文廿一年壬子五月廿八日相定候、

覚胤

一、古は当寺御寺家共、御院家共、被仰出候得は、屋形様、原殿、若為同一、寺御方御申候、余人には座主殿より仰せ候キ、家風の者ハ上様と申候、同文字なれともかミ様とハ不申候、

一、当寺北斗山金剛授寺は、長保二年庚子九月十三日立畢、一条院御勅願所、自立以来五百六十七年、永禄三年庚申迄也、

一、上野国息災寺より、承平三年癸巳十二月廿三日妙見御移、永禄三年庚申迄、凡六百二十七年也、

一、妙見宮御建立は、国守平(千葉)親胤、原式部太輔胤清、住持覚胤の御時、天文十六年戊申三月廿二日鉋立《テフナタテ》、四月朔小屋入須《ス》立七月十日立也、御宮は南面にて、西東へ九尺間、三間三間已上六間也、南北へ九尺間、三間三間三間已上六間也、同十七日棟上也、三本幣にて、中一本は屋形様、東一本ハ原胤清、西一本は住持覚胤、此三本の前に棚を結ひ、土幣桶を一ツつゝ凡三、白き外居《ホカイ》一ツつゝ、銚子提《ヒサケ》一対、代物三本に千五百疋、肴三膳、鯉十二、海老十二、水鳥一双、水色絹三段、幣には金扇三本、麻三把、鏡三面、帯三、長髪《タケカツラ》三、挂白木弓二張、又五方柱土幣桶五、莚五枚、行器《ウカヒ》五、銚子提一対宛、染物五段、代物千疋、善ノ縄布廿二段、加精を立て、其十文字三搦にして下る也、住持是を取、檀那諸人亦是を取申也、善ノ縄取様は、住持参ると立て、右ハ上手、左ハ下手にて取拝ミて、右へ巡て左の肩に懸て、旦那を引意也、善縄を結ひて下るを、旦那諸人取て、本尊に縁を結ふ意也、大工は御宮中の中間の左に、腰挂の俵に腰を挂て大間に向て侍る、住持・旦那ハ御宮に向て左は住持右ハ旦那御座也、供分ハ左の方に御座也、神主衆は右の方に御座也、中ノ間の右ハ番匠侍る也、御肴はいつれも同前なり、住持・旦那は足付、余は平膳也、肴は熨斗・栗・昆布三品也、熨斗は前、栗・昆布は向也、馬・太刀の披露、当寺ノ御家風本庄伊豆守胤村、直垂・烏帽子にて先住持へ御馬・太刀の披露して後、屋形様、次に胤清、次に六東

の御一門・御家風中也、馬ハ一、二、三まてハ黒馬と中也、大工、白張烏帽子、住持・旦那三疋請取申也、余の馬は番匠請取申也、此儀に定めおかれしを、鍛冶・番匠一、二馬の論申さる丶ゆへ、いつれも馬共棟にむかひて引立、住持の御厩へ入て、一、二の鈴ならして鍛冶に馬一疋下され、余ハみな番匠へ下されてけり、太刀・弓の代物をハ大工請取申、腰挂の俵の上におき申也、馬ハ番匠・鍛冶とも手付申されす、棟幣は番匠持参れるを侍の請取て、住持・旦那に拝せし後大工に渡す、大工の請取て諸旦那に拝せ申也、其外馬数百三疋、弓・太刀ハ限りなし、善縄にハ太刀・刀・帯繁・絹布・麻・鏡・小袖・鳥目を挂る事夥し、

一、天文十九年辛亥十一月廿三日御遷宮也、大檀那新介平（千葉）親胤、御馬ハ馬場又四郎胤平、御太刀ハ原大蔵丞胤安也、原式部太夫胤清、神馬は原九郎左衛門尉胤行、同太刀ハ牛尾左京亮胤道也、牛尾孫次郎胤貞、神馬は原隼人佐胤次、太刀ハ斎藤源太左衛門尉清家也、屋形様御馬ハ、住持御内本庄新六郎胤里これを請取らる、胤清神馬ハ金親兵庫政能これを請取らる、胤貞神馬ハ小河外記助政俊これを請取らる、屋形様・御一家・御近習侍衆・国中諸侍衆馬共、当寺御内本庄伊豆守胤村これを請取られて、次の役人に渡す也、椎崎の御馬ハ小河大膳、御太刀ハ完倉与三郎、成戸の御馬ハ三谷下野守、御太刀ハ小河新蔵、公津の御馬ハ円城寺源五郎、御太刀ハ湯浅源三郎、寺台の御馬ハ高千代大膳亮、御太刀は瀬里惣九郎、神島の御馬ハ三谷右馬助、御太刀ハ完倉惣次郎、牛尾右近（胤直）太夫御馬ハ牛尾平右衛門、御太刀ハ同兵部少輔、其外大須賀・助崎・小見川・海上殿・相馬殿・府馬・鏑木・米井・井田・山室・三谷《ミヤ》・椎名の苗字中・粟飯原の苗字中・三幡谷・神崎殿・野手・押田・神《カン》能、馬数百八十三也、いつれも本庄胤村取られしにや、

一、臼井の一門・志津の御門・坂戸・吉岡・小船木・栗山中台・山梨・蕨の家風中・押田・渡辺・神保、何れも

太刀上け申也、
一、原式部太夫胤清の一門・家風、皆々馬・太刀上け申也、高城《キ》・両酒井・斎藤・菊間・加藤・秋山・岸谷・津・大熊・佐久間・府河・天生院殿、其外馬・太刀の使ハ其屋敷の老成者の役なり、
一、御幸の儀式ハ庭儀灌頂の例也、導師歓喜院、大僧正貞斎和尚、御輿の前後ハ社人衆、次ハ別当・檀那衆、御宝物兆子、小別当・神役人、廿二町御鉾は千葉中老成者、結城中老成者、御幡二十二流也、七月の御祭幡指の役人衆これを持るゝ也、御宮にて法華八講大法事、次に神主衆・禰宜衆これを勤められ、大神楽を行ひ給ふ也、
一、邦胤(千葉)御元服の時、胤富(千葉)・邦胤御父子、御連判をもて不入の御判を納めらる、実に元亀二年辛未十一月望也、
一、妙見宮棟上の時、一ノ馬の論を鍛冶・番匠申されける故、胤清(原)へ申達しけれハ、番匠ことに心労いたされ作り立られしに、鍛冶に一の馬ハいかむ、番匠作り立しうへハ、釘は打しものに候や、一馬・一盃ハ番匠に下され、二馬・二盃ハ鍛冶に下さるへしと也、住持の御あつかいに、馬ともをハ御棟の前へ引出し、棟に向せて御厩に入、一とも二ともなり鍛冶に賜りける、余の馬ともみな番匠に賜りぬ、御盃は白張烏帽子にて、大工豊後をハ住持の取て賜りぬ、つち打、番匠と鍛冶とまゐりけるを、両酌にて、屋形様御代官原大蔵殿(胤安)の盃を番匠にはやと賜りける、胤清御代官に中尾右京太夫殿は鍛冶に盃はやと賜りける、両人一度に出て一度に酒を給はる、番匠は左座、鍛冶ハ右座にて、此時はしめて鍛冶・番匠の法度を定められける、
一、すたて番匠九百八十七人、
一、組物五十六くミ、わたり木三百丁、番匠千百三十五人、
一、軒ほう同九百二十八人、
一、天井らんま格子・雑作・ゑん版・版しき・はしかくし、千百二十人、

一、くふりやう・すミ木・木おい・かやおい・さんさす・はね木・こやかもい、ろしかため・野取千十八人、已上凡五千余人、
一、山取四千八百三十人、
一、かち七百十二人、
一、上屋のくミもの廿六くミ、下屋のくミもの三十くミ、わたり木三百丁、表七十八丁、つま七十二丁、これハ四寸をしるす、
一、あしかや・ひたちやのよし、さくら上様おゝせに、十はゆひ四そくつけ千九百二十一駄あまりて大門をふく、たしあまるもたらぬも、よしにより申へき事、
一、十たてよりふきおくる間、こくもつとりあつかひ、金親兵部少輔いたされける、
一、小屋奉行代物とりあつかひ、棟上・遷宮まて走り廻りの事、本庄伊豆守胤村つかさとれり、
一、かせいの立様、宮の内の間の通り、十文字作りにて立る、是ハ宮中の間の口にとり合せて叶といふ字也、創営かなふといふ意也、かせいの立木七尺、上へ二尺にして横木を結ふ也、横木は五尺也、立木七尺は天神、七代過去七仏を表する也、横木五尺は地神、五代現在の五仏を表する也、
一、善の綱を棟の中のぬさよりさけて、かせいに挂る事一文字也、一徳の水なり、又天地和合の意なり、かせいに三ツからみてさけるは、天地人の三なり、うらを結ふは、住持・檀那・諸人の仏神縁を結ふためなり、
一、棟上の時、善の縄の布廿二段、からすくひの餅千、原大蔵殿大はら御こし也、
一、ふきてうくしのいはいの餅一千、上け申さる、本庄伊豆母御さかな上け申さる、
一、うくしいはいの酒、小河外記助上け申さる、
一、うくしのいはい水色の絹三段、鯉三尾、かけ樽、銚子堤の代物三貫文、太刀三、馬三疋、佐倉・小弓当寺よりそ出されける、

天文廿三年甲寅十一月念　本庄伊豆守胤村

（花押）

一、妙見宮材木の上屋、十一本は、円乗寺東の方竹山の中にてきる、一本はしゝわたしのミや山にてきる、已上十二本也、中山九郎兵衛殿寄進也、下屋の柱二十本、東ぬき・けた・こや・かもい木ハ、高須山にてきる、東のくうりやう一丁ハ東寺山にてきる、牛尾右近太夫(胤直)殿ひかせらる、西のくうりやうなやの山にてきる、胤清(原)ひかせらる、くミものゝ木、大戸の木ハ、いかう山にてきる、くミものゝ木をハよなもとの宮山にてきる、臼井十二郷の山にて皆々きり、各侍衆より上らる、すミ木は田へたのおちい山にて二丁きる、一丁は東寺山の宮山にてきる、一丁をハしゝわたしの山にてきる、木おいかやおいをハたかしのさくさへの山にてきる、同ほしくきなか峯宮山にてきる、版たる木はいんさい十六郷の山にて挽く、ゑんの版ぬきつか柱は印東むささつさの侍衆うけ取〳〵上け申さる、あししろの木ハなかさくあまと加曽利山にてきる、はね木は山梨の山にてきる、同おなき山にてきる、なけしの木は上総かもの山にてきる、らんま格子の木は佐倉より上らる、おもてのから戸は胤貞(原)大弓にて取らせらる、

月日　胤村(本庄)判

正月十四日の夜の御祭

一、みるめの前の、孫三郎かくけつのかいをくいはさみて参たりとよ、万歳楽とよ、いつよりも今としハ、御よろこびもかさなりて、東方朔か九千歳を、わが君はたもちてとこわかにてましませバ、御一門も御はんじやうに、国土ゆたかに、万民たのしミて、御伊勢へ御まゐりあるか、結城の浦よりも、福増といふ舟に、銀のほばしらに、金のせミをふくミ、錦を帆にかけて、弁才天と、うかの神ハ、ともへでましませば、あるじハ中ふねにめされて、三十三度御まいり有て、御下向ありしに、いなけ、の一本松で、御ぜねかみを、御見け有て、御ふねへつませて、大はしへこきいれて、ミく

らへになひ入て、いぬいのすミに、重ねあげて、めんどりはにもしつとりと、おんどりはにもしつとりと、おきけれハ、ふつきは万年あるじハ保ちておハしませバ、万歳楽とよ、

一、大永三年癸未十一月望、利胤(千葉)は佐倉妙見宮にて御元服なさせらる、是ハ南御所義明(足利)小弓におハして、佐倉へ御敵となれるゆへ也、御規式ハ先代の通りなり、御神へ御進物、千葉中諸社へ御賽銭、むかしの如く也、二騎の御供は原孫七・粟飯原文三両人也、常覚(範カ)座主の時にてありし、御神前への御使ハ木村左京亮なり、千葉諸社の御使は安藤左衛門、賽銭ハ大夫所へ渡さる、

一、弘治元年乙卯十二月廿三日、親胤(千葉)御元服ハ千葉なり、此時房州正木大膳亮(時茂)、十月十日ハ千葉へ乱入、宿中放火いたされしまゝ、十一月望の事御日延となられし、御神へ御進物・御賽銭、御先代の如く也、二騎の御供は粟飯原・幡谷論となりて、原左京亮一騎也、諸社への御使は安藤左衛門、賽銭ハ神主へ渡さる、御神前の御使ハ木村左京亮也、御規式むかしの如く也、住持の御使として本庄内匠助胤村中途まてまゐりて、上様を拝む也、原大蔵丞(胤安)同心申て高篠へ参られ、御三字を請取られ、神前にて御鬮取らせられ、御字を定め申、木村とのへ渡さる、

一、元亀二年辛未十一月望、佐倉妙見宮にて邦胤(千葉)御元服なされける、是ハ房州里見義弘小弓にありて、佐倉と御戦ありけるゆへ、千葉へハまゐり給ハさる也、昌胤(千葉)御規式の如く也、是をはしめにて御祝儀あるへしと、妙見大菩薩へ御進物、青毳千疋・銀剣一・馬一疋・絹一巻・弓一帳・藤巻袋入也、箭一・手鉾・矢・狩股まゐれり、皆袋入也、御樽・肴御神へ上らる、二騎の御供は弥《イヤ》冨の原、六崎の粟飯原両人也、御神へ青毳二百疋宛也、御まゐりの諸士等御幣を取られ、鵞眼に太刀・刀・御馬上け申さる、神前への御使ハ木村左京亮、千葉中諸社への御使は安藤左衛門、御賽銭は龍蔵権現へ鳥目百疋、御達報の稲荷へ鳥目百疋、惣代七社大明神

へ鳥目五十疋、八幡へ鳥目百疋、香取大明神へ鳥目百疋、摩利支天へ鳥目百疋、天満天神へ鳥目百疋、各神主所へ渡さる、摩利支天・天神・香取は別に別当あり、供分中へ代物二百疋、寺家老中へ代物二百疋、下部中へ代物二百疋、千葉百姓中へ代物百疋・絹一端、御神御先仏太夫へ鳥目五十疋、又二騎の御供より鳥目百疋出され、銚子小別当二騎の供より鳥目百疋出さる、上様より銚子小別当鳥目二百疋下さる、何事もむかしにかハりて御祝言なさせらる、住持覚胤の時にてありし、御肴・御酒ハ御神前にて七献、むかしの如く也、

一、屋形様御堀内に妙見のおハせし時ハ、社人惣代の社三間、前殿五間也、右二間ハ八乙女、左二間は神主にて御祈念申也、正月朔惣代の御供物は加曽利・寺山よりまゐる也、箸九膳、片方ハ寺山、同九膳、片方ハ加曽利也、七膳ハ惣代、八膳ハ八人太夫、四膳ハ八乙女也、此時供分ハ、住持の客殿に参り御祈念申也、胤直（千葉）退散の後、妙見を客殿へ移されて、供僧・社人同所にて御祈念申也、

一、正月十日、千葉介殿小侍所幷評定奉行侍所へ入らせらる、時宜により八日也、管領出仕の後まゐるゝ事あり、御対面の様は管領同様也、但御剣ハ下されす、

一、御所造の事、御評定十五間は管領役所也、御主殿ハ佐竹御遠侍の大間七間にて、立物畳所これなし、千葉介殿役所也、七間御厩ハ、結城二間、御厩ハ小山也、その外臨時の御厩、往古ハ五間、近来ハ三間也、是棟梁大工におゝせて造らるゝ也、長面の道ハ十七間、奉公人の役所也、両御室の御屋那須、東の御室の御屋宇都宮、御室所は三浦介役所なり、御中居ハ御主殿同様也、杉ノ間同居留御所造ノ間ハ、管領おハす休ミ所也、廿間をは管領より造りてまゐらす、三十間は千葉介殿にて造りまゐらす、御屋移りは夜陰也、供奉の人々は直垂也、松明の役ハ御所奉行、御左は梶原能登守憲景、御右ハ佐々木豊前守氏清、御剣の役ハ一色右京亮、御沓の役ハ本間下総守なり、

一、外様奉公中への礼儀ハ、其亭へまかりし時、盃以下式第ハ時宜によるへし、かねて記するに及ハす、輿にて行合ふときは下馬いたさるへし、乗馬ならハ、外様の内其人によつて、馬を前より控て馬を返し、礼儀有へし、千葉介方にてハ馬を返し、其上一廉礼をいたすへし、御一家中にも其人によつて思慮有へき也、

一、管領・御一家其外、外様の被官中の奉公の人に路次にて行合ふ時ハ、馬を控へ礼をいたす事一度也、書札は御宿所と書て、肩に各の処官途を書へし、奉公中の返書にハ各の字以下を下り書にかくへし、腰文捻文ハ規式あるへき也、

一、奉公中、但し公方のものハ下馬をいたさす、宿へ来る時ハ縁に台へし、座に呼へからす、被官の居所にて酒を出す事、苦しからさる也、

一、公方様管領と御対面の時、公方様ハ御くぎやう、管領ハ足つけ也、自余宿老中ハかなかけ也、

一、東海道十五国のうちに法師御所一人、法師大名三人おハす也、法師御所ハ鎌倉雪下殿、御当家の若君御直りなさせらる、三法師大名は熱田座主、是ハ武衛の御子代々直り給ふ也、箱根別当是ハ北条殿御子代々直り給ふ、千葉金剛授寺千葉殿御子代々直り給ふ也、右四寺ハ外苗字のもの御移りこれなし、国主の御子なき時ハ衆分家風より寺を預り持つ也、

内膳亮胤里、新六郎胤保、孫子にみせ候ハん為に、こまかニ書して仮名を付おきし、某文字に描くて、かきもちかひて候、当寺の事とも一々にかき中候、他見あるましく候、　　七十七歳胤村（花押）

一、常兼千葉大椎介、次男常衡海上与市、嫡子常幹海上太郎、弟常高本庄左衛門、常秀中務丞、常光信濃守、胤頼東六郎、次男胤方本庄七郎、胤長空印、盛胤七郎、胤景兵部丞、胤安理印、師胤理性、君胤筑後也、憲胤同筑後守、胤栄性宗、胤定伊賀守、胤友刑部丞、胤光伊賀守、胤広成範、胤守刑部少輔・新六郎とも、胤知図書助、胤村伊豆守玉意、胤里伊豆守・内膳亮、

胤保新六郎・内膳亮、胤頼、東御子重胤、次男胤方本庄七郎、三男胤朝木内八郎、兄弟三人より分る、本庄のはしめ也、本庄ハ海上なり、本所の郷に居住しぬるゆへ、常高を本庄次郎といふ、常秀・常光三世の後、胤頼東二男胤方より此苗字にて今に有けり、胤定伊賀守子孫ハ、常陸鹿島へ移りおわします、

本庄苗子海上を退散の事

一、常見・海応ハ兄弟也、弟海応、兄常見の子松王殿を害しける、松王殿方人本庄神四郎も打れにけり、海応の子は千くミ殿と申也、狭間の真恵法印、鹿島へ落て死せり、松王殿深く引せ給ひしゆへ也、本庄大和守二つ子の年の事也、其時鹿島へ落て源五郎・源七郎とて二人の子を持給ふ也、四月(天文十年)六日千くミ殿打死ハ海上将監かわさ也、天正四年丙子まて凡三十五年なり、

一、人王八十八世後深草院の御時、日蓮上人出世、頼朝(源)御他界五十七年の後、最明寺殿(北条時頼)の時なり、永禄三年庚申まて凡二百八十一年也、

一、安房国千光山清澄寺ハ桓武天王御勅願所にて、慈覚大師御建立、承和三年の開基也、御本尊は能満虚空蔵大菩薩也、

一、人王九十代後宇多院の時、建治二年丙子三月望、一遍上人三十八歳にして発願也、正応二年己丑八月廿三日、兵庫の島にて遷化なり、河野四郎常弘の子、頼朝御他界七十七年の後也、正応二年己丑より永禄三年庚申まて凡二百六十二年也、

一、しりがいせんと申ことは、七月大須賀より御町へ家人御出にて帰る太夫に、御土産を御所望なされし時、しりかい一口を鳥目七百に替て上け申させける、かへりし年またしりかい御所望也、町に候ハて代物一貫上け申さる、これかかれいとなりて一貫ツ、町に上り申也、大夫左近八郎童の時、母に傍てねまりけるとき、八郎母家より三年の分をかせのよしお丶せらる時に、範覚御やをあけ申さる、やかて帰られけるそのとし、範覚御や

う人なされて、佐倉にて遷化也、御遺跡常覚の世に左近八郎佐倉へまゐり、深山新六所を宿にとりて、金親彦四郎・同兵部少輔并新六三人をもて申さるゝハ、御神事銭二貫上け申へしとて御むつかしき事なく、馬人御よりなさるゝ事あるましとて、御一札を取て帰られ、二貫つゝ上られける、弥三郎・八郎両禰宜になりて、四貫となりし也、

一、むかしより大禰宜殿をハ左衛門太夫と申ける、世々の事也、息左近丞死去の後、弟の左近次郎禰宜役を取られける、左衛門四郎河合の山にて従弟左近八郎を打ぬ、さて弟弥二郎禰宜役を持れける、その子また左近八郎と申也、子なきゆへ伯父の子惣二郎を遺跡にたて申さる、ミきの丞也、弥三郎殿ハ弥二郎殿別腹の弟也、弥三郎殿の子ハ出雲丞也、その弟ミきの丞、これハ惣領太夫也、いまのハミな左近二郎殿の子のすち也、

一、南御所義明(足利)小弓におハせし時、とけ・あま佐倉御敵也、その時範覚小弓へ御神を移さる、十六年の間なり、範覚聽て我はかり佐倉へ御出にて遷化也、御遺跡常覚の時こうの台の一戦に御所御腹なされける、十六年と申ハ此ときにて、御神を千葉へ御帰しなされけり、供分六人御供也、さて佐倉より御本意遂られて常覚ハ帰られける、佐倉より御本意とけらる、一段、不分明と聞ゆ、

一、良文(平)の四男忠通村岡太夫、梶原殿はしめ、其子鎌倉権太夫景村、その弟権五郎景政、皆良文の御孫也、出羽国せん(山)北金沢の城に、安部貞任・こうけの宗任・鳥海弥三郎・りやうくわん大しん・栗矢川五郎とて、五人籠られたり、八幡太郎義家(源)数万余騎にて向ひ給ふ也、その時権五郎景政は、鳥海弥三郎に弓手の眼を射させ馳廻り、その箭を返してそ鎌倉に御りやうの宮といはゝれ給ふ、千葉の御すし也、佐倉にも立給ふ、小弓ニも立られける、

一、天正十二(三)年乙酉五月七日、三十世邦胤(千葉)御捐館也、はしめ北条氏政の妹ひめを娶られける、その腹に、十二にならせ給へる姫きみと、三にならせ給ふ御曹子のおハ

しける、国の面々揃ハさるゆへ、原豊後守(胤長)・同大九郎(邦長)父子の心にて、氏政の末子(直重)一人を請れて、十二歳なる姫に合せまつり、屋形に仰き申さるへきよし、北条氏、尤事なれハと、天正十三(四)年丙戌十一月御馬を出され、佐倉へ御越しにて、かしまの城を御取立となりける、人数ハ伊豆・相模・武蔵・上野・下野・常陸・下総・上総・安房、凡八ヶ国の侍幷人足まゐりて、十一月廿二日の結構にて廿三日より普請をはしめ、同十二月三日にハ普請成就し、門、せいろ、壁、家作まて、十二日には全く事おハり、十五日には姫様御ふくろ様邦胤母なり御上りなされける、

　邦胤の御ふくろハ、神島、小見、今佐倉とあれとも御はらならす、

一、良文(平)と忠頼は鎌倉村岡にて御捐館也、忠頼の子忠常下総権介、上総上野郷より下総東の大友へ御移りなされけり、御子常将より常長・常兼・常重まて五世大友におハせし、常兼・常重父子上総大椎へ移られける、常兼をハ大椎権介と申也、大椎にて御捐館也、常重千葉へ御移り有て、常重をハ大千葉介殿と申也、

成の字をむかしハ殿上にてはせい、武家にてはしけ、地下にてはなりと読て、人名をハ呼れしよし、成務天皇、俊成、正成、成氏、成胤、成瀬、成田抔也、

一、鎌倉殿と申ハ、四人のミ太郎太夫時忠、是良弁上人の御父にて、良弁は大山寺の開山なり、次に村岡陸奥守良文、次に鎌倉権太夫忠道、次に右兵衛佐頼朝(源)也、後年北条氏政相模国を持れしより、鎌倉とのと申とハ聞つれとも、徳の衰へぬるにや、其跡たしかならす、

原本金剛授寺所蔵、丙午(寛文六年)秋念四紀琴夫手写也、

佐原　清宮氏所蔵

索引

戦国遺文房総編　索引＊凡　例

一、この索引は『戦国遺文』房総編、第一巻～補遺に至る全五巻の本文に見える人名・地名・寺社名の索引である。

一、項目の下に付く、①～④は各巻数、⑤は補遺を、和数字は頁数を表す。字体はすべて新字体とした。

一、同項目名が同頁に多出する場合は、一回のみの立項とした。同項目名が同頁に多出する場合もあるので、利用の際は注意されたい。

一、立項にあたっては、その読み方は通用のものを採用した。

一、人名索引

○本文に見える有姓有名・有姓無名・無姓有名・女子名・童子名・仮名・官途名・受領名・法名・院号・通称名・省略姓名等、すべての人名表記を五十音順に配列した。なお、検索の便を考慮し、同姓のものについては、一括して五十音順に配列した。

○同一人物については複数の表記がみられる場合、本文表記が無姓・無名で姓・実名が推定しうる場合、女子で父・配偶者が推定しうる場合等は、最も一般的な姓・実名（法名等）もしくは呼称で立項して、これを本項目とし、種々の本文表記は見よ項目とし、該当する本項目を⬇で示し、本項目における子項目として立てた。但し、呼称の種類が少ない人物については、その限りではない。

○子項目は、一字落として示し、適宜配列した。

○見よ項目はカラ見出しとし、原則として、巻数・頁数は表記しない。

○本文表記上の誤記については、⬇で正しい表記を示し、該当巻数・頁数を示した。

○本文法規上における編者における誤記については誤りのまま立項し、⬇で訂正したものを示した。その場合、項目の肩に＊を付し、該当巻数・頁数を示した。

○本文表記のまま本項目のみ立項されている人物で、

実名を推定しうる人物については、これを（　）内に示した。
○同名異人については、できるだけその区別を示す事柄を（　）内に示した。

一、地名索引
○郷村名、字名、広域地名を本項目として立項した。
○項目名に続けて、現在地名を推定しうる場合は〈　〉内に現在地名、現在地が未詳の場合は国名・郡名等を記した。

一、寺社名索引
○寺社名は、山号・院号・寺号等、最も一般的な呼称で立項した。
○項目名に続けて、現在地名を推定しうる場合は〈　〉内に現在地名、現在地が未詳の場合は国名・郡名等を記した。
○戦国時代の寺社名の読みは難解なものが多く、現在廃絶している寺社も少なくないので、現在の通用の読みで立項した。

一、人名は黒田基樹・滝川恒昭、地名は盛本昌広、寺社名は佐藤博信が担当した。

あ

愛河　③六
相河蔵人助
　蔵人助　②二六
愛川図書助　②三五
合河清右衛門尉　①一七四
愛川藤右衛門
　同藤右衛門　②三五
相河六郎左衛門　②二六
合木常林
　合木　④三六
愛菊　③一〇二、一三〇、一四六
藍沢新右衛門
　藍沢新右衛門　②一三
相沢新右衛門　②二六〇
あいしゆん➡あんしゆ
愛洲（兵部少輔）　②一六六、③九
会田　②二五〇
会田和泉守（藍田いつミ守）
　③一五、五〇
合（会）田掃部助　③一七五
会田内蔵助　②二三七
愛千代丸➡平山愛千代丸
会津➡蘆名盛隆
会津➡蘆名義広
会津➡蘆名氏
会津侍従➡蒲生秀行
会津少将➡蒲生氏郷
会津少将氏郷➡蒲生氏郷
会津中納言景勝➡上杉景勝
あいつの少将➡蒲生氏郷
愛伝　①二六三
愛隼人助　②一六〇
粟飯原　⑤七五、七六、八四、九四、九八
粟飯原右馬允　③三一
粟飯原右衛門三郎　①二〇一
粟飯原左近将監
　左近将監　①二〇一
粟飯原胤光
　粟飯原隼人胤光　②九三
粟飯原胤宗
　粟飯原孫四郎平胤宗　④七三
粟飯原孝宗
　粟飯原左衛門尉孝宗　①三五
　粟飯原前上野介平孝宗　①二五〇、二九六
　孝宗　①一九
粟飯原大学　⑤七四
粟飯原豊後入道浄泉　①一四九
粟飯原文四郎　⑤七四
粟飯原文次郎常時➡平常辰
粟飯原文三　⑤八六
粟飯原持宗
　孫二郎平持宗　①二九六
粟飯原幹宗
　孫二郎平幹宗　①二三五
　左衛門大夫平幹宗　①二五〇、二九六
　粟飯原左衛門大夫幹宗　④七三
粟飯原孫二郎　③三五、七二、一〇三、一三一、一六五～一六六
粟飯原孫太郎　⑤七四
粟飯原保宗
　平保宗　③二七五
　粟飯原左衛門大夫　③一四七
　粟飯原左衛門太夫保宗　③一九七
　粟飯原左衛門大夫平保宗　③九三、④七三
相番守　⑤八一
あう（ふ）み（ミ）（香取神官）
　①一七〇、一七三、一八九、一九一、二〇二
青木　①二五五
あをき木のかミ➡青木重吉
青木源左衛門　②二六
青木重吉
　青木紀伊守重治　④九〇
　あをき木のかミ　⑤九
青木胤久
　青木外記胤久　④七三
青木藤左衛門　②二五
青葉新右衛門　④九〇
青葉帯刀　③二四四、④一三五、一八四～一九五
青柳四郎右衛門（尉）　③一四九、一六八、二四七
青柳与七郎　②三五
赤井　④五一
赤井刑部少輔　④二三六
赤石常陸守　②二八
明石　④三九
明石左近太夫➡明石元知

明石左近允➡明石元知
明石新五郎　②二九四
明石姫君　④六五
明石元知
　明石左近允　⑤三
　明石左近太夫　④一〇九
県因幡守　⑤三
顕景➡上杉景勝
安芸宰相➡毛利輝元
顕定➡上杉顕定
秋田実季
　秋田太郎　⑤三〇
　秋田藤太郎　④一〇七
　秋田東太郎実季　④九〇
秋田侍従➡佐竹義宣
秋田太郎➡秋田実季
秋田藤太郎➡秋田実季
秋谷太郎兵衛門　②九〇
安芸中納言➡毛利輝元
秋月種長
　秋月三郎　⑤三
　秋月長門守　④一〇八
秋月三郎➡秋月種長
秋月長門守➡秋月種長
あきの阿闍梨(あさり)　①二
六

あきのさいしょう(宰相)➡毛
　利輝元
安芸守➡正木輝綱
安芸守御老母➡正木輝綱母
安芸守正木右衛門大夫➡正木
　輝綱
あきはミん部(秋葉民部)　④
　六二
秋房(大原神社)　②二二五
秋房(藻原寺)　②一五九
秋元➡秋元政次
秋元氏
　小いと　②一六二
秋元信州母
　秋元信州御老母　④二六
　秋元信州老母　④二六
秋元弾正忠　④二六
秋元政次
　釜滝刑部少輔政次　②八二
　秋元　②二〇一
　秋元政次　④二六
　藤原朝臣政次　②二九四
　藤原朝臣秋元刑部少輔政次
　②九八
　豊前入道藤原朝臣正次　④
　二五五

秋元義次
　藤原義次　③三二
　秋元弾正少弼藤原朝臣義則➡
　　里見(秋元)義則
秋元義秀
　秋元左衛門五郎義秀　②三〇
　四
秋元義政
　秋元朝臣義政　②八二
秋屋神六　②六二
秋山　⑤九五
秋山宗右衛門　④一六八
悪王子神　①一七
あく三郎➡野路悪三郎
悪禅師➡忠尊
あく田　①二
明智➡明智光秀
明智光秀
　光秀　④一六
　明智　④一六、一七三
安子嶋刑部太輔　③七〇
浅井茶々
　御袋様　④一四八
浅井備中守　③一八五～六
朝倉景隆

　朝倉能登守　③六四
朝倉氏
　越前　②三〇六
朝倉能登守➡朝倉景隆
朝倉義景　②三〇五
浅弾➡浅野長吉
浅弾少長吉➡浅野長吉
あさの左京大夫➡浅野長継
麻野太左衛門　①一六八
朝野対馬守　⑤一八一
浅野➡浅野長吉
浅野左京大夫➡浅野長継
浅野弾正➡浅野長吉
浅野弾正少弼➡浅野長吉
浅野長継
　浅野左京大夫　④一三、⑤三
　あさの左京大夫　④一七
　同　左京太夫　④一〇九
浅野長吉
　浅野　④七
　浅弾　④四、⑤六
　浅弾少長吉　④七
　浅野弾正　④二、二四、一〇九～一
　〇、⑤三
　浅野弾正少長吉　⑤六
　浅野弾正少弼　④一五～二三、一

〇九、⑤三
浅野弾正少弼長吉　④一一、一五、二五
　弾正　④一六、二四
　少弼　④三
　長吉　④五
朝比奈　②一四三
朝比奈備中　④二三九
あしかゝ➡長尾景長
足利家国
　家国　②一七、一九二、③九、一四、一一五
足利氏女
　古河姫君　④七六
足利国朝
　国朝　④七七、八一、八三、一〇四、一一一
足利成氏
　成氏　①五、二二、四九、九九、一〇三、④四一、⑤一～二、六八、七〇、一〇三
　鎌倉殿　⑤六
　公方様　①一一、七四、七五
　御当代　①一一一
　乾亨院殿　①二八九
足利成氏母
　大御所様　①一一三
足利島子
　姫君様　④七七
　娘　④八三
足利尊氏
　尊氏　④八六～七、一二六
　尊氏将軍　②三〇一
　将軍家　①二六六
足利高基
　高基　①二八、二三七、二四五、二四六、二五五、二七八、二八九、二九〇、三〇四、④四六、五九、⑤九二
　公方様　①三〇三、②五六
　久我ノ将軍　①二六六
　両上様　①一八七
　両公方様　⑤九二
　御両家　①二四四
足利晴氏
　晴氏　①三〇五～六、②五、一七～八、三二、四四、二五六、二九六、④五六
　源朝臣晴氏　①二七三、②二〇、一五
　足利右兵衛佐源晴氏　②二九六
　古河の御所晴氏　⑤五四
　古河様　⑤五四
　古河上意様　②六一
　公方様　②二六
　く方さま　②七七
　上さま　②七七
　大上様(さま)　②七五、八一、一三九
　永仙院　③四三
足利晴氏妻
　御台様　②一四六
　御内様　②一〇八
　大御台様　④二三八
足利藤氏
　藤氏　②一九五、一九八、二〇〇～一、二五六、二七九
足利藤政
　足利藤政　②二七九
　源朝臣藤政　②三〇二
　藤政　②二八〇、二九一、二九五
　公方様　②二六一
　当御代　②二七八
足利政氏
　政氏　①一三、④二三四、⑤五、九二
　源朝臣政氏　①一九六
　若君様　①一一三
　公方様　⑤七二
　御所　④二五一
　先公方様　②五六
　両上様　①一八七
　両公方様　⑤九二
足利持氏
　持氏　⑤八〇
　故上様　①一一二
足利基頼
　基頼様　⑤五六
　小弓様御父子　⑤五八
　御父子三人　②二五六
　御親子・御兄弟三君　⑤四〇
足利義明
　義明　①三〇〇～一、三〇三、三〇四、②三七、⑤八八、九八、一〇二
　義明公　①二六六
　源義明　①三〇〇、⑤四〇
　道哲　①二四七、二五五、二八三、三〇〇～一、三〇五、④五九
　雪下殿様　②五六
　社家　④三二七
　社家ノ守　①二六六
　南御所様義明　⑤七六
　小弓の御所義明　⑤五四
　小(大)弓　①二五五、⑤四〇
　小弓様　⑤五三～六
　小弓の御所　⑤五三～四
　小弓の御所様　⑤五七
　小弓様御父子　⑤五六

御父子　⑤五六
御親子　⑤四〇
御父子三人　②二五六
御兄弟三君　⑤四〇
御所　④五一
上様　①一九七、三〇六
八正院殿　②二五七、④五一
足利義昭
公方　②二四
足利義明妻
御台様　⑤五六
御台方　⑤五六
足利義淳
竜王　①三〇五
御父子　⑤五八
御父子三人　②二五六
御兄弟三君　⑤四〇
御弓様御父子　⑤五八
足利義氏
梅千代王丸　②七六
義氏　①二七七、②九五～六、九八、一〇〇、一一〇、一八三、一八六～七、二〇五、二三一～三、二三八、二三三、二四二、二五一、二五六、二六二、二七九、二九六、③一九～二〇、三九、四七、五一、五六、六五、七六～七、八四、八七、九四、九七、一三八、一五二～四、一六六、一九五～六
若さま　②七七
若君様　②二六
葛西　②八〇、八一、④三八
葛西之上様　②八一
鎌倉　②三七
かまくらさま　②二四一
関宿様　②一四五
公方様　②一〇八、二一九、二五六、③一七六、④三八
くはうさま　②七一
御所様　②九二、一〇八、一四六、二三〇
御当代　②七〇
足利義輝
公方様　②一〇七、一一三
足利義栄
足利将軍十四代義栄　②二一七
足利頼淳
鎌倉佐兵衛督　④二六
頼淳　④五四、一一一
左兵衛督頼淳　④八三
若君様　⑤五六
上意様　③一四、④五五
小弓　④九
大弓御所　④七七
御連枝　③一七六
芦田➡依田信蕃
網戸宮内少輔
網戸　②二四〇
網戸宮内少輔　①一九
網戸宮内大輔　②一九三
網戸宮内大輔➡網戸宮内少輔
蘆名氏
会津　④三九
蘆名盛氏
蘆名修理大夫　③一九
蘆名盛氏　②二五一
盛氏　③四～五
岩崎　③四、六七
蘆名盛隆
盛隆　③一八二
会津　③一〇〇、一八二
蘆名義広
義重次男　③一〇〇
会津　③二六二
蘆屋右衛門尉(国重)　③一五五
蘆屋忠知
蘆屋善三　④一〇一
有助➡安部有助
麻生隼人佐　②三三五
麻生六郎左衛門　⑤八六
麻生房　③一三三
安宅紀伊守　③九
足立　⑤六五
足立小右衛門　④二八七
足立十兵衛　④二〇四
安達盛長
藤九郎盛長　⑤六三
熱田丹後守
丹後守　④六〇
跡部昌忠
跡部修理亮　③一三三
跡部修理亮昌忠　③一三五
跡修　③一三四、一三九
穴山信懸
武田穴山殿　⑤三六
あひる甚五郎　②三三四
安蒜重房
安蒜源ヱ門重房　③一八〇
畔蒜右京助　③一七八
畔蒜右京助妻
鸖子　③一七八～九
アフラ
アフラ　①二二〇、二二七、二三七
アラフ　①二〇五
油井検校(あふらいけんちやう)　①二五七、②一四、八六

安部有助
　安部有助　②五三
　有助　②五三
安部貞任　⑤六二、一〇三
安部豊後(忠秋)　④二〇五
安保中務少輔(宗繁)　①一〇三
天(あま)犬　①九七
天照大神宮神主　③二八八
天野周防(雄光)　⑤二五
天羽時隆
　時隆天羽九郎　⑤八五
天羽秀当
　天羽庄司秀当　⑤六五
阿や〻局　④二九九
鮎川　③六三
鮎川図書助　①二二四、二八九、②五
　八、一五三、一九一、二九、二四三〜四
鮎川豊後守　①二七、②一九六、③
　四、五九、二九四
鮎川美濃守　①二六六
*アラフ⬇アフラ　①二〇五
アラヤシキ　②二八一
有田　①四七
有時⬇北条有時
在朝　③二三三
有久
　掃部助有久　①九三
有間刑部法印(則頼)　④二一九
有馬修理太(大)夫(晴信)　④
　一〇八、⑤三
有義
　左衛門丞有義　①九三
淡路法橋　⑤二九
淡路守⬇木内淡路守
安房侍従⬇里見忠義
安房侍従義康⬇里見義康
安房守⬇里見忠義
安房守⬇北条氏邦
安房守忠義⬇里見忠義
安房守内儀⬇里見忠義妻
淡路守⬇正木頼時
淡路守時盛⬇正木時盛
あわのしょう(安房侍従)⬇里
　見義康
あハの四郎兵衛　②二二七
あハの甚五郎
　甚五郎　②二二七
安房梅鶴丸⬇里見忠義
あをき木のかミ⬇青木重吉
安⬇北条高広
安伊⬇安西伊賀守
安犬　①一三五
闇音祐胤　②一〇四
あんき　①一三五
安西　②二六八、④二三〇
安西伊賀守
　安伊　②二〇五
安西伊勢守　④九五
安西右京亮⬇安西能胤
安西景益
　安西三郎景益　⑤六三、六五
安西七郎次郎　④一八一、二六五
安西但馬守⬇安西能胤
安西中務　④一八八、一九二
安西又助
　安西又助　④一九〇
　安田(ママ)又助　④二八九
安西弥三郎　④一六五
安西能胤
　安西右京亮　①一六一
　安西但馬守　③一三、一五一
あんしゆ　②八七
案主　①一、三、②二三九、③二、④六
　四
案主⬇香取太郎童子
案(安)主(寿)⬇香取虎吉
案(安)主(寿)⬇香取虎房
案(安)主(寿)⬇香取満房
案(安)主(あんしゆ)⬇香取弥
　三郎
案主⬇香取弥四郎
案主⬇香取弥二郎
案主(あんしゆ)⬇香取吉作
安首座　②二三
安寿丸　⑤八六
安東対馬(守)(重信)　④一九二、
　二一九
安東弥右衛門　④一八五
安藤右京　④二四八
安藤勘解由　②二八一
安藤左衛門(尉)　②二七一、⑤九八
安藤松斎
　安藤松斎　④二三三、二八八
　松斎　④一八六
安藤帯刀(直次)　④一九一
安藤対馬⬇安藤重信
安藤隼人佐　③三
安藤備中守　③一八九、一九五
安藤豊前守　⑤七三〜四
安藤豊前入道(良整)　③四〇
安中(七郎三郎)　④三五
安野元時
　安野弥三元時　④二四

安誉　④一五

い

意庵➡道甫
意庵道甫➡椎崎胤次
井伊侍従➡井伊直政
井伊直政
　井伊侍従　④三一
　井伊兵部少輔　⑤三五
井伊兵部少輔➡井伊直政
飯岡秀定
　飯岡左京佐秀定　②七
いさゝ(飯篠)大蔵　③一七
飯篠善次郎　③一五
飯篠長威　⑤三
飯篠盛綱
　飯篠山城守盛綱　②一三五、二三
飯篠盛信
　飯篠修理亮盛信　①一四三
　修理亮盛信　①一四二
飯篠若狭守
　飯篠若狭守　①一四八、③一一五
　飯篠(い丶さ丶)わかさ　①一四四
飯島玄蕃亮　③一五
飯島半次　④一〇五
いい田　②二〇一
飯田右衛門　④一七五
飯田右衛門➡飯田朝英
飯田けい寿　②一九
飯田新右衛門
　同新右衛門　②一三五
飯田甚内　②一〇八
飯田胤忠
　飯田内匠亮胤忠　①一九八
飯田胤英　①一七八
飯田弾正
　弟弾正　④一七五
飯田朝英
　飯田右衛門　②一八
　飯田右衛門朝英　②一九
　飯田右衛門丞朝英　②一八
飯田縫殿　②一三五
飯田之明
　飯田三郎左衛門之明　①六三
飯高政胤
　政胤飯高四郎　⑤六三
飯野たてわき　②一六二
飯野兵介　③三
飯肥➡飯尾元種
飯櫃隠居　②一二〇
飯森三郎左衛門尉　②一四七
井因➡井田因幡守
家国➡足利家国
家貞➡石巻家貞
家祐　②一九
家次
　甚右衛門尉家次　②一三七
家永➡鴾田家永
家長
　隼人佐家長　①一七四
家久➡庄司家久
家康➡徳川家康
家吉
　神野行事家吉　①一三七〜八
　隼人佐家吉　①一九七
いおり小七郎　②一三七
いおり清九郎　②一三七
伊介右近　④一八九、一九四
伊介加兵衛
　加兵衛　④一八九
伊賀侍従➡筒井定次
伊賀藤七郎　③三
五十嵐条介　②一〇八
池内　⑤七五、七六
いけたひつ(池田備)中➡池田長吉
池田和泉守　③五〇
池田照(輝)政
　羽柴吉田侍従　④三
　よし田侍従　④二八
　羽三左衛門　④三八
池田長吉
　いけたひつ(池田備)中　⑤二六
池田半衛門　②二六
池田光政
　松平新太郎　④二七〜九
　松新太郎　④二八
　新太郎　④二八
伊決善拾郎　②九
池之作図書妻　④二六四
伊源➡伊丹源六郎カ
生駒雅楽守➡生駒親正
生駒雅楽頭➡生駒親正
生駒親正
　生駒雅楽守　④二八
　生駒雅楽頭　④一〇七、一〇九、⑤三〇、三三
いこまとのも(生駒忠清)　⑤二六
石井(里見家臣)　④三七

石井(北条家臣)　③二四一
石井(小田原)　②二〇八
石井(念仏寺)　②二五
石井和泉守　③九
石井伊予入道　②九八
石井右京女中　④二四七
石井雅楽介(尊光院被宮)　⑤九〇
石井雅楽助(上総二宮)　①三六
石井玄蕃丞　②二五七
石井拾左衛門尉　②二四九
石井正左衛門　②二八、二三六
石井周防守　②二三七
石井駿河守
　石井駿河　④二二九、二六六
　石井駿河守　③二六八、④七九、一二八、一六〇
石井宗大夫　④二〇三
石井丹右衛門(尉)　④一四一、一七三、一九九、二〇一
石井藤右衛門尉
　大井宮石井藤右衛門尉　④二〇〇
大井宮藤右衛門尉　④一九九
大祝臣藤右衛門尉　④一八四
石井藤次郎　③一六八
石井土佐(左)守　③二一〇
石井縫之介　②一八七
石井隼人助　③二三〇
石井兵庫助　③二二一
石井太郎　③二三〇
石井父子(小田原)　②二〇八
石井房　②二三
石井義直
　藤原朝臣石井和泉入道義直　②九八
石神彦兵へ　④二一六
石川　④三九
石川➡石川晴光
石川隠岐守　②一六九、③一四九
石川五郎兵衛　④二九〇
石川左衛門大夫
　石川左衛門大夫　②四六、五三、一九二
　大夫　②五三
　金吾　②五三
石川左衛門大夫➡石川康通
石川貞通
　石川備後守　④二一〇、⑤三三
石川七郎左衛門　⑤九
石川信濃守
　石川信濃守　②五三〜四
　信濃守　②四四
　御老父　②五三
石川修理大夫➡石川晴光
石川図書助　⑤九
石川忠総
　石川主殿　④二〇五
　主殿　④二〇五
石川主殿➡石川忠総
石川晴光
　石川修理大夫　②四四〜五
　石川　②四三
　修理大夫　②五三
　匠作　②四六、一九二
石川彦六　②一五一
石川備後守➡石川貞通
石川康長
　石川玄蕃亮康長　④九一
石川康通
　石川左衛門大夫　⑤二五
石川六郎　④五六、五八
石河左衛門佐
　石河左衛門佐　①二〇八
　左衛門佐　②四四
石毛小三郎　③二三
石毛五郎三郎　②二二四、③一六一
石毛定幹
　石毛大和守　②一九四、一九六、二三四〜二三六
　石毛大和守定就　④七三
　石毛大和入道　②一九七、二三四、二三七
　大和守　②二三七
石毛四郎左衛門　②八
石毛新五郎　②二三七
石毛甚助　④三九
石毛助九郎　③二三
石毛全右衛門　③一八九、一九五
石毛総次郎　②二三四
石毛内記　②二六八
石毛秀景
　石毛二郎左衛門秀景　②八
石毛大和守➡石毛定幹
石毛大和入道➡石毛定幹
石崎勝(正・庄)右エ門　④二一〇、二六八、三〇〇
石島　①二五五
石田➡石田三成
石田茂房
　石田新兵衛尉茂房　③一〇六
　石田新兵衛　④一六一、一八三、二八七

石田新兵衛尉 ③一九二
石田治部➡石田三成
石田治部少輔➡石田三成
石田新兵衛(尉)➡石田茂房
石田新三郎 ③一〇〇
石田正澄
　石田木工頭正澄 ④一四
石田三成
　石田治部少輔 ④三、一〇八、一三
　一〜三、一三八、⑤三〇
　石田治部少輔三成 ④一七五
　石田治部 ④一〇九、⑤三
　治部少輔 ④一三八
　石田 ④一〇三
　三成 ④一七五
石塚小次郎 ③一一
石塚室 ⑤八八
石塚大 ③一二
石塚孫大夫 ④一三九
石手 ⑤八九
石堂(巻)下野守➡石巻家貞
石堂寺御ゐんいよ ④一一
石堂原 ①九三
石堂原加助 ④一八七
石渡戸縫助殿 ③一五
石野弥次郎 ④一三
いしはし五郎へもん ④六一
石橋左近太郎 ①三八
石原亦次郎 ④一七三
石彦康敬➡石巻康敬
石巻 ②一一四
石巻家貞
　石巻下野守 ②八四
　石堂(巻)下野守 ⑤一九
　石巻下野守家貞 ②八〇
　家貞 ②八〇、八四
石巻下野守➡石巻家貞
石巻康敬
　石彦康敬 ④四四
石巻康保
　石巻下野守康保 ②八四
石山新三郎 ③一九四
石山三河守 ③八
石山隼人佐 ②一四六、一五五、二二三、
　二一八
石山杢助 ②一九四
伊豆守(鍛冶) ②三〇二
伊豆守➡杉本伊豆守
伊助六郎左衛門 ④一四八
和泉(藻原寺) ②一五九
和泉阿 ①三八
和泉公(仏師) ①一五〇〜一
和泉公(報恩寺) ②七八
和泉守 ④九九
泉重
　内匠助泉重 ①一一一
泉伊予介(繁俊) ③一四七
出雲(香取神官) ①一五三
出雲公(妙本寺) ①八五
出雲公➡日近
出雲守 ③五三、④五六、六一
出雲守➡木村出雲守
出雲丞 ⑤一〇一
伊(い)せ(香取神官) ①九七、一
　三五、一四三
伊勢(大原神社) ②一二五
伊勢(神野寺) ③三一四
伊勢(藻原寺) ②一五九
伊勢々々守 ④一三三
伊勢河 ②一二八
伊勢菊 ③一〇二、一二〇、一四六
伊勢公福□ ①八四
伊勢貞親
　貞親 ①一一
伊勢新九郎➡伊勢宗瑞
伊勢新九郎➡北条氏綱
伊勢宗瑞
　伊勢新九郎 ①一四五
　宗瑞 ①一四五、二四四
　早雲 ①二〇七、⑤四〇
　早雲庵 ①一三八
伊勢徳房 ②一五九
伊勢守➡椎名伊勢守
伊勢守➡香取之長
伊勢守➡山室伊勢守
伊勢丸 ③一三三
伊勢坊 ①六一
伊叟祥訓
　伊叟祥訓首座 ①一五一
　種徳 ①一三七
　祥訓 ①一三八
　祥訓首座 ①一八七
磯貝次郎左衛門
　磯貝次郎左衛門 ④一〇四
　磯貝二郎左衛門 ④一〇四
　二郎左衛門 ④一〇四
磯辺彦左衛門 ②一三、一八
井田 ③一六五、三〇〇、④一五七、⑤九四
井田(美濃守カ) ①一七七
井田➡井田刑部大輔
井田因幡守
　井田平三郎 ②一三一、一四四、一五五、
　八一、二七一
　井田刑部大輔 ③一一七

伊田刑部太輔　③六三
板野刑(形)部大夫　④三、三四
井田因幡守　③一八四、二五三、二五六、二六五～六、二九二、二九八～三〇〇、④一〇五、一一二
井田因幡　③二七四
井因　③三〇一
伊田　④三六
大台　②二七五
井田尾張守
　尾張守　②三二
井田刑部大輔
井田刑部大輔　①二七八、二八五、二九三、②二二～二二
井田　②四七
亡父　②六五
亡父入道　②六六
井田刑部大輔➡井田胤光
井田治衛門尉　③三五二
井田志摩守　③二四九
井田二郎右衛門尉　②二二八
井田胤光
　井田刑部大輔平胤光　④七三
　井田刑部大輔　②九〇
　刑部大輔胤光　②六六
　刑部大輔平胤光　④七二
　井田美濃守(いたのみのゝかみ)　②九〇、一三六、一四八、二一〇
　美濃守　②一四七
井田平三郎➡井田因幡守
井田美濃守　①一三八、二七八、④二五
　七、⑤七三～四
井田美濃守➡井田胤光
伊田➡井田因幡守
伊田刑部太輔➡井田因幡守
板倉(酒井家臣)　②二五八
板倉(渋川家臣)　④三九
いたくら(千葉家臣)　②二二六
板倉□左衛門　②二四
板倉右衛門尉　②三三
板倉大炊頭➡板倉康景
板倉大炊老母➡板倉康景母
板倉勝重
　板倉伊賀守勝重　④一四六
板倉牛洗斎➡板倉昌察
板倉監物　②二四
板倉左衛門二郎　②二四
板倉四郎ゑもん　②二四
板倉道賢
　板倉[　]道賢　②二四
板倉日源
　板倉四郎兵衛入道法名日源
　②二四
板倉昌察
　板倉昌察　④二七、一八九
　板蔵昌察　③二七一
　板倉牛洗斎昌察　④一四
　板倉牛洗斎　④八六
　牛洗斎昌察　④一四二、一五九、一七
　二
　牛洗斎昌□　④一五三
　牛洗斎　④八二、一一三、一三三、一四〇、一七四、一八八、二〇一、二〇三
　昌察　③一一二、二六〇、④八二、一二七
板倉康景ヵ
　板倉大炊頭　④二七八
板倉康景ヵ母
　板倉大炊助老母　④二九八
　板倉大炊老母　④二八九
板倉康常
　板倉左衛門佐康常　④二二五
板野刑部大夫➡井田刑部大夫
板部岡右衛門尉➡板部岡康雄
板部岡越中入道➡板部岡融成
板部岡康雄
　板部岡右衛門尉　②八四
　右衛門　②八〇
板部岡融成
　江雪　③二四一、二九三
　板部岡越中入道　③二六八
いたみ(太田康資家臣)　③三七
伊丹(右衛門大夫)　②二四七
伊丹伊勢守　②六
伊丹源六郎ヵ
　伊源　④四四
いたのみのゝかみ➡井田胤光
一庵➡狩野泰光
一位公　②七三
一印吉祥寺　⑤七一
一衛門　④九九
一衛門➡鵜沢一衛門
市右衛門　④一六九
市河和泉守　②四一
一神主　②八四
一櫟兵庫助
　一櫟兵庫(助)　②八〇、八四
　兵庫　②八四
一源➡一色氏久
市子　③八五
市左衛門　⑤一三
壱女　①二六三
一乗阿　②一

一条右京亮　⑤九九
一条天皇
　一条院　⑤六六、七〇、七九～八〇、八二、八七、九三
一乗坊(善勝寺)　①二四一
一乗坊(藻原寺)　②一六三
一如坊　②二四
一之宮　④一三〇
一橋兵吉　④一八
一宮河内守　②一五一
市藤弥八郎　②一八九
市原　⑤八一
市原九郎　⑤八一
市原新左衛門　⑤九〇
市原惣衛門　④六六
市松　②二七
一村田又五郎　④四二
一蓮　②三三
*いつ三➡いつミ　①三
一色　②四七、④三五、一二六
一色➡一色直朝
一色➡一色義直
一色氏久
　一色源三郎　②二六〇
　一源　②二七〇
　氏久　②二六〇
一色宮内太輔　④二二六
一色宮内大輔➡一色直清
一色源三郎➡一色氏久
一色直朝
　一色　②八一、③九三
一色直清
　一色宮内大輔　⑤一
一色八郎　③二
一色兵部大輔　①二九〇、④二三五
一色義直
　一色義直　③一〇二、一二〇、一四六
　一色　④二六
　義直　②一四六
逸中➡逸見信時
逸中信時➡逸見信時
いつミ(香取神官)　①三、三〇
井出ヵ時吉
　井豊時吉　③六九
井藤筑後　①一八六
伊東右馬允(家祐)　①三〇六、②五六
伊東左衛門　①八二
伊東新左衛門　③七五
伊東祐兵
　伊東民部大輔　⑤一八
　伊藤民部大輔　⑤三一
　伊藤民部少輔　④一〇八、⑤一八～三一
伊東八郎右衛門尉　③二五二
伊東(藤)民部大輔➡伊東祐兵
伊藤　④六六
伊藤伊賀入道　①二一
伊藤右馬允(祐実)　①四六
伊藤監物丞　②二一八
伊藤四郎衛門後室　②二二五
伊藤新衛門　②一六〇
伊藤新右衛門　⑤九〇
伊藤長門守(盛景)　④九一
伊藤隼人佑　③一八九
伊藤民部少輔➡伊東祐兵
いト助　①一四七
井豊時吉➡井出ヵ時吉
いなの侍従➡京極高知
伊奈熊蔵➡伊奈忠次
伊奈忠次
　伊奈熊蔵　④二二五
　伊奈備前守忠次　④一七六
　伊奈備州　④一七六
伊奈備州➡伊奈忠次
いなはきやふふ(稲葉刑部)　⑤二九
因幡　①八五、一四一、③二五九、④一二六
因幡守➡相馬因幡守
稲葉貞通
　羽柴郡上侍従　④二二、⑤三二
　くしやうの侍従　④一一八
伊南　②二一八
伊南山城太郎　①二〇
犬子(亀山郷)　①一七四
犬子(大慈恩寺)　③八五
犬次郎(常光寺)　②一五七
犬次郎➡香取虎吉
い禰□　①一八二
井上作左エ門　⑤五三
井上鈴木(線川ヵ)　②二六〇
井上線川　②二三
井上但馬守　③二一〇
飯尾元種
　飯尾左衛門大夫元種　①一九、二〇
　飯尾肥前守元種　①四八、四九
　飯肥　①七〇、七五
飯尾之清
　飯尾加賀守之清　①一九
猪子➡吉原猪子
猪俣　③一四七
伊保庄司常仲➡伊北常仲
伊保常明

二郎常明 ⑤六五
伊保常信
太郎常信 ⑤六五
伊保時常
小太夫時常 ⑤六五
伊北 ②二八、④七〇
伊北常詮
常詮 ⑤八五
伊北常顕
常顕 ⑤八五
伊北常時
常時 ⑤八五
伊北常信
常信 ⑤八五
伊北常則
常則 ⑤八五
伊北常仲
常仲伊保太郎 ⑤八五
伊保庄司常仲 ⑤六五
井まい ①一三二
今川(河) ③二七〇、④二三九〜三〇
駿 ②二四六〜七、二五四
今川➡今川氏真
今川➡今川義元
今川氏家
氏家 ②一四三
今川氏真
今川氏真 ②二五一、二九四
今川 ③二三八
氏真 ②二四六、二五四
義(氏カ)真 ②二四七
今川上総介➡今川範忠
今河修理亮 ④二三六
今川泰範
泰範 ②一四三
今川範忠
今川上総介 ⑤一
今川義元
今川義元 ⑤三
今川 ②一四三
義元 ②一四三
駿州 ②二六
今村親父 ④二六五
いや次郎➡弥二郎
いや次郎➡香取慶尊
伊与(香取神官) ①四一
伊予(藻原寺) ⑤二九
伊与あさり ①八五
伊予守下女 ④二六六
いり助 ①一四七
色部修理大夫➡色部長真
色部長真
色部修理大夫 ⑤二四
平長真 ⑤三三、六二、七二、一〇三
岩井源兵衛 ②二六四
岩井新衛門
ユワイ新衛門 ②二六三
岩井六郎右衛門
岩井六郎衛門 ②二六三
ユワイ六郎右衛門 ②二六四
岩井戸 ③二三四
岩城 ③一八二、④二三九
岩城(重隆) ②八一、③一〇〇
岩城(常隆) ①二三七
岩崎➡蘆名盛氏
岩崎源五郎 ②二三
岩崎源次郎 ②二三
岩崎小四郎 ②二三、二六〇
岩崎修理亮 ③二七九
岩崎浄延斎➡岩崎与次衛門
岩崎二郎三郎 ②二六〇
岩崎治定
岩崎隼人治定 ②二三
岩崎与次衛門(もん)
岩崎与次右衛門尉 ④二三六
岩崎与次衛門尉 ④一九九
岩崎与次右衛門 ④一四一、二一〇
一
岩崎与次衛門 ③一八二、④一八
二
岩崎与次衛もん ③二三七
岩崎浄延斎 ④二〇九
岩与次右衛門 ④一七三
岩崎与次右衛門母 ④二四七
岩沢新左衛門尉 ②二一八
岩沢津島守 ②二二一
岩瀬➡二階堂
岩瀬十郎
ゆハせ十郎 ②二三七
磐瀬保次
磐瀬儀八郎保次 ①一六八
岩付➡北条氏房
巌殿(本国寺) ②三五
岩波弾正 ④九三
岩橋➡公弁
岩橋➡千葉輔胤
岩原主計 ④一九三
岩原与九郎 ④一九〇
岩部常益
常益岩部五郎 ⑤六二
岩堀常陸介 ③二三
岩松 ④二三五
岩松成兼
正員 ①三七〜八

岩松右京大夫⬇岩松持国
岩松持国
　岩松右京大夫　⑤一
石見　④一六
石見宝山　⑤九二
岩見公(亀山郷)　①一七四
岩室坊　④一四四
岩本⬇岩本定次
岩本定次
　岩本　②一一九、一二〇
　太郎左衛門尉定次　②八九
岩与次右衛門⬇岩崎与次右衛門
印采女佑⬇印東房一
印采女佑房一⬇印東房一
印主計⬇印東主計
印川(河)内⬇印東河内守
印鏡　③五三
胤秀　②二七
院勢⬇原孝景母
印東
　印藤　③二四、④二三〇
印東采女⬇印東房一
印東采女佑⬇印東房一
印東主計
　印東主計　④二〇一
　印主計　④二〇八
印東河内⬇印東河内守
印東河内守
　印東河内守　④二〇一
　印東河内　④一九四、二九〇
　印河内　④二〇八
　印川内　④二〇四
印東江斎　④一六八
印東五兵衛　④二四八
印東五兵衛母　④二四八
印東勝八郎　④二四八
印東式部　④二九三
印東次郎左衛門尉　③一二一〜一二
印東内匠　④二六四
印東辰次郎　④二九〇
印東長次郎　④二九〇
印東出羽介　③一二、八七、一九六
印東房一
　印東采女佑　④一八二、一八七
　印東采女　④一八九、二六二、二九三
　印采女祐　④一六四
　印東采女佑房一　④一七三
　うねめ　④一五八
　印采女佑房一　④一八七
印東六右衛門　④二六四、二九一
印藤⬇印東
蔭涼軒
　陪亮軒　④二三三

う

上さま⬇足利晴氏
上様⬇足利義明
上様⬇里見義堯
上様⬇里見義康
上様⬇里見義頼
上様⬇羽柴秀吉
上様⬇北条氏政
上杉
　上杉　④二九、二三一
　越国　②一五五、一六五、④三一
　越府　④三一
上杉顕定
　上杉四郎　①七五
　藤原顕定　①一七〇〜一
　顕定　①一四五
上杉顕房
　同名太夫三郎　⑤一
　上杉両人　⑤一
上杉右馬助入道⬇上杉性順
上杉右衛門亮　④二七四
上杉氏憲
　深谷　③一五〇、④二五
上杉景勝
　長尾喜平次　⑤二六
　羽柴越後宰相　⑤三〇
　越後宰相　④一四、九〇、九二、一〇六〜七
　越後宰相中将　④一六
　越後さいしょう　④一一七
　羽柴越後中納言　④二三
　上杉中納言景勝　④一七五
　会津中納言景勝　④二三
　米沢中納言　④九三
　顕景　②二〇六、二〇七
　景勝　③九一、二四〇、④一七、一〇三、一一三、一三八
　山内殿　③八九
　越後衆　⑤二七
上杉景虎
　上杉景虎　②二八六
　三郎　③九一
上杉謙信
　景虎　②一三一、一三六、一四二〜四、一九六、二三三、④二七三
　政虎　②一四〇、一五〇
　輝虎　②一五三、一六五〜六、一七四、一七六〜八〇、一八三〜五、一九一〜三、一

九五、二〇〇～一、二三、二五一～二、二二
五四～五、二六一、二六七、二九一、③一、
四、一八、二〇、三八
長尾輝虎 ②二〇六
虎 ⑤二〇
謙信 ②二六二、二八七、二九六、三〇六、
③一六～九、四一、五六、七四、九一、④
四六
けん信 ②二九七
山内殿 ②一六五、二二五
越府 ②一三三、一九三、一九五、二五二
～三、二五六、二六一、③六、一一、五五、
七四
越 ②二五四～六、二六一～二、二八七、
三〇五、④五五
屋形 ②二〇四
実城 ②二八六
上杉定正 ①九九
上杉氏
四郎 ④二三〇
上杉治部少輔➡上杉朝良
上杉治部太輔 ④二三一
上杉修理大夫入道➡上杉持朝
上杉四郎➡上杉顕定
上杉性順
上杉右馬助入道 ⑤一
上杉両人 ⑤一
上杉朝興
朝興 ①二五五、④五九
扇谷 ①二四
武州 ①一八四
上杉朝良
上杉治部少輔 ④二二四
建芳 ①三〇六
扇谷 ④二二四
江戸 ④二二四
上杉憲忠
憲忠 ⑤一
上杉憲房
山内殿 ④二二四
管領 ④二二四
平井 ④二二四
屋形 ①二四
上杉憲政
憲政 ②四、三六～七
憲当 ②一九
光哲 ②一三
山内 ①一八八
上州 ②一五
平井 ②四
屋形 ②一三一～二
上杉房顕
兵部少輔 ⑤一
上杉房定
上杉民部太(大)輔 ④二三三、
⑤一
上杉民部太(大)輔➡上杉房定
上杉持朝
上杉修理大夫入道 ⑤一
上杉両人➡上杉性順・顕房
上田➡上田長則
上田安独斎➡上田朝直
上田蔵人 ④三六
うへたさ太郎➡上田重安
上田重安
うへたさ大郎 ⑤二八
上田朝直
上田安独斎 ①二二九、③二二九
上田長則
上田 ③一五、③七九、④二五
能登守 ③二二九
上筑➡上野筑後守
上中➡上野家成
上(うゑ)の(ウエノ)(香取神
官) ①二〇五、二二〇、二二七、二二七
上之坊 ④一四
上野(小仏師) ②一六〇
上野家成
上中 ②二六五
上野大蔵➡上野仲国
上野源八 ③二三六
上野七左➡上野七左衛門
上野七左衛門
上野七左 ④二〇六、二〇八
上野七左衛門 ④一六〇
上野助国
上野筑後守 ①二八〇
上野筑後守助国 ①二六五
上野内匠 ③一〇四、④九一
上野筑後守➡上野助国
上野筑後守
上野筑後守 ③一六一、一六三、二一
四
上野筑前守
上野筑前守 ③一六二
上筑 ③一六三、④五五
上野筑前守➡上野筑後守
上野伝左衛門 ④一九〇
上野仲国
上野大蔵 ④二八、二三〇
上野大蔵丞仲国 ④二二九
上野のくろ➡平忠頼
上野御門跡 ④二〇五
上野美濃 ③二三四
上野弥次郎

上野弥次良 ①二八〇、②一五一
　弥次郎 ③一〇四
植野主計助 ③二
植野中務少輔 ④二五
植松妙大 ④六三
植村 ④二五七
植村恒朝
　植村土佐守源恒朝 ④二五七
宇梶 ②二八
宇喜多秀家
　羽柴備前宰相 ⑤三〇
　浮田宰相 ⑤二五、
　備前宰相 ④一〇七～九、⑤三〇
　～一
　備前さいしょう ④二一七
　備前中納言 ④一三、一二八
浮田宰相➡宇喜多秀家
右京
　仏師右京 ①二三三
右京阿(飯沼) ②一〇
右京阿闍梨(観福寺) ①六四、七
　九
右京進 ①二七〇
右京助(亮)➡香取右京亮
右京亮(常光寺) ②一五八
右京亮➡簗田助良

右京律師 ①八六
宇久大和守(純玄) ④一〇八、⑤
　三
右近次郎(常灯寺) ①二六三
宇左衛門(長昌寺) ②九一
宇佐美大蔵丞 ②二〇四
鵜沢一右衛門
　鵜沢一右衛門 ④四
　一衛門 ④五六、五八
鵜沢一衛門カ
　□衛門殿 ④九九
鵜沢刑部少輔 ③一七四
宇沢定吉 ①二七一
鵜沢ちくせん➡鵜沢筑前守
鵜沢筑前守
　鵜沢筑前守 ④五六
　鵜沢ちくせん ④五七
　ちくせん ④五七～八、六一
鵜沢敏信
　鵜沢信濃守敏信 ③一九二
氏家➡今川氏家
牛尾 ⑤八七、九〇
牛尾➡牛尾胤仲
牛尾右衛門尉
　右衛門尉 ⑤八八
牛尾右近 ⑤八八

牛尾右近太夫➡牛尾胤直
牛尾主計 ⑤八八
牛尾源七郎
　源七郎 ⑤八三、八八、一〇一
牛尾五郎右衛門
　五郎右衛門 ⑤八八
牛尾左京亮
　左京亮 ⑤八八
牛尾左近太夫
　左近太夫 ⑤八八
牛尾三郎左衛門 ⑤八九
　牛尾三郎左衛門 ⑤八九
　仁戸名三郎左衛門 ⑤八八～
　九
　仁戸名牛尾三郎左衛門 ⑤
　八九
牛尾大膳亮
　大膳亮 ⑤九一
牛尾竹二郎
　竹二郎 ⑤八八
牛尾胤家
　胤家隼人佐 ⑤八八
牛尾胤貞➡原胤貞
牛尾胤重
　胤重左衛門 ⑤八八
牛尾胤資

　胤資 ⑤八八
　牛尾美濃守 ⑤八九
　牛尾美濃入道 ⑤八三
　牛尾美濃守入道 ⑤八八
　胤資牛尾美濃守入道 ⑤八八
牛尾胤智
　牛尾和泉守平胤智 ②六三
牛尾胤直
　牛尾弥五郎 ⑤九一
　弥五郎 ②九〇
　胤直弥五郎 ⑤八六、八八～九
　牛尾右近太夫 ⑤九四、九七
牛尾胤仲
　牛尾 ②七〇
　牛右胤仲 ③三〇一
　牛尾右近大夫胤仲 ③五九
　胤仲右近太夫 ⑤八八
　能登守胤仲 ③一九
　胤仲 ②一二七、③六三、九〇
牛尾胤広
　胤広尾張守 ⑤八八
牛尾胤道
　牛尾左京亮胤道 ⑤九四
牛尾出羽守
　出羽 ⑤八八
　牛尾出羽守 ⑤八八

牛尾半七郎 ⑤八八
牛尾兵部少輔
　牛尾兵部少輔 ②五五、⑤八九、九四
　兵部少輔 ⑤八九、九一
牛尾平右衛門
　牛尾平右衛門 ⑤九一、九四
牛尾美濃守➡牛尾胤資
牛尾美濃守入道➡牛尾胤資
牛尾美濃入道➡牛尾胤資
牛尾弥五郎 ⑤九〇
牛尾弥五郎➡牛尾胤直
牛尾大和守 ⑤八八
牛宮➡牛込宮内少輔
氏勝➡北条氏勝
氏郡➡北条氏邦
牛子（大原神社） ②二一五、③六〇、④六八
牛子（巣郷庄） ②二三〇
牛子（妙秀子） ②八七
牛込宮内少輔
　牛宮 ④四四
牛坂 ④二四五
氏定 ②二一八
氏真➡今川氏真
氏実➡富田氏実
氏繁➡北条氏繁
氏胤➡千葉氏胤
氏綱➡北条氏綱
氏常➡千葉氏常
氏照➡北条氏照
氏朝➡山室氏朝
氏直➡北条氏直
氏直父子➡北条氏政・氏直
氏女➡原修理亮氏女
氏信侯室➡武田氏信室
氏規➡北条氏規
氏治➡小田氏治
氏治➡小田政治
氏久➡一色氏久
氏久➡香取氏久
氏秀 ②二一八
氏広➡結城氏広
丑房 ①五五
氏政➡北条氏政
氏政父子➡北条氏康・氏政
氏政の末子➡北条直重
牛松子 ①六二
氏光 ②二一八
氏康➡北条氏康
氏康父子➡北条氏康・氏政
牛右胤仲➡牛尾胤仲
宇治森共
　宇治大夫森共 ②九八
右少将 ②八九
右少弁➡勧修寺尚顕
臼井 ③七七、⑤九四
臼井➡原胤栄
臼井（胤縁カ） ①二五五、二七八
臼井上野守 ③七二
臼井左衛門 ④二二七
臼井胤慶
　胤慶 ①六七、七五～八
臼井胤縁
　胤縁 ①一七五、二二
臼井常忠
　常忠臼井七郎 ⑤六三
臼井常康
　常康臼井六郎 ⑤六三
右大将➡源頼朝
雅楽助（うたの助） ①一三〇、④六三
内木五郎左衛門 ④一六
内田（小池郷） ②二一
内田孫四郎 ②三一
うち政➡北条氏政
内申祝（香取神官） ①一三四
うちやす➡北条氏康
うつの宮➡宇都宮広綱
宇都宮➡宇都宮国綱
宇都宮➡宇都宮広綱
宇都宮氏
　宇都宮 ①二五五、④三九、⑤九九
　宇津（都）宮 ④三八～九
　宇宮（都脱カ） ③六
　宮 ③七四
宇都宮明綱
　長子四郎 ⑤一
宇都宮国綱
　宇都宮弥三郎 ④九一、一〇六、一〇八、⑤三一
　うつのみや弥三郎 ④一八
　宇都宮弥三郎国綱 ④九〇
　宇津宮侍従 ④一三
　くにつな ④一〇三
　宇都宮 ③三四
　□（宇）都宮 ⑤二七
宇都宮成綱
　成綱 ①二〇八
宇都宮侍従➡宇都宮国綱
宇都宮下野守 ④二三五
宇都宮忠綱
　名代 ①二五五
宇都宮等綱

宇都宮等総(綱) ⑤一
宇都宮下野守等綱 ⑤一
等綱 ⑤一
宇都宮等総(綱)➡宇都宮等綱
宇都宮広綱
宇都宮広綱 ②三一
宇都宮 ②二八、二〇三、二〇七、二
〇、二五四、③一一、一七、二〇～一
うつの宮 ⑤二〇
藤原広綱 ②二九
広綱 ②一六六、③六
宮中 ③六七
宇都宮弥三郎➡宇都宮国綱
うつのみや弥三郎➡宇都宮国
綱
海上 ④二七二
海上➡海上持秀
海上➡海上師胤
海上宮内兵衛
海上宮内兵衛 ②二二六
宮内兵衛 ②二二六
海上蔵人➡海上胤保
海上式部 ②一四八
海上将監 ⑤一〇一
海上助繁
平藤五郎助繁 ①一六一

海上助秀
前和泉守平助秀 ①一六一
海上忠秀
藤四郎忠秀 ①一六一
海上胤重
海上弥四郎 ③二〇三
海上孫四郎胤重 ④七三
孫四郎 ③二〇三
海上山城 ③二五六
海上胤重ヵ
千葉能化丸 ③八七
海上胤秀
胤秀 ②一九六
海上中務少輔 ②一九四、一九六
海上中務丞胤秀 ④七三
海上胤秀母
老母 ②一九六
海上胤保
海上蔵人 ②二三四～六
海上蔵人胤保 ④七三
蔵人 ②二八三
海上山城守 ③八二
胤保 ③八三
海上太郎 ⑤八八
海上筑後守
海上筑後守 ④二七二

筑後守 ④二七二
海上常幹
常幹海上太郎 ⑤一〇〇
海上太郎常幹 ⑤八七
海上二郎常幹 ⑤八七
海上常衡
常衡海上与市 ⑤六三、一〇〇
海上藤太郎 ②二三五
海上殿 ⑤九四
海上中務少輔➡海上胤秀
海上信秀
海上大炊頭信秀 ②七
海上孝秀
平藤七孝秀 ①一六一
海上治繁
海上藤七郎治繁 ②一一
海上宗秀
海上蔵人尉宗秀 ②七
宗秀 ①二六〇
海上持秀
海上殿平持秀 ①二六三
筑後守持秀 ①二五四、二八七
前筑後守持秀 ②七
前筑後守平持秀 ②六
持秀 ②一〇
海上 ①二七八

海上百寿丸
百寿丸 ①一六一
海上師胤
海上 ①七五
海上山城➡海上胤重
海上山城守 ③二五三、二八六
海上山城守➡海上胤保
海上弥六郎 ③二
うねめ➡印東房一
宇野源十郎(吉治) ②二〇八
宇野藤衛門 ②九一
宇野沢土佐守 ②二三五、二三七
うへ様➡徳川家康
宇部 ③八、一二七、④九八
宇部彦太郎➡宇部康次
宇都彦八郎 ④九一
宇部弘茂
宇部右京亮弘茂 ③一六八
宇部弘政
宇部壱岐守弘政 ③一六七～
八、一九一～二、二七九
弘政 ③二三四、二七四
宇部政延
政延 ③一九一
宇部康次
宇部彦太郎 ④二三二、二三四

康次　②二三四
うへたさ太郎➡上田重安
右馬三郎(香取神官)　①一七六
右馬三郎(藻原氏)　②二六一
右馬七郎(鍛冶)　①八二
右馬四郎(大慈恩寺)　③八六
右馬四郎(石堂寺)　②二四
右馬四郎➡香取右馬四郎
右馬次郎(宮師)　②四一
右馬四郎丞　②二八
右馬太(た)郎(大戸中禰宜)
　①二二九
右馬助　④五八、九三
右馬助➡千葉右馬助
右馬助➡簗田助実
右馬助➡簗田清助ヵ
右馬允(亀山郷)　①一七四
右馬允(神野寺)　③三三
馬四郎(称名寺大工)　⑤三五
馬二郎(笹村)　②七七
馬の二郎(高篠)　②二六一
馬の太郎(高篠)　②二六一
梅王丸➡里見梅王丸
梅王老母➡里見義弘妻
梅乙　③二二四
梅田尾張守　②一六〇
梅田左近将監　②一四一
梅田入道　②七四
梅田与九郎　④一八二、一九二
梅千代女　②四八
梅千代王丸➡足利義氏
梅津式部少輔　②一一八
梅鶴➡里見忠義
梅鶴丸➡里見忠義
梅松　③二二四
梅渡　④一九三
烏山図書助
　図書助　③二二六
うやま杢助　③二二六
有楽齋➡織田長益
浦中納言　①二五三
うゑもん(右衛門)　③二〇一～二
吽栄
　吽栄上人　④二
吽宥
　吽宥律師
雲山悦公
　雲山悦公庵主　①二三五

え

栄胤　①二二九
永吽　①二六四
永運
　大蔵卿永運　③一二四
栄覚
　律師栄覚　②二一六
ゑいかん➡香取永幹
永きやう　①九五～六
栄慶　①六五
衛行常吉　①一九五
永西　②二七
永識
　大僧都永識　③一五六
永守　②九一
永寿(しゆ)➡香取永寿
永秀(ゑいしゆう)➡香取永秀
永俊　②六四
永定
　応日房永定　①一七四
栄照院殿➡千葉胤綱
永正寺東堂　②一四〇
永乗房　②七三
永仙　⑤一〇
永全
　永全　⑤一六
　仏寿坊永全　②七〇
永泉坊　①六一
永尊　①六
栄範　①三二
永繁　①六二
　法印永範　③二三三、二三四
永範　②六四
栄妙　①三二
永祐
　権大僧都法印永祐　①八二
恵空　②四九
恵倹　②一四九
江沢兵庫　③二二九、二三八
ゑ十　①一三五
恵淳
　大伝法院恵淳　①二八
恵性坊　①一二三
恵心院　②一六九
越➡上杉謙信
越後➡原胤房
越後宰相➡上杉景勝
越後さいしょう➡上杉景勝
越後宰相中将➡上杉景勝
越後侍従➡堀秀治
越後衆➡上杉景勝
越後守(神野寺)　③二三三
越後守➡恒岡越後守
越後守➡那須持資

越後守勝岳➡原胤房
越前➡朝倉氏
越前少将➡松平忠直
越前守　④九九
ゑ中　①一四三
越国➡上杉
悦首座　②一四九
越中(香取神官)　①九七～八
越中阿　①八六
越中宰相利長➡前田利長
越中少将➡前田利政
越中守(神野寺)　③二三三～四
越府➡上杉
越府➡上杉謙信
江戸　④二六、二三九、⑤六二
江戸➡上杉朝良
江戸大納言➡徳川家康
江戸但馬守　④二二六
江戸但馬守➡江戸忠通
江戸忠通
　江戸但馬守　①三〇二、②七〇、④二二八
　水戸　②八一
江戸中納言秀忠➡徳川秀忠
江戸通朝
　通朝　③六
恵日(仏師)　①一〇八
恵日坊➡小林尊仏
榎沢範綱
　榎沢孫太郎範綱　⑤三八
　藤原範綱　⑤三八
榎下
　上杉ノ庶子榎下　④二三五
榎倉長兵衛　④一八四、一九三～四
榎本➡小山高朝
海老右京助　③六六
海老名　③三四、二三〇、⑤三五
海老名小三郎　④二九〇
海老名三河守　④二二五
海老原叡了
　海老原六郎太郎叡了　②七三
海老原新左衛門　②一六九
江本民部　③三三
江守半三　④二〇五
う衛門尉➡簗田右衛門尉
ゑもん三郎(大原神社)　②二
　六
恵門➡正木恵門
右衛門(妙本寺)　③二一七
右衛門(神野寺)　③三三
右衛門(千葉家臣)　⑤九一
右衛門➡丸右衛門
右衛門➡板部岡康雄
右衛門➡堀内右衛門
右衛門内方➡丸右衛門妻
右衛門五郎(鍛冶)　①九三
衛門三郎(称名寺)　⑤三四
衛門三郎(相根作人)　①一四九
衛門三郎(香取神官)　①一七、三
　六～七、四二、一五八、一六二、一七〇、一七
　三、一九〇～一、二二三、二三〇
右衛門四郎(長禅寺)　②二六四
右衛門四郎➡香取左衛門四郎
衛門四郎➡宮崎衛門四郎
右衛門二郎(香取神官)　①九六
右衛門太郎(長昌寺)　②九一
衛門太郎(香取神官)　①二二三
恵門殿➡正木備中入道恵門
右衛門尉➡牛尾右衛門尉
右衛門尉➡増田長盛
右衛門佐➡北条氏光
右衛門娘薦野殿簾中➡正木輝
　綱娘
右衛門老母➡丸右衛門母
恵林(えりん)　③二一七、二一九
えりん➡恵林
円阿弥(勧進聖)　①一五三
円阿弥(あミ)(録司代庶子)
　①五五、五七～八
円雲坊➡妙見
円海
　権大僧都円海　③八一、八八
円覚
　円覚　⑤六八、八〇～一、八六
　円覚法印　⑤八〇
*円かへ➡円あミ　①五八
円鏡坊　③二一四
円行坊　②三四
円光院殿➡里見忠義娘
円左房
　円左(房)　②二一八、二三六
円実坊　③一三九
延寿阿　②二六三
遠州➡徳川家康
円春　②二七
円勝
　円勝法師　②二三六
円乗　②二二八
円定阿弥陀仏　②七六
円勝院　⑤七七
園城寺➡円城寺
円城寺　⑤六九
　園城寺　⑤七五
円城寺右衛門➡円城寺忠当

円城寺外記　③二四七
円城寺源五郎　⑤九四
円城寺忠尚
　円城寺右衛門丞忠尚　⑤九二
円城寺忠当
　円城寺右衛門丞忠当　⑤七八
　円城寺右衛門　⑤九一
円城寺尚家　⑤八三
円城寺直重
　円成(城)寺下野守　⑤一
　円城寺下野守直重　⑤六九
　直重　⑤六九
円城寺兵庫助
　円城寺兵庫助　②二六八、③一九
　六
　兵庫助　②二八三
円城寺又二郎　②二三七
　下野　⑤六九
円城寺政俊
　刑部少輔政俊　⑤八三
円照坊　②二六三
円心坊　④一四四
円蔵坊(高柳)　⑤三六
円蔵房大和律師　⑤四
円尊
　権大僧都円尊　②二七八
円大坊　②二六二
円智(笹)
　権大僧都円智　②七五
円智(普門寺)
　権少僧都円智　②二六一
円智(明覚院)　②六三
円徳　②二九
円仁
　慈覚大師　④九八、⑤一〇一
遠満　②二一八
延命院　⑤八一
ゑんミやう房　③六二
円明　④一四八
円宥
　権大僧都円宥　②二六八
ゑんゆし阿坊　①三一二

お

於阿茶　④三六〇
及川三郎右衛門尉　③一八
及川藤吉　②一〇七
おいさいく➡大細工
おいの助➡原親幹
応円房　②二九〇
おうかうぬし➡大神主
応覚房　②二九〇
応観房　②二九〇
扇谷➡扇谷上杉氏
扇谷➡上杉朝興
扇谷➡上杉朝良
扇谷上杉氏
　扇谷　②二五七、④二三九、二三一〜二
応竟房　②二九〇
応旭房　②二九〇
応月房　②二九〇
応山房　②二九〇
王子神　①二〇九、二一八、二三六
奥州➡北条氏照
応性房　②二九〇
応神天王　③二三六、④七六
応神房　②二九〇
応清房　②二九〇
応盛房　②二九〇
応善房　②二九〇
応蔵房　②二九〇
応沢房　②二九〇
応澄房　②二九〇
おうなかて➡大長手
応日坊(円盛院)　①六一
応日房(笹)　②二九〇
応念房　②二九〇
応範房　②二九〇
応福房　②二九〇
応本房　②二九〇
応満房　②二九〇
近江公　①八六、③一一七
近江中納言➡羽柴秀次
近江守　④一三三
近江守➡簗田助良
おうミやうふ　④四六
おうゆかやうとめ　①一五七
雄誉　④一八〇
応養房　②二九〇
押領使　②一三九、④六五
応連房　②二九〇
大あみ　①一三五
大網半九郎　②一八九
大井　⑤六五
大炊頭➡簗田政助
大石々見守　④一三六
大石右馬允　②一五九
大右馬助➡大須賀右馬助
大石源三➡北条氏照
大石信濃守➡大石照基
大石心月斎➡大石道後
大石惣介(芳綱)　②二六九

大石照基
　大石信濃守　③五四
大石道後
　大石心月斎　④二三五
大炊助➡原親幹
おゝいのかみよしのぶ➡武田
　義信
大炊助➡原邦長
大炊助➡正木時定
大炊介➡原大炊介
大炊助➡原邦房
大上様　④三三
大上様(さま)➡足利晴氏
大内晴泰
　神主太和守　③一〇三、一四七
大内泰秀
　新二郎　③七三
大厩藤太郎　②一九
大江　①九三
太越➡太田宗真
大貝　②一〇四
大柿(垣)少将➡羽柴秀勝
大方(国分カ)　①一九八
大金行信
　行信大金太郎　⑤八五
大神主
　①二、一三、二三～三、三四
　～五、四〇～一、四七、五一～三、六二、
　七〇、一一三、一二四、一四一、一六五、二一〇
　五、二〇九～一一、二一七、二二〇、二三五
　～七、二七一、二九九、②一三、八八、④
　六〇
　おう(大)かうぬし　①二五七、
　④六四
　大神主中臣　②二三九
大木小増　②二三五
大木四郎兵衛　②二一八、二二五
大木内匠助　②二三五、二三七
大草左近大夫➡大草康盛
大草修理亮　②二四〇
大草康盛
　大草左近大夫　②一三三
大串五郎兵衛　④一六三～四
大久保加賀守➡大久保忠職
大久保治部少輔➡大久保忠隣
大久保十兵衛➡大久保長安
大久保石州➡大久保長安
大久保忠郷
　大民部殿　④一五六
大久保忠隣
　大久保治部少輔　④一四六
　大久保治部少輔忠隣　④一三
　大窪治部少輔　③二六七
　大久保相模守忠隣　④一三九、
　一七一
大久保忠職
　大久保加賀守　④二三三
大久保長安
　大久保十兵衛　④二七、一二五
　大窪十兵衛　④一七四
　大十兵　④二七、一一九
　大久保石見守長安　④一七六
　大久保石州　④一七六
大窪尉入道　①八六
大窪治部少輔➡大久保忠隣
大窪十兵衛➡大久保長安
大熊　⑤九五
大くら　①二一五
大くら➡原胤長
大蔵　⑤九一
大蔵➡上野大蔵
大蔵➡原邦長
大内蔵　⑤八八
大蔵卿　①八五
大蔵尉(絵師)　②七〇
大蔵丞(仏師)　②四一
大蔵丞➡幸田定治
大蔵丞➡原胤長
大蔵長盛
　鎌倉法眼大蔵長盛　②二三八
大蔵法眼　②五六
太源➡太田氏真
大胡➡大胡高繁
大胡高繁
　大胡高繁　④三六
　大胡　②二一八
大御所様➡足利成氏母
大細工
　大細工　①二一五、二二六、②一四、六
　五、八八、二三八
　おいさいく　①二五七
大崎左衛門(義隆)　④一〇七、⑤
　三〇
大崎侍従➡伊達政宗
大さきの侍従➡伊達政宗
大椎権介➡千葉常兼
大地頭　①三、一三、二二七
大島　①七
大島源次郎　④二九〇、二九三
大島中城　④一〇三
大島不染斎　④二七九
大島不染斎内儀　④二八〇
大十兵➡大久保長安

太新➡太田康資
大須賀　②一五五、③五七、三〇一、⑤九四
大須賀➡大須賀邦秀ヵ
大須賀右馬助
　大右馬助　③八三
大須賀右馬助ヵ
　助崎　④三六
大須賀越中守
大須賀尾張守
　尾州　③二五五
大須賀尾張守➡大須賀政朝
大須賀尾張守➡大須賀常安
大須賀勝秀
　平朝臣勝秀　②八九
大須賀邦秀ヵ
　大須賀　④三六
大須賀家奥方
　大須(賀脱ヵ)家奥方　④二六四
　大須賀家奥方　④二六四
大須賀薩摩丸　②二三四
大須賀式部丞　②二一四
大須賀信濃守
　大須賀信濃守　②二五七、二九七
　信濃守　②二七五
　正印　②二七五
大須賀忠政
　松平五郎左衛門　④二三八
大須賀胤氏
　大須賀左衛門尉胤氏　④二六五、二六七
　胤氏法名信蓮　②三〇五
大須賀胤信
　大須賀四郎左衛門尉胤信　④二六五、二六七
　胤信大須賀四郎　⑤六三
　左近将監　⑤八四
　胤信　⑤八四
　興阿　⑤八四
大須賀常正
　大須賀尾張守常正　④二六五、二六八
大須賀常安
　大須賀尾張守　③二三五、二五四～二五五
　大須賀尾張守常安　④二六八
　尾張守常安　④二六三
　常安　④二六五
大須賀常安妻
　月窓院殿玉林芳桂大姉　④二六五
大須賀常康
　大須賀左馬介常康　④二六五、二六八
大須賀時朝
　大須賀左衛門尉時朝　④二六四
　大須賀(次郎)左衛門尉時朝　④二六七
大須賀朝氏
　大須賀左衛門尉朝氏　④二六三
　大須賀新左衛門尉朝氏　④二六七
大須賀朝信
　大須賀左衛門尉朝信　④二六六
　大須賀左衛門之尉朝信　④二六八
大須賀朝宗
　大須賀左馬介朝宗　④二六四、二六八
大須賀直朝
　大須賀左馬介直朝　④二六四、二六八
大須賀憲宗
　大須賀左馬介憲宗　④二六四、二六八
大須賀則安
　大須賀左馬介則安　④二六五
　大須賀左馬介則安〔異筆〕憲康　④二六八
大須賀孫二(次)郎
　大孫　②二六二
　孫次郎　③二五五
　孫二郎　③八三
大須賀政氏
　大須賀政氏　④二六九
　大須賀弥六政氏　④二六四
　大須賀弥六郎政氏　④二六九
　養樹　④二六九
大須賀政氏妻
　大須賀政氏公養樹之奥方　④二六九
　養樹之奥方　④二六四
大須賀政常
　大須賀尾張守政常　④二六四、二六八
大須賀政朝
　大須賀尾張守　②三〇五
　大須賀尾張守政朝　④二六七～二六八
　尾張守政朝　②三〇、三〇五

大須賀通信
大須賀太郎左衛門尉通信
④二六五、二六七
大須賀民部大夫　④二二七
大須賀宗時
大須賀下総守宗時　④二六四、
二六八
大須賀宗朝
大須賀下総前司宗朝　④二六六
三、二六七
大須賀宗信
大須賀越後守宗信　④二六四、
二六八
大須賀宗正
大須賀左馬介宗正　④二六五、
二六八
大須賀宗幸
大須賀左馬介(守)宗幸　④
二六八
大隅四郎衛門　①一九三
大隅守(大工)　③六〇
大隅守(神野寺)　③一三三
大隅守(番匠)　②一八七、一九九、三
八
大曾根➡大曾根信家
大曾祢駿河守　③一三三
大曾根信家
大曾根大和守　④六八
大曾根大和守信家　④六八
「大」曾根大和守信□　④六九
大曾□□信家　②五八
大和守信家　④六九
大曾根　④六九
大曾根大和守➡大曾根信家
「大」曾根大和守信□➡大曾
根信家
太田➡太田永厳
太田➡太田資正
太田➡佐竹
太田➡佐竹義昭
太田➡佐竹義重
太田➡佐竹義宣
大台➡井田因幡守
太田氏資
太田源五郎　②二三〇〜一
太源　②一九一
源五郎　②二三
太田永厳
大田備中守　④三六
太田　④三三
太田越前守　③五四、一〇三、一二一、一
四八
太田一吉
太田小源太　④一〇七
太田小源五　⑤三〇
太田源五郎➡太田氏資
太田小源五➡太田一吉
太田小源太➡太田一吉
太田式部少輔　②三二八
太田下総　⑤九
太田十郎➡北条氏房
太田次郎左衛門尉　②一九
太田四郎兵衛　②二四五
太田新六郎➡太田康資
太田資忠
太田図書助資忠　⑤三
太田資綱ヵ
六郎　③九
太田資正
太田美濃守　②九五、一三七、一七
四、一八五、二五七、二八〇、二九六、③一、
七四、一四四
太田美濃入道　③一三三
美濃守　②一八四〜五
太美　②一九〇、二四七、二七〇、二八七
太美父子　③一七
三楽斎　③六七
三らく　②二九六
三楽斎道誉　②二四九、二五二、③
一三三〜三、一四三、一八三
三楽斎父子　③四一
三らくさいふし　②二九六
道誉　②二五四、③七一
太田　②二〇三
梶原父子　③九一
御父子　③一三三
旦那父子　②二五四
太田資叶
太田下野守資叶　②二五四
太田清衛門　②二六四
太田宗真
太越　②三
太田大膳亮　②一〇四
太田道灌
太田道灌　①九九、④三〇、⑤五
三
道灌　⑤三五
太田入道　②二六
太田肥後　④三五
太田備中守➡太田永厳
太田箕庵　②一八六
太田美濃守➡太田資正
太田美作守　③六二
太田康資

太田新六郎　②二九四、③六、四
一、④四六、五五
太新　③三八
新六郎　②一九九
武庵　③一四〇
武庵父子　③一四〇
太田康資カ
武　③九九
太田弥九郎　③七一
大竹泰胤
泰胤大竹二郎　⑤八五
大竹遠江守　③一二七
大館刑部少輔　④二三六
大館晴光
晴光　②一〇七
太田原綱清
太田原山城守綱清　③六七
大たに➡大谷吉継
大谷刑部➡大谷吉継
大谷刑(形)部少輔➡大谷吉継
大谷内匠助　③一七八
大谷吉継
大たに　④一〇三
大谷刑部　④一〇七
大谷刑部少輔　④一〇七
大谷形部少輔　⑤一三〇
大塚勝作　④三〇三～六、三〇八～一
一、三一四
大坪新十郎　③七三、一〇三、一四八
大戸大禰宜
大戸(之)大禰宜　②二八、九九、
六〇
大戸宮大禰宜　①一二九
大戸中(ちう)禰宜
大戸中(ちう)禰宜　①二二九、
三〇七
大友➡大友吉統
大友尾張守　④一二五
大友与二右衛□　②九一
大友義(吉)統
羽柴豊後小侍従　⑤一三
豊後侍従　④一〇八
大友　⑤一四
大伴時信
山城守　①一九七
大長手(香取神官)　①一七、三六、
四一、一三三～三、二〇九、二一八、二三六、
二五七、②一四、八八、④六四
大中臣兼守　①一一〇
大中臣淵信　②一三三
大中臣盛房
盛房　③一二七
大那木孝□
大那木助太郎孝□　①一六一
大貫　③五四
大沼四郎衛門　⑤九
大禰宜(安房神社)　②一六、④一
三一～四
大禰宜(香取社)　①一、一五七、②
一四〇、④二九、五二、六四
大禰宜➡香取実勝
大禰宜➡香取実隆
大禰宜➡香取実長
大禰宜➡香取実之
大禰宜➡香取胤房
大禰宜(き)散位大中臣某　②
二三九
大禰宜祝　④四〇
大ねきとの➡大禰宜(安房神
社)
大野和泉入道　①一一
大野九郎兵衛　③八八
大野修理進　①九四
大野大膳亮　①一六七
大野太郎兵衛　③二九三、④一六〇、
一六八
大野筑前守　②一〇、③一五四
大橋治太夫　④二二〇
大畠　④二三〇
大原兵庫助　②一二五
大庭良能
少別当　①一七九
大祝(はうり)
大祝(はうり)　①一、二四、九六、
一五七、一七九、二〇六、二三〇、二五七、②
八八、④五一～二、六五
大祝梶取　①一七一、②一四、一三九
大祝臣藤右衛門尉➡石井藤右
衛門尉
大孫➡大須賀孫次郎
太美➡太田資正
太美父子➡太田資正・梶原政
景
大三川次郎左衛門　②一六二
大御台様➡芳春院殿
大御堂　④一三七
大御堂門跡　④一三七
大明婦(香取)　②八八、④六四
大民部殿➡大久保忠郷
大村喜前
大村新八郎　④一〇八、⑤一三
大村新八郎➡大村喜前
大屋三河守　④一七
大床八乙女　②八八

大和田之太良右衛門　③一五
岡　②八
御かきハ(さカ)入道　①一六二
岡崎　④二三九
岡佐兵衛　④一〇五、一一三
おかさり(ハカ)　①一九一、二〇一、二二
御かさわ(ハ)入道　①一六二、一六四
小笠原　⑤二七
小笠原⬇小笠原貞慶
小笠原氏長
　小笠原兵　③二一
小笠原蔵人　③三
小笠原貞慶
　小笠原　③七一
小笠原信乗　③七八～九
小笠原八郎　②二二八
小笠原兵庫　③三
小笠原兵⬇小笠原氏長
岡治治広⬇岡見治広
岡田善阿弥
　岡田善阿弥　⑤八三
　善阿弥　⑤八三
緒形伊豆守　③三三
緒形加賀守　⑤一〇
緒形加賀守⬇緒形茂次
緒形惟忠
　宗右衛門尉加賀守惟忠昭忠　③二九二
緒形惟栄
　緒形三郎惟栄　③二九二
緒形茂次
　緒形加賀守　③三三七
　緒形加賀守藤原茂次　③三七、二九二
　右馬允加賀守茂次　③二九二
緒形助吉
　四郎左衛門尉助吉道光　③二九二
緒形宗左衛門　③三三四
緒形秀久
　四郎兵衛尉秀久　③二九二
緒形広忠
　緒形加賀広忠　④二〇四
　広忠　④二〇四
緒形総定
　総定　③二九二
　右馬允加賀守総定道雄　③二九二
緒形良弼
　緒形新五郎良弼　②九八
緒形吉久
　二郎四郎吉久道忠
岡但⬇岡本実元
岡野惣右衛門　②二三四
おかの藤四郎母　④六〇
おかのは郎　②二三七
岡兵⬇岡本氏元
岡見治部太輔⬇岡見治広
岡見治部少輔⬇岡見治広
岡見甚内
　甚内　③二六五
岡見中務⬇岡見宗治
岡見中務少輔⬇岡見宗治
岡見治広
　岡見治部少輔　④六六
　岡見治部太輔　④三六
　岡治治広　③三〇一
岡見宗治
　岡見中務　④三六
　岡見中務少輔　③二二五～六
岡村筑前守　②一七七～八
岡村豊前守
　岡村豊前守　②一七七
　豊前守　②一七七
岡本　④二二八、二三九
岡本⬇里見義頼
岡本安泰
　父老人　④七六
　日健　④七六
　老体　④七五
岡本氏元
　岡本兵部少輔　③二〇、三八、一四、一三八～九、二四〇
　岡本兵部少輔氏元　③一三
　岡兵　③一三一～三、一三六、一四三、一六四
　兵部少輔　④八一
　同兵　③一三三、一三四、一三六
岡本氏元母
　岡本兵部少輔母　④二四六
岡本右馬助
　岡本右馬助　④二九〇～一
　岡本右馬之助　④二九二
岡本数馬　④二二五
岡本勘兵衛　④一七九
岡本源介　④二二八、二九三
岡本御面(西カ)様⬇里見梅王丸カ
岡本左京⬇岡本頼元
岡本実元(元悦)
　岡本兵部少輔　②一九八、一九九、二二三、③一八三

岡本但馬守　③九九、一五九、④八一、八三
岡本但馬守実元　③二一七
岡本但馬入道　③九〇、④二四四、二四六、二六九
岡本但州　③二三五
岡但　③一二三、一三四、一三六、一四三、一五九
但馬入道　③一一四
元　③一〇〇
元悦　③一〇四、一一一、一二三、一四〇、一四三
老父　③一二三
岡本様　④九八
岡本下野(守)(良勝)　④一七、一〇七、⑤二一、三〇
岡本禅哲
梅江斎　②二七九、二九六、③一六
岡本大学助　④二四四、二六九
岡本大納言　④二四六
岡本但馬守　②一九
岡本但馬入道➡岡本実元
岡本但馬守➡岡本実元
岡本但州➡岡本実元
岡本兵部　④二六九
岡本兵部少輔　①三〇二
岡本兵部少輔➡岡本氏元
岡本兵部少輔母➡岡本氏元母
岡本豊前(守)　④二四六、二九〇
岡本孫四郎　③二三三、二四六
岡本頼重
岡本四郎兵衛頼重　④一八八
岡本頼元
岡本左京　④一六八
岡本左京亮頼元　④一六四
岡本左京亮儀上頼元　④一六六
頼元　④一七五
小川三右衛門　④二四八〜九
小川三右衛門内方(内儀)　④二四八
小川甚右衛門　③二五
小川善左衛門　④二四八
小川弥五兵衛　④二四八
小川弥五兵衛妻
同内儀　④二四八
小川六郎右衛門　③二五
小河外記助　⑤九六
小河源七　②六〇
小河新蔵　⑤九四
小河大膳　⑤九四
小河政俊
小河外記助政俊　⑤九四
小河吉広
小川山城守藤原吉広　⑤一六
尾川新右衛門尉　③二八
尾川次郎左衛門尉　③二八
興津　③二七〇
興津神次郎　②四〇
興津美作入道(法西)　③二七〇
荻原主膳亮　③一七
奥之丞　①二五五
小倉土佐守　③三八
小倉和泉守　③二八
小栗　②二八
おけはた(香取神官)　①一七、三六、四七
桶縁(おけはた)判官代　①二五八、②八六
小佐➡小貫頼安
おさかべ壱岐守　④八六
刑部胤光
胤光刑部十郎　⑤八五
長田家助
長田飛騨守家助　③二一七
長田庄司　③一八八
おさ内(香取神官)　①四七
小沢外記　⑤八六
小沢左衛門二郎　②二六
小沢左馬允　③四〇
小沢長門守　②九三、③六
忍三郎左衛門尉➡駒場忍三郎左衛門尉
押田　④二七四、⑤九四
押田伊勢入道　④二七五
押田蔵人　③二六二
押田賢心
押田沙弥賢心　①七六
押田山城入道沙弥賢心　①七七〜八
押田入道　①七六
賢心　①七六
沙弥賢心　①七七〜八
押田権四郎
こん四郎　②二三七
押田権四郎　②二三七
押田下野守　④二
押田次良右衛門　④二七五
押田常清　④二七八
押田常珠　④二七四
押田常安　④二七四
押田常円　④二七四
押田入道➡押田賢心
押田与一郎　③二五六、二六二

忍藤右衛門
　同藤右衛門　④二六五
忍土佐守
　忍土佐　④二六五
　忍土佐守　④九五
忍足　④二七一
忍足小太郎　②二〇〇、④二九一
忍足治部小輔　③一〇五
忍足弘連
　忍足治部少輔　③二二五
　忍足治部少掾弘連　③一三三
　弘連　③一三三
忍足元次
　忍足美作守元次　②二〇
御息→正木時通
小曾根駿河　④一九〇
小曾根胤盛
　小曾根右馬亮胤盛　③一四
　両人　③一四
小曾根弥十郎　③五五
小曾禰信直
　小曾禰与三郎信直　①三〇四
小田　④一三八～九、二三八～九
小田→小田氏治
小田→小田政治
小田氏治
　館　④二七
　氏治　②一五二、一三三、一五〇、一七〇、
　　③六七、七五、④三
　小田　②八一、一七四、二〇七、二五七、
　　③一八、四三、五四、一六二
　小田氏治　②九七、一三一、③七二
　藤沢　④三
　天庵　③一六八
小田大炊頭　③七二、一〇二
小田上総入道　①一七一
小田左京大夫→小田政治
小田助三郎　②一〇九
小田太郎　④一三五
小田道華　②一六
小田中務太輔
　中務太輔　③一六七
小田政治
　小田　①一五五
　小田左京大夫　①三〇二
　小田政治　②三七
　左京大夫政治　①三〇五～三〇六
　政治　①一四五、②四
　氏治　①一四五
　老父　③七二
織田→織田信長
織田長益
　有楽齋　④一一九
小高壱岐守　③一五七
小高常陸介　③五四
小田喜→正木憲時
小谷常陸　⑤八九
小谷弘秀
　小谷若狭守　③三四
　小若弘秀　④二八、七二
小谷若狭守→小谷弘秀
小田野源太左衛門尉　②一八二
小田野備前守　④一〇三
織田信雄
　常真　④二三
　前尾張守常真信雄　④九〇
織田信包
　織田中将信包　④九〇
　津中将　④一〇六
　津の中将　④一一八
織田信忠
　殿様　③一五〇
　信長御父子　③一五八
織田信長
　織田　②一四五
　織田信長　②一五四、三〇五
　信長　④一七三、一七五
　信長御父子　③一五八
　濃州　②三〇六
　江洲　③七〇、一三六
　総見院殿　④一六
　織田信長姪　④一七二
織田秀雄
　羽柴大野宰相　④一三
織田秀信
　三郎　④一三八
　岐阜侍従　④一〇九
　羽柴岐阜侍従衆　⑤三
　岐阜中納言　④一〇六、一一八、一三
　羽柴岐阜中納言　④一三
小田原→北条氏
小田原→北条氏直
小田原御父子→北条氏康・氏政
御乳　④一三八
ヲチイ　④二四
越智家秀
　越智玄蕃頭家秀　④七二
御ちこさま→喜連川頼氏
御乳之人　④一三七
乙居千代女　②八
乙犬（小馬房妻）　②八
乙市　⑤七八

乙子(常灯寺) ①二六三
乙子(藻原寺) ②一五九
乙寿 ⑤七五
乙寿丸(藻原寺) ②一五九
乙女(海上妙見社) ②八
乙女(常灯寺) ①二六二、二六四
乙女(阿弥陀堂) ③八〇
於津満 ④二六〇
尾手雅楽助 ③六八
おと尼 ①一六八
音子
音(おと)子 ①一八九
おと御➡香取おと御
おとそう女(め)
お(を)とそう女(め) ①一六八、一八六
乙母(香取神官) ①六、七、一二～三、二五、三六、四一～二、五四、六三、六九～七〇、二〇四～五、二〇八、二一〇、二一七、二二七
おとも右馬太郎(香取神官) ①一〇一
乙わんは
乙(おと)わんは ①二五
御内方➡部藤土佐守内方
小貫佐渡守➡小貫頼安
小貫頼安
小貫佐渡守 ②一八〇
小佐 ③一六
小沼玄蕃丞 ⑤九〇
小沼俊生
小沼右衛門息俊生 ④二八四
おの藤八 ①一六三
小野 ④五七
小野因幡守 ②二六～七
小野次郎右衛門尉➡小野忠明
小野忠明
小野次郎右衛門尉 ④二六
小野次郎右衛門尉忠明 ④一七四
小野次郎右衛門忠明 ④二五六、一七五
小野道印 ⑤八一
小野兵部少輔
鎌須賀兄弟 ②二三〇
小野兵部少輔 ②二三〇
兵部少輔 ②二三〇
小野木重勝
小野木縫殿頭 ④一〇二、一〇七、⑤三〇
小野木縫殿頭➡小野木重勝
小野崎 ④二二六
小野崎掃部輔 ④二二六
小幡(信真) ④二五
小幡勘右兵衛尉 ④一七四
小幡兵衛尉(信定) ③二二
小幡又兵衛 ④一七四
小原越中 ④二〇三、二八六
御祓神権祝 ①一一五
御ひろい➡羽柴秀頼
おふくろ様➡千葉邦胤母
御袋様➡浅井茶々
御袋様➡里見忠義母
おふち性讃 ②二八四
小船木 ⑤九四
小俣縫殿助 ③二一〇
於間々 ④二六〇
おまんさま➡養珠院
小見川 ⑤九四
小見小五郎➡木内胤仲
御南 ④二四七
御盛 ④一八九
小山 ④二二八、二三九、⑤九九
小山➡小山秀綱
小山梅犬丸(成長カ) ①九九
小山小四郎 ①二四六、三〇二
小山左衛門督 ④二二五
小山下野守➡小山持政
小山修理大夫➡小山政長
小山高朝
結城六郎 ①二四六
小山六郎 ①三〇五
高朝 ②一九三～一九五、二〇一
小山之高朝 ②八一
父子 ②一九五
榎本 ②二〇三
小山弾正大弼➡小山秀綱
小山之東堂 ②二四一
小山秀綱
秀綱 ②一六六、二四一、③一五
小山 ②二二八、二〇二、二〇七
小山秀綱 ②二六〇
小山弾正大弼 ②九六、一九五、二〇〇～一、二九一、③一七
小山秀綱子
父子 ②一九五
息 ②一六六
小山兵庫助 ③一五
小山別当有重➡小山田有重
小山政綱
大膳大夫 ①二〇〇
小山政長
小山修理大夫 ④五九
小山持政

小山下野守　⑤一
小山六郎➡小山高朝
小山田　④二九～三〇
小山田有重
　小山別当有重　⑤六二
おや女　③五二
小（大）弓➡足利義明
小弓➡原胤貞
小弓➡足利頼淳
大弓御所➡足利頼淳
小弓様➡足利義明
小弓様御父子➡足利義明・義淳・基頼
生実御台　②二四
小弓の御所　⑤五三、五七～八
小弓の御所義明➡足利義明
小弓の殿さま　⑤八七
織幡長（おりわたおさ）　①二五七、②八八
織部丞（神野寺）　③三三
尾張守（塗師）　②一九
尾張守➡井田尾張守
尾張公（藻原寺）　⑤一九
御袋様➡里見忠義母
御息　③三二
御息➡正木時通
御親子・御兄弟三君➡足利義明・義淳・足利基頼
御曹子➡里見義康
御曹司➡里見義康
御曹司➡千葉重胤
御父子➡足利義明・義淳
御亡夫➡北条氏綱

か

海応　⑤一〇一
快覚　⑤八二
快空
　快空法師　②八
快元　①一九七
海蔵　②一四
カイツカ五郎右へもん　②二八一
海伝
　海伝上人　①六一
甲斐守➡里見義勝
快弁
　釈蔵院快弁　④一二五
かいほう忠三郎　②一三七
貝保縫之助　④二六四
貝保縫之助母　④二六五
海保　③二四〇
海保左京亮　③二二四～一二五
海保但馬守　⑤七四
海保丹波守　③八三、一一六、一九五～二〇三
海保長玄
　海保入道　③一七五
　海保入道長玄　③三五
海保入道➡海保長玄
海保山城守　③八二
海保若狭守　③八三
海保与九郎　③一六、一九
快誉
　啓成院快誉　①六一
賀胤
　賀胤法印　②一四九
花印渓公
　花印渓公禅定門　②一二五
かうゑん➡香取かうゑん
かうしゆん　①六六
カウ（ラ）ス検校➡烏検校
かゑたけんきう➡返田検校
加衛門　①二八
華翁
　華翁大僧正　①一四二
花翁常運禅定門➡豊島継孝
加乙松女　②八
加賀（香取神官）　①一七、三六
加賀宰相➡前田利家
加賀蔵人佐信家➡多賀信家
加賀大納言利家➡前田利家
加賀中納言➡前田利家
賀主計佐➡賀藤主計佐
かき　①六二、七〇、一二四、一〇五、一一〇、二一七、二三七
柿崎和泉守（景家）　③五六
柿崎左衛門大夫（晴家）　②二六九
かき入道　①三、六、四二
垣屋新五郎➡垣屋恒総
垣屋恒総
　垣屋新五郎　④一〇九、⑤三一
覚阿□□仏➡千葉利胤
覚阿弥
　称名寺覚阿弥　①二六三
覚阿弥陀➡千葉利胤
覚為　②八七
覚印
　覚印僧都　②二〇
覚吽　①一二九
覚胤
　権大僧都覚胤　⑤八一、八六、九一

～三、九六
覚胤　⑤七八、八三、八六、九〇～三、九
九
覚顕　⑤七一
覚永(沼田寺)
空華和尚覚永　①三八
覚永(金剛寿寺)
権大僧都覚永　⑤八〇
覚永　⑤六二
覚円坊　②二六二
覚雅(長福寿寺)　①二二九
覚海(長福寿寺)　①二二九
覚海元
覚海元大和尚　④二六四
覚顕➡覚胤
覚玄　①二二九
覚源
権少僧都覚源　⑤八〇
覚源　⑤六六
覚算
覚算大僧正　⑤六二
大僧正覚算和尚　⑤七〇、八〇
覚算和尚　⑤八一
覚実
覚実　⑤六八、七六、七八、八一～二、八
五～六、八八～九
権大僧都覚実法印　⑤八一
覚授　⑤八二
覚秀(金剛寿寺)
覚秀　⑤六三
覚秀法印　⑤八〇
覚秀(等覚寺)
覚秀律師　②二六一
覚乗　⑤八二
覚助　②一九九
覚俊　①一八二
かくしゆつ　②九四
学乗坊　②二三〇、③一二五
覚真　②二六一
覚清　⑤八二
覚仙
大僧正覚仙和尚　⑤八〇
覚仙大僧正　⑤六三
覚専　⑤八二
覚全
権大僧都覚全　⑤八一
覚全　①一八二、②一〇七、③二九九、
⑤七一、八六
学叟全参　③一〇五
覚蔵坊　④九九
覚朝　⑤八二
覚伝
権少僧都覚伝　⑤八〇
覚伝　⑤六三
覚祐　①五一
覚養　⑤八二
覚林　②二五
画芸貞祐　④二四六
景家　①六九
景勝➡上杉景勝
景繁➡横瀬景繁
夏傑　④二一三
景尊➡布施景尊
かけつかさ　①二五七
景虎➡上杉景虎
景虎➡上杉謙信
景長➡長尾景長
景長➡鎌倉景長
加下藤九郎　③二二四
景憲　④一七四
景将➡鎌倉景将
景道➡鎌倉景道
景光　④一三三
景久　③一〇六
景村➡鎌倉景村
蔭山家広
蔭山長門守　②一六
蔭山因幡守(貞広)　④二三〇
蔭山氏広
蔭山新四郎　②二〇六
蔭山長門守　④二三〇
蔭山新四郎➡蔭山氏広
蔭山長門守➡蔭山家広
蔭山長門守➡蔭山氏広
勘解由(天神社)　③二一七
勘解由(藻原寺)　②一六一
勘解由左衛門尉➡山室勘解由
左衛門尉
勘解由左衛門尉内上➡山室勘
解由左衛門尉妻
花厳宗梅　④二二四
加子上総介　④二二六
かさい➡足利晴氏室
葛西　⑤六五
葛西➡足利義氏
葛西之上様➡足利義氏
笠原　①一一八、③一九二
笠原➡笠原政晴カ
笠原新六郎➡笠原政晴
笠原政晴
笠原新六郎　③一四三
笠原政晴カ
笠原　④一二五
笠間高広

笠間右京亮高広　④七三
花山　②二九九
梶➡梶原政景
梶尾美作守　④二三五
梶源➡梶原政景
加島宗左衛門　③一五
賀島四良右衛門尉　②一五一
加島豊後守　③一五
鹿島　⑤七七
鹿島貞信
　御正印　③二一七、二三八
鹿島大宮司
　鹿島だいごうじ　②二二八
鹿島だいごうじ➡鹿島大宮司
鹿島大神宮大宮司➡中臣則広
鹿島孝幹
　孝幹　①一三八、一六八
　平孝幹　①一三七、一三八
鹿島孫七　②八
鍛冶屋(弥)検校(香取神官)
　②一四、一八八
鍛屋検校　④六六
勧修寺(尹豊)　②一四四
勧修寺中納言(光豊)　④一七一
勧修寺尚顕
　右少弁　①一五八
賀主新佐➡賀藤主計佐
梶原　④二九～三〇、⑤六一
梶原➡梶原政景
梶原➡梶原備前守
梶原景時
　景時梶原平三景時　⑤六一
梶原吉右衛門尉　②二四一、③九
梶原宮内太輔　③一〇二
梶原源太➡梶原政景
梶原遠江守　③一〇三、一一三
梶原殿　⑤一〇二
梶原憲景
　梶原能登守憲景　⑤九九
梶原備前守
　梶原備前守　③二一九
　梶原　③三九
梶原父子➡太田資正・梶原政景
梶原政景
　梶　③一五八
　梶原　③六七、一〇八～九、一一三、一二二、二四〇
　梶原源太　②一八五、二五四、二六一、三〇六、③一、一二九
　梶原政景　③九九、一三〇、一三三、一三四、一四〇、一四三、一五〇、一五九、一六四、二四〇
　梶源　③一六
　梶原源太政景　③七四
　梶政景　③一〇〇、一三六
　愚息　②二四九
　政景　④二一
　源政景　③九九
　源太　③一一二～三、一四三
　三らくふし　②二九六
　三楽斎父子　③四一
　旦那父子　②二五四
　梶原父子　③九一
　太美父子　③一七
　御父子　③二三
梶政景➡梶原政景
上代　④五七～八
　上代源左衛門大夫
　上代源左衛門大夫　④五六
　上代　④五六
上代源太　④四
上代与七郎
　上代与七郎　②二一七
　与七郎　②二七
歌人　④五一
糟右➡糟屋右衛門
主計(里見家臣)　④一六七
主計(鏡心日記)　⑤二五
主計(長禅寺)　②二六三
主計助(妙見寺)　③一八
上総常清
　常清松間太郎　⑤八五
　上総介　⑤八五
上総常澄
　常澄　⑤八五
　常澄上総大介　⑤六二
上総常秀
　常秀堺平次郎　⑤六三
　常秀　⑤一〇一
上総道歳
　上総中務大輔沙弥道歳　①二九
上総広常
　八郎　⑤八五
　上総権介広常　⑤六五
　上総介八郎広常　⑤六三
　広常上総権介　⑤八五
　広常上総介八郎・権介　⑤六三
上総介　①四九、七五、④三四、⑤六二
上総介➡武田氏
上総介➡上総常清
上総介➡千葉胤朝

上総介➡原胤貞
上総介霞岳➡原胤貞
上総房(仏師) ⑤二九
*一成➡里見揚安斎□□ ④一九
六
かすへ(香取神官) ①八、九
霞右(石堂寺) ②二六
加須屋内膳正(真雄) ⑤三〇
粕谷内膳正(真雄) ④一〇七
糟谷氏 ④二七一
糟谷大学助 ③三〇
糟谷正常
　糟谷藤原正常 ①一三〇
糟谷又四郎 ④二六七～八
糟屋家種
　藤原家種糟屋石見守 ①一二五
　糟屋石見守 ②一四
三
糟屋石見守➡糟屋家種
糟屋右衛門
　糟右 ②一七三
　糟屋右衛門 ②一七三
糟屋清承
　糟屋兵部少輔藤原清承 ②
五八
　藤原清承 ②五八
糟屋源三郎 ④二六四～五
糟屋但馬守 ③二三七
糟屋綱定
　糟屋大蔵丞綱定 ④四五
糟屋大和
　糟屋太和 ④一四二
糟屋太和➡糟屋大和
かせ藤左衛門 ④二七
加世栄行
　加世三河守栄行 ①一六二
加世四郎左衛門尉 ③一六二
加世新衛門 ①一六三
加世新衛門妻
　妙栄 ①一六三
加世四郎平兵衛尉 ③一六七
加世助行
　外記亮助行 ①一六一
賀瀬平右衛門 ②二八、二三六
加曽利冠者成胤➡千葉成胤
片市正且元➡片桐且元
片桐且元
　片市正且元 ④一四八
片桐貞隆
　片桐主膳正
片桐主膳正(貞隆) ④一〇七、⑤
三〇
片野胤定
　片野美濃守胤定 ⑤六九、八三
　美濃守 ⑤六九、七〇
片見(政広カ) ①九九
加太郎左➡加藤弘景
勝五郎➡木村勝五郎
勝門➡千葉勝門
勝清➡山室勝清
喝食女 ②七
勝住➡千葉勝住
勝胤➡千葉勝胤
勝又新介 ②一〇七
勝見御所 ④二五一
勝頼➡武田勝頼
勝山➡正木輝綱
勝山長門➡勝山長門守
勝山長門守
　勝山長門 ④二六七、二九〇
　勝山長門守 ④二六一
勝山備中「正木」入道恵門➡正
　木備中入道
葛山
　堀之内(駿州かつら山也)
　④二三九
加藤(里見家臣) ⑤一九
加藤(原家臣) ⑤九五
加(賀)藤伊賀守➡加藤信景
加藤右馬允 ③二三四
加藤越前守➡加藤弘秀
加藤主計頭➡加藤清正
加藤九左衛門尉 ③一三四
加藤清正
　加藤主計頭 ④一〇八、⑤二七、三
一
加藤源衛門(秋元郷) ②二九四
加藤左衛門 ④二六六～七、二九二
加藤左馬(助)(茂勝) ④一一〇、
　⑤二五、三三
加藤左馬➡加藤茂勝
加藤七左衛門 ④二六六
加藤太郎左➡加藤弘景
加藤太郎衛門 ④二三二
加藤大郎左衛門➡加藤弘景
加藤太郎左衛門妻 ④一六一
加藤太郎左衛門老母➡加藤弘
　景妻
加藤太郎左衛門尉➡加藤弘景
加藤太郎左衛門尉老母➡加藤
　信景母カ
加藤のわか殿➡加藤弘景
加藤遠江守(光泰) ④一〇八～
　九、⑤三〇、三一

加(賀)藤豊景
　加(賀)藤伊賀守豊景　④八〇、二六〇
加(賀)藤信景
　加藤孫五郎信景　④三
　加藤伊賀守信景　③二〇三、二〇四
　加藤伊賀入道信景　④九、一二、七一
　信景　③三三
　太郎左衛門　④七一
　賀藤太郎左衛門信景　④二五九、④二六〇
加藤信景母カ
　賀藤太郎左衛門尉老母　④二五九
加藤弘景
　賀藤太郎左衛門　④二六〇
　加藤太郎左衛門尉　③二〇四、④二二、二六〇〜一
　加藤太郎左衛門尉弘景　③二〇三、二〇五〜六、二六九
　加藤太郎左衛門弘景　④七一、二六〇
　加藤太郎左　④七四
　加太郎佐　④一八
　加藤大郎左衛門　④三三
　弘景　③三三
　太郎さえもん　④三
　太郎左衛門　④二一〜二
　太郎左衛門尉　④九
　賀藤太郎左衛門弘景　④二六〇
加藤のわか殿　③一九
加藤弘景母
　加藤太郎左衛門殿老母　④二六〇
　賀藤悲母　④二五九
加藤弘秀
　賀藤越前守　③三三
　加藤越前入道弘秀　③二〇六、④七一
加藤孫五郎
　加藤孫五郎　④二五〇
　加孫五郎　④一八
　孫五郎　④一八
加藤弥五郎
　加弥五郎　④一八
　加藤弥四郎　④二五〇
加藤頼景
　賀藤孫五郎頼景　④二六〇
加藤頼景母
　賀藤孫五郎頼景老母　④二六〇
賀藤(小田原)　②二〇八
賀藤伊賀守➡加藤信景
賀藤伊賀守息女　④二六一
賀藤右馬之丞母　④二六〇
賀藤越前守　④二六〇
賀藤越前守老母　④二六一
賀藤主計佐
　賀主計佐　④二六〇
賀藤九郎兵衛　②四三
賀藤源左衛門尉　②三三
賀藤源左衛門尉娘
　賀藤源左衛門尉息女福　②三三
賀藤源二郎
　賀藤源二郎　②三一
　源次郎　②三一
賀藤太郎左衛門(殿)老母➡加藤弘景母
賀藤太郎左衛門殿➡加藤信景
賀藤時景
　賀藤孫治郎時景　④二六一
賀藤虎次郎　③八八
賀藤弥四良
　弥四郎　⑤八八
賀藤六郎左衛門　④二六〇
香取右京助
　右京助　①二六七、③一〇
　右京亮　①二〇七、二三三
　香取右京助　③一〇
香取氏久
　ものまふし　①二五七
　物申　①二三〇、④八九、二三〇
　物申祝　①五四、八八、九四、一二四、一八七、二三〇、二三九、二四四、二四六、二七〇、二七一、②二三、八八
　物申祝氏久　①一六
　物申祝中臣　①二七一
香取右馬四郎
　右馬四郎　①一一三
　次郎神右馬四郎　①一三、一四
　二(次)郎神主　①一三、四三、一六五、二二五、二九九、②一三、八八、一一七
香取右馬助　①二四、②三九
香取永幹
　香取ゑいかん　①六九
　又五郎入道殿法名ゑいかん　①三九
香取永寿➡香取永秀
香取永秀
　永しゆ　①二〇

永寿 ①一
香取永寿 ①三二
ゑいしゆふ ①八九
永秀 ①九八、一四二
源三郎入道永秀 ①九〇
香取源三郎入道 ①九八
香取大蔵 ③三
香取大禰宜 ②一八〜九、③二九六
香取大禰宜⬇香取実隆
香取大禰宜⬇香取実長
香取大禰宜⬇香取胤房
実勝⬇香取実勝
香取(社)大禰宜⬇香取実之
香取おと御
おと御 ①四三
香取かうゑん
又五郎入道殿かうゑん ①一三九
香取返田次郎左衛門入道
同名返田次郎左衛門入道 ①一八六
香取返田中納言
香取返田中納言 ①一八六
中納言 ①一八六
香取刑部丞
刑部丞 ①七
香取刑部少輔
きやうふのしゆう ①七八、一七七〜八
きやうふのせう ①一八九〜九一、二〇二
きやうふのせり ①一八九
刑部少輔 ①七八
香取社大禰宜⬇香取胤房
香取清房
香取監物 ②八一
清房 ②八二
大宮司 ②一二五
大宮司散位大中臣清房 ②一三一
大宮司清房 ②八一
香取国房
国房 ①一四五、一八五、二八七
大宮司散位大中臣国房 ①一四五、一八七、二四四、二四六、二七〇〜一
香取慶安
慶安 ①一八〇、二二二
香取(かんとり)録(六)司代 ①一六〇、一八〇
録(六)司代(ろくしたい) ①一五三〜四、一五六〜七、一五九、一六七、一七五、一八〇〜一八一、一八三〜四、一八七〜九
録(六)司代慶安 ①一四一、一四八、一九一
香取慶海
慶海 ①一三一、一三二
録司代 ①一三二
録司代慶海 ①一三一、一四〇
香取慶尊
いや次郎 ①一六六
弥二(次)郎 ①一三一、一四五〜一四六、一五五、一五七〜一五九、一六四、一六八
慶尊 ①一五七、一七三、一八〇、二二一、二六七
慶尊六司代 ①一四一
香取録司代 ①一五五
録(六)司代(ろくしたい) ①一二〇、一二二〜一二三、一二六〜七、一二九、一三〇〜一三三、一三四〜七、一四〇、一四三〜一四六、一四八、一五五〜八、一六三、一六七、一七〇〜一、一八四、一八八、一九四、一九六、一〇〇、一〇三〜一〇四、一〇七〜九、一一五、一一三〜四、一一三
録司代慶尊 ①一六、一四六、一五六〜一五九、一七三〜一七四、一八〇、一八五
香取慶珍
慶珍 ①一三二
香取慶弁
慶弁 ①一三二
香取慶満
慶満 ①二〇三、二三二
小次郎 ①一三二
小次郎慶満 ①一三二
六司代慶満 ①一九一〜二
録(六)司代 ①一九二、二〇三、二一〇
香取慶満妻
ツク ①一三二
香取源三郎
源(けん)三郎 ①一六五、一八三、一八四、一八八〜九、一九二、二三二
香取(かんとり)源三郎 ①一八四、一九二
香取源三郎入道⬇香取永秀
香取源七⬇香取胤永
香取監物⬇香取清房
香取幸永
修理亮入道幸永 ①一八三〜四
香取幸通
六郎四郎入道幸通 ①一八四
六郎四郎入道幸頭 ①一八三
香取小次郎
小二(次)郎 ①一八〇、一八五
香取こそう

香取三郎兵➡香取盛近
香取七郎左衛門
七郎左衛門(もん) ①三、八二、九三、一五三
ようかい七郎左衛門入道 ①一七
七郎さへもん入道 ①二五、九一
香取篠原治部少輔
治部尉 ①一五三
治部少(輔) ①三、二三、六三
しのはらかんとり治部少輔 ①一六〇
香取篠原治部少輔 ①一八〇
香取篠原道真
道真 ①一八〇
香取社大禰宜➡香取実隆
香取社大禰宜➡香取胤房
香取社佐原案主➡香取弥四郎
香取社田所➡香取宗好
香取修理(しゆり)入道➡香取成秀
香取修理亮入道➡香取成秀
香取将監 ①七八、一一四、一二〇
香取将監入道
かんとりしやうけん入道
香取大禰宜実隆 ②二三二
実隆 ②一〇〇、一三八、③四五
大中臣実隆 ②七八
大禰宜 ②六四、九四〜五、一三五、二八四
大禰宜(香取実隆カ) ④五三
大禰宜三位大中臣実隆 ②一三〇
大禰宜散位大中臣実隆 ②六四、六六、八九、九五
大禰宜実隆 ②八四
大禰宜大中臣実隆 ②六七
大禰宜殿実隆(さねたか) ②七七、八二
香取実隆カ
大禰宜 ④五三
香取実長
香取大禰宜 ②二八、四九
香取大禰宜代実長 ①一九二
実なか ②八四
実長 ①一八七
大禰宜 ②一三
大禰宜散位大中臣実長 ②一三
大禰宜実長 ②八
香取実房
実房 ②八、九
大宮司 ②一三
新五郎実雅 ②一四六
香取実雅
香取実之
香取(社)大禰宜 ①一六一、二四、二五一、二七〇、二七八、二九二
大中臣実之 ①二七五
実之 ①二七二、二七五、二九二
大禰宜 ①一六〇、一六七、一六九、一八三〜一八四、一八六、一八九、一九三、二〇四〜五、二〇八〜一〇、二一三〜四、二一八、二三六、二三九、二五一、二七二、二七五、二七八
大禰宜散位実之 ①一八六、一八九
大禰宜散位大中臣実之 ①一八六〜一八七、二三七、二三九、二四四、二四六、二七〇〜二七一
大禰宜散位大中臣真之 ①二三三
大禰宜実之 ①一六三、一六七〜九、二三七、二四一、二七一
大禰宜大中臣実之 ①一六〇、二二九
香取三郎兵衛➡香取盛近
こそう ②九五
香取こそう ②九四
香取小八
小八 ①二四三
録司代(ろくしたい) ①二四三、二四六、二六七、二七〇、二七二、二九九、②二三、三八、七七、八八、一二七、二九七
香取左衛門四郎
左衛門四郎 ②二〇二
右衛門四郎 ②二一三
香取左京進
大宮司左京進 ①二四〇
香取貞秀
香取修理亮藤原貞秀 ①一四五
修理亮 ①一五三
香取実勝
香取大禰宜実勝 ④六四
大中臣実勝 ④一九、六三
大禰宜 ④二四、四八
香取実隆
香取社大禰宜正散位大中臣実隆 ②一四六
香取大禰宜 ②六九
香取大禰宜散位大中臣実隆 ②二〇一

①二〇三
香取将監入道　①七五～六
入道　①二〇三
香取常房
常房　①四三
香取次郎左衛門
次郎左衛門　①三
香取次郎左衛門入道　①一九三
香取次(二)郎左衛門尉　③七八～九
香取次郎兵衛➡香取直宗
香取神九郎
神九郎　①一〇四
香取神慶
神慶　①八〇、八五、一七二、二二一、④六二
香取新左衛門　②二一九
香取新三郎
香取(かんとり)新三郎　①一〇七、二三二、③七四
新(しん)三郎　①二五、二三
香取神七
香取神七　①二二
神七　①一〇四
香取神四郎
神四郎　②六四
香取助七郎
香取(かんとり)助七郎　①四、二六
香取助七良大中臣　①四三
助七郎　①三、二六
香取助二郎
香取(かんとり)助二郎　①二二八
香取祐房
田所　①三三、二六
田所祐房　①一六
香取祐吉
田所　①三一、三三～七、四一～二、四四、四八、五四、六三、六七、六九～七〇、八八～九、九四～六
田所祐吉　①八九
田所助吉　①三一
香取性銀
五郎四郎入道性銀　①一八三
香取五郎四郎入道性銀　①一八四
香取成秀
香取修理(しゆり)入道　①七六～七八
香取修理亮入道　①七五、七七
修理入道　①七八
修理入道成秀　①六七
香取清三
かんとり清三　②六二、六六
清三　②六二、六六
香取成椿
成椿　①一四三
香取性満(宗吉カ)
又八入道　①一五六
又八入道性満　①一五六
香取宗光
そうか(く)う　①二七、三六、四八
ゆうかい沙弥宗光　①六八
ゆうかい宗光　①六七、八〇
宗光　①四八、六三、六八、一三三
宗光入道　①四三
又五郎宗光　①六九
香取宗師
ようかい与五郎　①一〇一
香取与五郎　①一二八
香取与五郎入道　①一七一
宗師　①九一、一〇一、一四〇、一八一
与五郎　①六九、七六、七九、八九、九一、一〇一～二、一一九、一二七、一三三
与五郎宗師　①七六、七八～九、九一、一〇一
香取宗春
五郎兵衛入道　①六九
五郎兵衛入道宗春　①一三九
香取五郎兵衛入道宗春　①六九
沙弥宗春　①六九
宗春　①五三、一四〇
香取宗仲
香取与五郎　①一四三、一四八
香取与五郎入道殿宗仲　①一八四
宗仲　①一六七、一七九～八〇、一八四、二〇七
要害(よふかひ)宗仲　①一七六、一七九
要害与五郎殿宗仲　①一八三
香取宗柏
かんとり宗柏　①二二五
香取大覚
香取大覚　②二〇〇
大覚　②一九
香取胤定(貞)
香取平四郎胤貞　①一三〇
香取木工左衛門胤定　①一四九
胤貞　①一四九
木工左衛門　①一五三

香取胤重
香取与五右衛門胤重　④六〇
香取胤永
源七　①九八、一〇七
香取源七　①一二三
香取源七胤永　①一三六
香取胤永母
性香大姉　①一三六
香取胤房
胤房　①四五、五九、七六、七九、八一、九一、一〇二、一三〇、一八二、二四二
香取社大禰宜　①七二、八一
香取社大禰宜散位胤房　①二七、五五、五九
香取大禰宜　①五三、七二、七四、八二
散位胤房　①八九
散位大中臣胤房　①一一四
大中臣大禰宜散位胤房　①一〇二、一〇四
大禰宜(き)　①二二、三〇～一、三三～四、三六～七、四一、五五、七一、七五～六、七九、八一～二、九一、九三、九五、一〇一、一〇四～五、一一四～五、一二二、一二五、一三一、一三三、一四〇、一五三、一五六、二三九
大禰宜(き)胤房　①一〇、二〇、二七、四三、四五、六六、七一～二、八一、八七、九一、九三、一〇一、一一七、一二八、一七六、一八一、二六六
大禰宜散位胤房　①二一、三一、三三、三七、五五、五九、八一、八九、一〇五、一一九、一二五、一三一
大禰宜大中臣胤房　①五六
大禰宜大中臣散位胤長　①二三四
大禰宜大中臣散位胤房　①一六、九四
香取胤之
つしよ　①二九
つしよたねゆき　①一九
つしよ入道　①一八
香取太郎童子
案主　①二三九、二四三
太郎童子　①二三九
香取弾正
香取弾正　②四九
香取丹藤(とう)二(次)郎
丹藤(とう)二(次)郎　①八九、一〇四～五
香取朝寛
香取助四郎入道朝寛　①一四三
助四郎　①一五三
香取藤七
とう七　①一六九
香取藤七　①一六七
香取とのもの□　②九一
香取朝房
香取治部さへもん朝房　①二三四
香取虎房
案(安)主(寿)(あんしゆ)　①八八、九四、九五、九六、九九～一〇〇、一〇九、一一五～一一六、一二三～四、一三二～四、一四三、一四六、一五一、一五四、一五七～八、一六四、一七八
虎房(とらはう)　①五六、五八、八七～八八
香取虎吉
案(安)主(寿)(あんしゆ)　①一八七、二〇四～六、二〇八～一〇、二一六～八、二二一、二二五、二二六～七、二三三
犬次郎　①一八七
香取直重
香取小四郎直重　①二三七
小四郎　①四一、二〇四
直重　①二四七
香取直経
香取孫三郎直経　①一一六
孫(まこ)三郎　①八～九、一一三、一一七、一二四、一二五、一二七
香取直房
こくきやうし　①二五七
国行事　①一八六、二二六、②八九
国行事直房　①一八五～六
大宮司散位直房　①二九、八九
大宮司大中臣散位直房　①一六、九四、一二四
直房　①八八、一〇〇、一〇九
香取直政
香取大炊助直政　①三九
大炊助直政　①三九
香取直宗
香取与六　①一二一
香取与六直宗　①一二八
香取次郎兵衛　①一九三
香取次郎兵衛直宗　①一四三
次郎兵衛直宗　①一六三
次郎兵衛入道　①一四三
二(次)郎兵衛　①一六三、一六七、一七二、二三二
直宗　①二四三

香取長房
大禰宜散位長房 ①二四〇
大禰宜長房 ①一三九、一八三、一八四
長房 ①五九、一三九、一八四
香取隼人佐
香取隼人佐 ①七六、一〇四
隼人佐(助) ①七七、一八五
香取八郎衛門➡香取吉房
香取播磨守
香取幡摩守 ③二五九～六〇
香取治房
香取大宮司正散位大中臣治房 ②二九
治房 ②二三八
香取ひきち ①一九
香取彦(ひこ)五郎
香取(かんとり)ひこ五郎 ①二六七、二九一
彦(ひこ)五郎 ①二五九、二六七、二九一、二九三
香取彦三郎
彦(ひこ)三郎 ①三、二七、三〇～一、三六、四四、四八、五三、五五、六三、八〇、八五、九七、一一三、一二三、一四三、二三
香取ひちり
ひちり ②二二
香取秀房
大禰宜秀房 ①二三〇
香取兵部少輔➡香取光長
香取豊後
かんとりふんこ ③一八七
香取平三郎(大進子)
平三郎 ①二〇、二三
香取平三郎(田所庶子)
権守平三郎 ①一六九
香取孫六
孫(まご)六 ①四、二三、九七、一一六、一二六、一三四、一六四、一七三、一七七、一九一、二〇二、二二二、二二九、二三三
香取又五郎
又五郎 ①一四〇～一、一九一、二〇二
香取又四郎
香取又四郎 ②六八
田所 ①一〇四、一〇九、一一五、一一三～四、一三三～四
田所又四郎 ①一〇四、一一四
又四郎 ②二一七
香取又八➡香取宗吉
香取末三郎
末(まつ)三郎 ①一八五～一八六
香取松次郎丸(香取胤房嫡子)
松次郎(丸) ①三七、五九
香取松次郎丸(香取直宗子カ)
松次(二)郎丸 ①二四三
香取満珠丸
満珠丸 ①二七五
香取御手洗小五郎
御手洗(みたらし)小五郎 ①二二五、二三三
香取御手洗小五郎 ①二四二
香取小五郎 ①六七、二四二
小五郎 ①七七、一三三
香取光長
ひやうふのせう入道 ①一〇〇
兵部せう ①二二〇
兵部少輔 ①六七、七七～八、一五四、二三三
兵部少輔光長 ①一〇〇
香取満房
案(安)主(寿)(あんしゅ) ①四～六、九、一三、二二～三、二六、三四～七、四〇、四二、四四、四七～八、六二～三、六七、七〇、八七
案主満房 ①一六
光房 ①五
満房 ①三〇
香取宗好
香取社田所 ①一五六
田所 ①一四、一五六～七、一六九、一八七、二〇四～六、二〇八～一一、二一六～八、二二〇、二二五～七、二三三、二三九、二四三、二四六、二七〇、二七二、二九九、②二三、二三、二八八
田所藤井宗好 ①一四、一六六、二五八
藤井宗好 ①一六六
藤井田所宗好 ①一六五
香取宗吉
香取又八 ①八九
宗吉 ①八九
香取盛近
香取三郎兵 ①二二五
三郎兵衛(ひやうへ) ①五五～六、一五七、二三二
盛近 ①二二五
香取盛近妻
三郎兵衛内方 ①二三二
香取盛房
香取大宮司大中臣盛房 ④一八
香取弥三郎

安主弥三郎　②七八
案(安)主(あんしゆ)　②七八～九、八七、八九、二〇一、二二七、二六六、二八四
弥三郎　②二〇一、二二三
香取弥三郎妻
ほうしやう　②二八四
安主後家宝性　②二八四
宝性後家尼　②二八四
香取弥四郎(田所一族カ)
弥四郎　①二二五
香取弥四郎(案主)
香取社佐原案主　①二九二
案主　①二六六、二七〇、二七二、二九二、二九九、②二三
佐原案主　①二九二、②二四
大案主　②二〇一、二二三
弥四郎　①二六五
香取弥二郎
弥二(次)郎　①一二三、一八九、二一二、二二九、二三三
香取弥二郎(案主)
安主弥二郎　②二九一
案主　②二九七
弥二郎　②二八四
香取之長
伊勢守　①一五三
香取伊勢守之長　①一四二
香取之房
大禰宜之房　①一五〇
香取与五郎
ゆふかひ与五郎　②一〇一
香取与五郎　②一〇〇
与五郎　②八、九五
香取与五郎➡香取宗師
香取与五郎➡香取宗仲
香取与五郎入道➡香取宗師
香取吉作
あんしゆ　①二五七
案主　①二四六
七郎三郎　①二四六
香取吉助
きやうしのねき　①二五七
案主吉佐　②六六
行事禰宜　①三四、八八、九四～六、一二四、一五七、一八七、二〇五～六、二三〇、二三九、二四三、二四六、二七〇、二七二、②三三、八八
行事禰宜吉助　①一六
七郎三郎　②六二、六六～六七、八七、二〇一～二〇二
香取吉房
吉房　①二三二
香取八郎衛門　①一九二、二三二
香取八郎衛門吉房　①二三〇
香取八郎衛門録司代吉房　①二三二
八郎(右)衛門　①一八四、一九二、二〇三
録(六)司代　①二〇八～一〇、二二二、二二六～三〇、二三二、二三五～七、二三三、二三九
録司代八郎衛門(ゑもん)　①二〇九、二一〇
香取与八
与八　①一六七
香取与六➡香取直宗
香取録(六)司代➡香取慶安
香取録司代➡香取慶尊
金井久左衛門　④二八九
金井筑後守　④二二、二三、二四、三二、二八二
カナクホ検杖(かなくほけんちやう)　①二五八、④五二
金津新右兵衛尉　⑤二〇
金山　⑤七〇
金山侍従➡森忠政
金山の侍従➡森忠政
兼氏　④一三四
金子　②二一八
金子加賀守　③一九四
金子紀伊守　③七九
金子左京亮　①二〇一
金子兵部少輔　③一二三
金子兵部丞　③一三三
金子与次郎　③一三三
金坂宗九郎　②二三五
金坂藤杢郎　②二三五
金沢寅時
寅時修理太夫金沢　⑤八五
金田景胤
景胤金田六郎　⑤八五
金田　①一九
兼胤➡千葉兼胤
金親　⑤七五、七七
金親右京進　③一二三
金親次郎兵衛尉　③一二三
金親三郎左衛門　⑤八一
金親彦四郎　⑤一〇二
金親兵部少輔
金親兵部少輔　⑤八一、九六
兵部少輔　⑤一〇二
金親兵部丞　⑤九〇
金親政能

金親兵庫政能　⑤九四
兼常➡東兼常
兼久
　雅楽助兼久　①一九七
　兼久　④三八
金鞠　②二八
加納御前様➡松平忠政室
狩野(絵師)　③八四、一〇三
狩野(上総)　④七〇
狩野(伊豆)
　狩野殿　⑤三六
狩野藤内三郎　③一九八
狩野助　④七〇
狩野大炊助　①九二
かのけつ　④一三
狩野遠江守　③一〇三
狩野飛騨守➡狩野泰光
彼坊主➡日勤
狩野泰光
　狩野飛騨守　②二〇、一二三
　一庵　③二〇、一一〇、一三三
　一庵宗円　③三四
かハしま左衛門太➡河島左衛
　門太(夫)
かハつくり　④一〇〇
かふら木はやと　②二二七
鏑木　⑤七五、九四
鏑木➡鏑木助太郎
鏑木神六　⑤七六
鏑木助太郎
　鏑木　⑤七六
　鏑木助太郎　⑤七四
鏑木駿河守　④三一〜四
鏑木胤家
　鏑木備後守　②六五
　鏑木備後守胤家　②六五
　鏑木彦次郎胤家　②三七
　平胤家　②六五
鏑木胤定
　鏑木信濃守胤定　④七三
　鏑木信濃守□定　②一二九
鏑木長門守
　長門守　②三七
　鏑木長門守　②三八
鏑木兵部入道　①二五〇
鏑木備後守➡鏑木胤家
加兵衛➡伊介加兵衛
かまくらへ(とカ)の御ひめ君
　➡足利島子
かまくらさま➡足利義氏
鎌倉➡足利政氏
鎌倉➡足利義氏
鎌倉景長
　景長　⑤六一
鎌倉景将
　権五郎景将　⑤六一
　景将　⑤六一
鎌倉景道
　景道鎌倉権太夫　⑤六一
鎌倉景村
　鎌倉権太夫景村　⑤一〇三
　景村鎌倉太郎　⑤六一
鎌倉九郎二郎　⑤九一
鎌倉御所　④三八
鎌倉権太夫忠道➡平忠通
鎌倉三郎次郎　⑤七三
鎌倉左兵衛督➡足利頼淳
鎌倉平太夫➡平忠通
加孫五郎➡加藤孫五郎
鎌須賀兄弟➡鎌須賀縫右衛
　門・小野兵部少輔
鎌須賀縫右衛門
　鎌須賀兄弟　②一三〇
　鎌須賀縫右衛門　②一三〇
　縫右衛門　②一三〇
釜滝刑部少輔政次➡秋元政次
釜田将監丞　④二五二
釜田三河入道　④二五二

神権祝(香取神官)　①二二五
かミさま➡桃源院殿
神島　②一九九
上小弐殿　⑤三九
亀　②一五七
亀井武蔵守(茲矩)　④二一〇、⑤
三
亀犬(カメイヌ)　①二六二、二六三
亀牛子(石堂寺)　②二六
亀王➡千葉重胤
亀乙丸➡千葉実胤
亀霧　①二六三
亀子(笹)　③八一
亀子(大原神社)　②二一五
亀子(常灯寺)　①二六三、③二三三
亀子(藻原寺)　②一五九
亀寿丸➡平亀寿丸
亀女　③五一
かめせう　①二八四
亀僧　①二六三
亀大郎(石堂寺)　②二六
亀鶴　①二六三
かめわかまる➡後藤亀若丸
亀若丸➡千葉頼胤
賀茂出雲　③一四八
賀茂広四郎　①九三

蒲生氏郷
　蒲生飛騨　④二一六
　松ケ島侍従　⑤二五
　会津侍従　④二一六
　あいつの少将　④二一七
　会津少将　④九二、一〇六～七、一一
　〇、⑤三〇、三三
　会津少将氏郷　④九〇
　羽柴会津少将　⑤二九
蒲生飛騨➡蒲生氏郷
蒲生秀行
　会津侍従　④一九三
藤三郎　④二三八
鴨根常房
　常房鴨根三郎　⑤六二
かもの二郎　⑤六二
掃部(長禅寺)　②二六三
掃部助(金鋳)　①一
掃部道秋　③一九二
かやた　①二五
返田(かやた)神主(かう)(香
　取神官)　①三、三〇、三六、四八、
　六三、一三三、一三九、一七六、一七七、二四
　三、二五七、②八八、④六四
返田検校
　かゑたけんきう　①二五八、②
　二九七
　返田検校　①一四〇、二〇九、二三六、
　②八八、④六四
　検校返田　①三
返田権検校(香取神官)　②二四
萱手飛騨　④二三〇
からす(香取神官)　①四四
烏検校(からすけんちやう)
　烏検校　①二五七、②八八
　鳥検校　②二四
　カウス検校　④五三
　検杖からす　①三
唐津東丸様➡里見忠義妻
苅込次郎　②六
狩込善左衛門　③一五
花林慶春
　花林慶春大師　①一二五
花村盛芳➡武田信豊妻
かる物座(ものさ)　①九七
彼坊主➡日勤
皮加部伯耆守　②二二五
河上但馬　⑤八九
川口惣二郎　②一〇八
川越　②二二八
川崎小蔵　④四二
川崎豊後　④三
河先道八　②二六
河崎雅楽助　②九一
河崎雅楽助妻
　妙西　②九一
河島　②八
河島左衛門太(夫)
　かハしま左衛門太　④六一
河島新左衛門尉　②一八九
かわしりひせん(川尻秀長)
　⑤二八
河州　①一三八
河田➡河田長親
河田重親
　河田伯耆守　②二六九
　河伯　②二六六
河田道順　②二六
河田長親
　河田　②一九〇
　河田豊前守　②一六六、二〇一、二一〇
　四、二四八
　河豊　②二〇四
　豊前守　②二〇三、二〇五
河田豊前守➡河田長親
河田伯耆守➡河田重親
河内又三郎(藻原寺)　⑤三九
川名甚右衛門　③一五
川名与兵衛　④一八〇
河名左衛門五郎　②二一四
河名治部左衛門　③二一七
河名次俊
　河名新兵衛尉平次俊　②九
河伯➡河田重親
河辺二郎右衛門尉　③九五
河豊➡河田長親
河俣綱忠
　河俣新六綱忠　⑤一〇
河村
　何村　①二八
河村刑部　③二
眼阿(長徳寺)　②一九七
眼阿弥➡千葉兼胤
眼阿弥陀➡千葉親胤
眼阿弥陀仏➡千葉親胤
観永(大山不動)　③二三〇
観翁道悦
　観翁道悦居士　②八五
寛海
　寛海法印　②二七七
観学坊　②一六二
歓喜院　⑤九五
歓喜坊　②二一
完倉惣次郎➡宍倉惣次郎

完倉与三郎⬇宍倉与三郎
歓行坊　②二四
神作五右衛門　④一四
勘助　③四四
神田成利
　神田次郎成利　⑤六四
神田与兵衛　②一八二
鑑澄
　鑑澄阿闍梨　②一一六
観徳寺
　くわんとくし　①一二二、一三三
　観徳寺　①一八〇
かんとり⬇香取
梈取(香取)　②三九
かんとりふんこ⬇香取豊後
神主(海上八幡)　②二二
神主(船橋大神宮)　②一三一、一六八
　六、二八八、三〇七
神主(鶴谷八幡宮)　④一〇三～
　四、一六三
神主(香取神官)
　香取(社)神主　①一八七、二三八
　神主　①二、六、八～九、二三、三四～
　五、四一、四七～八、五一、五三～四、六二
　～三、八八、一〇〇、一〇三、一三三、二
　一、二二七、二三五、二五七、二九九、④四八
神主(北条八幡宮)　④二二二
神主弾正⬇弾正
神主太和守⬇大内晴泰
神能　⑤九四
観応⬇千葉胤政
桓武天皇　⑤五九、六四、七一、一〇一
関白⬇羽柴秀吉
関白⬇羽柴秀次
官房　②二五
閑馬駿河守(宗勝)　③二
閑間仲国
　閑間大蔵丞仲国　④二〇六、二一〇
　八
　仲国　④二〇六
管領　④二三〇、二三一、二三三
管領⬇上杉憲房
甘露寺経元
　蔵人右少弁藤原経元　②八八

き

其阿弥陀仏⬇千葉胤富
共(其カ)阿弥陀仏⬇千葉勝胤
紀伊守⬇真里谷紀伊守
紀伊守内方⬇真里谷紀伊守妻
きうあミ⬇久阿弥
きうこん　①六
きう判官代　①一六四、一六五
きうむ(休夢)⬇黒田高友
喜運斎　⑤一七
木浦主殿　④二六六
木浦主殿娘　④二六六
顗栄
　権律師顗栄　①二〇四
貴永大徳(円長寺)　④二七四
木河源四郎　②二二一
菊市　①一八二
菊子(石堂寺)　②二七、二九
菊子(大原神社)　②二二五
菊寿⬇綿内左衛門助妻
菊寿(石堂寺)　②二八
菊女(常灯寺)　①二六四
菊千代女⬇国分胤憲母
＊きくの四郎⬇さこの四郎　①
　二三
菊房(高篠)　②二八一
菊房子(石堂寺)　②二六
菊間　⑤九五
菊間御坊⬇源意
菊松⬇正木直連
義憲(長福寿寺)　①一二九
輝玄　⑤二
義弘
　権別当義弘　①九三
喜山⬇千葉兼胤
喜見斎　③六六
雉(きし)　①二、二三～三、五四、六二、
　二五七
岸谷　⑤九五
雉判官　④六五
雉判官代　①一四一、二〇九、二二五、二三
　六、②一四、八八、④六五
木島右衛門太夫　④二一〇
義俊　⑤三五
義詮房
　義詮房　②七三
　大乗坊　②七三
北⬇佐竹義斯
北安⬇北条高広
木滝治部少輔　③二七、二二八
木滝当兵衛　④二九一
北下高定⬇北条高定
北条⬇北条高広
北条安芸守⬇北条高広
北条景広
　北丹　③五五
　弥五郎　②三〇六
北条高定

北下高定　③三八
北条高広
厩橋　③一五〇
北条丹後守　②一三六、一六六、一七四、二〇三~四、二四九、二五一、二六二、二八七、三〇六
北条安芸守　③九九
丹後守　②二〇三
北安　③九八
安　③五五
北条　③一七四、⑤九
毛利　④三六
北条丹後守➡北条高広
北丹➡北条景広
北殿　③三七、⑤三
北のしやう侍従➡堀秀治
北庄侍従➡堀秀治
北庄中納言➡小早川秀秋
北原権右衛門➡北村権右衛門
北見喜右衛門　④二六七、二九〇
北村権右衛門尉
北原権右衛門　④三〇六
北村権右衛門　④三〇三~五、三〇七~一一
北村権右衛門尉　④三一四
北村内記助　②一八九
吉秀　②二九
吉州梵貞　②一〇五~六、一〇七
吉祥坊　②二六三
吉二郎　④六七
吉河➡吉川元春
吉川侍従➡吉川広家
吉河の侍従➡吉川広家
吉川広家
吉河の侍従　④一八
吉川侍従　④一三
吉川元春
吉河　⑤二四
喜連川頼氏
□氏　④二五
御ちこさま　④二一
御字　④一七
木戸　③二四、④二九~三〇
木戸(忠朝)　②二〇三
木戸氏則
木戸将監氏則　④七二
木戸左近大夫将監(氏胤)　②一九六、二二三、二七八、三〇六
木戸左近将監　④二五
木戸内匠助(範懐)　①七四
帰藤道本
帰藤道本禅門　①七六
木戸孫九郎　④一六六
木内　⑤八〇、八四、八八、九二
木ノ内(香取神官)　①一四〇
木内淡路守
淡路守　②六四
淡路法名永庵存念　②六四
木内四郎衛門　②二二五
木内新次郎
木内新次郎　②六五
新次郎　②六四
木内次郎三郎　①一二三
木内胤顕
遠江守　⑤八四
胤顕　⑤八四
木内胤邦
宝山　⑤八四
小五郎石見守　⑤八四
胤邦小五郎　⑤九二
胤邦　⑤八四
木内胤定
胤定八郎右衛門　⑤八四
木内胤成
胤成八郎兵衛丞　⑤八四
木内胤拾
小五郎安仲　⑤八四
胤拾小五郎安仲　⑤九二
胤拾　⑤八四
木内胤継
胤継総七郎　⑤八四
木内胤朝
木内八郎右衛門　⑤八四、一〇一
上総介　⑤八四
胤朝木内八郎　⑤六三、八四、一〇一
覚伝　⑤六三
胤朝　⑤八四
木内胤仲
清光　⑤八四
胤仲小五郎清光　⑤九二
胤仲兵衛丹波守　⑤八四
小見小五郎　⑤八四、九二
木内胤信
胤信興阿左近将監　⑤八四
木内胤治
木内石見守胤治　⑤八八
胤治小五郎林中　⑤八八、九二
胤治　⑤八八
木内胤平
木内神五郎平胤平　④七三
木内民部太輔　④二三六
木内胤持
胤持八郎兵衛丞誓阿　⑤八四

興阿弥陀仏 ⑤六八
胤持大覚 ⑤六八
胤持 ⑤六八、七三、七八
木内胤安
胤安八郎左衛門 ⑤八四
木内胤義
小五郎範応 ⑤八四
胤義小五郎範応 ⑤九二
胤義 ⑤八四
木内八郎右衛門➡木内胤朝
キノカミ ②二四
木下勝俊
龍野侍従 ④一〇六
龍野羽柴侍従勝俊 ④九〇
羽柴若狭侍従 ④一二
若狭の侍従 ④二八
木下(荒木)源兵衛 ②一九〇
木下周防守(延重) ④一三
木下利房
木下宮内少輔利房 ④九〇
木下延俊
木下右衛門督延俊 ④九一
木下備中守(重堅) ④一〇九、⑤三
紀之祐楽 ③一八八
義範
少将公 ③一六九
少将公義範 ③一六九
岐阜侍従➡織田秀信
岐阜中納言➡織田秀信
紀平四郎 ①一三
義弁
権別当義弁 ①七三
擬祝(きはうり) ①二三、四一、四三、一〇八～九、一二四、一三三、二一〇、二二、二一九～二二〇、二五七、②一四、八八、④五二、六五
帰伏斎忠山道孝 ⑤一七
君胤筑後➡本庄君胤
君塚兵庫助
君塚兵庫 ④六七
君塚兵庫助 ③一七一
木村➡木村一
木村出雲守
木村出雲守 ⑤七三～四
出雲守 ⑤七三、八二
木村左京亮 ⑤七三、九八
木村大膳亮 ②一九六
木村但馬守 ②二八
木村一
木村 ④二四
木村ひたち ⑤三〇
木村常陸 ⑤二七
木村常陸介 ④一五、一七～二三、一〇七、一二八、⑤二六、三〇
木村常陸介一 ④二一
木村ひたち➡木村一
木村常陸➡木村一
木村常陸介➡木村一
木村民部丞
民部 ②一二三
木村民部之丞 ②一二三
きやうあみ ①八～九
きやうしのねき➡香取吉助
きやう所 ①二五七
久阿弥
きうあミ ⑤二九
休意 ④二八
玖見蔵主 ①一六〇
久成院(藻原寺) ②一六二
久成院日□ ①二八二
久成坊➡日恩
牛洗斎➡板倉昌察
牛洗斎昌□➡板倉昌察
牛洗斎昌察➡板倉昌察
久太郎➡正木忠勝
及鑁 ③四六
休夢➡黒田高友
清顕➡田村清顕
卿阿 ⑤三九
鏡阿
比丘尼鏡阿 ①二三六
行意 ①二一九
教意 ②一六一
行因 ②三三
行運 ①二一九
行円(本門寺) ④四七
行円(長福寺) ①二一九
行円(本国寺) ②二五
行海(長福寺)
権大僧都法印行海 ①二一九
行海 ①二一九
行海(夏見長福寺) ①一九五
鏡覚(宝幢院) ⑤八二
鏡覚(光厳寺)
光厳寺鏡覚僧都 ①一六三
行覚(笹森寺) ③二二四～五
行覚(石堂寺) ②二三
行観
沙弥行観 ①二三六
行基 ⑤六〇、七〇
行貴 ①二一九
行賢 ①二一九
行光

法印行光　②二七
行杲　①二九
京極高次
　羽柴京極侍従　④三
　八幡山侍従京極高次　④九〇
　八幡山侍従　④一〇六
京極高知
　いなの侍従　④一八
　羽柴伊奈侍従　④三
行時　①三六
行事押領使(香取神官)　①一七
一
行事権検非違使(香取神官)
　行事権検非違使　①二七一
　行事正検非違使　①二七一
行事禰宜(き)(香取神官)　①
　一、②一四、三九、④五二、六五
行事禰宜➡香取吉助
行事禰宜吉助➡香取吉助
行秀　①二九
教順　①六〇
教順坊　②二九、③二〇五
尭順房(中国)　②七三
尭順房(妙本寺)　②七二
鏡心　⑤二四～五
行暹➡東泰行
行崇　①二九
行勢
　行勢法印　①三〇一、三〇四
　法印行勢　②二四七
行善　①一八
行禅　①二九
教蔵院　②一六二
経蔵坊　④一六四
行尊　①二九
行田掃部助　③三
行智　①二九
教智房(大慈恩寺)　③八五
行忠　①二九
教伝　①一四八
行伝　①一八二
京都様➡羽柴秀吉
行人(石堂寺)　②一七
行範　①二九
きやうふ(香取神官)　①一三
刑部(酒井政辰家臣)　④五八
きやうふゑもん(香取神官)
　①一四一
刑部卿　⑤一八
刑部卿➡日提
きやうふさゑもん(香取神官)
　①一四一、一五七～八、一六一～二
きやうふ三郎(香取神官)　①
　一七、一六九、二二
きやうふのしゆう➡香取刑部
　少輔
きやうふのせう➡香取刑部少
　輔
きやうふのせり(う)➡香取刑
　部少輔
刑部丞➡香取刑部丞
刑部少輔(大慈恩寺)　③八五
刑部少輔(神野寺)　③三三
刑部少輔(藻原寺)　②一六一
刑部少輔➡原胤之
刑部少輔➡香取刑部少輔
刑部太輔➡由良国繁
刑部大輔成義➡里見成義
教弁
　教弁　①一九七
　権大僧都教弁法印　②二〇
鏡弁(常灯寺)　①一六三
行弁(長福寺)　①一二九
行明(笠森寺)
　権大僧都行明　③九三
きやうゆう(香取神官)　①一三
四
鏡宥(常灯寺)　①一六三
鏡葉
　権大僧都鏡葉　①一六三
行了
　円識房行了　③一二五
玉印　⑤一八
玉英線公
　玉英線公禅定尼　③二〇九
玉泉坊
　玉泉坊　①八五
玉伝珉公賀芳慶　①二一
玉林(本覚寺)　②一〇四
玉林坊(高師)　②一六二
清助➡簗田清助
魚舟　③二六二
清嗣➡武田清嗣
清常➡原清常
清原　①三六
清原➡清式部大夫
清原国宗　⑤六
清房➡香取清房
清康　④七
吉良　④二五
季龍周興
　瑞雲院　②一八、八一、一〇〇、一六六、
　一八三、一八六、二二
　芳春院　②二〇九、二三八、二七〇、③

二～三、四二、八三、一五二
芳春院周興　②一三八、③三七
義林
　式部少輔義林　①一四
金阿弥　①二三
欽覚　⑤八二
金吾➡石川左衛門大夫
金太郎➡正木義俊
勲南慇
　勲南慇大和尚　④二六四
欽明天王　③三六
金蓮(加茂郷)　②二八

く

空山正真
　空山正真庵主　②八〇
公津　⑤七〇、七七
九鬼右馬允➡九鬼嘉隆
九鬼大隅守➡九鬼嘉隆
九鬼嘉隆
　九鬼右馬允　④一四七
　九鬼大隅守　④一一〇、⑤三三
公様➡公方様
草香辺　⑤八一
草か部右京亮　⑤八九
くしやうの侍従➡稲葉貞通
郡上伝次　④一一〇
葛岡□□守　①一八二
葛岡新右衛門　②九一
葛岡神五郎
　神五郎　②一三
葛岡治良
　葛岡新兵衛治良　③四六
葛岡蓮宗　②一三
楠女　①一八三～四
楠河内守➡楠正虎
楠正虎
　正虎　②一七〇
　楠河内守　②一六七、一六九
　楠河内守正虎　②一六八
楠六左衛門　④二六六
葛原親王　⑤五九、七二
久世三四郎➡久世広正
久世広正
　久世三四郎　④二〇五
愚息➡梶原政景
朽木元信
　朽木河内守元信　④九一
工藤将監　②一五八
宮内あさり　①七三
宮内大輔➡酒井家次
宮内卿(妙本寺)　②七二
宮内公　③二七
くないとの　④二〇八
宮内丞(千葉家臣)　②二六八
宮内兵衛➡海上宮内兵衛
宮内別当　①七三
宮内防　①七一
国香➡平国香
国行事　④五二
国重　③一八八
邦胤➡千葉邦胤
国胤➡千葉邦胤
邦時➡正木頼忠
邦時母上➡正木頼忠母
国次　④一三
　四郎左衛門国次　①一九七
くにつな➡宇都宮国綱
国朝➡足利国朝
邦長➡原邦長
国房➡香取国房
国松　③二四
国安(神野寺)　③三三
くによし➡堀内国吉
国吉　④一三
国吉信春
　国吉内匠助信春　②三〇〇、④
七三
クホ井戸➡小井戸神主
公方➡足利義昭
公方様
　公方様　②一三九、二五七、④三四、
　一三〇～一、一三三、一三六、⑤一〇〇
　公様　④三一
公方様➡足利成氏
公方様➡足利高基
公方様➡足利晴氏
公方様➡足利藤政
公方様➡足利政氏
公方様➡足利義氏
公方様➡足利義輝
くはうさま➡足利義氏
く方さま➡足利晴氏
窪田因幡守　④二四六
窪田源五郎　④一二
窪田又右衛門尉　③七五
窪寺　②二五〇
熊石丸➡里見ヵ熊石丸
熊子　②二三〇
熊沢三郎
　三郎左衛門　④二〇九
熊僧　①八二
熊千代　②二六三

熊野堂
　熊野堂　④二一七
　熊野堂殿　④二三三
熊房(浄慶子)　②二一八、二三六
久米　②四七
庫➡奥津
倉加野➡倉加野家吉
倉賀野淡路守➡倉賀野家吉
倉賀野家吉
　倉賀野淡路守　③一五〇
　倉賀野淡路守家吉　③一五〇
　倉加野　④二六
倉賀野左衛門五郎(直行)　②一八五
倉賀野三河守　②三七
蔵立　④五三
くらたて　①一五八
内蔵助　②一五
栗原　④六三、一四六
栗原新右衛門　③二三四
栗原新左衛門妻　④一六一
栗原常余
　常余栗原六郎　⑤六二
栗原弥七郎　④一九〇
栗矢川五郎　⑤一〇二
栗山中台　⑤九四
栗山藤四郎　①七七
来島　⑤三
久留目侍従➡小早川秀包
久留里➡里見義堯
九郎右衛門　④一六九
九郎三郎(長昌寺)　②九一
九郎丞(横田郷)　②一六九
九郎二郎(鎌倉住人)　①一四八
蔵人(小野村)　①七八〜七九、一〇一〜一〇二
蔵人➡簗田蔵人
蔵人➡海上胤保
蔵人助➡相河蔵人助
蔵人佑　①一六三
九郎二(次)郎(香取神官)　①一〇五、一六四、一七七
黒甲入➡黒川弘重
黒上➡黒沢繁信
黒川右馬允　④二四七
黒川右馬允母　④二四七
黒川甲斐守➡黒川弘重
黒川甲斐入道➡黒川弘重
黒川甲斐守弘重御簾中➡黒川弘重妻
黒川権右衛門➡黒川頼基
黒川左馬允一家　④二四七
黒川左門　④二四七
黒川千勝　④一八二、一九三
黒川宗四郎　④一三一
黒川彦四郎　④一六四〜一六五
黒川肥後守
　黒肥　③二三三
黒川弘重
　黒甲入　③一九〇
　甲斐守弘重　④一四六
　黒川甲斐守　③二三四、④九四、二七〇
　黒川甲斐守弘重　③二〇三、二一〇五、④七一、二四六
　黒川甲斐入道　③一六九
　黒川甲斐入道弘重　③一八九、④八二
　弘重　③一九〇
黒川弘重妻
　御簾中　④一四六
　黒川甲斐守弘重御簾中　④一四六
黒川頼基
　黒権右　④一五〇
　黒権右衛門尉頼□　④二一〇
　黒川権右衛門　④二一〇、一九二
黒河大学助　②一五七
黒権右➡黒川頼基
黒権右衛門尉頼□➡黒川頼基
黒坂治部丞　③一五
黒沢繁信
　黒上　③一八九
黒田甲斐守(長政)　④一〇八、⑤三
黒田高友
　きうむ　⑤一六
黒肥➡黒川肥後守
桑津　②二二八
桑原右京亮　②一一九
桑原右京亮祖母
　妙永　②一一九
栗原五郎左衛門尉　③一二六
桑山小藤太(一晴)　④一一〇、⑤三
桑山貞晴
　小伝次　④一一〇、⑤三三
くわ(桑)山しきふ　⑤一九
くわんとくし➡観徳寺
郡左衛門　③六〇

け

慶安➡香取慶安

慶安➡安田慶安
慶胤　②二四
敬引坊　②三四
慶円　①一六一、③一九八
慶雅　③九
慶海　①一二九
慶海➡香取慶海
慧鑑
　照室慧鑑　③一四
慶巌　①六五
慶含院殿➡土岐為頼
経光　①一二七
慶光　②一六
慶寿
　つし慶寿　②九七
けい寿➡飯田けい寿
敬什坊　②三五
慶住坊　②一六〇、⑤七
慶俊　①一三三
慶順(鐿心日記)　⑤三四
慶順(石堂寺)　②二四、④一五二
慶勝
　法印慶勝　③九、④一五二
敬二郎　②九一
慶増小太郎　①二四九
慶増式部丞　①二四九～二五〇
慶増志摩守　②一六四
経蔵坊　②一六二
慶尊➡香取慶尊
慶仲　①二九五
慶忠
　伊豆法眼慶忠　①一二九
慶珍➡香取慶珍
慶典
　慶典法印　②一六八
慶伝(真野寺)　③一〇
慶伝(新蔵寺)
　慶伝律師　⑤一〇
慶仁
　東光院慶仁　③一七二
＊係八➡孫八　①一二二
契範(使金資)　①一五一
慶鑁
　慶鑁　③九～一〇
　慶鑁法印　④二四
　法印慶鑁　②六
慶弁➡香取慶弁
慶満➡香取慶満
慶宥
　慶宥阿闍梨　①一八一
慶祐　②二四
慶雄　③九
慶陽院　⑤七七
慶陽坊　⑤八一
迎蓮
　迎蓮大姉　①二六六
花光坊　②一六二
月蔵坊
　月蔵(坊)　②四一
結明阿　⑤六
検非違使(けんひいし)　①六、一二～三、四一～三、四五、五四～五、七〇、一〇八～九、一三三、二〇四、二一〇
元➡岡本実元
けん阿(あ)ミ　①九七、一三四～一三五
幻庵➡北条宗哲
源意
　源意　⑤七〇
　成身院　⑤七〇
　菊間御坊　⑤七〇
源意(新蔵寺)
　源意律師　⑤一〇
源恵　③一〇
玄英　④二一六
元悦➡岡本元悦
玄音　③七七
源右衛門(亀山八幡神社)　③八九
源右衛門(常光寺)　②一五七
源右衛門(新蔵寺)　⑤一〇
源右衛門(長昌寺)　②九一
源衛門(大慈恩寺)　③八五
源衛門(香取)　②七
源衛門➡林源衛門
源右衛門尉(法華経寺)　③二八
源雅　①二八一
賢海
　賢海　③一九八
　賢海法印　②一六九
玄賀房　⑤三六
玄耀阿　②一六〇
けんきう➡検校
けんきう➡しまたけんけう
検校(けんきう)　①三、一七、三一、六六～七、一三九、一六九、二一六、②二九七、④六四
乾亨院殿➡足利成氏
検校返田➡返田検校
玄興
　玄興僧都　①一九六
憲幸
　権律師憲幸　①二六六
賢光　①一九五

源□
　大僧都法印源□　③一四三
源弘光存
　源弘光存　②一三一
　法印源弘光存　②一三一
源五二良　③一三一
巌几脇藤衛門　②二六
源五左衛門　①一九
源五郎　⑤一〇一
源(けん)五郎　①一二六、一七三、一九一、二〇二
源五郎➡太田氏資
権五郎➡正木頼忠
権五郎景将➡鎌倉景将
源さへもん(里見甲斐守領百姓)　④八九
源左衛門(飯倉郷)　③六〇
源左衛門(大慈恩寺)　③八五
源左衛門(珠師谷八幡神社)　②二
源左衛門(大工)　②一一
源左衛門尉(鍛冶)　②一五七
源三良　③八九
源(けん)三郎➡香取源三郎
朗子　②二七
源次太郎　②一五七
源七➡香取胤永
源七郎➡牛尾源七郎
源七郎➡正木時盛
源七郎➡正木康盛
源七郎➡正木頼時
源秀
　光言院　⑤七〇
　源秀　⑤七〇
源就　①一一九
玄酬　③一九一
源十郎　④一七〇
賢順　②二七
源俊
　源俊法印　④二四五
源春　①一二二
源(けん)四郎　①一三四〜五、一六四、一七七、二五六
源心　⑤一〇
検杖(けんちやう)　①一一三、一一五、二七一、②八八、一二五、二三九
元昭
　大仏頂寺元昭　④三九
源照　①一九八
源正　②四六
玄四郎(大原神社)　②二二五
源四郎(鍛冶)　①一六三
源四郎(大原神社)　③六〇、④六六
源四郎➡星野源四郎
源二郎(香取)　③一八七
源二郎(藻原寺)　②一六一、一六二
源二郎(東国府)　④一七〇
源次郎➡賀藤源二郎
けん信➡上杉謙信
謙信➡上杉謙信
賢心➡押田賢心
源助　④一三四
玄清(石堂寺)　②二八
玄清(那古寺)
　玄清阿闍梨　②一一六
建清
　建清首座　①二四五
　建清　①三〇四
玄仙坊　④一四四
元宗
　権大僧都元宗　①一二〇
源三➡北条氏照
源蔵➡北条氏照
源三左衛門　①八一
源太　②二一六
源太➡梶原政景
源太神主　③一九三
源太左衛門➡安川源太左衛門
源太祝(けんたはうり)　①二七、三一、四四、二五七、②一四、八八、④五三
源太良　③一四〇
源田孫次郎　②二六四
源ちさへもん　③一五九
玄中　②二四
源長
　天生院　⑤七〇
　源長　②四〇〜一、⑤七〇
玄貞　④一五八
玄島　②二二五
賢哲➡佐竹義斯
玄東斎➡日向宗立
源日　①六〇〜一
玄番(谷中村)　③五九
玄番(滝田)　④九九
玄蕃➡原玄蕃
玄蕃亮(常光寺)　②一五八
賢範
　賢範法印　②一六九
憲範(称名寺)　⑤三六
源範
　権大僧都法印源範　②八二
源鑁　③一〇

源平三郎➡弥平三郎
玄芳　②九一
建芳➡上杉朝良
監物河内
　けんもちこうち　⑤四四～五
　こうち　⑤四四
賢弥
　大蔵卿賢弥　②七
玄也斎
　玄也(斎)　②五九～六〇
玄野入道　②一八七
源也蓮花　②二一八
賢祐(満蔵寺)　②一九
賢祐(真福寺)
　真福寺賢祐僧都　①二六三
賢祐(長泉寺)　③一九八
賢融
　荘厳院賢融　④三八
元宥
　大勧進少僧都金資元宥　①五一
源祐
　権少僧都源祐　①一七八
　源祐　①二二九
　源祐法印　①一七八
　法印源祐　①一九四
源宥　②二八八
賢誉　①二二九、③四八
元誉
　元誉和尚　④一五六
源誉
　法印源誉　①一九四
顕揚阿　②一
元誉和尚➡元誉
源良　②五三
源六(香取蔵本)　③一七九
源六(海上妙見社)　②七
源六➡大道寺周勝
源六➡てらさき源六
源□律師　⑤一〇

こ

小泉次大夫　④六三
小磯外記　②一六〇
小出大和守　④二一七～八
小井戸神主
　小井戸(土)神主(こいとかうぬし)　①三、六、一三、二九、四二、六二、七〇、一三四、二〇五、二一〇、二一七、二三七、二五八、②一四、八八
クホ井戸　①一四一
小いと➡秋元氏
五位母妙延　⑤九
御隠居(様)➡北条氏政
御隠居(様)➡里見義頼妻(龍雲院殿)
甲➡武田勝頼
甲➡武田氏
興➡日興
高尾張入道　①五
高九左衛門尉　④一三七
高修理亮➡高氏師
高太➡高大和守
高氏師
　高修理亮　③三九、一三八、一五三
高大和守
　高太　③二
高大和守　③六七、九七
国府三郎　⑤六六
弘阿　①三八
興阿➡大須賀胤信
高阿弥　②八
公阿弥陀仏➡千葉輔胤
興阿弥陀仏➡千葉胤持
光一　①三三
杲胤
　刑部卿杲胤　①一六一
弘恵
　弘恵僧都　①一八七
幸恵　①六五
興栄　①一三三
杲永房　②七三
故上様➡足利持氏
弘円(福智寺)
　弘円　②二八
　弘円僧都　②一三六
弘円(仏師)
　仏所法眼弘円下野　①一二八
　法橋弘円　①一二八
光円
　光円　③一二五
　仏師光円　①一三九
幸海
　幸海律師　②一六八
豪覚(行元寺)
　行元寺豪覚法印　②二四
豪覚(石堂寺)　①二六〇
興覚　①一三三
光覚
　光覚大法師　①一五〇
弘鏡　②二八一
光慶
　光慶法印　①四九

こうけの宗任　⑤一〇二
弘源
　権律師弘源　①一九七
　僧都弘源　①二七四
光言院⬇源秀
向後七郎左衛門　②三三四
香西治部少輔　②一六五
神崎　⑤八三、九四
神崎壱岐守　④二六五
神崎壱岐之父　④二六五
神崎馬烝　④二六六
神崎上総介　②二九七
神崎⬇神崎胤長
神崎胤年
　神崎　③二六四
神崎胤長
　胤長　①二六七
　神崎殿　③二八五
神崎師時
　師時神崎五郎　⑤六三
神崎孫九郎　①二八九
郷沢美濃守　②一四七
光山　①一三二
豪讃　③二二四
興山⬇木食応其
興珊　②二六
光次　①二七
幸実
　宮内卿律師幸実　①六五
好寂坊　⑤八一
豪秀
　大乗坊豪秀　②一九八
甲州⬇武田勝頼
江洲⬇織田信長
行寿女　②七
江春庵⬇田代三喜斎
興俊　①一三二
弘俊
　阿闍梨弘俊　①二九八
康乗
　法印康乗　①二六八
杲乗坊　②七三
幸松昌重⬇幸田カ昌重
杲心
　沙門杲心　②三
高信助　⑤九
幸水⬇香取幸水
上野　①三、一三、三〇、四二、七〇
上野阿　⑤二九
上野二郎⬇平忠頼
上野介⬇平忠頼
豪盛
　僧正豪盛　③二九四、一三二
幸清
　幸清律師　②一六九
幸誠　①六五
江雪⬇板部岡融成
幸仙
　幸仙　①二一
豪仙　③一三三、二九四
高祖⬇日蓮
広蔵
　大蔵卿広蔵　①二九
広蔵坊　①一七九
高祖聖人⬇日蓮
幸尊　①六五
高尊　①二九
豪尊　④六六
幸田⬇幸田定治
幸田源次郎⬇幸田定治
幸田定治
　幸大　③五八
　幸田　③二九、一三三
　幸田源次郎　②二一七
　大蔵丞　③五八
　幸大定治　③一六三
幸田与三　②二〇八
幸田カ昌重
　幸松昌重　③六九
幸大⬇幸田定治
後宇多院　⑤一〇一
こうち⬇監物河内
こうち(河内)　⑤四四、四五
広智房　③二二四
興珍　①一三二
香通之後家　①一二七〜一二八
光哲⬇上杉憲政
光伝　②二六
広伝
　別当権大僧都法印広伝　④一七九
興伝　①一三二
幸頭⬇香取幸通
江南斎⬇保土原行藤
河野　①一〇六
河野□国
　河野修理□国　①六五
河野四郎左衛門尉　②一五一
河野常広
　河野四郎常弘　⑤一〇一
荒野神五郎⬇薦野神五郎
興範
　権大僧都法印興範　①一三二
甲府⬇武田

甲府⬇武田勝頼
向仏(石堂寺) ②二六
公弁
　公弁 ⑤七一
　岩橋 ⑤七一
弘弁(那古寺)
　弘弁法印 ②一一六
　弘弁僧都 ②二〇
弘弁(法住寺) ②一四九
杲本坊 ②七三
小馬房 ②八
光明院(藻原寺) ②一六二
高谷十郎 ④三七
康隆 ①二六八
香林 ①一九
古雲朴
　古雲朴大和尚 ④二六四
牛王丸⬇日伝
郡権守左京助 ③一七、一九
郡之郷権守左京助 ③一七、一七九
久我重徳
　久我内記重徳 ①二六八
久我ノ将軍⬇足利高基
古河上意様⬇足利晴氏
古河様⬇足利義氏
古河様⬇足利晴氏
古河の御所晴氏⬇足利晴氏
古河姫君⬇足利氏女
小金⬇高城胤吉
小河浄慶⬇浄慶
御兄弟三君⬇足利義明・基頼・義淳
国行事 ①六六、八〇、九六、一〇九、一一五～一一六
国行寺(こくぎやうし)⬇香取直房
国司代
　国司代 ②二四〇
　在庁官人次郎介 ②二四〇
国寿 ②五七
国主⬇里見義堯
国主⬇里見義康
国守⬇里見義康
国分 ④一七三
国分⬇国分胤憲
国分⬇国分胤政
国分⬇国分之胤
国分尾張守 ④二七五
国分勝盛
　国分左衛門五郎勝盛 ②一四九
　平勝盛 ②二
国分邦胤 ①二七九
国分五郎
　小窪五郎 ④三、三三～四
国分さへもん⬇国分胤景
国分左衛門太郎 ③一四、五四、七二、一六六
国分大膳大夫⬇国分胤政
国分胤景
　胤景 ①二一四、二二九、二二八、二五一
　国分さへもん ①二一四
　左衛門尉平胤景 ①二二八
　左衛門督 ①二二三
　平胤景 ①一八七、二五一
国分胤相
　国分参河守胤相 ①二七〇
国分胤信
　国分民部丞胤信 ①二五二
国分胤芸
　国分胤芸 ②六九
国分胤憲
　国分 ②二三
　胤憲 ②一三九
国分胤憲母
　菊千代女 ③五二
国分胤久
　国分左衛門六郎胤久 ①二三五
国分胤政
　国分 ③一六二
　国分胤政 ③三二四、④八五
　国分大膳大夫 ③二一六
　大膳 ③三三五
　胤政 ③八二、一二二
国分胤通(戦国)
　国分左衛門太郎胤通 ③三三五
国分胤通(千葉常胤子)
　胤通国分五郎 ⑤六三
国分胤盛
　胤盛 ①一九三、一九八、二三四～五
　宮内少輔胤盛 ①一六〇
　国分近江守胤盛 ①二四七
　国分 ②二三
　平胤盛 ①八六、一一三、一一七、一二三
国分朝胤
　国分宮内大輔朝胤 ②一四九～一五〇
　国分宮内大輔朝胤 ②二一
　国分五郎朝胤 ①二六六
　左衛門五郎 ①一九
　左衛門五郎朝胤 ①二二八
　朝胤 ①一九一、三〇七

国分直胤
　国分民部大輔直胤　①一九
民部大輔　①一八六
国分兵部大輔
　国分兵部大輔　②二四六、③一〇
　　三、一五五
兵部大輔　③一九
国分之胤
　国分　①一五五～一五六
国分宮内少輔平之胤　①八一
之胤　①七二、七九
平之胤　①六八
平之之胤　①六四
小窪五郎➡国分五郎
小蔵新二郎　②八
後家➡録司代後家
小御手（香取神官）　①三四
小五郎➡木内胤治
小五郎➡香取御手洗小五郎
小定源左衛門　②二五
小三郎（正善院百姓）
小三郎（舟木百姓）　④七七
小三良（石堂寺）　②二六
小三郎（海上妙見社）　②七
小三郎（大原神社）　②二六
小三郎（香取神官）　①一三三
小三郎（大工）　②一〇三
小三郎➡渡辺小三郎
古志喜左衛門尉
　古し喜左衛門　④三〇二、三〇七、
　　三一〇
　古志喜左衛門　④三〇二～七、三
　　〇九～一三
　古志喜左衛門尉　④三二四
小敷屋　②一七三
小（古）敷谷弾正忠　②一四〇、一四
　七
小七（香取神官）　①一六九
小七郎（香取神官）　①一三一、一五
　六
小七郎（加茂郷）　②二二八
小柴宮内　③一八八
小島七郎左衛門
　小島七郎左衛門　⑤九〇
　七郎左衛門　⑤九一
小島長門守　③三二四
小島弥衛門　③八九
後俊
　後俊翁　⑤三五
　俊翁　⑤三五～六
御所➡足利政氏
御所➡足利義明
御所様　⑤五三、五五～七
御所様➡足利義明
御正印➡鹿島貞信
小城成戸奥　④二六四
御所様➡足利義明
御所様➡足利義氏
御所様悲母　④二五〇
小四郎（高篠）　②二八一
小四郎（長禅寺）　②二六三
小四郎➡香取小四郎
小二郎（石堂寺）　②二七
小次郎➡香取慶満
小次郎➡香取小次郎
御新蔵➡土岐胤倫妻カ
小菅　④三九
小管右衛門尉　③五四
後閑又右衛門尉　③二四二
御前　④二七九
御先考➡長尾能景
御前様　④二三七
御先代➡里見義頼
小仙丸➡東小仙丸
小増　②二五
こそう➡香取こそう
小増新四郎　②二八
御祖父様➡里見義堯
小玉伊与守　③八五
小太夫時常➡伊保時常
兒玉与右衛門　③九二
小太郎（上植野）　①九〇
小太郎（吉原検校）　①二七〇
小太郎➡酒井政茂
金東周防守　③三二四
後土御門天皇
　後土御門　④六七
小伝次➡桑山貞晴
こと　①二五八
コト　④五三
ごとうがにうぼう➡後藤信安
　妻
五藤□丞　①九六
後藤（右近尉カ）　②一〇四
後藤亀若丸（信安三男）
　かめわかまる　⑤四四
　ごとうかさんなんかめわか
　　まる　⑤四四
後藤駒若丸
　こまわかまる　⑤五二
後藤さへもん　①一七七
後藤信安
　ごとう　⑤四二～六、四八～五三
　ごとうひやうご　⑤四六

ひやうごのすけ　⑤四八、五一
のぶやす　⑤五二
後藤信安妻
ごとうがにうぼう　⑤四四
ごとうひやうご➡後藤信安
御同人御簾中➡里見成義妻
御同人老母➡三浦能登守老母
御当代➡足利成氏
御当代➡足利義氏
小当田勘解由左衛門　③三四
古藤田勘解由　④二六五、二六七
こどの➡北条氏綱
御内儀➡足利頼淳
御内様　④九五
小長手(こなかて)　①二三、二六、三六、四二、一一三、一四一、二五七、②一四、二二～二六、八八
小西➡小西行長
小西大方正中　①一九八
小西摂津➡小西行長
小西摂津守➡小西行長
小西行長
小西　④一三八
小西摂津　④七七
小西摂津守　④一〇八、⑤三
近衛前久
前久　②一四八、一五〇
小八➡香取小八
庁鼻和上杉氏
蝶花　④二三九
庁鼻和憲明
七郎　⑤二
庁鼻和六郎　⑤二
小塙河内守　①七三
小塙左近　②二〇六
小はや河の侍従➡小早川隆景
小早川侍従➡小早川隆景
小早川隆景
小はや河の侍従　④一一七
小早川侍従　④一〇八
羽柴小早川侍従　⑤三
小早川秀秋
北庄中納言　④一三
丹波中納言　④一〇六、一一七
羽柴筑前中納言　④一三
小早川秀包
久留目侍従　④一〇九
羽柴久留米侍従　⑤三
小林(三浦郡)　③四三
小林(香取神官)
小林　①一九〇、二二二～二二三
小林(入道カ)
小林[　]　①一五八
小林➡小林式部
小林➡小林修理助
小林➡小林尊仏
小林恵日坊➡小林尊仏
小林外記助　②四九
小林玄番丞　③七五
小林左兵衛　①二三一
小林式部
式部　①九一、一〇四
小林　①一〇三
小林修理助
小林　②二八四
小林修理　②二八四
小林しゆ理之助　②二二四
小林神四郎➡小林胤治
小林新助　②一〇四
小林しんひやうへ　②七九
小林尊仏
恵日坊　①二〇三、二二一、二四二
小林　①二四二
小林恵日坊　①二四二
尊仏　①二〇三
小林胤治
胤治　①二六六
小林神四郎　①一五四、二六六～七
小林神四郎胤治　①二六五～七
神四郎　①二三一、②六四
小林太郎兵へ尉　①二四〇
小林道満　①二三一
小林入道　①一四一、一六二、一七〇
小原院　③六二
小針小次郎　②一八三
後深草帝　⑤八五、一〇一
御父子➡太田資正・梶原政景
御父子➡原親幹
御父子三人➡足利義明・義淳・基頼
子別当　①二、二三、四一、四七、五二、六二
御別当➡正木時茂
小堀貞吉
小堀丹後守貞吉　①二二五
小堀彦三郎
彦三郎　①二二五
小堀宗貞
小堀三郎兵衛宗貞　①二二五
こま(笠原寺)　③二一七
駒井中務(重勝)　④一一七
駒太郎　②一五九
小松宰相➡丹羽長重
護摩堂(コマタウ・こまとう)
①二六、三五、一一三、二〇八

駒場左衛門尉　②二〇〇
駒場忍三郎左衛門尉
　忍三郎左衛門尉　②二〇〇
駒房　③八一
小宮信濃守　③二九四
小室玄番允　③二二
米市　⑤七六
薦岡次郎左衛門　④二八八、二九九
薦野　②二三三
薦野➡薦野頼俊
薦野三平伝十郎父　④二四八
薦野神五郎
　荒野神五郎　⑤一九
薦野甚五郎➡薦野頼俊
薦野堯昌
　薦野弾正忠堯昌　④四四
薦野道了　①二〇六
薦野時盛
　薦野五郎多々時盛　②一〇六
　薦野神五郎多々良時盛　②一〇六
　薦野神五郎多々良平時盛　②一〇六
薦野中務少輔　③二一
薦野頼俊
　薦野　④九二、九三、二四四
　薦野甚五郎　④二七八、二九一
　薦野殿　③二三三、④二四
木守判官(こもりはんくわん)代　①二五七、②二四、八八、二四〇
子安周防守　②二三
後陽成院　④一九
御両家➡足利髙基・義明
瑚林けいさん禅定尼　④二六
惟忠➡緒形維忠
惟家➡北条惟家
自胤➡千葉自胤
惟時➡北条惟時
惟持➡北条惟持
御連枝➡足利頼淳
御簾中➡黒川弘重妻
五郎(石堂寺)　②二七～二八
五郎(香取神官)　①二九
五郎➡鈴木五郎
五郎➡鶴見五郎
五郎➡鶴見信長
五郎➡簗田五郎
五郎右衛門(正善院百姓)　④一七〇
五郎右衛門(奈良林村)　④一八〇
五郎右衛門(常光寺)　①一七五
五郎右衛門(大工)　②一五七
五郎右衛門➡牛尾五郎右衛門
五郎右衛門➡佐久間五郎右衛門
五郎衛門(ゑもん)(香取神官)　①一二六、二〇二、二二九、二三三
五郎衛門(藻原寺)　②一六一
五郎ゑもん入道(香取神官)　①一二六、一四一
五郎右衛門尉(平蔵院)　③二八
五郎へもん　③二二九
五郎子(石堂寺)　②二六
五良さへもん(笹村)　②七五
五良左衛門(岩坂)　③一五
五良左衛門(石堂寺)　②二六
五郎左衛門(大慈恩寺)　③八五
五郎左衛門(香取神官)　①一三二
五郎左衛門(常光寺)　②一五七
五郎左衛門(大工)　②二一
五郎左衛門➡安川五郎左衛門
五郎三郎(称名寺番衆)　⑤三五
五郎七(常灯寺)　①二六三
五郎四郎(沼田寺)　①三八
五郎四郎(石堂寺)　②二六
五郎四郎(常灯寺)　①二六三
五郎二(次)郎(香取神官)　①二二六、一三四～五五、一四一、一五八、一六二、一六四、一七〇、一七七、一九一、二〇二
五郎次郎(常灯寺)　①二六三
五郎四郎入道性銀➡香取性銀
五良大夫(笹村)　①一七四、②七五
五郎太郎(飯沼)　②一〇
五郎太郎(岩井口作人)　①一二五
五郎入道(香取神官)　①一二三
五郎禰宜　④一三三、一三四
五郎兵衛(円能寺)　②六七
五郎兵衛(香取神官)　①七
五郎兵衛入道➡香取宗春
御老父➡石川信濃守
御老母➡長南中将老母
五郎祝(はうり)　①五四～五五、七〇、一二三、一五七、②一四、八八、④五二
五郎六郎(香取神官)　①一六二
厳阿弥➡千葉胤将
権現様➡徳川家康
金剛寺少弼　⑤七四
金光律師　⑤一八
こん四郎➡押田権四郎
権(こん)二(次)郎祝(はうり)(香取神官)　①六六、二二六、二

五八、②一四、八八、④六四
近九郎右➡近藤九郎右衛門
近山➡近藤山城守
権中将駿河守➡平忠光
近出➡近藤綱秀
こんとうおりへ(近藤織部)(重勝) ⑤二九
近藤右兵衛 ④二九二
近藤九郎右衛門(尉)
　近九郎右 ④一八六
　金藤九郎右衛門 ④二四八
近藤九郎右衛門尉 ④一八〇
浄誉西安 ④一八〇、二四八
近藤治郎左衛門 ③六二
近藤綱秀
　近出 ③一七六
　近藤出羽 ④二六
近藤出羽➡近藤綱秀
近藤万栄
　近藤万栄 ②二五〇
　万栄 ②一三
近藤山城入道
　近山 ④一三三
　近藤山城入道 ④二二八
金藤九郎右衛門➡近藤九郎右衛門
金銅与四郎 ①九二
権禰宜(こんねき) ①五五、八九、九四、一一三、一二四、一三〇、一八七、二〇四、二三〇、二三九、二四四、二四六、二五七、二七〇、二七二、②一三、二三、八八、一九九、二三九、二五九、④五二
権禰宜中臣 ①二七一
権守平三郎➡香取平三郎
権検非違使(こんのけんひいし) ①二二〇、二五七、②一四、八八、二三九、④五一～二、六四
権介 ①七、二六、三五、五三、一一三、一三三、二〇四、二〇八、二二〇、二五七、②一四、八八、④六五
権之助 ④五二
権中将三浦忠光➡平忠光
権判官代 ②一三、二九七
権祝(こんはうり) ①二、七、一七、二三～三、二六、三五、三六、四〇～二、四七、五二、五四、六二、一三三、一四〇、二〇四～五、二〇八～九、二一一、二一七～八、二二〇、二二五～六、二五七、二九九、②八八、④六五

さ

左➡酒井政辰
佐➡佐竹義重
済鑑 ③四九
細工 ①六六
三枝右馬四郎 ①一七四
三枝五郎二郎 ①二八
三枝四郎左衛門
　三枝(サイグサ)四郎左衛門 ②一三
三枝孫左衛門 ③八九
西光 ①二六、七〇
西光坊 ⑤一〇
西国➡羽柴秀吉
さいしやう ①二二八
祭主新左衛門頼□
　祭主新左衛門 ④一八二、二二〇
　祭主新左衛門頼□ ④二一〇、二一六
　祭主新左衛門尉 ④一七二
祭主図書 ④二八三、二九三
祭主内記 ③二二〇
宰相阿闍梨➡日侃
西女工 ⑤九
西蔵院 ⑤七七
西蔵坊 ⑤八一
宰相阿➡日侃
最勝院 ④三〇三～五、三〇七～九、三一二～三一四
さいしやうの局 ④三〇〇
歳千代女(海上妙見社) ②八
斎藤 ⑤一七、九五
西道 ①六五
斎藤清家
　斎藤源太左衛門尉清家 ⑤九四
斎藤三郎左衛門 ②一六二
済藤次郎右衛門 ①二〇七、⑤四〇
斎藤図書 ②六三
斎藤善七郎➡斎藤胤次
斎藤但馬守 ②一九一
斎藤胤次
　斎藤善七郎 ③五一
　斎藤善七郎胤次 ③四〇
斎藤豊前守 ③一七三
斎藤兵部丞 ③一三三
斎藤弥左衛門尉 ③二七
斉殿御父 ④二六四
細入坊 ④一五三～四、一五九
西福寺 ④一九一～二、一九五

最福寺　②二三
西福坊　②二六三
最明寺殿➡北条時頼
斎村左兵衛➡斎村広秀
斎村左兵衛尉➡斎村広秀
斎村広秀
　斎村左兵衛尉　④一三三、⑤三一
　斎村左兵衛　④一〇九
西楽院　②一六九
佐枝　③二一六
佐枝➡佐枝信宗
佐枝大炊助　⑤三五
佐枝治部　②一三九
佐枝信宗
　佐枝　③四〇、六九、一〇一
左衛門(香取神官)　①一、一一七
左衛門(さへもん)五郎(鏡心
　日記)　⑤三五
左衛門五郎(藻原寺)　②一五九
左衛門五郎➡国分朝胤
左衛門五郎➡武田左衛門五郎
左衛門(さへもん)三郎(鎌倉
　住人)　①一四八
左衛門三郎(常灯寺)　①一六四
左衛門三郎(善久子)　①一四九
左衛門(さへもん)四郎(称名
　寺)　⑤三六
左衛門四郎(千葉寺)　⑤七八、一
　〇二
左衛門四郎(藻原寺)　②一五九
左衛門四郎➡香取左衛門四郎
左衛門二郎(香取神官)　①一、
　三四、九六
左衛門二郎(藻原寺)　②一五九
左衛門次郎(常光寺)　②一七七
左衛門次郎➡酒井康治
左衛門大夫(千葉妙見社)　①
　二九四、三〇六、②一六、一八二
左衛門大夫➡北条氏勝
左衛門大夫➡北条綱成
左衛門大夫父子➡北条綱成・
　氏繁
左衛門太郎　①一二三
左衛門入道　①四七
左衛門督➡国分胤景
左衛門佐➡石川左衛門佐
左衛門尉➡酒井忠次
左衛門尉➡酒井胤敏
左衛門尉➡酒井政辰
左衛門佐➡里見実堯
左衛門佐➡北条氏忠
左衛門佐➡横瀬景繁
左衛門大夫➡北条氏繁
左衛門太夫(千葉寺)　④四六、
　⑤七六、七八
酒井　①三〇〇
酒井➡酒井胤敏
酒井➡酒井胤治
坂井佐衛門尉➡酒井佐衛門
坂井右衛門尉➡酒井政辰
坂井伯耆➡酒井左衛門佐
酒井家次
　宮内大輔　④一七三
　酒井左衛門尉　④一五
酒井右衛門尉➡酒井政辰
酒井雅楽➡酒井忠世
酒井大炊助➡酒井信継
酒井大炊助御内方➡酒井信継
妻
酒井主計助　①一五〇
酒井宮内➡酒井忠勝
酒井九郎右衛門尉　②二三四
酒井小右衛門尉　⑤五
酒井小三郎　②一六〇
酒井小太郎➡酒井政茂
酒井小太郎➡酒井重治
酒井小太郎➡酒井胤治
酒井左衛門佐
　坂井左衛門尉　④三一
　坂井伯耆　④三三
　同左衛門佐　④三四
酒井左衛門次郎➡酒井康治
酒井左衛門尉➡酒井家次
酒井左衛門尉➡酒井胤敏
酒井左衛門尉➡酒井政辰
酒井左右衛門佐➡酒井政辰
酒井左衛門佐➡酒井政辰
酒井式部大夫　③三一五
酒井重治
　酒井小太郎　④一二五
酒井助三郎　①一一一
酒井清伝
　酒井清伝　②一二四
　酒井清伝入道　⑤四
　清伝　②一二四
　清伝入道　②一七一
　日伝　②三一、一七〇
酒井摂津守➡酒井忠当
酒井惣領中務丞➡酒井胤治
酒井大膳
　土気大脳　④一七三
酒井隆敏
　右衛門尉隆敏　①一三〇
　酒井備中守　①一五五

隆敏　①一九九
酒井忠当
　酒井摂津守　④二〇五
　摂津守　④二〇五
酒井忠勝
　酒井宮内　④二〇五
酒井忠次
　左衛門尉　③三三〇
　忠次　③三三〇
酒井忠世
　酒井雅楽　④二二六、二二九
　酒井雅楽頭　④二二八
酒井胤敏
　胤敏　②二二四、⑤二〇
　左衛門尉　②一七六
　左衛門佐　②一七〇
　左衛門佐胤敏　②二一三
　酒井　②一七五
　酒井左衛門尉　②一五一、一六七、一六九〜一七〇、一七六
　酒井左衛門尉胤敏　②一七一
　酒井左衛門佐胤敏　②二二四
　酒左　②一八四
　両酒井　②一七六
酒井胤敏母
　胤敏老母　②二二四
酒井胤治
　とけ　②一九〇
　胤治　②二二四、一三八
　酒井　②一六四、一八四、二〇五
　酒井小太郎　②二三
　酒井太郎　②四九
　酒井惣領中務丞　②一七二
　酒井中務　②一六〇
　酒井中務丞　②一六四、一七六、一八五、二〇三
　酒井中務丞胤治　②一二三、一二四、一四五、一九〇
　中書　②一七〇
　中務丞　②一八四、一九〇
　中務丞胤治　②一五三
　両酒井　②一七六、二二三、二四三
酒井胤治母
　胤治老母妙芸　②二二四
　酒井中務老母　②一六〇
　老母　②二二三、一四六
酒井太郎➡酒井胤治
酒井敏昌
　三郎左衛門尉敏昌　②一七六
酒井中務➡酒井胤治
酒井中務丞➡酒井胤治
酒井中務老母➡酒井胤治母
酒井入道(胤治カ)
　酒井入道　②二五八
酒井信継
　酒井大炊助　②二二四
　酒井大炊助信継　②二一三
酒井信継妻
　酒井大炊助御内方　②二二四
酒井備中守➡酒井隆敏
酒井日向守　④一四七
酒井兵庫助　②二二五
酒井伯耆➡酒井康治
酒井伯耆(守)➡酒井康治
酒井常陸入道　⑤一七
酒井政茂
　酒井小太郎　②一七一
　小太郎　②一八四
　小太郎政茂　②二二四
酒井政辰
　左　③三三〇
　左衛門尉　②一八九
　左政辰　③一七五
　坂井右衛門尉　④三二、三三
　酒井右衛門尉　④三四
　酒井左衛門尉　②二八八、③三三一、④三六、四四
　酒井左衛門尉政辰　③一三八
　酒井左衛門佐　③三三〇
　酒井左右衛門佐　③二二九
　政辰　③二七八、③五五、二二一、④五七、⑤三
　東金　③六二
　両酒井　②二三二、二四一、二六二、③五六
酒井昌敏
　酒井惣四郎昌敏　⑤七
　酒井宗四郎　⑤七
酒井康治
　康治　③二五七
　左衛門次郎　②一八九
　酒井　③六五
　酒井左衛門次(治・二)郎　②二六〇、⑤二
　酒井左衛門治郎康治　②二六〇
　酒井伯耆　③六二、七九
　酒井伯耆守　③四七、八七、九四、一一三、一三七、一七二、二二一〜三、④三六
　酒井伯耆守康治　③一〇一
　土気　②二八九、③三五、二二九
　両酒井　②二六二、③五六
境大学助　②二〇四
境(堺)ノ式部　⑤六

榊原式部大夫(康政)　④二七三
坂源胤信⬇坂戸胤信
酒左⬇酒井胤敏
酒司(さかつかさ)　①二五七、二七
　一、②二三、八八、二三九、④五一
坂戸　⑤九四
坂戸⬇坂戸兵部少輔
坂戸上野守　④七三
坂戸上野介　⑤八二
坂戸左衛門太郎　④四三
坂戸修理之亮　⑤七四
坂戸胤直
　坂戸左衛門太郎胤直　④四三
坂戸胤信
　坂源胤信　④四六
坂戸胤正
　坂戸上野介胤正　④四〇
坂戸胤祭
　胤祭　④四九
　坂戸左衛門太郎胤祭　④四九
坂戸兵部少輔　⑤七四
　坂戸　⑤七四
坂戸孫三郎　⑤七四
酒巻信□
　酒巻三郎左衛門信□　①二五
　八
佐賀主水佐　②二五四
相良宮内少輔⬇相良長毎
相良宮内大輔⬇相良長毎
相良長毎
　相良宮内少輔　④一〇八
　相良宮内大輔　⑤三一
さかり殿　①一三八
先公方様⬇足利政氏
前久⬇近衛前久
前右府様⬇徳川家康
前石州夫人⬇正木頼房妻
さきやうの助(香取神官)　①
　二〇二
左京(長禅寺)　②二六三
左京公　①八六
左京大夫⬇浅野長継
左京大夫⬇北条氏政
左京助⬇鳥海左京亮
左京亮(正覚寺)　④五九
左京亮⬇牛尾左京亮
左京亮⬇原孝景
左京亮⬇正木茂清
左京亮⬇里見揚安斎
左京の大夫氏綱⬇北条氏綱
作安　③一九六、④四二
作州⬇土岐治綱
佐久田　②二二八
作田　②二二八
さくて神　①一三二
さくの五郎⬇さこの五郎
さくの四郎⬇さこの四郎
さくの太郎⬇さこの太郎
さくま新右衛門尉　②二三〇
左久間与八郎　②二二三
佐久間(下総)　⑤八二、九五
佐久間(厳島神社)　②二七
佐久間勘解由母　④二四
佐久間主計　④二六八
佐久間五右衛門　④二八三
佐久間五郎右衛門
　同五郎右衛門　④二八五
佐久間十さへもん　③二二四〜五
佐久間十良左衛門　④七〇
佐久間四郎兵衛　④二四八
佐久間治郎　②二九四
佐久間甚四郎　②二九五
佐久間千吉　②一〇七
佐久間宗次郎　③一一六、③六六、
　④六六
佐久間惣次郎　③八一
佐久間弾正忠　④二三六
佐久間長右衛門　④二八六〜七
佐久間藤六　④一一六、二八五
佐久間豊後　④一一六
佐久間伯耆(守)　⑤七四
佐久間大和守　③九〇
作倉⬇千葉邦胤
佐倉⬇千葉氏
佐倉⬇千葉勝胤
佐倉⬇千葉親胤
佐倉⬇千葉胤富
佐倉様⬇千葉氏
佐倉屋形⬇千葉胤富
佐倉屋方御子息　④二七二
桜井　②四〇
桜井越後守　⑤九
桜井源右衛門　④三〇二〜一四
桜井太郎左衛門
　桜井太郎左衛門　②二三五
　太郎左衛門　②二三五
桜井太郎兵衛　③二八七
桜井六郎右衛門尉　③三五二
さこの五郎
　さこの五郎　①九七、一二六、一三
　五、一四一、一四三、一五八、一六二、一六五、
　一七三、一九〇〜一、二〇二
　さゝの五郎　①一六二
さこの三郎(香取神官)　①一三

二、一六四
さこのさふ郎(笹村) ②七五
さこの四郎
　さこの四郎 ①二二、二九〜二〇、二三一
　きくの四郎 ①二二
さこの太郎 ①九一
左近⬇原左近
左近将監⬇粟飯原左近将監
左近将監⬇下河辺左近将監
左近将監⬇千葉胤信
左近将藍⬇正木頼忠
左近四郎(亀山郷) ①一七四
左近四郎(千葉神社太夫) ⑤七六
左近二(次)郎(千葉寺) ⑤一〇二
左近(さこんの)二(次)郎(香取) ①九〇、一三〇、一七六、一七七
左近太夫⬇牛尾左近太夫
左近大夫⬇相馬治胤
左近大夫⬇正木時忠
左近大夫⬇正木頼忠
左近丞(千葉寺) ⑤一〇二
左近丞(大井)
　左近丞 ③二三三
　大井定使左近丞 ④九三
左近八郎 ⑤七八、一〇二
左近六郎(香取神官)
　左近(さこの)六郎 ①三六、一〇四、一七六、一七七
佐左⬇佐竹義斯
さゝう又衛門 ①二五四
笹生左衛門四郎
　篠生左衛門四郎 ③一九一
篠生五良左衛門 ③一五
佐々木 ④二五〜六、二三九〜三〇
佐々木氏清
　佐々木豊前守氏清 ⑤九九
佐々木近江守 ①四九、④二二五
佐々木信濃守 ①二六九、③七二、一〇二
佐々木大和守 ①一七四
座州 ⑤九三
笹四郎兵 ④一七三
さゝの五郎⬇さこの五郎
笹本甚左衛門 ①二六二
佐是祥師
　佐是四郎祥師 ⑤六五
左大⬇正木頼忠
さたけの少将⬇佐竹義宣
佐竹⬇佐竹義昭
佐竹⬇佐竹義重
佐竹⬇佐竹義宣
佐竹
　佐竹 ④二六、二八〜九、二三五、二三八〜九、⑤九九
　太田 ④三
　東方 ②三〇五
佐竹(義舜) ①二二七
佐竹右京大夫 ④二二五
佐竹左衛門佐⬇佐竹義斯
佐竹侍従⬇佐竹義宣
佐竹次郎⬇佐竹義重
佐竹義昭
　義昭 ②一六六、一七五、一八〇、④三三九
　源義昭 ②六九、七〇、④二三八
　佐竹 ②八五、二二八、一四九
　太田 ②八一
佐竹義重
　義重 ②二四八〜九、二七九、二八四、三〇六、③一、六、一一、一六、一八〜二〇、四一、六七、七〇、八九、九八〜一〇〇、一〇八、一一一、一二九〜三〇、一三四、一三六、一三九、一四三、一五〇、一五八、一六四、一七六、一八三、二六二、④五五
　佐 ②二四八、③九八
　佐竹 ②二〇三、二四九、二五二〜四、二五七、二七〇、二八四、二八七、③一七〜二〇、六四、六六、七〇、七五、九四、九六、一二八、一四三、一八四
　佐竹義重 ②二三一、二六一、③七六
　佐竹次郎 ②二九一、二九六
　太田 ②二六一、二八七、③七四、九九〜一〇〇、一一二、一一三、一三六、一五九、一六四
佐竹義斯
　佐左 ③一六
　左衛門督 ③六
　賢哲 ③四一
　佐竹左衛門佐 ③一〇九
　北 ③一二三、一四三
　北左衛門 ④二三五
佐竹義宣
　さたけの侍従 ④一一七
　羽柴常陸侍従 ④一二一、⑤三〇
　屋形様 ④一〇三
　義宣 ④三
　佐竹 ④一四、一六
　佐竹侍従 ④九一、一〇六、一〇八、一一六
　秋田侍従 ④一九三
　常陸侍従義宣 ④九〇

　太田　④六
佐竹義久
　東　③一四三、一九九
　義久　③八九
　佐中　③一六
　中務太輔　④五五
貞純親王　①一九〇
貞胤➡千葉貞胤
貞親➡伊勢貞親
定次➡岩本定次
貞時➡北条貞時
貞久　①一六
左太父子➡北条綱成・氏繁
貞宗　④三三四
定幹
　宮内丞定幹　①一六三
貞吉　①一六
さつミの義晴➡里見義康
里安房守忠義➡里見忠義
里左京亮➡里見揚安斎
佐藤助右衛門尉　④七九
佐藤豊後守　②六
佐藤六太　②一〇七
佐藤平七　③七五
佐藤弥太郎　③二二四
左土守➡土佐守

佐渡守➡津冨浦佐渡守
里見　①三〇〇、④三一四～二五、二三〇～一、二三五
里見➡里見義堯
里見➡里見義弘
里見➡里見義康
里見➡里見義頼
里見安房守➡里見忠義
里見安房守➡里見義堯
里見安房守➡里見義康
里見安房守義頼内室➡里見義頼妻(龍雲院殿)
里見氏家
　里見中務大輔源氏家　①二一
里見梅王丸
　源梅王丸　②三〇二
　梅王丸　③八三
里見梅王丸カ
　岡本御面(西カ)様　④一〇〇
里見近江　④二九
里見甲斐守
　甲斐守　④八九
里見一成
　一成　④一九七
　里見甲斐守一成　④七三

里見カ熊石丸
　熊石丸　①一九六
里見刑部大輔　⑤五五
里見兵部少輔
　兵部少輔　⑤一九
里見源迎　②三一
里見源二郎親父　④二七〇
里見上野入道➡里見義通
里見権七➡里見義堯
里見左京亮息女　④二七〇
里見讃岐守➡里見忠重
里見実堯
　源実堯　④二五〇
　左衛門佐　①一六四
　里見上総助実堯　④二四〇
　上総介源実堯　④二五〇
里見実堯公御簾中　④二四四
里見カ実房
　源民部大輔法名乾亨元貞居士　②一六七
　民部少輔源実房　②一五二、④一七
里見民部少輔　②一五一
　民部大輔　②一五二
里見左馬頭➡里見義弘
里見左馬頭➡里見義康

里見左馬頭➡里見義頼
里見氏
　房州　②四九、一八四、一八九～九〇、二〇三、二〇五、二四二、二四五～五〇、二五三、二五七～八、二六二、二六五、二六九～七〇、二七六、二八七、二九一～二、二九五～六、三〇三、③三九、七〇、七五、一〇七、一二八、一六七、三〇五
　房州(ぼうしう)衆　②二三四、一七三、④一〇三
里見重次
　源重次　④二五〇
　重次　④二五〇
里見重次妻
　高橋氏女　④二五〇
里見重信
　弥左衛門源重信　④二五〇
里見重信妻(藤倉氏)
　重信後妻藤倉氏女源信尹継母　④二五〇
里見重信妻(蔭山氏)
　重信妻畠山別名蔭山隼人助女　④二五〇
里見成義
　刑部大輔成義　④二五〇
　源成義　①一九三

源朝臣里見成義　④二四〇
成義　④二七〇
里見成義　④二四四
里見成義御簾中
御同人御簾中　④二四四
里見侍従➡里見義康
里見七郎　④二七〇
里見修理亮　④二五〇
里見修理亮内方　④二五〇
里見堯重
堯重　④二五〇
横小路図書助源堯重　④二五〇
里見堯重妻丸氏
源堯重妻丸氏女　④二五〇
里見堯俊
堯俊　②三
里見高文息女　④二七〇
里見忠重
讃岐守　④一七三、二〇五
里見讃岐守　④一四一、二〇五
里見讃岐守忠重　④一七七
里見忠義
屋形様　④一八七、二〇一
安房守　④一九一～二、一九四～五、二〇九、二一三、二一五、二一八～九
安房守忠義　④一八八
安房侍従　④一九三
安房梅鶴丸　④一五二
源臣里見忠義　④二三二
源朝臣里見忠義　④二三一、二四三
源梅鶴丸　④一四三
忠義　④一五四、一八二～四、一九三、一九六、一九九、二一九、二四四
殿様　④二〇六
梅鶴　④一五〇、一五三、一五六～八
梅鶴丸　③二一五、④一五〇、一五三～四
里安房守忠義　④一七二
里見安房守　④一八七、二〇五、二〇七、二一六
里見安房守源忠義　④二〇〇
里見安房守忠義　④二一九
里見四位侍従忠義　④二二一、二四
里見房州　④二一九
里見忠義　④一五八、一六二
里見太郎　④一七一
里見忠義御息女➡里見忠義娘
里見忠義御簾中➡里見忠義妻
里見忠義妻
かミさま　④二〇六、二〇八
安房守内儀　④二三三
源朝臣里見忠義御簾中　④二四三
仙応妙寿大姉　④二三三
唐津東丸様　④二三一
東丸　④二四三～四
東丸殿　④二三三
東丸様　④二三一
桃源院殿仙応妙寿大禅定尼　④二三一
里見忠義娘
円光院殿宝月貞雅　④二三三
里見忠義御息女　④二四三
里見忠義母
御袋様　④一八七
源氏女梅鶴丸母　④一四三
母　④一五〇
里見太郎➡里見義豊
里見太郎➡里見義弘
里見太郎➡里見義康
里見太郎➡里見忠義
里見弾正少弼➡里見(秋元)義則
里見殿　①二〇〇
里見殿➡里見義康
里見入道➡里見義堯
里見能登守頼□➡堀江頼忠
里見能登守➡堀江頼忠
里見備中
備中　④二三七
里見法学
法学　⑤五
里見房州➡里見忠義
里見孫太郎
孫太郎　⑤五
里見政成
木工助　④二〇六
里見民部(国府台合戦)　⑤一九
里見民部少輔(永禄三年没)　④二五〇
里見民部少輔➡里見実房
里見民部少輔内方　④二五〇
里見民部太輔(里見近江筋)
民部太輔　③二三四、④二三九
里見康俊
中務少輔康俊　④一八九
里見揚安斎
里揚安斎□□　④一九六
左京亮　④一四〇、一五〇
揚安斎　④一七一、一九四～一九五、二八二、二六五

揚安斎□□　④一五九
里見左京亮　④二五〇
里左京亮　④一四〇、一五三
里見義実
　散位義実　①九三
　里見刑部少輔義実　④二四〇、二五〇
里見義実妻
　里見義実公御簾中　④二四四
里見義孝➡里見義堯
里見義堯
　屋形　④四四
　屋形様　①二九一
　義弘御父子　②二六〇
　義弘父子　②二〇一、二八〇、③一
　義高　④二七三
　よしたか　⑤四八〜九
　義堯　①二九一、②一四五、一六五、一八八〜九、一九八、二二三、二四七、二九四、二九五、三〇一、③六〜八、八六、一一九、④八七、一九四、二〇九、二三六、二七〇
　義堯御父子　③二
　義堯父子　②一九〇、一九三、二〇〇〜二〇一、③六〜七
　久留里　②二四三
　源義堯　①二九二、②二〇、③九、④二三〇〜一
　源朝臣里見義堯　②二三、④二四一
　御祖父様　③一八三
　国主　②七四
　彼国之御屋形　②二九三
　上様　④二三〇
　正五　②二八五
　総房両国之主長里見義堯　②一四二
　岱被(叟)院正五　④二三六
　岱叟院　②一七五
　岱叟院正五　②一六五
　旦那　②二九九
　東陽院　③八五、④九四、九六、一〇〇
　東陽院殿　④八七
　入道　②一七九、二八五
　父子　②一六六、一八五、一九五、二四二
　房　③二
　房州　②一五、八四、八五
　房州御屋形　③九〇
　房州ノ御屋形　①二九〇
　房州大守　③二六
　房総両国太守源義堯　②一〇五
　唯我　③一一、三二、四五〜六
　里見　①二九八
　里見安房守　①三〇〇
　里見ノ源義堯　①二九〇
　里見義孝　①二九七
　里見義堯　②二〇二、二九三、③九〇、二二六
　里見権七　②二三三
　里見入道　②一七四、③九
　里見之義堯　③八六
里見義堯(公)ノ御台所➡里見義堯妻
里見義堯御簾中➡里見義堯妻
里見義堯妻
　義堯内貞室　④一九四
　源朝臣里見義堯御簾中　④二四一
　源氏女義広母　②二〇、二一五
　里見義堯公ノ御台所　⑤二二
　房州御屋形里見義堯ノ御台所　⑤二二
　妙光院殿　④九三
　御台正蓮　③三二
里見(秋元)義次
　宗諄(ママ)　④二五六
　里見豊前守源朝臣義次　④二五六
里見義継➡里見義頼
里見義豊
　義□　④二〇九
　義豊　①二八四、②二四、④二三八、二三一、二三五、二七〇
　源義豊　①二二四、二七三、④二三四〜八、二三五
　源朝臣里見義豊　④二四〇
　房州　①二五五、④二三四〜七、二三五
　房州之先守義豊　④二三八
　里見義豊　①二八四
　里見太郎　①二七九
里見(秋元)義則
　里見弾正少弼　④二三三
　小弼　③二三二
　秋元弾正少弼藤原朝臣義則　④二五六
里見義弘
　屋形　②二二五
　屋形様　②一四一
　義広　②一六五、一八九、一九二、一九八、一九九、③四一、④一九四、⑤一九
　義弘　②一九五、二〇〇、二五四、二六一、二七八、二八〇、二八五、二八六、二八九、三〇一、三〇三、三〇六、③一、八〜九、二〇、三七、五七、七三〜四、九一、一一九、一一九

七、④四六、二〇九、二三五、二七一
義弘御父子　②二六〇
義舜　②二三
義堯父子　②一九〇、一九三、二〇〇～一、③六
源義広　②二〇
源義弘　②三〇二
義弘父子　②二〇一、二八〇
源朝臣里見義弘　④二四一、二四五
源朝臣里見氏義弘　④二四一
佐貫　②二五三、③二七六
佐倉ノ義弘　③二一九
総房両国之主長里見義堯・義広父子　②一四二
太郎　②一〇七
父子　②一六六、一八五、一九五、二四二
副帥源義広　②一一五
房総刺史源義弘　②一〇六
房州　⑤二〇
里見　②一四一、二五四
里見義広　③六七、⑤二九
里見義弘　②一六一、二七六、二八九、二九二、③七〇、⑤九八
里見左馬頭　③七四
里見左馬頭義弘　②二五五、③一九七、④一五五、二四九
里見太郎　②一七九、一八五、二五二、二六二
里見太郎義広　③六〇、④六六
瑞龍院殿　③三三
両屋形　③二七六
里見義弘長女
　左馬頭義弘公長女　④二七一
　里見左馬頭義弘長女　④一五五
里見義弘公御室➡里見義弘妻（松雲院殿）
里見義弘妻
　源氏女　②三〇二
里見義弘妻（松雲院殿）
　源朝臣里見義弘公御室　④二四三
　梅王老母　④二七〇
　さぬき　③八四
里見義弘妻（祥光院殿）
　源朝臣義弘御簾中　④二四一
里見義弘妻
　義頼老母　④一九四
里見義通
　源朝臣義通　①二六〇
　源朝臣里見義通　②二三
　源義通　①一九六
　刺史源副帥義通　②一〇五
　正空庵主正皓　④二〇九
　白浜　①二六四
　源朝臣里見義通　④二四〇
　民部少輔義通　①二四七～八
　里見上野入道　①二四七
里見義通妻
　里見義通公御簾中　④二四四
里見義安➡里見義康
里見義康
　さつミの義晴　④三四
　りうせん院　④一五八
　安房侍従里見義頼　④九〇
　安房侍従　④一〇六、一〇九、一一六～八、一二一、一三一、一三三、一三六～九、一四六～八、
　あわのしゝう　⑤二八
　安房侍従義康　④一二四、一四八
　羽柴安房侍従　④一二一、一三七、一三九、⑤三三
　屋形様　③二九〇、④一五二
　義康　③二二五、二六一、二六三、二六五、二七三、④五、九、一二～三、一八、七四、七六～九、八一～四、九四～九六、一〇二～七、一二八～三一、一四〇、一四二、一四五～六、一四八、一五三、一九四、一九八、二〇九、③二二四、二五三
　源義康　③二一〇、二三三、二七一、④一四七
　源□　④一四三
　源義安　③二七一
　源朝臣里見義康　④二四二
　御曹司　④二三六～七
　国主　④七五
　国守　④一〇
　上様　④八七～八、九八
　当屋形　④一八九
　屋形　③二六〇
　里見　⑤二四
　里見安房守　④九六
　里見安房守義康　④一四七
　さつミの義晴　④三四
　里見左馬頭義安　④三三
　里見義康　③二三六、二七九
　里見左馬頭　③二七一
　里見太郎　③二二五
　里見侍従　④九二、一〇四、一四六、
　里見殿　③二二五、④七七
里見義康御息女➡里見義康娘
里見義康妻
　藤居　④二〇一

たて山　④一五一
御台様　④一三三
里見義康夫人➡里見義頼妻
里見義康娘
　源朝臣義康御息女　④二四二
里見義頼
　岡本　③九八～九、一〇四、一三〇、一三二、一五〇、二〇四、二三八、二四〇、④三七、二三八、二三五
　義継　③七五
　義頼　③九〇～一、九七～一〇〇、一〇四、一〇七、一〇九、一一一～二、一一四、一一六、一一九、一二三、一二七～九、一三〇、一三三～七、一三九、一四二、一四四、一五八、一六一、一六三～四、一七〇、一九七、二〇二、二二五、二三三、二三六、二三八～九、④一九四、二〇九、二三五、二四一、二七一
　源義継　②三〇二
　源義頼　③一八七、一九七、二二七～八
　源朝臣里見義頼　④六七、一七一、二四二
　源朝臣里見氏義頼　④二四二
　御先代　④八二
　左馬頭源義頼　③九七、一九七
　里見左馬頭　③二二一
　上様　④二三六～七
　先代　④三三
　太郎　②二八五
　大勢院殿　③二三三、二八九、二九七、④一五四
　旦那　③二〇五
　里見　③一六八
　里見太郎義頼　④二四九～五〇
　老父義頼　④一四七
　佐貫　③一六四
　佐貫御城　③一五一
里見義頼御息女➡里見義頼
里見義頼御簾中➡里見義頼妻
里見義頼妻(龍雲院殿)
　里見義康夫人　④二七二
　義康母　④二一七
　源氏女義康母　③二一八
　義康老母　④八三
　源朝臣里見義康公御室　④二四三
　御隠居　④三〇〇
　御隠居様　④一六八、二七九
　里見安房守義頼内室　④三〇
　龍雲院殿　④一八三、一八七
　龍雲院殿桂窓久昌大姉　④一八一
里見義頼妻(龍樹院殿)
　源朝臣里見義頼之御簾中　④二四二
　源朝臣里見義頼御簾中　④二四一
　北条氏政女　④二七一
里見義頼娘
　源朝臣里見義頼御息女　④二四二
里見義頼之御簾中➡里見義頼妻(龍樹院殿)
里見六郎　④二四五、二七〇
里村紹巴
　紹巴　④二二七
　臨江斎　④二〇
佐中➡佐竹義久
さなた➡真田昌幸
さなたあわの守➡真田昌幸
真右➡真田忠増
真田➡真田昌幸
真田安房守➡真田昌幸
真田雅楽頭
　真田雅楽助　④二九二
　真田雅楽頭　④二八〇
真田雅楽助➡真田雅楽頭
真田尾張　③一四一、④二三九
真田宮内　④二三九
真田源五　④二〇一
真田信濃守
　真田信濃　④二九二～三
　真田信濃守　④二八一
真田庄三郎　④二八九
真田大学　④二九三
真田忠増
　真石　②一七三
　真田石見守忠増　②一七四
真田弾正忠　②八一
真田隼人佑
　準人佑　③一四〇
　真田隼人佑　②一四〇～一、一六六
真田孫吉　④二八五
真田信幸
　父子　④九〇
真田将平
　将平真田与市　⑤六二
真田昌幸
　さなた　⑤二六
　真田　③二〇六
　さなたあわの守　④二一八
　真田安房守　④九二、一一七
　真田安房守昌幸　④九〇
　父子　④九〇

同父子　④九〇
真田三河　④二六七
真田与十□　③二三
さぬき➡里見義弘妻
佐貫　②二八
佐貫➡里見義弘
佐貫➡里見義頼
佐貫御城➡里見義頼
佐貫ノ義弘➡里見義弘
讃岐(仏師)　⑤三七
讃岐阿(藻原寺)　②一六二
讃岐守➡里見忠重
実勝➡香取実勝
実茂➡正木実茂
実重➡宮下実重
実胤➡千葉実胤
実隆(さねたか)➡香取実隆
実時➡中里実時
実俊　①九三
実長(なか)➡香取実長
*実なり➡実なか　②九四
実平➡土肥実平
実房➡香取実房
実雅➡香取実雅
実盛　④九
実之➡香取実之
実吉　②八七
左の三郎　①八、九
佐野　④三〇
佐野➡佐野昌綱
佐野➡佐野宗綱
佐野越中妻子　④二四七
佐野越中守　④二四八
佐野大炊助(直綱)　②一九二
佐野大炊頭➡佐野為綱
佐野甲斐守➡佐野為綱
佐野小太郎➡佐野昌綱
佐野小太郎➡佐野宗綱
佐野小伝次　④二六五
佐野才三郎　④二九一
佐野修理➡佐野信吉
佐野修理大夫➡佐野信吉
佐野修理亮　④二三五
佐野善右衛門尉➡佐野蓮久
佐野為綱
　佐野大炊頭　④五、九、八一、八三、
　　八六、一一一、
　佐野大炊頭為綱　③一四
　佐野甲斐守　④一三五
　両人　③一四
佐野丹波　③三〇
佐野藤三(弘綱)　①三〇三、三〇五
佐野信吉
　佐野修理　④一一六
　佐野修理大夫　④一三八
佐野法印➡天徳寺宝衍
佐野昌綱
　佐野　②二八、二〇三、③四三
　佐野小太郎　②一九八、二三三
　佐野昌綱　②二八九
佐野宗綱
　佐野　③一七四、一八三、④三六
　佐野小太郎　③五四～五
　藤原宗綱　③一〇四
佐野蓮久
　佐野善右衛門尉　③一六九
佐野平右衛門尉　⑤三
鯖田能登守　③三三
さふ良(笹村)　②七五
三郎(行徳寺)
　三ろう　①八三
三郎(要害作人)　①一五、一三〇
三郎➡鶴見三郎
三郎➡上杉景虎
三郎➡織田秀信
三郎➡武田信茂
三郎➡土岐胤倫子カ
三郎右衛門(大慈恩寺)　③八五
三郎右衛門(常灯寺)　①二六四
三郎右衛門(大原神社)　②二一
　六
三郎右衛門(浄妙寺)　⑤九
三郎右衛門(新蔵寺)　⑤一〇
三郎衛門(石堂寺)　②一六
三郎衛門(亀山郷)　②二七八、③
　八九
三郎衛門(ゑもん)(香取神官)
　①二〇三、三〇、②五
三郎五郎(香取神官)　①二七、一
　七〇、一九一、二〇二、二一九
三郎五郎(辺田百姓)　⑤八
三郎左衛門(谷中村)　③六〇
三郎左衛門(於滝田)　④九
三郎左衛門(東国府)　④一七〇
三郎左衛門(銀鍛冶)　③三三
三郎左衛門(香取神官)　①一四
三郎左衛門(常光寺)　②一五七
三郎左衛門(長昌寺)　②九一
三郎左衛門(藻原寺)　②一六一
三郎左衛門➡牛尾三郎左衛門
三郎左衛門➡熊澤三郎
三郎さへもん(大原神社)　②
　二六
三郎允(亀山郷)　①一七四

三郎四郎(香取さく住人)　①三
　七五、八五、一一三
三郎四郎(常灯寺)　①一六三
三郎四郎(正忠子)　①一二八
三郎二郎(香取神官)　①一二六、
　一五八、一六二、一八〇
三郎二郎(大慈恩寺)　③八五
三郎二郎(大野百姓)　⑤九〇
三郎次郎(藻原寺)　②一六一
三郎大夫(香取)　②八八
三郎太郎(香取神官)　①五四、一
　二六、一三三、一七六、②七八
三郎太郎(里見甲斐守百姓)
　④八九
三郎禰宜　④九六
三郎兵衛(ひやうへ)→香取盛
　近
三郎兵衛内方→香取盛近妻
三郎祝(はうり)　①二～三、六、一
　三、二二、二九、三五、四〇～二、四七、五
　二、五四、六二、七〇、一二四、二〇五、二一〇
　～一、二二六～七、二三五、二三七、二五
　七、二九九、②一四、八八、④六五
三郎六郎(香取神官)　①一六二
三郎ゑもん娘
　三郎ゑもんのむすめ　①二〇

さへもん(大原神社)　②二二六
さへもん五郎(鏡心日記)　⑤
　三五
さへもん(左衛門)四郎　⑤三六
佐保田角右衛門　④二八七
佐保田左衛門入道　④二四六
佐保田半七殿御内方御屈(マ
　マ)息女　④二四七
佐保田豊後守　④二三六
佐保田民部　④二六六
佐保田弥十郎　④二六六
左政辰→酒井政辰
猿田弥五郎　③三三七
猿田別当　①一六三
猿虎
　源五郎猿虎　②二六四
猿渡雅楽守息女　④二四六
沢田美作守
　沢田美作　④二六六
　沢田美作守　④二三三
左原案主　④五二
佐原案主→香取弥四郎
佐原蔵人　④三三七
佐原禰宜(さわらねき)　①六
　九、二五七、②一四、八八、④六四

三→徳川家康
三□弥五郎　②二二
三右衛門(大工)　④一八六
三衛門(亀山八幡神社)　③八九
山翁道高居士→多田胤家
三喜斎→田代三喜斎
三光院　②一六三
さんこの二郎　①一七三
三才六　②二二六
三左衛門　④一三八
三条　④二三三
三四郎　③三九
三次郎　②二六
三太郎　①一三三
三道→三橋宗玄
さんふ五郎　①一七〇
さんふ三郎　①一七
三平兵庫助　③四三
三位(石堂寺)　②二九
三位(加茂郷)　②二一八、二三五、二三
　六
三位阿(珠師谷八幡神社)　②
　二
三位母(加茂郷)　②二一八
三らく→太田資正
三らくふし→太田資正・梶原
　政景
三楽斎→太田資正
三楽斎父子→太田資正・梶原
　政景

し

四位　①八六
椎名勝成
　椎名遠江守勝成　④七二
椎木　④三三〇
椎木河内　④二八九、三〇〇
椎崎　⑤七
椎崎→千葉勝住
椎崎十郎→千葉胤次
椎崎道甫→千葉胤次
椎津　③二〇五、④二三〇
椎津中務
　椎中　③一〇四
椎津兵庫亮　④二五七
椎名　⑤七五、八四、九四
椎名→椎名八郎
椎名伊勢　⑤七三、九〇
椎名伊勢守
　伊勢守　④二七二
　椎名伊勢守　④二七五

椎名伊勢守妻　③一〇七
椎名伊予守　④二七二
椎名右衛門大夫　②一四七
椎名織部丞　③二〇五、三〇三
椎名勝定
　椎名伊勢入道勝定　②二
椎名刑部丞　③二五一、三〇三
椎名邦時
　椎名勢兵衛邦時　③三〇三
椎名小三郎　②二〇一
椎名佐渡守　③二五〇、三〇三
椎名佐馬允　③一九
椎名将左衛門尉　③二五〇、三〇三
椎名四郎右兵衛尉　③一三
椎名神九郎　②一四三
椎名神五郎　②一四三
椎名図書助
　図書助　③三〇四
　椎名図書助　③二五〇、三〇二～三
椎名勢兵衛尉　③二四八
椎名摂津守　③二五〇、三〇三
椎名帯刀左衛門(尉)　③二五〇、
　三〇一～四
椎名胤家
　椎名肥後守平胤家　④七三
椎名胤久
　椎名佐渡守胤久　④七三
椎名胤光
　胤光椎名ノ八郎　⑤六三
　胤光伊賀守　⑤一〇〇
椎名弾正　③二五一、三〇二～四
椎名出羽守　③三二四
椎名兵衛丞　③一九六
椎名八郎
　椎名八郎　⑤七四
　椎名　⑤七六
椎名孫兵衛　③二五一、三〇三
椎名康胤
　椎名右衛門大夫康胤　②二四
三
椎中➡椎津中務
治衛門　③六〇
次右衛門　④二七五
仕覚(長福寿寺)
　仕覚　①一二九
慈覚大師➡円仁
直申
　泉水寺直申法師　②二四
しきそん　①八六
式部➡小林式部
式部卿(和泉)
　式部卿　②七三、⑤六
　本光坊　②七三
式部卿(妙本寺)　①八五、一一八
式部卿➡山室式部卿
式部大夫(海上妙見社)　②八
式部大夫➡原胤栄
式部太輔➡原胤栄
式部太夫超岳➡原胤清
竺雲和尚　④三四
慈恵
　慈恵大僧正　①一二九
成氏➡足利成氏
成助➡簗田成助
重田新兵衛　②一五五
重田新兵衛妻
　妙俊禅定尼　②一五五
重田道俊
　道俊禅定門　②一五五～六
成胤➡千葉成胤
重胤➡東重胤
茂次➡鈴木茂次
重次➡里見重次
成綱➡宇都宮成綱
重縄➡秩父重縄
成常➡千葉成常
成常➡宮下成常
重常➡長南重常
重経➡多賀谷重経
重信後妻➡里見重信妻(藤倉
　氏)
重信妻➡里見重信妻(蔭山氏)
重弘➡秩父重弘
繁房　③一七九
成宗　④二二八
繁盛➡北条繁盛
重康➡畠山重康
成義➡里見成義
重吉➡中野重吉
重義➡畠山重義
重吉源左衛門(大工)　①九三
次左衛門内方　④二七四
次左衛門悴　④二七五
自山秀公(飯田胤忠親)
　自山秀公禅定門　①一二八
宍倉　③三五
宍倉出雲守　⑤六九
宍倉惣九郎　②八二
宍倉惣次郎
　完倉惣次郎　⑤九四
宍倉兵庫介　③七九
宍倉与三郎
　完倉与三郎　⑤九四
宍戸　②一二八

信濃入道➡山本家次
信濃守➡石川信濃守
信濃守➡大須賀信濃守
司濃　②四一
篠崎　③三三
簗田雅楽助　②二八
篠田大隅守　④四三
篠田家次
　篠田新右衛門尉　④四二、三〇二
　～三
篠田宗定
　篠田長左衛門宗定　②二九
篠塚六郎左衛門　③四五
しのはらかんとり治部少輔➡
　香取篠原治部少輔
篠原　②二七九
篠原金助　④三〇二～一四
しのわら泉蔵　②二九一
斯波治部太輔　④三三
しはたけんさへもん(柴田勝
　定)　⑤二九
地引安内　③八一
地引内蔵助　③二一四
地引内匠助　④九六
治部➡吉岡ヵ治部
治部阿　⑤二九
七郎二郎(高篠)　②二八一
七郎太郎(常光寺)　②一五七
七郎六郎(香取)　②八七
志津　⑤九四
実庵寿貞
　実庵寿貞禅人　①二二一
実乗坊　①一六四
実成坊　④一一四
実蔵□賢蔵　①八二
実相院(藻原寺)　②一六二
実相寺(高師)　②一六二
実誉　①九三
地頭➡正木輝綱
市東伊三阿
　□三河　①一〇六
市東三位阿
　□東三位阿　①一〇六
市東与左衛門
　□佐衛門　④五七～九
　市東与左衛門　④五七
　与左衛門　④五七、六一
品川　⑤六五
信濃(乃)(しなの)(香取神官)
　①二七、三二、四四、九五、九七、一三五、一
　四三、一九二
信濃公　①八六
七良右衛門(亀山八幡神社)
　③八九
七郎右もん(香取神官)　①三〇
七郎五郎(香取)　①一四八、一八一
七郎五郎(高篠)　②二八一
七郎左衛門(大戸神社)　②六〇
七郎左衛門(大慈恩寺)　③八五
七郎左衛門(正善院百姓)　④
　一六八
七郎左衛門➡小島七郎左衛門
七郎左衛門➡東七郎左衛門
七郎左衛門(もん)➡香取七郎
　左衛門
七郎左衛門入道(香取)　④八三
七郎左衛門尉➡長尾七郎左衛
　門尉
七郎三郎(香取神官)　①六、九
　七、一五九、一六〇、一七〇
七郎三郎➡香取吉作
七郎三郎➡香取吉佐
七郎さへもん入道➡香取七郎
　左衛門入道
七郎四郎(新寺和田住人)　①
　二四七
七郎二(次)郎(香取神官)　①
　一八九、二一九
完(宍)戸安芸守　④二一七
宍戸家里
　宍戸左京家里　①九三
侍従(小仏師)　②一六〇
侍従阿➡深海
持是院
　特定院　④三三
慈心坊　③九三
地蔵院　⑤三五
志田　②二八
信太　①二五五
信田五郎兵衛丞　①二六四
したの太郎五郎　②二一七
設楽助太郎　③二六
設楽継長
　継長　①九八
　設楽助太郎大伴継長　①一
　一
設楽利継
　設楽出雲守利継　④九、四八
次太郎　①一六四
七郎➡庁鼻和憲明
七郎➡千葉七郎
七郎➡北条直重
七郎➡結城氏広
七郎右衛門(常光寺)　②一五七

治部卿(日祇弟子)　②七三
治部卿(本因坊弟子)　②七三
治部左衛門　③二九
治部左衛門➡平川治部左衛門
治部少輔➡石田三成
治部少輔➡香取篠原治部少輔
治部少輔➡北条氏秀
治部丞➡鈴木治部丞
治部尉➡香取篠原治部少輔
渋井　⑤八一
渋川
　渋河　④二五、三〇
　武蔵之渋河　④二九
　蕨　④三〇
渋川相模守　③二一〇
渋川義鏡
　武衛　①四九
渋垂筑　③三
渋谷善右衛門尉　②二〇九
渋谷信忠
　渋谷修理進信忠　②二七三
しほのはやと　③一七
島崎左衛門大夫　③五四
しまたけんけう(香取)
　けんきう　②一〇一
　しまたけんけう　②一〇一
島田図書助
　図書助　②二八三
　島田図書助　②二八三、③一六八
島田秀常
　島田図書助秀常　②八
島田重次
　島田次兵衛重　④二〇五
島田新右衛門　④一四五
島津➡島津義弘
島津侍従➡島津義弘
島津忠恒
　羽柴薩摩侍従　④三二
島津又七郎(豊久)　④一〇八、⑤
三
島津義久　④一三
島津義弘
　島津侍従　④一〇八
　島津　④二三八、⑤二四
　羽柴薩摩侍従　⑤三二
志摩守　①二七四
志摩守➡原志摩守
清水　③三一
清水喜内　②一〇七
清水上野入道(康英)　③三六
清水三郎左衛門　③三〇
清水善右衛門尉　②一二七
清水太郎左衛門　④三五
清水対馬　③三〇
清水宗治
　高松城主　④一六
志村定儀
　志村勘衛門定儀　②二八九
下　①六、六二、六六、七〇、一一五、二〇五、二
一〇、二二六、二二七、二三七
下総権介➡平忠常
下総式部　④二六八
下源七　①八七
下五　①一三
下河辺左近将監
　左近将監　③五四
下河辺式部大夫　③五四
下河辺民部大輔　③五四
下館➡水谷勝俊
下野➡円城寺直重
下野➡高城胤忠
下野➡高城胤辰
下野➡簗田助孝
下野阿サリ　①九
下野守➡簗田助孝
下妻➡多賀谷重経
下平右近允　②二〇七
下町　②八七
下町三郎　①一三
下弥六　①九一
若満坊　③一四八
尺家家満
　家満尺谷二郎　⑤八五
尺谷氏常
　氏常　⑤八五
尺谷弾正忠　①二五五
尺谷成常
　成常　⑤八五
尺家常持
　常持　⑤八五
尺谷美作守　②五
社家➡足利義明
社家ノ守➡足利義明
しやうをん　①二三四
沙弥　⑤三八
珠阿　②三
秋□　⑤一〇
重阿弥海隣寺　⑤七一
重阿弥陀仏➡千葉胤宣
周一　②二七
十一官　②八七
秀印(大原神社)　②二二六
秀印(夏見長福寺)
　成就坊秀印　①二九五

什胤(又見坊カ)　①九二
十衛門四郎　⑤三四
十衛門太郎　⑤三五
周音　②七五
秀賀　①二八
秀鑑
　住持秀鑑和尚　③一〇、三一、一一五
充欽　①一六
秀慶　①一九七
周健　⑤一七
秀賢　①一五三
聚賢　①三〇六
秀儀　①二五六
重吉　④七〇
重源　①三三四
琇光
　琇光禅尼　①一九五
周香(高徳寺)　①一四七
十穀　③二一七
十左衛門(里見家臣)　②二六五
秀祝
　権律師周防実名秀祝　①九〇
什勝
　又ミ坊　①九二
　又ミ坊什勝　①九二
重常(石堂寺)　②二九
周真(石堂寺)　②二四
秀清　①一九七
什性
　什性阿闍梨　①一四
秀存　①八六
什尊　①二四〇
秀太　①六五
充念　②一五
秀繁　③二三〇、二三四、二六〇
秀般　①二二八
秀弁　①二六四
重誉
　法印重誉　③二三九、④二一七
住呂
　西光寺住呂　①六五
十郎　⑤五一
十郎⬇正木時忠
十郎⬇正木時通
十郎右衛門(長昌寺)　②九一
十良右衛門(神野寺)　③二三
十郎左衛門(大工)　②八
十郎さへもん　③二九
十郎左衛門尉(平蔵)　③二一七
十郎三郎(香取神官)　①八、九
十郎三郎入道(香取神官)　①八、九
十郎四郎　①一八一
十郎二郎入道　①五三
十郎丞　①一七四
十郎明ふ　①八四
珠月珍公禅尼　①一七二
守憲　②一
守元　②九一
守最　②九一
咒師谷原　①九三
寿首座⬇松嶺昌寿
首春　①二一七
守随　②九一
守盛　②九一
守誓　②二一
寿泉(妙本寺)　③二三
首座　④八九
しゆつなう　①二五八
守東
　守東　②八〇
　守東首座　②九六
種徳⬇伊叟祥訓
朱米　②三五
修理⬇多賀谷重経
修理検校　②二三
修理大夫⬇石川晴光
修理入道⬇香取成秀
修理亮⬇香取貞秀
修理亮⬇東修理亮
修理亮⬇山中康豊
修理之助父子　③四五
俊□⬇俊叡カ
俊□
　了学坊俊□　④六九
順阿弥　①一七四
俊恵　①二六四
順永上人　⑤一〇
俊叡カ
　俊□　③七
舜悦　③六六
俊翁　⑤三五、三六
順海
　沙弥順海　②一四八
しゆんかう　①二五二
順教坊　④一九九
俊慶(里見家過去帳)
　法印俊慶　④四七
俊慶(石堂寺)　②二四
春慶
　春慶法眼　①一六
順玄　②六六
順賢房　②一五二、一六八

春谷中公大姉　①一三八
純師➡日純
俊識　②一四九
俊成　⑤一〇三
春叟
　春叟禅師　②九一
俊等
　善明院俊等　②一一七
俊鑁　①一八七
助阿　⑤三九
丞　④一六九〜七〇
常阿弥(香取神官)　①一七六
昌伊
　とくいん　②七六
性一　⑤五
正意童子　④二四五
正印(虚空蔵堂)
　本願正印　①一六九
正印(本国寺)　②二三
正印➡大須賀信濃守
正印➡正木時茂
正員　①七八
正員➡岩松成兼
照印　②一四九
定胤　①一五一
乗印　②二一八
乗胤　④一七四
常胤(石堂寺)　②二五
乗印母　②二三五、二三六
定運
　杉本松定運　④一四
乗吽
　乗吽僧都　①一六三
祥雲斎　③三九
昌恵
　東性院昌恵　③四九
正栄　②二五
勝栄　①一六四
浄悦　④一四八
貞円　①一四
浄円　①一七四
常円➡千葉親胤
乗円房　②七三
浄円坊　④一一四
常円坊　②一六〇
浄応➡千葉康胤
正音(石堂寺)　②二五
正音(満蔵寺)　①一四三
乗賀
　乗賀法印　②一四九
証海　①五一
照海
　大仏師二位公照海　①一六一
正覚(藻原寺)
　正覚律師　②一六二
正覚(本国寺)　②二五
照覚
　照覚　⑤六五
　照覚律師　⑤八〇
常覚
　常覚　①六〇、⑤六六、七一、七七、七九、八一〜二、八六、八八、九〇、九八、一〇二
　常覚僧都　⑤八一
静覚　①一九五
貞岳➡原胤親
定額(かく)　①六、一三、四一〜二、一一三、二〇四、二一〇、二一三
聖岩　⑤三五
常観坊　③一〇三、一四八
常厳　④六六
将監➡正木実次
将監十郎➡正木時通
常輝➡千葉孝胤
定基➡牧定基
常教(菊間若宮神社)　②四一
常教(高篠)　②二八一
常鏡　②二八一
常教坊　②一六九
正行坊➡日祇
祥玉尼　①一六一
正金(石堂寺)　②一六、一八
正金(本国寺)　②二六
昌吟　③一一〇
常金　①一九
正空庵主正皓➡里見義通
祥訓➡伊叟祥訓
将軍家➡足利尊氏
祥訓首座➡伊叟祥訓
正珪　②二八
浄慶(粉河仏師)
　常慶　②二一七
　浄慶　②八五、一九七、二一一、二一八、二三六
　成慶　②二三六
　小河浄慶　②二六四
正慶(本国寺)　②二五
成慶➡浄慶
常慶➡浄慶
正検非違使　④五一〜二
正顕居士　①一七八
常見　⑤一〇一
常顕　①一〇四
祥憲　②三

正玄　②二七
正源　②二七
祥源(亀山郷)　①一七四
照源
　照源法印　②二
常源(ちやうけん)(香取神官)　①一五七、一六一、一七〇、一八九、二二三、二二九
常源➡千葉胤富
正五➡里見義堯
浄好　②三
性香➡香取胤永母
常郷　①二〇〇
常光院殿➡千葉時胤
常光坊➡日教
松斎➡安藤松斎
常禳➡千葉勝胤
浄山➡千葉胤宗
請西善右衛門　④一四五、一九三
請西善左衛門　④八七
匠作➡石川晴光
賞山城忠　②二二七
紹旨
　昨夢斎紹旨　④一二七
　紹旨　④一〇
惺師➡日惺

庄司家久
　庄司豊前守家久　③二八
　隼人佐家久　②二〇、一一六
　豊前守家久　②二〇一
庄司伊豆守　④二〇四
庄司豊前守
　藤原豊前守　④一四四
昌識房　②二四七
定実
　蓮乗坊定実　⑤九
丞七郎五郎　⑤七四
昌寿(石堂寺)　②一九
松寿(神野寺)　③三四
松寿(石堂寺)　②二五
成就院　⑤八一
正秀(石堂寺)　②一四、一九
常什
　本覚山常什　①七
上州➡上杉憲政
昌寿首座➡松嶺昌寿
成就坊　⑤八一
性順➡正木時茂
祥順　①六一
常舜　①八八
浄春　③三一
正順　①二九五

昌順➡正木時茂
浄春院殿➡千葉常胤
勝定院(ママ)　④三三
照浄院殿➡千葉常重
定々神　①七
少将公(妙本寺)　②七三
常照房　④四七
常真➡織田信雄
常真➡千葉勝住
成身院➡源意
乗真坊　④四二
正清　②六
正説宥珠　③四九
正仙　②五、一七
小仙　②三、二五、二七
祥仙➡逸見祥仙
正善(石堂寺)　②二五、二八
正善(長福寺)　①二九五
浄泉(常灯寺)　①六三
定泉(大慈恩寺)　③八五
定善　③一一七
常善　④二七四
常善➡千葉頼胤
常仙院殿➡千葉胤政
生田三河　④二四七
定智
　定智僧都　③八五
正忠　①二八
常柱　②七
性仲　①三七、二四七
昌朝　①三三
定澄　③八五、九一
定頂　①二九
正珍➡千葉成胤
常珍(石堂寺)　②二七
常珍➡千葉氏胤
常珍➡御手洗常珍
定使(しやうつかい)　①九七、一二六、一六四、一七三、一九一、二〇二、二三〇、二三三、二五八、二九七、④五三、六五
常天➡千葉昌胤
浄徳院殿➡千葉貞胤
小納言(海上妙見社)　②七
小納言(円覚寺大仏所)　①一二九
少納言(仏師)　①一二
少納言➡千葉少納言
少弐公　①六六
小弐殿(藻原寺)　⑤三九
浄日　①三、三〇、四二
聖如房　⑤三四～五
上人　④八二、一四八

紹巴➡里村紹巴
定範　③八五
乗範　①二四
小輔　①八六
少弼➡浅野長吉
小弼➡里見(秋元)義則
少弼➡松永久秀
常府➡大掾氏
常福　②二八
成福院　⑤八一
勝福寺　⑤一〇
菖蒲女　⑤一〇
少別当➡大庭良能
正本　②二五
聖武天皇
　聖武天王　②二〇七
　聖武天皇　⑤六〇、七〇、七九
定目　①六
正祐　②二九
常祐　①六〇
松友軒月庵道周　⑤一七
照誉
　権少僧都照誉　③四九
浄誉西安➡近藤九郎右衛門尉
尚了
　尚了　①一八〇
　比丘尚了　①二九
性了　①一三七
正林　②二八
聖林(称名字)　⑤三六
常林　②二七
常琳➡千葉邦胤
定林入道　⑤四
定隣軒(信楽)　②二〇四
正林坊　③一八
勝琳坊　⑤一〇
松嶺昌寿
　寿首座　③二一、二三、三七、五一
　昌寿首座　②一八六、③二五
　芳春院　③一四七
正蓮(本国寺)　②二四
常蓮　②二六
乗連坊　④八九
諸吽　①一六二
女中➡竹内大和守入道妻
恕鑑➡武田信清
如朝　②二八一
白井➡長尾憲景
白井源四郎　②二六〇
白井長尾➡長尾輝景
白石内記　②八九
白江正重
　白江善五郎正重　④八三
白川　③一〇〇
白川(晴綱)　②八四～五、八七、八九～九〇、九七、一二九
白川(義顕)　③五
白川孫右衛門尉　③二八
白川義親　③一九、一〇〇
白浜➡里見義通
四ろ(行徳寺)　①一八三
四郎➡上杉氏
四郎➡宇都宮明綱
四郎(香取神官)　①一三
二郎(石堂寺)　②二七
二郎(大原神社)　②二二五
二郎(さく作人)　①一八六
次ろ(行徳寺)　①一八三
次郎(石堂寺)　②二九
次郎(巣郷庄)　②二三〇
次郎➡長沼次郎
二郎十一郎(藻原寺)　②一五九
四郎右へもん(高篠)　②二八一
四郎衛門(稲荷神社)　③六〇
四郎衛門(保田)　③一一八
四郎衛門(藻原寺)　②一六一
四郎右衛門➡原四郎右衛門
二郎衛門(藻原寺)　②一五九、一六〇、一六二
二郎ゑもん入道(香取神官)　①一三四
二郎衛門尉(香取神官)　①三六、四八、六三、九七、一三三、一五六、一七七
二郎かう(ふ)ぬし➡次郎神主
次郎神右馬四郎➡香取右馬四郎
四郎かうぬし➡四郎神主
四郎神主
　四郎かうぬし　①二五七、④六四
　四郎神主　①二、一三、三五、四〇～一、四七、五二、五四、六二、一六六、二〇九、二一一、二二七、二三〇、二三五～六、二三九、②二三、八八、④六五
四郎神　①二九
二(次)郎神主➡香取右馬四郎
次郎神主(香取神官)　①一六、二四三
次郎神主
　二郎かう(ふ)ぬし　①二五八、②五、④六四
四郎五郎(香取神官)　①九七、二一〇、二三三、②二一七
四郎五郎(高篠)　②二八一
二郎五郎　②一六一

二郎左右衛門尉(番匠) ②三
四良さえもん(笹村) ②七五
四郎さへもん(高篠) ②二八一
四郎佐衛門(里見甲斐守百姓)
　④八九
四郎左衛門(稲荷神社) ③五九
四郎左衛門(於滝田) ④八九
四郎左衛門(石堂寺) ②二四
四郎左衛門(大原神社) ②二
　六
四郎左衛門(香取神官) ①一五
　三、一九一、二〇二、二二二、二二九
四郎左衛門(小松寺) ①九四
四郎左衛門(常光寺) ②一五七
四郎左衛門(椙山家史料) ①
　九三
四郎左衛門(巣郷庄) ②二三〇
四郎左衛門(藻原寺) ②一六一
二郎さへもん(大原神社) ②
　二六
二郎左衛門(那古寺) ④一八六
二良左衛門(亀山八幡神社)
　③八八
二郎左衛門(沼田寺檀那) ①
　三八
二郎左衛門(藻原寺) ②一六一
二郎左衛門➡磯貝二郎左衛門
次郎左衛門(飯櫃村) ②一九九
次郎左衛門(香取) ②六七
次郎左衛門➡香取次郎左衛門
四郎左衛門内家 ①二六四
四郎左衛門尉(法華経寺) ③
　二八
次郎左衛門尉(平蔵寺) ③三
　七
四郎三郎(香取神官) ①六、八
　七、一三四、一四二、②八七
二郎三郎(鎌倉住人) ①一四八
二郎三郎(きつねつか作人)
　①三
次郎三郎(常灯寺) ①二六四
二郎三郎(藻原寺) ②一五九
四郎二(次)郎(香取神官) ①
　三、一三、四二、五二、六二、一二六、一三四
　～五、一六四、一七、一七八
四郎次郎(常灯寺) ①二六四
四郎二郎(高篠) ②二八一
二郎四郎 ①六三
四郎大夫 ②八八
四郎太郎(香取神官) ①七〇
二(次)郎太郎 ①一七、三一、四四、九
　七、一三四、一四一、一五七、一六一、一六四、
　一六九～七〇、一七七、一八九、二二二～三
二郎太郎入道(香取神官) ①
　一四一
二郎太郎入道(与倉村) ①八三
次郎入道(香取神官) ①三三
次郎介➡国司代
二郎はうり ④六四
四郎ひやうへ(香取神官) ①
　九七、九八、一三四～五、一四一、一四三
四郎兵衛(妙見社領百姓) ⑤
　九〇
四郎兵衛(山作) ②一六〇
二郎兵衛(石堂寺) ②二九
二郎兵衛(長禅寺) ②二六五
二(次)郎兵衛➡香取直宗
次郎兵衛入道➡香取直宗
四郎兵衛門(番匠) ②九一
次郎房 ①一六六
四郎六(香取) ①一六六、②九七
しんあ(香取神官) ①一六四、一七
　八
信阿上総二宮社
　公文信阿 ①二三六
神阿(観福寺)
　権大僧都神阿 ①二五一
　兵部阿闍梨神阿 ①二二四
慎阿弥➡千葉胤直
神恵(法住寺) ②一四九
新右衛門(里見甲斐守百姓)
　④八九
新右衛門(北朝平南村) ④三
　四
新右衛門(真倉村) ④一六五
新右衛門➡飯田新右衛門
新右衛門➡本吉新右衛門
神衛門(大慈恩寺) ③八五
神衛門(石堂寺) ②二六
神衛門(香取) ②八八
新衛門(藻原寺) ②一六一
新衛門(石堂寺) ②二八
新右衛門入道(香取神官) ①
　三
心海 ②八〇
深海
　侍従阿 ①二〇
　侍従阿闍梨権律師深海 ①
　一七
　深海 ①一〇
神覚
　宝蔵坊実名神覚 ③八〇
真鏡 ②三
真堯 ②二二八

新卿　①三七、三六
新行寺助九郎　③三五三
神空　③八〇
神九郎➡香取神九郎
神九郎(高篠)　②三八一
新九郎➡北条氏直
真恵　⑤一〇一
神慶➡香取神慶
信玄➡武田晴信
仁公(石堂寺)　②三六
神幸(法住寺)　②一四九
神五母　③八五
しん五郎(高篠)　②三八一
新五郎(東国府)　④一七一
新五郎(里見甲斐守百姓)　④
　八九
新五郎(妙見社領)
新五郎(香取神官)　①一七三、三〇
　七
新五郎(珠師谷八幡神社)　②
　二
神五郎➡葛岡神五郎
神五郎➡宮下神五郎
甚五郎(西門院文書)　④三八
甚五郎➡あハの甚五郎
新左衛門(大山不動堂)　③三三
　〇
新左衛門(勝浦上町)　④一七三
新左衛門(しんさゑ(へ)もん)
　尉(丞)(香取神官)　①六、
　七、九～一〇、四二、九七、一三三～三、一
　六九、二〇四、二〇八、二三三
新左衛門(大山不動)　③三一〇
新左衛門(板倉代官)　③一七一
新左衛門(長禅寺)　②二六三
新左衛門➡原胤善
甚左衛門　③八九
新左衛門尉(法華経寺)　③六
神左衛門尉➡渡辺神左衛門尉
新左衛門入道(香取神官)　①
　三〇
神三郎(大慈恩寺)　③八五
神三郎(香取神官)　①一七〇、一七
　二
神三郎(藻原寺)　②六一
新三郎(新蔵寺)　⑤一〇
新三郎(長禅寺)　②二六五
新三郎➡香取新三郎
新三郎➡平山新三郎
新三郎➡丸新三郎
新さへもん(高篠)　②三八一
新さへもん(平蔵郷)　③三九
神識
　神識法印　②一四九
　大僧都神識　①三三七
進敷大夫(香取)　②八八
新七(正善院百姓)　④一六〇
新七(常灯寺)　①二六三
神七(長禅寺)　②二六三
神七➡香取神七
新七郎➡山本正次
新寺殿実国　①四三
神守　①一一五
信州様　④二二五
新十郎　④一七三
神俊　③四五
神証
　神証法印　②一四九
真乗(加茂郷)　②三八
神照(法住寺)　②一四九
新庄新三郎(直定)　④一〇七、⑤
　三〇
真浄坊　②一三
真乗坊(妙見社)　⑤八一
真乗坊(福智寺)　②三六
神四郎　③八五
神四郎➡小林胤治
神二郎(東国府)　④一七〇
新治郎　②三八
しん二郎(香取神官)　①一二六、
　一五八、一六二、一七〇
神次郎(不動寺)　②二六八
新二郎(大慈恩寺)　③八五
新二郎➡大内泰秀
新次郎➡木内新次郎
甚二郎　④二三四
新介➡馬場篤親
神盛
　神盛法印　②一四九
甚清　①二六三
真雪斎　②三五九
真善坊　②一六〇
新蔵　④一六九～七〇
甚宗　①二六二
真宗　②一九
真聡　①四三
新蔵坊　③三五
心叟賢涼　④二二一
真尊　①六五
神尊
　自性院神尊　②五〇
　神尊　②五〇、六五
しんた郎　①一七三
新太郎➡池田光政

新太郎➡北条氏邦
心仲　①二六一
新田日向守　③五
新藤国重
　新藤治郎国重　②九三
新藤国広
　新藤治郎国広　②九三
新藤但馬守　③一五
甚内➡岡見甚内
真如院　⑤七七
真如院殿妙本日覚大姉➡武田
　広国母
真如坊(名打村)　②二八二
真如坊(妙浄寺)　⑤八
真如坊(妙見社)　⑤七九、八一
真如坊(藻原寺)　②一五九
親王➡高望親王
神角介(助)
　神ノ角助　④二七三
　神角介　④一八
神女　②八
新八郎➡北条直重
神悲　②一四九
新兵衛(大原神社)　②二一六
新兵衛(香取)　①一八六
新兵衛(常灯寺)　①二六三
新兵衛(藻原寺)　②二六一
新兵衛➡みかこ新兵衛
神兵衛(稲荷神社)　③六〇
神兵衛(東国府)　④一六九
甚兵へ　④八九
新兵衛尉(法華経寺)　③二八
神保　⑤九四
神保大内蔵　⑤一六
神保帯刀　②二三四
新松　③二〇
神武　⑤二六
神融
　神融法印　②一四九
心誉長安(心巌寺)　④一五六
信蓮➡須賀胤氏
神六(高篠)　②二八一
新六(中山法華経寺)　③二八
新六➡深山新六
新六(王子大明神)
　権守新六　②一六四
新六(香取神官)　①二三三
新六(香取大覚子)　②二〇〇
新六➡野口新六
新六郎(高篠)　②二八一
神六郎(本興寺)　②二一三
新六郎➡太田康資
新六郎➡本庄胤守

す

鑄阿　⑤二九
瑞雲院➡季龍周興
瑞山法祥
　とうけい寺　③二六四
瑞師➡日瑞
瑞笑　③二一七
瑞積書記　①二八
瑞龍院殿➡里見義弘
須江金蔵
　すへ金蔵　④三〇二、三〇九、三一一、三一三
　須江金蔵　④三〇四〜八、三一一、三一四
末重　①二三六
末本　①七六
周防　①八五、③二三三
須賀　③五三
須賀茂(石堂寺)　②二七
須賀修理　①七六
菅沼六兵衛丞　②一八三
菅平右衛門(尉)➡菅道(達)長
菅道(達)長
菅平右衛門　④二一〇
　菅平右衛門尉　⑤三三
菅野左馬助　⑤六一
須賀谷　②二〇四
杉浦源之助　②二八一
杉谷　②一六二
杉本➡杉本伊豆守
杉本伊豆守
　杉本　①九九
　伊豆守　①九九
杉本義宗　⑤九四
　義宗杉本太郎
杉本坊(霊通寺)　③一八一
杉山　③四四
杉山家継
　杉山出雲守藤原家継　③一四
杉若伝三郎　⑤三三
勝長門➡勝行遠
勝行遠
　行　④一九九
　行□　④一九八
　勝長門　④一九九
　勝長門守　④一三六、一七三、一九七
　勝長門守行遠　④一九八
勝長門守➡勝行遠
勝長門守行遠➡勝行遠

須黒播磨守 ②五九
助(仏師) ⑤三七
助右衛門(正善院百姓) ④一六七
助衛門(藻原寺) ②一六一
すけかや越後 ③六九
助清
　四郎兵衛大夫助清 ②八
助五郎(滝山寺) ②六
助五郎(千葉家臣) ②一八三
助五郎➡鈴木助五郎
助五郎➡北条氏規
助左衛門娘
　沙弥助左衛門娘 ④一八六
助崎 ⑤三三
助崎➡大須賀右馬助カ
助作 ①一九七
助三郎(香取神官) ①一六四
助三郎➡鈴木助三郎
助繁➡海上助繁
助七郎➡香取助七郎
助十郎(高篠) ②六一
助四郎➡香取朝寛
助二郎(里見甲斐守百姓) ④八九
助二郎(大原神社) ②二一六
輔胤➡千葉輔胤
資胤父子➡那須資胤・資晴
助太郎 ①一二
佐殿➡源頼朝 ⑤三
助縄➡簗田助縄
菅谷 ④三九
菅谷大炊之助 ②一三七
菅谷隠岐守 ②三七
菅谷摂津守(孝貞カ) ①二四五
菅谷政貞
　左衛門入道沙弥全久 ④三七
　菅谷左衛門大夫政貞 ②一五二
資晴➡那須資晴
祐久 ①八二
助秀➡海上助秀
助兵へ ④八九
祐房➡香取祐房
助行➡加世助行
助吉➡緒形助吉
祐吉➡香取祐吉
助六 ②六一
朱雀帝➡朱雀天皇
朱雀天皇
　朱雀天皇 ⑤六二
　朱雀帝 ⑤五九
須西 ③七三
周西越後守 ④二八
周西藤九郎 ②一五一
周西政忠
　周西山城守政忠 ②二〇〇
図書助(常光寺) ②一七七
図書助➡椎名図書助
図書助➡島田図書助
図書助➡本庄胤知
鈴木(妙本寺文書) ⑤一一
鈴木(厳島神社) ②二七
鈴木(原胤貞家臣) ②一九
鈴木伊賀 ④四三
鈴木国吉 ①一八
鈴木小三郎 ②二六
鈴木源右衛門 ⑤九
鈴木五郎
　五郎 ②六
鈴木五良右衛門 ③一〇
鈴木茂次
　内匠助茂次 ②六
鈴木七大夫 ②一〇七
鈴木治部丞
　治部丞 ②六
鈴木昌安
　鈴木前出羽守沙弥昌安 ②六
鈴木四郎右衛門 ②二一六
鈴木甚四郎 ②一三
鈴木新三 ②二三〇
鈴木神三 ②六二
鈴木助五郎
　助五郎 ②一三
鈴木助三郎
　助三郎 ②六
鈴木太郎さへもん ③二八
鈴木太良兵衛 ③一五
鈴木次直
　鈴木和泉守平次直 ②九
鈴木虎寿
　虎寿 ②六
鈴木則家 ①一七四
鈴木隼人佐 ③一四
鈴木備中守 ④八四
鈴木平次左衛門 ③一五
鈴木伯耆守 ②六
鈴木正久
　鈴木蔵助正久 ②二一
鈴木又左衛門 ④二〇一
鈴木妙蓮
　鈴木隼人佑妙蓮 ②七三
鈴木宗四郎 ③二八

鈴木弥衛門
　弥へもん　③三八
鈴木与三郎　②二四
須田➡須田盛秀カ
須田新右衛門　②七五
須田信政
　須田三郎信政　①一八一
須田弘重
　須将弘重　③一三〇
　須田左近将監弘重　③一七三
須田政治
　須田善七郎政治　②一三
須田盛秀カ
　須田　③一八二〜三
捨松　①一六四
須藤和泉守　②一四八
須藤和泉守娘
　妙体　②一四八
すへ金蔵➡須江金蔵
角案主(すミのあんしゆ)　①
　二〇九、二一八、二二六、二五七、二九七、②
　一三、八八
角田中務　③二四
角田若狭守　①七五
住吉屋宗無
　そうむ　⑤一八〜九

駿河阿　①一八
駿河公　①八六
駿川守➡安田駿河守
駿河十郎　⑤五九
駿➡今川氏
駿州➡今川義元
諏方神長➡守矢頼真
諏方神長宮内少輔➡守矢頼真
諏訪左馬助　②二七

せ

清　④二二九
誓阿➡千葉胤持
清胤　①一七四
せいえもん(井土庭)
　いとにハせいえもん　②九一
　かねたせいえもん　②九一
清衛門(藻原寺)　②一六一
清音寺　②七〇、④二二八〜二二九
勢雅　④一三四
正器慶円　②一四
正検非違使(けんひいし)　①
　一一、六八、一三〇、二五七、②一四、八八、
　二三九、④八四
清源　②五八

性香大姉➡香取胤永母
清光➡木内清光
勢古之新兵衛丞　①二〇四
清左衛門(酒井政辰家臣)
　せいさへもん　④二七
清左衛門　④五八
清さえもん(香取)　②二六六
清左衛門(藻原寺)　②一六一
勢三郎　①一八一
勢至　①一二三
惺師➡日惺
清式部➡清式部大夫
清式部大夫
　清原　②一三
　清式部　③一三
　清式部大夫　③一三
政次三郎➡みかこ政次三郎
清字明浦　②八五
性秀　①八四
聖聚　①八五
成秀➡香取成秀
清秀
　僧都清秀　③二二九
請寿妙真　②一六
性春　②一七、一九
政乗　③一三

西笑承兌
　たい長老　④一一七
成潤　⑤一
せい四郎　①七五
清心五郎　③八五
性善　②二四
清全　②一九
性善坊　③一三四
清三➡香取清三
清蔵坊➡日治
せいちやう　①一四八
誠仲和尚　④一三四
成椿➡香取成椿
清伝➡酒井清伝
清伝入道➡酒井清伝
清彦三郎　④一一九
清彦三　④一三〇
清弁
　法印清弁　④一四五
清芳　①一四八
正判官代(はんくわんたい)
　①五三、一二三、一六八、二五七、②一四、
　八八、二九七、④八四
性満➡香取性満
清宮　⑤一〇三
成務天皇　⑤一〇三

清祐　①一七四
勢誉
　勢誉法印　④二三〇
聖与
　法印聖与　③二二四
西龍坊　⑤八一
西良　①一七
清六　①一八七
清路寺定助　④四五、四七
清和天皇
　□和天皇　③一三
　清和天皇　①一八一、二九〇、③三一
　六、④二二一
関源左衛門　②二三五
関根和泉守　③一八四
関根兵庫助　④一
関根又四郎　①一六九
関宿様➡足利義氏
関谷西周五郎さへもん　③三
七
是行坊　③一一七
瀬里惣九郎　⑤九四
世浄禅定門　①五〇
せちコ　①二〇九、二一八、二三六
せちはう　①一六六
摂津守　③一〇、④一七八
摂津守➡酒井忠当
截流斎➡北条氏政
芹沢　②三六
芹沢土佐守　②二二八、二二九
瞻阿　①一一〇
せんあみ(香取神官)　①八、九
泉阿弥(恵光院)　④一七四〜五
全阿弥(徳川家臣)　④一九五
善阿弥(石堂寺)　②一七
善阿弥➡岡田善阿弥
専市　⑤七八
善恵(那古寺)
　権大僧都善恵　②二三九、④三七
善恵(石堂寺)　②一五
禅栄
　律師禅栄　①一二七
善叡寺　①一〇六
仙応妙寿大姉➡里見忠義妻
専音坊　④一四四
全岳➡原胤隆
全久➡菅谷政貞
善久　①一四九
全鏡　②一六四
善鏡　②一七
善金　⑤八一
善九郎➡北条氏繁
善九郎➡正木善九郎
禅慶➡東松千代丸
千子　②一五九
せん小井土かう　④六四
善高　②一五、一八
善弘　②一四九
千光院主➡東英周龍
仙光院殿➡千葉成胤
専光坊　②一六三
せんごく越前➡仙石秀久
せんこく五ひやうへ➡仙石秀
久
仙谷忠政
　仙谷越前守忠政　④九一
仙石秀久
　せんこく五ひやうへ　⑤一八
　せんごく越前　④二八
善さへもん　④一三四
全参記室
　全参記室禅師　②二〇〇
専識　②一六二
前司公
　前司公　②七二
　本住坊　②七二
善十郎
　善(せん)十郎　②二三五、二六八
千寿丸　②三
禅俊　①五六
善春　②一八
善春坊　④一五九
善助
　新行寺善助　②二二一
仙昌
　普門坊仙昌　③二二四
禅勝　②一九
善勝　③二〇五
善昌房　③二〇五
禅乗坊(長禅寺)　②一六三
善四郎
　小別当善四郎　⑤六四
禅真　①一三一
洗心斎➡簗田晴助
善性(竜蔵寺)　②一五八
センスイタミ之助　③八一
禅宗房(笹)　②二九〇
千代　①一三三
先代➡里見義頼
禅智坊　③一二四
善仲　②一六
善長　②一六
全得　②一五八
善珍➡千葉貞胤

善貞　②二九二
宣転　③三三
仙波左京亮　②一五一
せんは新へもん　③三八
全方➡武田信秋
全芳➡武田信秋
禅妙　①二二九
善弥　②二九
専祐　①一九七
善養
　善養律師　②一六二
専柳斎➡山崎秀仙
泉林坊　③一八一

そ

副祝
　副祝(そいのはうり)　①二、六、一三、二九、四二、六二、七〇、一三四、二〇五、二二〇、二三〇、二三七、二五七、②一四、八八、④六四～五
副祝中臣　①一七二、②二三九
別祝　①二二七
そいの祝　④六五
相➡北条氏
宗闇　②二五
そうあん(宗安)➡万代屋宗安
宗位　②二三
宗意　①一六一
宗印　②一六
宗吽　②二七
早雲➡伊勢宗瑞
早雲庵➡伊勢宗瑞
宗恵　①一六三
宗栄
　宗栄律師　②二五
宗右衛門　④一三四
惣衛門(稲荷神社)　③六〇
惣衛門(香取)　②六七
惣右衛門尉　③二七
宗円(遍昭院)
　法印宗円　④一四五
宗円(石堂寺)　②二五、二七、二九
宗円➡狩野泰光
相応寺➡千葉胤直
そうか(く)う➡香取宗光
宗海(石堂寺)
　宗海　①一六〇
　宗海法印　②二三
宗海(法興寺)　①一三二
宗覚(石堂寺)　②一〇二
そうかく(香取神官)　①二九、二三二
僧観　①一四三
宗感　②二三、二九
宗儀　②二四、二五
宗久➡松本宗久入道
宗闇　①一六六
僧銀　①一四三
宗芸➡土岐頼芸
宗見　①一七九～八〇
宗言　①三〇一
宗賢(妙国寺)　①二二七
宗賢(石堂寺)　②二五～二七
宗憲
　宗憲阿闍梨　②二〇
宗玄➡三橋宗玄
総見院殿➡織田信長
惣検校(そうけんきう)　①二〇、二五七、②二三、八八、④五二、六五
総子　②九一
宗吾
　宝光寺宗吾　①一七四
増子　①一六三、③八八
宗好
　大蔵院宗好　①一四
宗高　②二五
宗光➡香取宗光
惣光坊➡日踞
惣光坊➡日常
相左➡相馬治胤
惣佐衛門　④八九
相左衛門　②七五
匝瑳　②二五
匝瑳大隅信利➡匝瑳信利
匝瑳常広
　常広匝瑳八郎　⑤六三
匝瑳信利
　匝瑳大隅信利　③一五六
相左治胤➡相馬治胤
*総三郎母➡孫三郎母　②二三六
宗師➡香取宗師
宗次左衛門　③六一、④六七
総七　③二七
総七郎➡東胤継
宗持坊　⑤八一
そうしや➡長尾景総
惣社➡長尾景総
宗寿　①一〇七
宗珠　②二四
宗秀
　宗秀律師　①一六一
宗拾
　宗拾　①一三六

宗拾庵主 ①一四三
宗聚(石堂寺) ②二三、一三三
宗聚(石堂諏訪神社) ②二三
宗聚(慈眼寺) ②六三
相州➡北条氏
相州賢息両所➡正木直連
宗儒成仏 ②二六
宗春 ①二七三
宗春➡香取宗春
僧春 ①一四三
宗順(里見家過去帳) ④二四六
宗順(石堂寺) ②二七
宗順(石堂諏訪神社) ②二一
宗諄(ママ)➡里見(秋元)義次
宗乗(朝夷南)
法印宗乗 ④二四七
宗乗(石堂諏訪神社)
宗乗 ②二一
権律師宗乗 ②一〇二
惣二郎(東国府) ④一七〇〜一
惣二郎(妙見社) ⑤一〇二
宗信(石堂寺) ②二五
宗信侯室➡武田宗信妻
蔵真竜殿　蔵真竜殿 ①二九五
宗瑞➡伊勢宗瑞
宗是
自庵宗是 ④八三
宗清(石堂寺) ②二四
宗泉(石堂寺) ②二七
宗仙(本国寺) ②二四
宗全(石堂寺) ②二五
霜台➡松永久秀
増太郎 ①二六四
宗仲➡香取宗仲
宗長 ①一九、⑤六
宗珍(称名寺) ⑤三六
宗珍(石堂寺) ②二五
宗昨 ②一
宗貞 ②九一
宗伝 ②二五
宗都 ②二五
宗当➡常久
宗能
権少僧都宗能 ①二六〇
宗繁(石堂寺)
権大僧都法印宗繁 ②二三
宗繁 ①二六一
宗範(石堂寺) ②二四
そうハん(香取) ②八七
草範➡正木通綱
宗富
天徳院宗富 ②二七
宗弁 ②二四、二六
宗補
回斎宗補 ④八四
増房 ②四一
宗方 ②二八
相馬 ②八一、九五〜六、一五一、一八三、
③三、⑤九四
相馬➡相馬治胤
相馬因幡 ③七三
相馬因幡守
因幡守 ①二六一
相馬大蔵大輔 ③二二
相馬大蔵丞 ③七三、一〇三、一四七
相馬小次郎➡平将門
惣馬小次郎➡相馬秀胤
相馬左近大夫➡相馬治胤
相馬十郎 ③一四九
相馬胤永
相馬民部大夫 ③九六
相馬弾正忠
弾正忠 ③一四八
相馬常晴
常晴相馬五郎 ⑤六二、八五
常晴上総介 ⑤六二、八五
相馬内膳亮 ②二〇七
相馬治胤
高井孫三郎 ②二二七
相馬孫三郎 ②二三三
相馬孫三郎治胤 ②二〇四
左近大夫 ②二三三
相左 ②二二八、③一四二
相左治胤 ②二七〇
相馬 ②二三〇〜一、二七六、③二二、
一七六、④二六
相馬左近大夫 ②二二一、二二八、
二三三、③一七、一四二
相馬秀胤
惣馬小次郎 ④三三
相馬孫五郎 ②二三四
相馬孫三郎➡相馬治胤
相馬民部大夫➡相馬胤永
相馬師胤
師胤理性 ⑤一〇〇
師胤相馬小次郎 ⑤六三
師胤左衛門 ⑤八八
師胤 ⑤六三、七一
相馬ゆきへ ③一四九
そうむ➡住吉屋宗無
宗茂 ①二六一
宗祐 ②二四、二五
宗義智
対馬侍従 ④一〇八、一三三

羽柴対馬侍従　⑤三
惣領太夫　⑤一〇三
宗連　②二九
息➡小山秀綱子
即印　②一四九
祖慶　②一〇一
祖秀　①六五
素暹➡東胤行
園田信濃守　①二四五
そはたかはうり　①二五七
染谷二郎右衛門尉　③一七三、④八五
そや　①三八
曾谷直秀
曾谷四郎左衛門直秀　②一五八
道崇　②一五八
曾谷法蓮
曾谷法蓮日礼　②一五八
法蓮　②一五八
其よ五郎
よ五郎　④二〇〇
其よ四郎　④二〇〇
其新右衛門　④二〇〇
尊意
法性坊尊意　⑤六二
尊栄
尊栄僧都　②二〇
存円　①一二九
尊雅　①一九七
尊賀
尊賀法印　②一四九
存高
小比丘存高　②五
尊幸
尊幸法印　②一四九
尊乗　②一五八
尊勝院　④一七八
尊仁　②一四九
尊仏➡小林尊仏
尊誉
尊誉法印　②二

た

田➡田村清顕
大阿弥(あミ)　①九七、一七八、二一二
大案主➡香取弥四郎
大応寺　①一、三四、九五、一〇九、一五七、二〇五
大覚➡香取大覚
大覚➡常陸胤持
大覚坊　②一六二
大厳
東長寺大厳和尚　②二四
大岸瞬達　③一八〇
大教阿　②一
大行院(藻原寺)　②一六二
大教坊　②二四
大行坊(本国寺)　②二四～五
大行坊(藻原寺)　②一六二
大行律師　⑤八
大宮司(鹿島)　④二四、五三、一八七、二〇二
大宮司(香取)　②二四〇、④二四、五三
大宮司➡香取清房
大宮司➡香取実房
大宮司➡中臣則広
大宮司➡中臣則盛
大宮司左京進➡香取左京進
大宮司散位大中臣　②二三九、二四〇
大九郎➡原邦胤
大賢　③二〇一～二
大子　②二四
大光　③二九〇
大閤様➡羽柴秀吉
大光房(笹)　②二九〇
大光坊(報恩寺)　②七八
大細工　④五三
醍醐天皇　⑤五九
田石➡前田石見カ
太守➡北条氏康
大受阿闍梨➡日合
大掾➡大掾慶幹
大椎権介➡千葉常兼
大聖人➡日蓮
大乗坊➡義詮房
大掾氏　⑤六八、七〇
大掾　⑤六八、七〇
常陸大拯　④二二五
大拯　④二二六、二二八、二三九
常府　④二二五
大掾慶幹
大掾　②八五
府中　②八一
大進　①一二一
大神宮大禰宜　④一二三
大進阿　⑤三九
大進公➡日仁
大進律師　②一六一
泰真妙真尼□　⑤九
太輔阿　⑤三八

泰清　②三
大勢院殿➡里見義頼
大膳➡国分胤政
大膳➡正木時茂
大膳➡三谷大膳
大膳様➡正木時茂
大膳亮➡正木通綱
大膳大夫➡小山政綱
大膳亮➡牛尾大膳亮
大膳亮➡正木憲時
大蔵阿　②一六〇
岱叟院➡里見義堯
岱叟院正五➡里見義堯
大藤式部➡大藤政信
大虫和尚　③五三
たい長老➡西笑承兌
大圾(石堂寺)　②元
大途➡北条氏
大同寺孫九郎➡大道寺直繁
大道寺　③一六二
大道寺➡大道寺資親
大道寺➡大道寺政繁
大道寺周勝
源六　②四五
大道寺資親
大導寺　②三三
大道寺直繁
大同寺孫九郎　④三
大道寺政繁
駿河守政繁　③二四一
大道寺　④三五
大道寺盛昌　②四五
大導寺➡大道寺
大藤式部➡大藤政信
大藤政信
大藤式部　④三五
台徳院様➡徳川秀忠
大弐　②一五九
大弐法眼　①一五四
岱被(叟)院正五➡里見義堯
太夫(千葉寺)　⑤七五
大夫(竜大夫子)　①二七六
大夫➡石川左衛門大夫
大夫左近八郎　⑤一〇一
大夫新七郎　②二三六
大仏師　①二三、②二三八
大仏所卿法印　①二二七、二二八
大仏所師法眼　②三
大夫兵衛　②二三六
大宝　②二一八
大本坊　③一八一
当麻之上人　④二三四
大誉　④一五六
平朝臣勝秀➡大須賀勝秀
平朝臣実吉　③六二
平朝臣胤家➡多田胤家
平朝臣親胤➡千葉親胤
平右京亮政助➡簗田政助
平氏女(平綱信妻カ)　②一四二
平氏綱➡北条氏綱
平氏政➡北条氏政
平氏康➡北条氏康
平勝胤➡千葉勝胤
平勝盛➡国分勝盛
平亀寿丸
亀寿丸　②四一
平亀寿丸　②四〇
平国香
国香　⑤五九～六〇
平邦胤➡千葉邦胤
平国寿
平氏国寿　②四一
平国寿　②四〇
平貞盛
平貞盛　⑤五九～六一
平将軍貞盛　⑤八四
平貞継➡豊島貞継
平重行　①二〇六
平親王➡平将門
平輔胤➡千葉輔胤
平高助➡簗田高助
平孝幹➡鹿島孝幹
平忠輔
忠輔　⑤八四
平忠常
平忠常　⑤六一
忠常下総権介
忠常　⑤八〇
下総権介平忠常　⑤六二、八五、一〇三
下総権介忠常　⑤六一、六七、七二、八七、
下総権介　⑤七〇、七二、七九～八〇
平忠通　⑤六二、六七
鎌倉権太夫忠道　⑤六七
忠通村岡平太夫
忠通村岡太夫　⑤一〇三
忠通　⑤六一
村岡平太夫忠道　⑤一〇二
鎌倉平太夫　⑤六一
平忠光
忠光　⑤六一
村岡四郎忠光
常陸中将　⑤六一

三浦平太夫　⑤六一
権中将駿河守　⑤六一
権中将三浦忠光　⑤六一
上野のくろ　⑤六一
平忠頼　⑤六一
忠頼上野二郎　⑤六一
上野二郎忠頼
上野次郎忠頼　⑤八六
忠頼　⑤六一
村岡二郎　⑤七二
上野介　⑤六一～二、一〇三
上野二郎　⑤六一
平胤家➡鏑木胤家
平胤家➡多田胤家
平胤景➡国分胤景
平胤清　④五〇
平胤清➡原胤清
平胤貞➡原胤貞
平胤隆➡原胤隆
平胤富➡千葉胤富
平胤則➡高城胤則
平胤弘　①五
平胤光➡井田胤光
平胤政➡千葉胤政
平胤盛➡国分胤盛
平親胤➡千葉親胤
平綱信　②一四二
平常胤➡千葉常胤
平常辰
常時　⑤七五
粟飯原文次郎常時　⑤七五
常時文次郎　⑤六一
文二郎　⑤八五
文次郎　⑤七九
常辰文次郎　⑤六〇～一
平常将
常将　⑤五九
平時忠➡正木時忠
平時通➡正木時通
平時盛➡正木時盛
平利胤➡千葉利胤
平朝胤➡国分朝胤
平虎寿
虎寿　②四一
平虎寿　②四〇
平長真➡色部長真
平信茂➡正木信茂
平晴助➡簗田晴助
平将門
平将門　⑤六一
将門　⑤五九～六二、八五
将門親王　⑤五九
将門平親王　⑤五九、六二
相馬小次郎　⑤六一
平親王　⑤六一
親王将門　⑤六二
平政助➡簗田政助
平昌胤➡千葉昌胤
平正常
正常　⑤六三
正常武蔵権守　⑤六二
平通次　②一六四
平通綱➡正木通綱
平持秀➡海上持秀
平持宗➡粟飯原持宗
平幹宗➡粟飯原幹宗
平保宗➡粟飯原保宗
平宗盛
むねもり　⑤五一
平之胤➡国分之胤
□(平カ)之之胤➡国分之胤
平良生
良生　⑤五九
平良門
良門　⑤五九
平良兼
良兼　⑤五九
平良経
良経　⑤五九
上野介良経　⑤五九、六一
平良広
上野守良広　⑤五九
平良文
良文　⑤五九～六一、六六～七、七二、
八五、八七、一〇二～三
陸奥守良文　⑤五九、六一、六四、六
七、八五、一〇三
陸奥守　⑤七二
村岡五郎　⑤六一、六七
村岡陸奥守良文　⑤一〇三
平良将
良将　⑤五九
良将
平子太良　②一二五
たうきやう(香取神官)　①一三
二
*たうしほう➡たうしゆう　①
一六一
たうしゆう(香取神官)　①一四
一、一五七、一六一、一七〇
たうめん➡道めん
たえこ　①一八四
高□□後守　③二三
堯□➡正木堯智カ

多賀蔵人　⑤一九
多賀蔵人助　①一七八
多賀長太夫　④二六
多賀信家
　加賀蔵人佐信家　④七二
　多賀蔵人佐信家　④五四
多賀信繁
　多賀彦七郎信繁　③三〇
高石　④二九
高石山城守　④八八、九七
高井孫三郎→相馬治胤
尊氏→足利尊氏
高浦加賀守　①一九
高尾伊賀守　②二六一
高岡源衛門尉　②一四六
高木→高城胤辰
高木→高城胤則
高木左衛門尉　④九
高城　①六六、⑤九五
高城→高城胤辰
高城→高城胤則
高城→高城胤吉
高城和泉室　⑤八八
高城源次郎→高城胤則
高城源次郎祖父→高城胤忠
高城彦六　④七三
高城下野守→高城胤吉
高城下野守→高城胤辰
高城龍千世→高城胤則
高城胤忠
　高城下野守胤忠　②三六
　高城源次郎祖父　③二七五
　下野　⑤九〇
高城胤辰
　胤辰　②一八二、二二一、③四、四二、四四、六三、七八、一三一、一三六、一六五
　下野　③一六四
　高城　②一八〇、二三三、二四五、二六二、③三、六二
　高城胤辰　②二六八、三〇七
　高城下野守　③五四、六三、七三、八四、一〇三、一四八
　高城下野守胤辰　③九五、一六〇
　高城下野守平胤辰　④七三
　高木　④三六
　高源胤辰　③一六五
高城胤則
　胤則　③一七三、一八〇、一八二、一八六、一九〇～一、二三三、二四一、二五七、二六六、二九〇～二、二九八、④八五
　高城　③二三五、二五六、二九七、二九九
　高城源次郎　③一六五、一八〇、一八五、二七五、二九一
　高木源次郎平胤則　③二九一
　高城源次郎平胤則　④七三
　高城龍千世　③一六四
　高木　④三一、三四
　平胤則　③一七三、二九一
高城胤吉
　高下　②一八四
　高城　②一六四
　高城下野守　②一五一、一六四、一八九
　小金　②一五六
高城彦二郎　③六六
高倉目代(香取神官)　②一三、④五一
高源胤辰→高城胤辰
堯重→里見堯重
高下→高城胤吉
高師山城守　④四五
高助→簗田高助
高須弥助
　高須弥介　④二七
　高弥助　④二七
隆忠
　伊賀守隆忠　④五一、七二
高田治忠
　高田豊後守
　高田豊後守(治忠)　④一〇七、⑤三〇
高滝　④三〇
高滝新州　③二七二
高滝中書
　中書　③六
　高滝中書　③五
高滝兵庫助　③一三
高知丸　⑤八一
高千代　⑤七七
高千代大膳亮　⑤九四
たかつヵ　①一四一
高綱→二階堂高綱
高常→丸高常
高時→北条高時
隆敏→酒井隆敏
堯俊→里見堯俊
高朝→小山高朝
高梨大蔵丞　③二〇
高梨大蔵丞妻
　同妻女　③三〇
高梨紀伊　④二八七
高梨丹波守　②一七七
高梨勝五郎
　同勝五郎　④二八七

高梨内膳　③一八八
高梨長吉
　高梨内蔵助長吉　②一六八
高梨半兵　④二八
高梨与五衛門　③三二
高橋(石堂寺)　②三五
高橋景綱　①二〇六
高橋九郎(元種)　④一〇八、⑤三二
高橋氏女➡里見重信妻(高橋氏女)
高橋主膳正(直次)　④一〇九、⑤三
高橋内匠助　③九
高橋妙経　⑤一七
高松城主➡清水宗治
孝秀➡海上孝秀
高松大夫　③一二〇
高見王
　高見王　⑤五九
　高見親王　⑤七二
高望親王
　高望　⑤七二
　高望親王　⑤五九、七二
　親王　⑤五九
高基➡足利高基
孝幹➡鹿島孝幹
たかや　①二五五
たかや淡路守　①二五五
多賀谷　③一一〇、④二二八
多賀谷重経
　下妻　③一七四
　修理　④六
　重経　④六～七
　多賀屋　③二二五
　多賀谷修理亮　②二四九
　多賀谷重経　③一〇九
多賀谷下総守　④二二六
多賀谷修理亮➡多賀谷重経
多賀谷祥聯
　多賀谷入道祥聯　②二四八、二五三
多賀屋➡多賀谷重経
高弥助➡高須弥助
高山重友
　高山　⑤二九
高柳伊与守　③八五、九二
高柳三郎右衛門　③八五
高柳二郎左衛門　③八五
滝尾張守　②二八
滝常実
　常実滝三郎　⑤八五
滝川➡滝川一益
滝川一益
　滝川　③一五一
　滝川左近一益　③一五一
　滝川伊予守　③一五〇
滝川雄利
　羽柴下総守　⑤二五
滝川彦次郎(忠征)　④一七四
滝山飛騨守　②六
宅間監物　④一六二、一六四、一九四
宅間勝兵衛　④一九一
たくみ➡鶴見信長
たくみのすけ➡鶴見信長
内匠助(笠森寺)　③一二六
内匠助(山下田村)　④二四五
内匠助➡立野内匠助
武石勝左衛門　④一三八、一九〇
武石蔵人尉　①三〇〇
　同女中　②二四
竹内大和守入道　②二四
竹内大和守入道妻
武士胤重
　胤重武士三郎　⑤六三
竹下太郎二郎　②二四
武信濃守　②一四七
竹寿➡武田大蔵佑娘
竹二郎(藻原寺)　②一五九
竹二郎➡牛尾竹二郎
竹田　④二二八
竹田宦兵衛　④一六三～一六四
竹田藤八　②一五七
竹田兵部➡武田豊信
武田➡武田信応
武田➡武田晴信
武田➡武田道信
武田氏信
　源道存　①一六五
　武田氏信　④二四
　武田八郎氏信　⑤四
武田氏信妻
　氏信侯室　④二四
武田右馬助入道➡武田信長(甲斐)
武田大蔵佑　②一六
武田大蔵佑娘
　竹寿　②一六
武田勝頼
　甲　③一三、一一九
　甲州　③二
　甲府　③一三、一三九
　勝頼　③三、九一、九九、一二八、一三三、一三六、一四三～四　④二七五、⑤二五
　武田四郎　③一五〇

武田久太郎　③九
武田清嗣
　三河守　④三一
　前三河守清嗣　①二八
　武田三河入道　④三二、⑤三三
　武田三河入道道鑑　①二五八
　真里谷　⑤三五、四〇
　真里谷入道　⑤三三
武田清信　④二五四
武田左衛門五郎
　左衛門五郎　②二八
武田左衛門尉　④二三
武田左馬助➡武田信豊
武田三郎➡武田信茂
武田氏
　甲府　④三九
　たけだ　⑤四一
　武田　④三九
　甲(府)　②一七四、一七八、二四六〜七、二五三〜四、二五八、二六〇、二六七、二九一〜二、三〇五、③三、一〇〇、一〇七、一〇九、一三三〜四、一三六、一四〇、一四三
武田式部大夫➡武田信応
武田式部太夫➡武田信清
武田式部太夫入道➡武田信清
武田七郎次郎　④二八一、二九〇
武田浄信➡武田広国
武田四郎➡武田勝頼
武田四郎右衛門尉　③三
武田信玄➡武田晴信
竹田善真　①二九
武田大夫
　真里谷式部大夫入道恕鑑父子　①三〇四
　父子　①三〇一
　武田大夫　①二八三、二八五、三〇一
武田朝信
　朝信　②二四八
　土岐大膳大夫朝信　④七二
　とものぶ　⑤四五〜六
武田豊信
　竹田兵部　④三
　長　③二三
　長南　②二九二、③四三、六五、一一九、一五〇、④六六
　長南刑部大夫　④三二、二四
　武田兵部太夫　④二三
　武田兵部大(太)輔　③六五、八〇、一一一、一二二、一四八、二七六〜七、④三三、二五一〜三
　武田兵部大(太)輔源豊信　②二三、④二三
　武田兵部大輔豊信　②六一、④七二、二七六
　武兵　③二七
　兵部大輔　②一六六、二九一
　兵部大輔豊信　②一〇九
　豊信　②一八五、③二七六、④二五四
武田豊信妻
　武田兵部大輔御台　④二三
　源豊信室里見娘　④二三
　花林盛芳　④二三
武田豊信母
　長栄禅定尼　④二三
武田能登守　③三四
武田信秋
　のぶあき　⑤二
　大がくのすけ　⑤四八
　大がくのすけのぶあき　⑤四一、四九
　沙弥全芳　②二一〇
　信秋　①一九三
　心盛斎全方　①二九七
　真里谷大学入道　②二四六、二四七
　老父　②二四七
武田信勝
　武田源次郎信勝　①二八一
武田信清
　寿星庵恕鑑　①二五九、二七六
　恕鑑　①二五九、二七六
　真里谷　①二〇七、二五五
　真里谷式部大夫　①二四四
　真里谷式部大夫入道恕鑑父子　①三〇四
　真里谷恕鑑　①二八八
　父子　①三〇一
　武田式部丞信清　①二三九
　武田式部太夫　④二五二
　武田式部大(太)夫入道　①三〇〇〜三〇一、④二五三
武田信清母
　真里谷殿母　④二六二
武田信茂
　のぶしげ　⑤四二〜三
　三郎のぶしげ　⑤四三
　三郎殿　⑤四一〜三、五三
　みだひどころ　⑤四二
武田信茂妻
武田信隆
　信隆　①二九二
　真里谷八郎太郎　①二九七
　真里谷八郎太郎信隆　⑤五七
　真里谷　⑤四一

まりやつの太郎のぶたか　⑤四一
のぶたか　⑤四一～三
八郎大郎　①二九七
武田信隆　①二九二
武田信君
不白　③二五
武田信嗣
武田式部大夫源朝臣信嗣　①一九三
亡父　①二五九
真里谷　⑤四〇
武田信嗣妻
祐珍　①二九二
武田信豊
武田左馬助　③九九～一〇〇
武田信虎
陸奥守信虎　①二六九
武田信長
のぶなが　⑤四六
武田信長(甲斐)
武田右馬助入道　①二二、⑤一
武田信長(真里谷)
信長　②一六八
真里谷隼人佑信長　②一六七
隼人佑　②一六八
武田信広
左近尉信広　①二八一
武田のぶまさ
のぶまさ　⑤四一
武田信応
式部大夫信応　②六四
信応　②六三、六七
真里谷式部大夫　②四七、六三
真里谷八郎四郎　②二四七
八郎四郎　⑤五七
武田　②四五
武田式部大夫　②三八
武田信政
信政　④二三三
武田晴信
信玄　②二五一～二、二五四～六、二六〇～二、二六九～七〇、二七六、二七八、二八七、二九一～二、二九四～五、三〇五、③七九
晴信　②一七四、一七八、二五七、⑤一〇
武田　②二〇五
武田信玄　②二五一、③二六九
武田晴信　②二七九
武田兵部太輔➡武田豊信
武田兵部大輔御台➡武田豊信
妻
武田兵部太夫➡武田豊信
武田広国
広国　①二八一
武田浄信　①二八一
武田広国母
真如院殿妙本日覚大姉　①二八一
武田卜心　②二四七
武田三河入道➡武田清嗣
武田三河入道道鑑➡武田清嗣
武田道信
武田　④二五二
武田宗信
武田上総介宗信　④二五二
武田宗信妻
千葉殿娘宗信侯室　④二五四
武田義信
真里谷大炊頭　②二四七
おゝいのかみよしのぶ　⑤四一、四九
大炊頭義信　②二四七、④七二
武田吉信
吉信　④二五四
武田吉信妻
吉信侯室　④二五四
竹田理右➡竹田理右衛門
竹田理右衛門
竹田理右　④二〇六
武縄➡秩父武縄
竹中源助(介)➡竹中隆重
竹中隆重
竹中源助(介)　④二一〇、⑤三二
武豊前守　③二六
武兵➡武田豊信
竹房　②一五九
武基➡秩父武基
但馬公(妙本寺)
但馬公　②七二
妙蓮坊　②七二
但馬公➡日合
田島太郎左衛門　③五五
但馬入道➡岡本元悦
田島六郎左衛門　①六
太次郎　①一五三
田代三喜斎
江春庵　③七六
三喜斎　③二二、七三、九
田代昌純
三喜斎昌純　②八一
田代弘長
田代中務大輔源弘長　③四八
田代養謙斎

田代養謙斎 ③七三
養謙斎 ③一五三
太相➡千葉康胤
多田 ①二七五
多田抄野 ③八〇
多田意斎 ④二四六
多田三郎
多田の三郎 ②二〇一
多田胤家
山翁道高居士 ③八〇
多田ひこ次郎 ①一五三
多田掃部助平胤家 ①一七一、二二九
平胤家 ①二二八
平朝臣胤家 ③八〇
多田胤秀
胤秀 ③八〇
多田胤政
多田蔵人胤政 ①二六一
多田胤吉
多田肥前守胤吉 ①二六一
多田遠江守 ②二九九
多田之兵庫 ①七六、七八～七九
兵庫 ①一〇二
多田延家
延家 ①一六
多田延家 ①一四
多田彦(ひこ)二郎 ①三、四、一四、一六
多田彦二(次)郎延家 ①一四、一六
多田彦三郎 ①一八九
多田ひこ次郎➡多田胤家
多田彦(ひこ)二郎➡多田延家
多田孫右衛門 ④二四七
多田孫左衛門内方 ④二四八
多田満仲 ①一九〇、③一三
忠茂 ②二二八
忠輔➡平忠輔
忠継➡原忠継
忠次➡酒井忠次
忠常➡平忠常
忠久➡沼尻忠久
忠秀➡海上忠秀
忠通➡平忠通
忠光➡平忠光
忠頼➡平忠頼
忠義➡里見忠義
館九郎右衛門➡館宗胤
橘氏 ②四一
立花侍従➡立花宗茂
立花宗茂
柳川侍従 ④一〇九
立花侍従 ④一九三
羽柴柳川侍従 ⑤三一
たちま ①二二八
館宗胤
館九郎右衛門 ④二三九
宗種 ④二三九
たちわき(香取神官) ①一五七、一六一、一六三、一六四、②五
たちわき➡福室
たつ ①二四九
立ツ石多左エ門入道 ④二四五
辰賀➡千葉利胤
龍野侍従➡木下勝俊
多津母 ②一一
伊達➡伊達輝宗
伊達➡伊達政宗
伊達氏 ③二三、④二三九
伊達侍従➡伊達政宗
伊達次郎(稙宗) ②六七
伊達輝宗
伊達 ③一〇〇
伊達輝宗 ②二五一
伊達政宗
大さきの侍従 ④一一八
伊達侍従 ④九二、一〇九
米沢侍従 ⑤二五
羽柴伊達侍従 ⑤三一
伊達 ⑤一七
政宗 ④一二八
大崎侍従 ④一九三
立野内匠助
内匠助 ②一五九
立野太郎次郎 ②一五九
館林➡長尾顕長
たて林長尾➡長尾顕長
たて山➡里見義康室
帯刀(里見甲斐守百姓) ④八九
帯刀(妙見社) ⑤九一
帯刀(秋元郷) ②二五四
帯刀(常光寺) ②一五八
帯刀➡平山帯刀
田所(香取神官) ①一、二、六、九、一三、一五七、②三九、一九七、④五一～三、六四
田所➡香取祐房
田所➡香取祐吉
田所➡香取又四郎
田所➡香取宗好
タナ一右衛門 ③二五
田中右近次郎
田中「右近」次郎 ③一五八

田中玄蕃(助・允)
　田中けんは　②一八五
　田中玄蕃　①二六六、③六四
　田中玄蕃允　②一九〇
　田中玄蕃助　②一九〇
田中七郎左衛門　②一六〇
田中秀政
　田中丹波守藤原秀政　④一五
　六
田中兵庫助　②九一
田中兵部少輔(吉政)　④一一八
田中平二郎
　平二郎　②一八五
田中吉政
　田中兵部少輔
田冷(たなかし)　①一七、三六、四
　二、二〇九、二二八、二三六、二五八、二七一、
　②二〇〇、二三九
田冷判官代　②一四、八八
谷三郎(笠森寺)　③二二六
谷常総　①二六一
谷出羽守(衛友)　④一一〇、⑤三三
夕子女　①二六四
たね富⬇千葉胤富
胤□⬇胤吉
胤□下野　⑤八二
胤相⬇東胤相
胤顕⬇木内胤顕
胤朝⬇木内胤朝
胤家⬇多田胤家
胤家⬇千葉胤家
胤家⬇牛尾胤家
胤家氏(成)戸⬇千葉胤家
胤家⬇千葉胤家
胤氏⬇東胤氏
胤景　④五〇
胤景⬇国分胤景
胤景⬇本庄胤景
胤和⬇原胤和
胤方⬇千葉胤方
胤賢⬇本庄胤賢
胤清　①二二六
胤清⬇原胤清
胤邦⬇木内胤邦
胤惟⬇原胤惟
胤定⬇本庄胤定
胤貞⬇原胤貞
胤里⬇本庄胤里
胤季⬇原胤季
胤成⬇東胤成
胤重
　彦三郎胤重　①二九五
胤重⬇武士胤重
胤重⬇千葉胤重
胤重⬇牛尾胤重
胤祐　④九九
胤資⬇牛尾胤資
胤隆　①一〇三
胤高⬇千葉胤高
胤高⬇原胤高
胤隆⬇武射胤隆
胤隆⬇原胤隆
胤忠⬇多辺田胤忠
胤辰⬇高城胤辰、
胤親⬇原胤親
胤親⬇角田胤親
胤次⬇千葉胤次
胤次⬇原胤次
胤継⬇東胤継
胤綱⬇千葉胤綱
胤拾⬇木内胤拾
胤時⬇埴生胤時
胤敏⬇酒井胤敏
胤寿⬇千葉胤寿
胤敏老母⬇酒井胤敏母
胤富⬇千葉胤富
胤友⬇原胤友
胤友⬇千葉胤友
胤友⬇原胤友
胤知⬇本庄胤知
胤朝⬇木内胤朝
胤幹⬇六崎胤幹
胤直⬇千葉胤直
胤直⬇牛尾胤直
胤仲⬇木内胤仲
胤仲⬇東胤仲
胤仲⬇牛尾胤仲
胤長⬇神崎胤長
胤長⬇原胤長
胤長⬇山崎胤長
胤長⬇本庄胤長
胤宣⬇千葉胤宣
胤宜⬇東胤宜
胤信⬇大須賀胤信
胤法　⑤八三
胤則⬇府馬胤則
胤憲⬇国分胤憲
胤則⬇高城胤則
胤治⬇酒井胤治
胤治⬇小林胤治
胤治⬇東胤治
胤治⬇木内胤治
胤治老母⬇酒井胤治母
胤秀⬇海上胤秀

胤秀➡多田
胤位➡原胤位
胤広
　源太郎平胤広　②二八
胤広➡本庄胤広
胤広➡三谷胤広
胤広➡牛尾胤広
胤房➡香取胤房
胤房➡原胤房
胤正　③一九九
胤正➡坂戸胤正
胤政➡国分胤政
胤政➡千葉胤政
胤将➡千葉胤将
胤祭➡坂戸胤祭
胤光➡井田胤光
胤光➡椎名胤光
胤光➡千葉胤光
胤通➡国分胤通
胤宗➡千葉胤宗
胤村➡本庄胤村
胤持➡千葉胤持
胤持➡東胤持
胤元　①一六七
胤盛➡国分胤盛
胤守➡本庄胤守
胤安➡東胤安
胤保➡海上胤保
胤保➡千葉胤保
胤慶➡臼井胤慶
胤保新六郎➡木内胤保
胤安➡本庄胤安
胤行➡東胤行
胤吉(筑前妙安寺)
　胤吉　⑤三
胤□　⑤三
胤栄➡原胤栄
胤栄➡本庄胤栄
胤義➡木内胤義
胤義➡原胤義
胤善原新左衛門尉➡原胤善
胤義藤江七郎➡藤江胤義
胤寿➡千葉胤寿
胤頼➡東胤頼
胤依➡馬場胤依
胤縁➡臼井胤縁
種正
　新三郎種正　③一五六
多辺田胤忠
　胤忠多辺田太郎　⑤六三
多部田与太郎　③三
玉井孫右衛門　③二七
玉縄➡北条氏繁
玉野豊前守
　玉野豊前　④一八六、二八四
　玉野豊前守　④二八三
田丸弥四郎　④三
田村　④三九
たみ子　③八五
田村清顕
　清顕　③七〇
田　③一八二
田村治良兵衛　④二〇〇
為朝➡源為朝
為次➡三浦為次
為名➡三浦為名
為昌➡北条為昌
多門院　②一六二
田山遠江守　③二三四、④九七
太輔阿➡日匠
太夫工　①三三
太夫兵衛二郎　⑤八八
大夫房　④六二
太郎(石堂寺)　②二七、二九
大郎(香取)　①七七、二九
太良(小杉村)　②二八
た良(笹村)　②七五
大郎(藻原寺)　②一六一
たろう(太郎)　①二八三
太郎➡里見義弘
太郎➡里見義頼
大郎右門(円能寺)　②六七
　太郎右衛門　⑤一〇
　太郎右衛門尉　⑤一〇
太郎右衛門(亀山八幡神社)
　③八八
太郎衛門(藻原寺)　②一五九
大郎乙松女　②八
太郎子　②二七
太郎五郎　②二三
た良さえもん(笹村)　②七五
太郎左衛門(石堂寺)　②二六
太郎左衛門(亀山郷)　②二七八、
　③八六
太郎左衛門(さゑもん)(香取
　神官)　①二二六、二三〇、二三三
太郎左衛門(常光寺)　②一五七
太郎左衛門(不動寺)　②二八八
太郎左衛門➡加藤信景
太郎さえもん➡加藤弘景
太郎左衛門➡加藤弘景
太郎左衛門➡桜井太郎左衛門
太良左衛門(岩坂)　③一五
太郎さへもん(平蔵坊)　③三

九
大郎左衛門(真蔵村) ④一六五
太郎左衛門尉➡加藤弘景
太郎左衛門尉➡長尾太郎左衛門尉
太郎三郎(香取神官) ①九七、一七八
太良三良(亀山郷) ①一六四、③八九
太郎三郎(常光寺) ②一七七
太郎三郎(本興寺) ②一一三
太郎丞(亀山郷) ①一七四
太郎丞(藻原寺) ②一九九
太郎二郎(香取神官) ①九七、一三五、一六四
太良二良(大原神社) ②二一六
大郎二郎入道(香取神官) ①八～九
大良大良衛門(石堂寺) ②二六
太郎童子➡香取太郎童子
太郎兵衛(香取) ①一七〇
太郎兵衛(笹村) ②七五
太郎兵衛(明覚院) ②六二
太郎兵衛(亀山八幡神社) ③八八
太郎坊 ②六

丹衛門 ④九九
丹後守➡北条高広
丹後少将➡長岡忠興
丹後守➡熱田丹後守
丹後守女中 ④二四八
丹後の少将➡長岡忠興
丹三郎 ②一二
弾正
　神主弾正 ⑤一二
弾正➡浅野長吉
弾正左衛門➡正木弾正左衛門
弾正忠➡相馬弾正忠
丹藤(とう)二(次)郎➡香取丹藤(とう)二(次)郎
旦那➡里見義堯
旦那➡里見義頼
旦那父子➡太田資正・梶原政景
丹波(北条郷) ④二一
丹波守➡東胤仲
丹波守➡遠山綱景
丹後守➡花輪次郎
丹波守父子➡遠山隼人佑・綱景
丹波中納言➡小早川秀秋
丹波坊 ①六二

ち

ちうはうり➡中祝
ちうへいかう➡中平神
ちうべいのあね➡中平姉
智円➡丸前田常家父
智覚 ②二五
親胤➡千葉親胤
親政➡千田親政
親良➡堀親良
ちからの助➡三谷主税助
智鏡 ②二三
チクコ阿 ⑤二五
筑後公(藻原寺) ⑤二九
筑後公(妙本寺) ②七二
筑後守➡海上筑後守
ちくせん➡鵜沢筑前守
筑前➡筑前守
筑前公(藻原寺) ⑤二九
筑前守(仏師) ②二〇〇、二三〇、二三四、③一〇五
筑前守➡鴇田筑前守
筑前公(妙本寺) ②七二
筑前殿(藻原寺) ⑤二九
千くミ ⑤一〇一

チクコ阿 ⑤二五
竹宗(石堂寺) ②二五
智蔵掃部 ②一二三
智慶 ①八五
智俊 ②一
知順 ①一九五
智証 ①一五五
智水 ①一九〇
智泉 ①二二三
千田 ②二六六
千田親政
　千田判官親政 ⑤六四
　親政 ⑤六四、六五
千田宗胤
　宗胤千田太郎 ⑤六七
秩父 ②二一八
秩父(次郎左衛門) ②一八〇
秩父重忠➡畠山重忠
秩父重縄
　重縄権守秩父冠者 ⑤六二
秩父重弘
　重弘太郎太夫 ⑤六二
　秩父大夫重弘 ⑤六四
秩父武縄
　武縄秩父十郎 ⑤六二
秩父武基

武基秩父別当太夫 ⑤六二
ちつさい➡日在
千鶴(神野寺) ③二三
智徳 ①二八
千葉➡千葉勝胤
千葉➡千葉邦胤
千葉➡千葉輔胤
千葉➡千葉親胤
千葉➡千葉胤富
千葉氏胤
千葉介氏胤 ①一二六
千葉氏胤 ⑤八三、八七
氏胤 ⑤六七、七〇、七二、八三、八七
常珍 ⑤六七
千葉右馬助
右馬助おものい殿 ⑤七一
千葉勝門
勝門公津 ⑤七一
千葉勝胤
佐倉 ④三四
勝胤 ①一三八、一三七、一七七、⑤八、
七一～二、七六、七八、八一、八六、九一
共(其カ)阿弥陀仏 ⑤七一
勝胤常胤 ⑤七一
常胤 ①一七三、⑤八二
常胤新介 ⑤八二
千葉介 ①一三七、一七八、④二三四
千葉介父子 ①一五五
千葉殿 ①一〇〇、一〇六
平勝胤 ①一四一
輪覚 ①一〇一、一七八
千葉勝住
勝住椎崎殿 ⑤七一
勝住 ①一九三
常真 ②四七
椎崎 ①一七七、一八五
千葉兼胤
喜山 ⑤六八、八四、九二
眼阿弥 ⑤六八
兼胤 ⑤六八、七一～二、八一、八六、九
二
兼胤喜山 ⑤六八
兵部丞 ⑤八四
千葉神主 ②一九
千葉君胤
君胤筑後 ⑤一〇〇
千葉邦胤
屋形 ③一六三～四
屋形様 ③八三
作倉 ③五三
千葉 ③九四、九六
千葉介 ③四三、五七、一〇三
千葉新介 ③一九五～一九六
千葉中務太輔 ③二一四、二一三
千葉邦胤 ③一〇三
平邦胤 ③五七、八三
千葉法阿弥 ③一七七～八
法阿ミさま ③一九六
法阿弥 ③一九四、二〇七
邦胤 ②三〇〇、③一六、一九、六三、七
二、八二～三、一〇三～一〇四、一〇七、一
三、一四七、一四九、一五五、一六七～八、
一八八、一九五～七、二〇六、二二一、二二五
三、二八二、④二七三、⑤七〇、九一、九
五、九八、一〇二～三
国胤 ⑤八七
邦胤常琳 ⑤七一
法阿弥陀仏 ⑤七一
千葉邦胤妻
ひめ ⑤一〇三
千葉邦胤母
おふくろ様 ⑤一〇三
千葉自胤
自胤 ⑤六六
千葉金剛授寺 ⑤一〇〇
千葉貞胤
法阿弥陀仏 ⑤六六
貞胤 ⑤六六、七二
善珍 ⑤六六
浄徳院殿 ⑤六六
千葉実胤
実胤 ⑤六六
亀乙丸 ⑤六六
千葉三郎 ②一〇七
千葉氏
ちば ⑤三九、四五
屋形 ②一八
千葉 ①四九、③二一四、④三三六、二
二八～九、二三九、二七三、⑤三九、六八、
七二
佐倉 ④二三九
佐倉様 ⑤八八、九〇
千葉重胤
亀王 ⑤七一
御曹司 ⑤一〇二
千葉成胤
仙光院殿 ⑤六三
正珍 ⑤六三
成胤加曽利権守 ⑤六三
加曽利冠者成胤 ⑤六四
成胤権守 ⑤六三
成胤 ⑤六四～五、七二、八〇、八三、一
〇三
御曹司 ⑤一〇二

千葉七郎(十郎胤次カ)
七郎　①二七
千葉少納言
少納言　⑤七一
千葉新介➡千葉邦胤
千葉輔胤
屋形様　①七五
千葉　①七六
千葉介　①七一、九九
平輔胤　①一〇
千葉輔胤
輔胤　⑤七〇、七二、七八
公阿弥陀仏　⑤七〇
岩橋　⑤七〇～一
輔胤築常　⑤七〇
千葉胤家
胤家氏(成)戸　⑤七二
千葉胤賢
胤賢　⑤六八
胤賢中務大輔　⑤六八
千葉胤重
胤重神島　⑤七一
千葉胤次
意庵　②三〇〇
意庵斎道甫　④七二
道甫　⑤七〇、七二、八二
椎崎道甫　⑤八二
椎崎十郎　⑤七〇
胤次　⑤七〇
千葉胤綱
栄照院殿　⑤六五
胤綱正山　⑤六五
胤綱　⑤六三、六五、七二、八〇
千葉胤富
其阿弥陀仏　⑤七一
たね富　②二七二、二七三
胤富　②一三四、一三六、一四八、一六四、
一九四、一九六～七、一九九、二三四～五、
二三五、二四二～四、二五〇～一、二五八、
二六八、二七〇～一、二八三、二九七、二九
九、三〇五、③八七、一九五、二一一、二五三
胤富常源　⑤七一
胤富海上九郎　⑤七一
屋形　②三七、④四二、四九
屋形様　②二三八、④四一
佐倉　②二五
佐倉屋形　⑤六八
実城　②二六七
千葉　②二二八、二六二、二七七
千葉介　②一五五、二三一、二三四、三〇
三
千葉介殿胤富　②二六三
平胤富　②四一、一三五、一三七、二三
八、二四二
千葉胤直
千葉入道　①四
慎阿弥　⑤六八
胤直　③七七、⑤六八～七二、七五、八
〇～一、八五～六、八八、九九
胤直相応寺　⑤六八
千葉胤宣
重阿弥陀仏　⑤六八
胤宣五郎照山　⑤六六
胤宣五郎　⑤六八
千葉胤政
常仙院殿　⑤六三
胤政　⑤六三～五、七二、八〇
観応　⑤六三
弁谷　⑤六三
千葉胤将
平胤将　⑤五八、八
厳阿弥　⑤六八
胤将　⑤六八、七一、七九、八七
胤将高山　⑤六八
千葉胤宗
法照院殿　⑤六六
浄山　⑤六六
胤宗　⑤六六、七二、八〇
千葉胤持
胤持　①七
千葉胤保
胤保　②二六八
千葉胤寿
胤寿臼井四郎　⑤七一
千葉親胤
眼阿弥陀仏　②一〇三
佐倉　②九〇
親胤　②九〇、⑤七一、七八、九一～
二、九八
平親胤　②一〇四、⑤九二～九四
平朝臣親胤眼阿弥陀仏　②
一九七
新介平親胤　⑤九四
眼阿弥陀　⑤七一
親胤常円　⑤七一
民部卿丸　②八二
千葉　④三四
千葉常兼
星成院殿　⑤六三
常兼大椎権介観宥　⑤六三
常兼千葉大椎介　⑤一〇〇
常兼　⑤六二、七二、一〇三
大椎権介　⑤一〇三
千葉常重

常重大千葉介善応　⑤六三
照浄院殿　⑤六三
常重　⑤六三、六七、六九、七二、八〇、一
〇三
千葉常胤
平常胤　⑤八、八四
貞見　⑤六三
千葉介常胤　⑤六四、六五
浄春院殿　⑤六三
常胤　⑤六三〜四、七二、八〇、八七
弁谷　⑤六三
常胤千葉介　⑤六三
千葉常長
千葉大介常長　⑤八三
千葉介常長　⑤八五
常長　⑤六二、七二、八〇、八七、一〇三
常長千葉大介　⑤六二
常長大介　⑤六二
千葉常長　⑤六二
千葉常持
常持　⑤八五
千葉時胤
常光院殿　⑤六五
時胤　⑤六五、六九、七二
時胤大応　⑤六五
千葉利胤
覚阿□□仏　②四二
覚阿弥陀　⑤七一
千葉利胤　③二六八
平利胤　②四〇
利胤　②三六、⑤七一、九六
利胤辰賀　⑤七一
千葉直重
千葉介　④三一
千葉助　④三四
直重　③二六二
千葉中務太輔　③一六七
千葉中務太輔➡千葉邦胤
千葉入道➡千葉胤直
千葉能化丸➡海上胤重カ
千葉介　④五一、一三〇、⑤九九、一〇三
千葉介➡千葉勝胤
千葉介➡千葉邦胤
千葉介➡千葉輔胤
千葉介➡千葉胤富
千葉介➡千葉昌胤
千葉介(助)➡千葉直重
千葉介父子➡千葉勝胤・昌胤
千葉介入道　⑤一
千葉介入道➡千葉孝胤
千葉孝胤
千葉孝胤　⑤九二
孝胤　①七四、二四九、⑤七〇〜三、九
〇
常輝　①一四九、二四九〜五〇
千葉介入道　①一七一
孝胤常輝　⑤七一
眼阿弥陀仏　⑤七一
千葉範胤
範胤　⑤六八
千葉八郎(勝定カ)　②五
千葉治胤
治胤　⑤六八
千葉昌胤
昌胤　①二七七〜八、②五、三二〜
二、⑤七一〜三、八一、八八、九八
千葉介　②三二、三三
千葉介父子　①二五五
平昌胤　②三二
昌胤常天　⑤七一
法阿弥陀仏　②三一、⑤七一
千葉又太郎　③一六七
千葉満胤
満胤　①一六〇、⑤六七、七〇、七二、八
〇、八六
満胤道三　⑤六八
徳阿弥陀仏　⑤六八
千葉盛胤
盛胤　⑤六八
千葉康胤
法阿弥陀仏　⑤六八
浄応　⑤六八
康胤馬加　⑤六八
馬加　⑤六八、七〇
康胤太相　⑤六八
康胤　⑤六八、七〇〜二
千葉養運　⑤七一、八一
千葉祥胤
千葉小太夫祥胤　④二六六
千葉頼胤
頼胤　⑤六六、七二
長春院　⑤六六
常善　⑤六六
亀若丸　⑤六六
ちほういん　①二三
ちやうけん➡常源
ちやうつかい➡定使
仲□(石堂寺)　②二五
忠音　④六五
＊中子神主➡中平神主　①一四〇
中書➡酒井胤治
中書➡高滝中書
中書➡簗田晴助
中書➡簗田持助

中書御父子➡簗田晴助・持助
中将(加茂郷) ②二八
中将(高師) ②一六二
中将(長禅寺) ②二六三
中将(妙本寺) ①八六
中将(藻原寺) ②一六一
中四郎 ①一五七
忠尊
　悪禅師忠尊 ⑤六二
　悪禅師 ⑤六二
中台越後守 ③一九六
中納言➡香取返田中納言
中納言(長福寺) ①一七八
中納言(真里谷) ①一三八
中納言(新蔵寺) ⑤一〇
中納言➡徳川秀忠
中納言➡羽柴秀次
中平(ちうべいの)あね ②一〇
—
中平神(ちうへいかう)(主)
　①三、四〇、四一、四七、五二、五四、一三三、一四〇、一五三、一六六、二〇四、二〇九~二一、二二七、二三五、二三六、二五七、二九九、②一四、八八、④六四~五
中平神➡中平神孫太郎
中平神孫太郎
　中平神 ①三、三五
　中平神孫太郎 ①一四
中平祝
　中平 ①三
　中平祝 ①三
忠弁 ①三
中祝(ちうはうり) ①二、三、六、一三、二三、二九、三五、四〇~二、四七、五四、六二、七〇、二〇五、二一〇、二一七、二二七、二五八、②一四、八八
中馬(むま)神 ①三、三〇、三六、四八、六三、一三三
中馬神検校 ①三〇、三六、四八、六三
忠雄 ⑤一〇
千代(石堂寺) ②二九
千代➡府馬胤持・胤則母
長➡武田豊信
長意 ④二七五
長胤 ④二七五
長印
　観音寺長印 ②二六三
長印坊 ③二九五
長運
　光明寺長運 ②二六三
長栄(常灯寺)
　権大僧都長栄 ①二六三
長栄(長禅寺) ②二六三、二六五
長栄禅定尼➡武田豊信母
長易 ②二一七
長悦 ③三三
長悦房 ④一六九
澄円
　阿闍梨澄円 ①一三六
澄雅
　澄雅大徳 ①一六一
朝賀 ②二六一
朝覚(高篠) ②二六一
蝶花➡庁鼻和上杉氏
長景連
　長与 ③七四
長源 ②六
長賢大徳 ④二七四
長弘 ④二七五
長済
　阿闍梨権少僧都長済 ①一五
—
長山
　権大僧都長山 ③二三九、④二一七
調師➡日調
長識房 ③四八~九
長日 ④二七五
長秀 ①二六三
澄俊 ②二四
長春院殿➡千葉頼胤
長勝 ⑤二五
長乗 ④二七四
長床坊 ③二八〇
長信(飯櫃村) ②二一七
長信(稲荷神社)
　真照坊長信 ③六〇
長盛
　法印長盛 ②一六〇
長醒 ④二七五
長泉坊 ②一七
長宗
　自性院長宗 ②二六三
長宗我書➡長宗我部元親
長曽我部➡長宗我部元親
長宗我部元親
　長曽我部 ⑤二五
　長宗我書 ④一一八
　羽柴土佐侍従 ④二二一、⑤三三
　土佐侍従 ④二一〇
朝尊 ①六五
長尊 ①六三、④二七四
朝貞 ①六五
長南(武田氏) ②一二八、④二三〇
長南 ⑤一九

長南⬇武田豊信
長南主計助　①一九
長南刑部大夫⬇武田豊信
長南重常
　長南太郎重常　⑤六五
　重常長南太郎　⑤八五
長南中将　④二五四
長南中将老母
　御老母　④二五四
長南常門
　常門上総介　⑤八五
長南常秀
　長南次郎平常秀　①一二九
長南内記　④二六四
長南フルサワ武田氏女　④二五
四
長南三河守　①二五五
長南実城　④二五二
長南御台　④二五三
長弁　④二七四
長法
　聖円明院長法　②二六三
長北　②二三八
長北家仲
　長北二郎家仲　⑤六五
　常家長北二郎　⑤八五
長北常家
　次郎常家　⑤六五
長北直常
　直常　⑤八五
長北師常
　師常　⑤八五
朝祐　①二六三
長宥　④二七四
長祐
　長祐大徳　①二六三
長与⬇長景連
長誉　④二七四
澄誉
　澄誉法印　②二〇
長誉寿慶　④一五五〜六
千代子　③三
千代寿丸(海上妙見社)　②七
千代女(海上妙見社)　②八
千代女(常灯寺)　①二六三、二六四
千代女(田所親類)　①一八九
千代ちこ　②八七
千代童⬇範覚
千代房　①二六三
千代松　②二六三
千世代　②二六
千代ワセ　②二六三
珍恵
　珍恵律師　①六一
珍衛　②二六
椿戒　⑤三六
珍覚
　珍覚　⑤六八、八六
　珍覚法印　⑤八一
椿高
　椿高和尚　②一九

つ

津　⑤九五
通言
　通言大和尚　①一四二
塚越伯耆守　③三四
塚原彦四郎
　同彦四郎　③七
津軽右馬助⬇津軽為信カ
津軽越中守⬇津軽信枚
津軽為信カ
　津軽右馬助　④九〇
津軽信枚
　津軽越中守　④一九三
ツク⬇香取慶満妻
津久井右馬允　②一〇二
筑紫刑部大夫　②四三
筑紫上野介(広門)　④一〇九、⑤
三
次忠
　治部左衛門次忠　②二〇、一一六
継孝⬇豊島継孝
継長⬇設楽継長
次長
　主計助次長　①二七四、②二〇
辻内小五郎　①九、一〇
辻坊主　①一五六
対馬公　⑤三九
対馬侍従⬇宗義智
対馬入道　①一七六
対馬守　③八〇
つしよ⬇香取胤之
つしよたねゆき⬇香取胤之
つしよ入道⬇香取胤之
つた小平二⬇津田秀政
津田重延
　津田越中守橘重延　④一〇一
津田秀政
　つた小平二　⑤二八
土右⬇土屋昌続
土浦⬇小田氏
土倉市正　④二二六

常保➡原常保
常康➡臼井常康
常安公之奥方➡大須賀常安妻
常余➡栗原常余
経助➡簗田経助
経基➡源経基
角田刑部　④二四六
角田刑部老母
　老母　④二四六
角田九郎五郎　④二一九
角田尭常
　角図　④三一七
　角田図書助　③三三、④三一六〜七
　角田図書助尭常　②二一三
角田胤親
　胤親　⑤六五
角田丹左衛門　④二六三、二八六
角田忠右衛門　④二八一、二九四
角田図書助➡角田尭常
津の中将➡織田信包
角図➡角田尭常
津冨浦伊賀守　④二六六
津冨浦佐渡守
　佐渡守　④二六六
津冨浦佐渡女房　④二六七
常朝➡原常朝
常仲➡伊北常仲
常長➡千葉常長
常信➡伊北常信
常則➡伊北常則
常晴➡相馬常晴
常久(大工)
　宗当　②二九
　常久　②二九
常秀➡上総常秀
常秀➡本庄常秀
常衡➡海上常衡
常広➡匝瑳常広
常房➡香取常房
常房➡鴨根常房
常間師常
　常間同四郎師常　⑤六五
常将➡平常将
常益➡丸常益
常益➡岩部常益
常光➡本庄常光
常満➡御手洗常満
常宗➡中村常宗
常持➡尺家常持
常幹➡海上常幹
常安➡大須賀常安
綱広➡山村綱広
常詮➡伊北常詮
常顕➡伊北常顕
常家➡宮下常家
常岡　⑤九
恒岡(資宗)　③四〇、六九、一〇一、一一六
恒岡越後守
　越後守　②一三〇
　恒岡越後守　②一三〇
恒岡弾正忠　②一七九
常門➡長南常門
常兼➡千葉常兼
常清➡上総常清
常重➡千葉常重
常澄➡上総常澄
常高➡本庄常高
常忠➡臼井常忠
常胤➡千葉常胤
常継➡原常継
常時➡平常辰
常辰➡平常辰
常定➡宮下常定
常種➡丸咒師谷常種
常近➡丸宮下常近
常近➡宮下常近
土屋右衛門尉➡土屋昌続
土屋熊太郎丸　⑤四
土屋摂津守　③二四一
土屋遠平
　遠平弥太郎　⑤六二
土屋遠宗
　遠宗土屋三郎　⑤六二
　遠宗　⑤六二
土屋信遠
　土屋上野入道正安信遠　⑤四
土屋昌続
　土右　②二五五
　土屋右衛門尉　②二九三、三〇二、③二六九
　土屋右衛門尉昌続　②二九二、二九四
土屋昌恒
　土屋右衛門尉　③九一
津中将➡織田信包
筒井定次
　伊賀侍従　④一〇六、一一八、⑤二六
　羽柴伊賀侍従　④二二
綱清➡村上綱清
綱成➡北条綱成
綱島小三郎　②一五一

津冨浦若狭　④二六五
つほね　④一五二、一九九
妻　③三二〇
露崎内蔵助　③二五七
露崎治部右衛門　②一九
露崎弐郎少輔
　弐郎少輔　②一九
鶴(大慈恩寺)　③八五
鶴岡三郎左衛門尉　②二一
鶴子(石堂寺)　②二六～七、二九
鶴子(藻原寺)　②一五九
靎子➡畔蒜右京助妻
つるみ➡鶴見信長
つるみきやうだい➡鶴見信長・三郎
鶴寿女　②七
鶴房　②二七
鶴見金三郎　④二八七
鶴見時久
　鶴見甲斐守　④三三
　鶴見甲斐守時久　③二五四
鶴見五郎
　五郎　⑤五二
鶴見三郎
　三郎　⑤二四～四五
　つるみきやうだい　⑤四八
鶴見信濃守　③一三五
鶴見信長
　つるみ　⑤四二～八、五三
　のぶなが　⑤四六
　たくみ　⑤四七～八
　たくみのすけ　⑤四七
　つるみのきやうだい　⑤四八
　五郎　⑤四七
鶴見信長妻
　にようばう　⑤四七
鶴見信長母
　はゝ　⑤四七

て

貞学➡原胤親
貞見➡千葉常胤
貞斎　⑤九五
手島九良兵衛　③二七二
寺内　①二六三
寺尾下野　④二八七
てらさき源六
　てらさき源六　①二〇三
　源六　①二三〇
寺島大学助　③二七八
寺島　③一三三
寺島竹寿
　寺島五郎左衛門竹寿　③一九三
寺島宗清
　寺島駿河宗清　③一九三
寺田右京亮　③二五二
寺分　④一六九
寺山久能
　寺山武士五郎入道久能　⑤六四
輝綱➡正木輝綱
輝虎➡上杉謙信
出羽侍従➡最上義光
朝仁➡東胤氏
出羽➡牛尾出羽
出羽の侍従➡最上義光
伝□
　権大僧都法印伝□　①一七八
天庵➡小田氏治
天翁全播　②九六
天下➡羽柴秀吉
天下様➡徳川秀忠
天下様➡羽柴秀吉
殿下様➡羽柴秀吉
天岩寿長　③三一
天宮神(香取神官)　①一五四
伝師➡日伝
天生院➡源長
天生院殿　⑤九五
天周浄祐月林妙清　①一四八
典清
　典清法印　②一六九
伝清(鶴谷八幡神社)
　伝清僧都　②二〇
伝清(那古寺)
　伝清法印　②二一六
天草貞和尚　②八九
典忠
　典忠法印　②一六八
天道明婦　②八八
天徳寺➡天徳寺宝衍
天徳寺宝衍
　佐野法印　④九一
　天徳寺　③一五〇～一、④三、七六、⑤二七
天王神
　神天王　①一五七、二〇二
　天王神　①一三六、一四二、一六一～二、一七〇、一九〇～一、二二三、二二九～二〇、二三三
天王大夫　①二五〇
典祐

道恵妙□➡道恵妙枕カ
桃源院殿仙応妙寿大禅定尼➡
　里見忠義妻
道賢(法興寺)　①二三二
道賢(本国寺)　②二三
道賢(新田野八幡宮)　①二七〇
道玄(石堂寺)　②二七、二八
道源(笠森寺)　③二一四
道源(本国寺)　②二四
刀子　①二六三
藤五　①一九
道光(石堂寺)　②二三、二六
道光(観福寺)　②二九
道光➡緒形道光
道幸(石堂寺)　②二九
道幸(大覚寺)　①二六五
道香(石堂寺)　②二三
道香(法興寺)　①二三二
東光(とうくわう)寺　①一七一、一七
　三、二三二
東郷侍従➡長谷川秀一
道高禅定門　④二五三
東光坊(笠森寺)　③二一〇、二三六
東光坊(霊通寺)　③八一
藤さへもん(高篠)　②二八一
藤さへ門(本土寺)　①一九七
道印(本土寺)　①一九
道員
　隼人道員　②二六
道因　①二二八
道胤　①二六三
道印妙光　②二六四
東栄　①一九六
道永(円通寺)
　円通寺道永　②二六
道永(石堂寺)　②二四、二六、二八
道永(香取)　①二二
道栄(石堂寺)　②二五～六
東英周龍
　千光院主　③一四七
道恵妙□(枕カ)　③二六〇
藤右衛門(朝平南村)　④一二四
藤右衛門➡忍藤右衛門
藤右衛門➡愛川藤右衛門
藤衛門(稲荷神社)　③五九
藤へもん(古敷屋村)　③二三七
藤右衛門尉　④八九
道円(石堂寺)　②二四、二五、二八
道円(香取)　①六六
道円(常灯寺)　①二六四
道円(本国寺)　②二四
道縁　②二五
大炊助➡原邦房
道音　②二七
当御代➡足利藤政
道海　②二五
等覚　⑤八二
道覚(石堂寺)　②二四
道覚(香取)　②一九
東覚坊　②二八、二三五、二三六
道貴➡本吉道貴
東金➡酒井政辰
道観
　西蓮坊道観　②二六
道玖　①二三九
道久(石堂寺)　②二五
道久(大覚寺)　①二六五
道侠
　道侠禅門　①二八一
道玉浄源　①一六二
道金(石堂寺)　②二五
道金(沼田寺)　①二三八
藤空箱　③六一～二
道薫　②二六
道慶(長徳寺)
　道慶禅門　①二八四
道慶(法興寺)　①二三二
とうけい寺➡瑞山法祥
典祐法印　②一六九
伝誉
　権大僧都伝誉　①一九四
田六　②二五

と

土井大炊(助)(利勝)　④一九二、
　二二六、二二八～九
とい治部➡土居治部カ
土肥実平
　実平土肥次郎　⑤六二
　実平　⑤六二
土肥次郎　②一八三、③二一
土肥中務大輔
　中務大輔　②一八三
土肥半三郎　④二八六
土肥飛騨守(俊政)　④二一六
土肥山城守　④五四
とい治部　④六一
道□　⑤一〇
道安(池和田村)
　道安禅定門　①一七八
道安(石堂寺)　②二五、二九
東安坊　①一〇六
道印(石堂寺)　②二七、二八

藤左衛門(里見家臣)　④一三三
藤左衛門(鍛冶)　①一九三
藤左衛門(藻原寺)　②一六〇
藤三郎➡蒲生秀行
道三　①六五
道讃(石堂寺)　②二五、二八
道珊➡簗田高助
とう七➡香取藤七
道七➡長尾為景
藤七郎(大工吉久子)　②一三
道秀(石堂寺)　②二五
道秀(香取)　①三一
道秀(西行寺)　②一八〇
道秀(西行寺)　①一六四
道秀(本国寺)　②二四
藤十郎(笠森寺)　③一二六
道種後室➡正木頼房妻
道春(加茂郷)　②二一八
道俊➡正木頼房
道俊➡重田道俊
道順(石堂寺)　②二七、二九
道順(法興寺)　①一三三
刀女(常灯寺)　①一六四
道正(石堂寺)　②二七
道正(常灯寺)　①一六四
道勝(石堂寺)　②二七
東条(安房)　①二〇七、⑤四〇
東条(常陸)　②二一八
道照　②三三
東性院　②一六三
東条大方　①二二一
東照坊　③三一〇
藤二郎(八木村百姓)　④二
藤次郎(常光寺)　②一五七
道心　②一四、二五
道信　②二五、二六
道真➡香取篠原道真
唐人十一官　②八七
道随　②二九
道崇➡曾谷直秀
道清　①一六四
道牲　②二七、二八
道盛　②二四
道性(里見家過去帳)　④二四八
道性(石堂寺)　②二七
道性(長徳寺)　①一八四
東性院祐意➡祐意
道仙(石堂寺)　②二五、二六、二七、二八、二九
道仙(海上妙見社)　②八
道仙(亀山郷)　①一七四
道泉(石堂寺)　②二五、二七
道泉(鍛冶)
　沙弥道泉　①九三
道泉(西門院文書)
　土佐守道泉　④五五、七二
道善(石堂寺)　②二六〜八
道繕(石堂寺)　②三三
道善(大覚寺)　①一六四
道せん(やもとかち)　①一〇〇
道せん入道(田所庶子)　①一三三
道全(鏡心日記)　⑤三六
東三　⑤三六
藤三　④一一四
東蔵阿　②一六〇
道尊　②三四
道存　①一三三
当田紀伊守　②一五九
藤太郎➡北条氏隆
道忠➡簗田晴助
道仲(石堂寺)　②三三、二六〜七
道仲(長徳寺)
　道仲禅門　①一八四
道珍　②二三、二四、二六〜七
道椿　②二六
道哲➡足利義明
藤堂佐渡守➡藤堂高虎
藤堂高虎
　藤堂佐渡守　④一一〇、⑤三三
道徳　②二六、二九
道頓
　源五郎戒名道頓　①一二五
藤内二郎
　藤内二(次)郎　①一八六、②一六、八、一一七
東勝察
　東常陸守勝察　②七
東勝繁
　東殿勝繁　①一六三
　東常陸入道恵舜　④七二
東勝秀　②一四七
東兼常
　兼常　⑤八四
東小仙丸
　小仙丸　②一六四
東重胤
　重胤六郎　⑤六三
東七郎左衛門
　七郎左衛門　③一七八
東下野守　④三三七
東修理進➡東修理亮
東修理亮
　修理亮　②一〇一
　東修理進　②一一三

東修理亮　②二三
東隆信
　兵衛丞隆信　⑤八四
東胤相
　胤相刑部左衛門　⑤八三
東胤氏
　出羽守朝仁　⑤八四
　胤氏　⑤八四
東胤清
　東小六郎胤清　③一七七～一七八
東胤行
　素暹中務太夫胤行　⑤八四
東胤頼
　東六郎　⑤八四
　胤頼東六郎　⑤一〇〇
　胤頼東ノ六郎　⑤六三
　胤頼　⑤八四、一〇一
東常縁
　東下野守常縁　③一七八
東常陸入道恵舜➡東勝繁カ
東松千代丸
　松千代丸禅慶　⑤八四
東泰常
　泰常保春　⑤八四
東保元
　兵部丞保元　⑤八四
東泰行
　泰行図書介行暹　⑤八四
東六郎➡東胤頼
東大和守　②一〇二
頭白上人　①一三五
東祝　①一四七
道範　②一七
藤兵衛(珠師谷八幡神社)　②二二
道文➡正木実次
藤平　①二五六
藤平右馬允➡藤平光徳
藤平九郎衛門尉　①一四八
藤平九郎左衛門尉母　③一九一
藤平藤七郎　②二二六
とうへいとうしん(藤平道心)
　①一九〇
藤平母　①一九〇
藤平弘昌
　藤平蔵人佐弘昌　②三〇二
藤平光徳
　藤平右馬允　③一六七、二七四
　藤平右馬允光徳　③一七八
藤平老母　①二五六
藤兵衛(石堂寺)　②二四
藤兵衛内(珠師谷八幡神社)　②二二
藤へもん➡藤衛門
道甫➡千葉胤次
道甫
　意庵　②三〇〇
東房　①一六三
道本　②一五、一六
道満　①一六三
東満坊　②二三六
道明　②一六
道(たう)めん　①九七、一三四、一四一、一五七～八、一六一～二、一六四、一七〇、一七七、一九〇、二〇九、二二二、二三二、二三六
道弥　①二六四
当屋形➡里見義康
道祐(石堂寺)　②二五
道祐(亀山郷)　①一七四
道祐(小工)　①八三
道祐(大慈恩寺)
　道祐禅門　①一六一
道雄
　執翰法眼道雄　⑤一〇
道宥　②二五
　成就院道雄　⑤一〇
道誉➡太田資正
東陽院(藻原寺)　②一六三
東陽院➡里見義堯
東陽院殿➡里見義堯
道立　②二四
道了　②一七
道林(石堂寺)　②二四、二六、二七
道林(法興寺)　①一三三
道林(本国寺)　②二四
道連(石堂寺)　②二六
道蓮(石堂寺)　②二四、二八
遠右➡遠山直景
遠右直景➡遠山右衛門大夫
遠左➡遠山康光
遠左康□➡遠山康□
遠江守➡木内胤顕
遠平➡土屋遠平
遠宗➡土屋遠宗
遠山➡遠山綱景
東山丹波父子➡遠山綱景・隼人佑
遠山　②三〇五
遠山➡遠山綱景
遠山➡遠山直景
遠山➡遠山政景
遠山犬千代
　遠山犬□　③三二四

遠山右衛門大夫➡遠山直景
遠山甲斐守➡遠山政景
遠山公景
　遠山藤二郎公景　②三
遠山源　③二〇
遠山左衛門尉➡遠山康光
遠山修理亮➡遠山政秀
遠山新四郎➡遠山康英
遠山丹波守➡遠山綱景
遠山千代菊　③八四
遠山綱景
　遠山　①一八三、②二、九五、一六六、⑤一九
　遠山丹波守　②九六、二五一
　丹波守　②三三
　丹波守父子　⑤一九
　東山丹波父子　④二七三
遠山直景
　遠右　③一九五
　遠右直景　③二〇一、二〇九
　遠山　③一八〇、一八四、二〇八、二二〇、④三五
　遠山右衛門大夫　③一八五
　直景　③一五五
遠山隼人佑
　東山丹波父子　④二七三
　丹波守父子　⑤一九
遠山政景
　とをやまゑもん大夫　②二七
　一
　遠山　②二三三、二三四、二四四～五、二八四、③三三、三六、六三
　遠山甲斐守　③八四
　遠山修理允　④四五
遠山政秀
　遠山修理亮　③二九五
遠山三川➡遠山三河守
遠山三河守
　□川守　④五八
　遠山三川　④五九
　三川　④五七、六一、
　三川守　④六一
遠山弥次郎　③三三
遠山康□
　遠左泰□　②一七三
遠山康英
　遠山新四郎　②二三〇、一四〇、一四七、二四五、二五八
遠山康光
　遠左　②二五六、二六二、二八七
　遠山左衛門尉　②一〇二、一一八、一八一、二四二、二五六
遠山方師胤
　師胤遠山方七郎　⑤六三
土器(とき)(香取神官)　①三、六、一三、三〇、四二、六二、七〇、一三四、二〇五、二二〇、二二七、二三七、二六八
土き➡土岐治綱
時家➡北条時家
時氏➡北条時氏
時方➡北条時方
時包➡北条時包
時茂➡正木時茂
とき少弼➡土岐義成
とき大弼➡土岐義成
とき弾正大弼➡土岐義成
土岐➡土岐治英ヵ
土岐氏(万喜)　④一六二
土岐小次郎　③　二八一
土岐信濃守　④八六
土岐少弼➡土岐義成
土岐大膳大夫朝信➡武田朝信
土岐胤倫
　竜崎　③二三〇
土岐胤倫妻ヵ
　御新蔵　③二三〇
土岐胤倫子ヵ
　三郎　③二三〇
土岐為慶　④二六二
土岐為頼
　万　③二三
　まんき　③一一九
　慶含院　③一七三
　源為頼　③二三、④二六二
　土岐弾正少弼　③二一一
　義成公親父　④二六二
土岐為頼妻
　土岐義成為阿母　④二六二
土岐弾正少弼➡土岐為頼
土岐八郎　④二八一
土岐治綱
　土岐美作守　④三三
土岐治英ヵ
　作州　④八六
　土き　④三六
　土岐殿　③三五
　土岐卜千　③二六四
土岐美作守➡土岐治綱
土岐義成
　万喜　③二八〇
　とき少弼　④三二
　とき大弼　④三三
　とき弾正大弼　④三三
　義成　③二五五、二八一

土岐山城守義成　④七二
土岐少弼　④二四
土岐義成　④六二
土岐頼芸
　宗芸　③六一
土器判官(ときはんくわん)代
　①二五七、②一四、八八、一九七、④五二
　～三
鴾田家永
　豊前守家永　③八九
鴾田出雲守　④二六
鴾田越後守　②二六
鴾田左京助　②二六、二三〇
鴾田四郎左衛門　②二六
鴾田筑前守
　筑前守　②二六
鴾田時忠
　大学助時忠　③八八
鴾田縫殿丞
　縫殿丞　③八八
鴾田平治左衛門尉　③八一
鴾田隼人助　②二六
鴾田弘忠
　藤原朝臣鴾田大蔵丞弘忠
　③八八
ときたゞ➡正木時忠
ときまさ➡正木時昌
時忠
　太郎大夫時忠　⑤一〇三
時忠➡鴾田時忠
時忠➡正木時忠
時胤➡千葉時胤
時綱➡丸岩糸時綱
富木日常　②一七
土岐原(治頼)　①二五五
時房相模守➡北条時房
時益➡丸時益
時通➡正木時通
時宗➡北条時宗
時盛➡正木時盛
時盛➡北条時盛
時頼➡北条時頼
徳阿　③一四二
とくあミ(香取神官)　①二五、三
〇
徳阿弥陀仏➡千葉満胤
とくいん➡昌伊
徳益　①二一九
徳川➡徳川家康
徳川家康
　三　③一六四
　うへ様　④二〇八
江戸大納言　④一〇六、一一七
遠州　③二〇六、二〇九、二一七
家康　③一六〇、一六四、一七四、一八三、
　二二二、二二五、二三〇、④一四～五、一
　八、一〇三、一三八～九、一四六～七、一七
　三、一七五、⑤二四、二六～八
家康公　④一二六
権現様　④二〇五、二一七～九、
前右府様　④一九三
大納言家康卿　④九〇～一
徳川　②二五五
徳川家康　③一五八～一五九、一六二
内大臣家康　④一二三
内府　④一三八～九
内府様　④一二五、一四〇
徳川秀忠
羽柴江戸中納言　④一二三
羽柴武蔵守秀忠　④一三六
江戸中納言秀忠　④一二三、一三
八、
秀忠　④一二六、一四一、一七五～六
台徳院様　④二一七～九
中納言　④一一九、一三七
天下様　④一九四～五
髑花寺　⑤三五
特定院➡特是院　④一三三
徳書記(石堂寺)　②一七
徳蔵　④一六六
徳誕　①一六一
徳千代　③三五
徳山秀現
　とこ(徳)山　⑤一九
とけ➡酒井胤治
土気➡酒井康治
土気大脳➡酒井大膳
土気泰胤
　泰胤土気太郎　⑤六三
とこ(徳)山➡徳山秀現
土佐　④一七〇
土佐公　①八六
土佐侍従➡長宗我部元親
土佐守
　左土守　③一三三
土佐美作守　④一三三
俊家　④四六
利家➡前田利家
利胤➡千葉利胤
十島➡豊島継信カ
外島➡豊島継信カ
豊島　⑤六五
豊島➡豊島貞継カ
豊島明重父母

豊島主膳正明重之父母 ④
二六
豊島貞継
平貞継 ③一〇一
豊島 ③四〇、二五六、二九七
豊島三河守 ③二六七
豊島貞継 ③八〇
豊島三郎兵衛➡豊島継信
豊島主膳 ④二六
豊島四郎兵衛尉 ④二六
豊島新六郎➡豊島継信カ
豊島胤定
豊島勘解由左衛門尉平朝臣
胤定 ①一九五
豊島継孝
継孝 ④三五
花翁常蓮禅定門 ④二六
豊島継信
豊島 ③二二五
外島 ④二三
同継信 ③一〇一
豊島三郎兵衛 ③一八四
豊島新六郎 ④二六
豊島継信カ
十島 ④二三、二四
豊三 ④二六
豊島三河守 ④二六
豊島三河守➡豊島貞継カ
豊島弥三郎 ①一九
豊島頼重
豊島四郎兵衛頼重 ④二六
豊島頼継
豊島三郎兵衛頼継 ②二一三
豊島三郎兵衛源朝臣頼継
④二六
敏昌➡酒井敏昌
戸田和泉守 ④二六六
戸田民部少輔(勝隆) ④一〇七、
一〇九、一一八、⑤三〇、三一
外他一刀斎重久➡外他重久
外他景久
同名一刀斎景久 ③一〇六、一九
一
外他重久
外他一刀斎重久 ③一〇六
外他道宗 ③一〇六
とたむさし(戸田重政) ⑤三九
とのいのそし ①二五八、④六四～
五
殿様➡織田信忠
殿様➡里見忠義
主殿➡石川忠総
戸張左近将監 ②二七八
戸張将監 ③二九～三〇
戸張筑後守 ④二一
戸張山城守 ③三〇
豊三➡豊島継信カ
富氏
船橋 ③七八
富 ①一七五、②二九一
富中務太輔 ③七八、一八〇
富正茂
富彦兵衛正茂 ④二〇七
戸見中務丞 ②八一
富岡主税助 ②二〇三
富沢越中守 ④二五〇
富沢諸右衛門 ④二六六
富沢又七郎 ④二四四
富田氏実
氏実 ③二二三
富田左近 ④二一六
富田左近将監(一白) ④二三
富田多兵衛 ④八一
富田八郎太郎 ②二二四
富塚 ②一〇四
富永 ①二六九
富永➡富永康景
富長➡富永政家
富永政家
富長 ④三五
富永孫四郎 ②二五八
富永康景
富永 ⑤一九
戸村内蔵助 ②一八七
戸村丹波守 ②二一八
戸村藤左衛門 ④二七五
朝興➡上杉朝興
朝胤➡国分朝胤
朝胤➡原朝胤
伴田宣重
伴田藤右衛門尉卜部宣重
②四五
等綱➡宇都宮等綱
とものぶ➡武田朝信
朝信➡武田朝信
朝久 ③三〇〇
朝仁➡東朝仁
豊崎主計 ④二九四
豊崎勝兵衛 ④二八八
豊綱➡丸咒師谷豊綱
豊信➡武田豊信
豊三➡豊島継信カ
外山御神丸 ③二一〇

虎➡上杉輝虎
とらくす　①九〇
虎子　②一五九
虎寿➡鈴木虎寿
虎寿➡平虎寿
虎房(香取社小長手)　②三
虎房(とらはう)➡香取虎房
鳥井伊賀守　④一七
鳥居左京亮(忠政)　④一二八
鳥居彦衛門尉(元忠)　⑤一六
鳥海　③二七一
鳥海左京亮
　左京亮　②一六三
鳥海三良左衛門　③八九
鳥海六良兵衛　③八九
鳥海弥三郎　⑤一〇二
鳥飼四良衛門　①二八
*鳥検校➡烏検校　②一四
烏山　②二〇〇
烏山左衛門大夫　④二一六
とをやまゑもん大夫➡遠山政景

な

内院神主中臣　①二二四
内儀　④一四六
内膳亮　⑤一〇一
内膳亮➡本庄胤保
内藤➡内藤昌月
内藤➡内藤綱秀
内藤九郎　②一六三
内藤左衛門尉　②一一八
内藤将監➡内藤綱秀
内藤昌月
　内藤　④一一五
内藤綱秀
　内藤　③七九
　内藤将監　④一一五
　内藤修理綱秀　③七九
内府➡徳川家康
内府様➡徳川家康
直江➡直江景綱
直江景綱
　大和守　②二〇三
　直江　②一四九
　直江大和守　②一五九、③五七
直江大和守➡直江景綱
直景➡遠山直景
直方➡北条直方
直重➡香取直重
直重➡円城寺直重
尚綱　④五四
直常➡長北直常
直政➡香取直政
直房➡香取直房
直祝(香取神官)　①一〇五
直光　①一三二
直満
　いや五郎直満　①一五〇
　直満　①一五〇
　弥五郎　①一二六、一四一、一五五～一五六、一五八、一六二、一七〇、一七五、二一三、二一九～二二〇、二二三、二四一
直宗➡香取直宗
直幸
　四郎左衛門入道直幸　①一三九
長➡渡辺長
中井越後
　中井越後　④四〇
　中越　④四〇
中井善左衛門　③一五
中居大炊助　②一三〇
長井　④一三〇
長井大膳大夫　④一一五
長居助之丞　④二〇三
中浦　④一三〇
長江景久
　景久長江太郎　⑤六一
長江将監　③一一〇
中越➡中井越後
中尾右京太夫　⑤九五
長尾　④一二六、一二八、一三三、
長尾(当長カ)　②一〇九
長尾➡長尾顕長
長尾➡長尾輝景
長尾顕忠
　長尾修理亮　④五一
長尾顕長
　館　③一八三
　館林　③九八～九
　長尾　③一三、一三八、④一一六
　長尾新五郎　③五四、七三
長尾右衛門尉➡長尾景春
長尾々張守　④一二八
長尾景長
　あしかゝ　⑤一〇
　但馬守景長　②二〇四
　長尾但馬守　②二〇三
　長尾但馬入道禅昌　②一三一
　たて林長尾　④一一六
長尾景春
　長尾　①九九

長尾右衛門尉　①九九
長尾景総
　そうしや　⑤一九
　惣社　②二三
長尾喜平次➡上杉景勝
長尾左衛門尉　④三六
長尾左衛門尉➡長尾輝景
長尾左衛門入道➡長尾昌賢
長尾左衛門入道➡長尾憲景
長尾左衛門入道　⑤二
長尾七郎左衛門尉
　七郎左衛門尉　⑤四
長尾信濃守➡長尾為景
長尾修理亮➡長尾顕忠
長尾昌賢
　長尾左衛門入道　⑤一
長尾新五郎➡長尾顕長
長尾助二郎　⑤四
長尾禅昌➡長尾景長
長尾但馬入道禅昌➡長尾景長
長尾但馬守➡長尾憲長
長尾但馬守➡長尾景長
長尾為景
　道七　②二八七
　長尾信濃守　①二五九
長尾太郎左衛門尉
　太郎左衛門尉　⑤四
長尾次家
　長尾八郎左衛門尉平次家　②九
長尾輝景
　長尾　④三六
　長尾左衛門尉　③二五四
長尾輝虎➡上杉謙信
長尾憲景
　白井　②二三、⑤一九
　長尾左衛門入道　⑤三
長尾八郎左衛門尉
　八郎左衛門尉　⑤四
長尾政長
　長尾新五郎政長　②二三
長尾能景
　御先考　①二五九
長尾憲長
　長尾但馬守　②四
長尾宮房丸　⑤四
長尾吉成
　長尾主計入道了本吉成　⑤四
長岡　④二七四
長岡越中➡長岡忠興
長岡薩摩守　④二六四
長岡忠興
　長岡越中　⑤二五
　丹後少将　④一〇七
　丹後の少将　④一一八
　羽柴丹後少将　④二三、⑤三〇
長岡帯刀妻　④二六
長岡帯刀助　④二六
中川小兵衛(秀成)　⑤三〇
中川内膳正　④一〇七
中川正成
　なかわむさし　⑤一九
仲国➡閑間仲国
長崎経嗣
　長崎宮内卿経嗣　①一九六
　長崎宮内少輔経嗣　①一七八、一九四
長崎信経
　信経　①一九六
長崎道印　⑤二五
中里　④三八
中里実次
　中里備中守実次　①二六七
中里実時
　備中守実時中里　④三八
中里中務少輔　①二八四
中里孫(ママ)七➡中里弥七
中里弥七
　中里孫(ママ)七　④二九二
　中里弥七　④二九〇
なかさのたいふ(長狭大夫殿)　③一八
長沢源六郎　②三四
中島　④五九
永島　②一七三
中島大蔵丞　③五〇
中島四郎左衛門　④五九
中衆左近三郎　②一三
中務➡簗田晴助
中務大輔➡土肥中務大輔
中務大輔➡簗田晴助
中務太輔➡小田中務太輔
中務太輔➡佐竹義久
中務太夫➡東胤行
中務太(大)輔➡簗田持助
中務入道➡簗田晴助
中務丞➡酒井胤治
中継綱師　③一七三
長手五郎入道　①一一三
なかと➡三浦為春
長時➡北条長時
長門守➡鏑木長門守
中臣則広

鹿島大宮　④二〇四
　鹿島大神宮大宮司　④一六三、二〇七、二一三
　大宮司　④二五二
中臣則盛
　大宮司　④一八二
永沼甚四郎母　④二四八
長沼　②二一八
長沼修理　③一四七
長沼次郎
　次郎　①二〇〇
長沼入道　①二〇〇
中野勝三郎
　中野江斎子勝三郎　④一八五
中野重吉
　重吉　④一五三
　中野長蔵重吉　④一五三
中野弾左衛門尉　②一九七
中野縫殿助女房　④二六六
中野三河守　③三九
中野村佐渡守　④二三〇、二六六
長野氏業
　箕輪　⑤一九
長野業正
　蓑勾　②二一三
長野杢助　②二四一
長房➡香取長房
中御門宣元
　藤原宣元　③一七四
長光　④二一三
長峰胤行
　長峰田所三郎胤行　⑤六四
中村➡中村宗晴
中村織部　④二六一、二八三
中村一氏
　中村式部大夫　④二一七
　中村式部少輔　④一三三、⑤二五
中村久兵衛　④二九一
中村式部少輔➡中村一氏
中村式部大夫➡中村一氏
中村次郎右衛門尉➡中村宗晴
中村竹右門　②一五〇
中村常宗
　常宗中村太郎　⑤六二
中村彦四郎　②九一
中村平四郎　②一二一
中村民部丞　②八六
中村宗晴
　中村　③一四一
　中村次郎右衛門尉　②一八七
中村宗平
　宗平中村庄司　⑤六二
中村弥右衛門(吉繁)　④二〇九
長盛➡増田長盛
半屋　⑤一九
中谷隼人佐　④二四五
中山　⑤七六、七七、八二
中山右京亮　⑤二一
中山九郎兵衛　⑤九七
中山神七良　③二一〇、一二六
中山清左衛門　④二六八、三〇〇
中山大納言(孝親)　②六六、八七
中山胤宣
　胤宣中山八郎太郎　⑤八二
　胤宣　⑤八二
中山信名　⑤五三
中山八郎三郎　⑤七四
中山対馬(神野寺)　③一三三
中山彦五郎　④二三六
中山頼種
　中山肥前守藤原頼種　③一八
〇
長山刑部　④二九二
長吉➡浅野長吉
なかわむさし(中川武蔵)➡中川正成
なかわらせううん　⑤二九
成繁➡由良成繁
＊奈しやう➡本しやう　①一六一
那荘➡那須資胤
那須　④二九、三九、⑤九〇、九九
那須勘解由助　③二八
那須儀助　③二八
那須源蔵　⑤八六
那須源左衛門尉　③二八
那須源三左衛門　⑤八一
那須茂景
　那須清三郎茂景　②二三
那須衆➡那須資晴
那須修理大夫➡那須資胤
那須次郎右衛門尉　③二八
那須神左衛門尉　③二八
那須新兵衛　③二七
那須資胤
　資胤父子　③六六〜七
　那須修理大夫　②一〇〇、③一六
　那荘　②二八七
那須資晴
　資晴　③六七
　資胤父子　③六六
　那須衆　④九二
　那須太郎　④一〇九、⑤三一
　那須太郎資晴　④九〇
那須太郎➡那須資晴

那須兵庫　⑤九〇
那須持資
　越後守　①七一
長束大蔵太輔(正家)　④一三、
　一三三
*何村➡河村　①二六八
鍋島加賀守➡鍋嶋直茂
鍋島直茂
　鍋島加賀守　④一〇八、⑤三一
南無谷出羽公　①八六
行貝平右衛門　④二六八
行方　②二六
行方勝義
　行方隼人　④二〇、二六八
　行方隼人佐　④三〇二
　行方隼人佑(佐)勝義　④一五
九
行方左衛門大夫　③七三
なめかた七へもん　④六一
行方隼人(佐・佑)➡行方勝義
ナメカハ　①二六四
名雪二郎衛門　②二二七
名雪ひやうこ助
　ひやうこ助　②二二七
なりた　⑤六、一〇三
成田➡成田氏長
成田氏長
　成田　②一九六、二〇三、二二〇、③一
　六、一八、④三五
　成田下総守　③五三、七一、一〇二、
　一二一、一四七、④一〇九、⑤三一
成田左馬
　成左馬　③七〇
成田重政
　成田新五左衛門重政　①二四
成田下総守(長泰)　②二一〇
成田下総守➡成田氏長
成田与五右衛門　⑤九〇
成毛　③三三
成毛太郎左衛門尉　③一八六
成毛常陸守　③八五
成毛宗正
　成毛兵衛丞宗正　③一九八
成瀬　⑤一〇三
那波顕宗
　那波　③九六、一五〇、④三六
　那波次郎　③九九
那波➡那波顕宗
那波次郎➡那波顕宗
南条玄蕃(昌治)　②一〇四
南条左衛門(尉)(元清)　④一〇
　九、⑤三一
南陣➡北条氏
南方➡北条氏
難波田善銀
　難波田弾正左衛門　②二六
　難波田入道　②三七
難波田弾正左衛門➡難波田善
　銀
難波田入道➡難波田善銀
南部➡南部信直
南部九郎➡南部利直
南部信濃守➡南部利直
南部大膳太(大)夫➡南部信直
南部利直
　南部九郎　④九一
　南部信濃守　④一九三
　南部大膳太夫　④一〇七
南部信直
　南部　⑤二七
　南部大膳大夫　⑤三〇
　南部大膳太夫利直　④九〇

に

二位　①一三
二階堂氏(椎津)　④二五六
二階堂氏(岩瀬)
　岩瀬　③一〇〇、④三九
　二階堂　①二七、④二九～三〇
　二階堂小滝四郎　①二〇
　二階堂左衛門尉(政盛)　①一七
　〇、一七一
　二階堂次郎　②一五一
二階堂高綱
　中務太輔高綱　④二五七
　二階堂中務太輔高綱　④二五
　六
二階堂中務少輔　①三〇三、④二二
　五
二階堂中務大輔　①一八三、一八五
二階堂肥前守　①二四六
二階堂兵庫太輔　④二五六
二階堂民部少輔　①三〇三
日向
　日向　③二六八、⑤八
　日向聖人　④四七
西□治部　⑤九〇
西尾小佐衛門尉(吉次)　④一八
錦織嘉平　④一六九
西郡源三郎　⑤八三
西谷五藤太郎➡西谷重満
西谷重満
　西谷重満　①一三七

西谷五藤太郎　①一五一
西谷五藤太郎重満　①一三七、一八七
西原⬇西原源太
西原(珠師谷八幡神社)　②一二
西原(椙山家史料)　①九三
西原源太
　西原　②一八〇
日　③三七〜八、⑤三七
日□⬇日純
日□⬇日等
日⬇日侃
日阿弥陀仏　②一五、⑤一二〜三、一五
日安
　按擦阿闍梨日安　①一八、⑤一一〜三、一五
日威　③一七〇
日意(本国寺)　②三五
日意(本土寺)　①一一〇、一一八、⑤一七
日院　①一四、⑤一三
日胤(浄光院)
　□胤　①二四九
日胤(浄行寺)　③一九八
日胤(妙厳寺)　①九七

日胤(藻原寺)　④四七、⑤三九
日殷
　権少僧都日殷　②八七
　法印日殷　③一七四
日運⬇正木時通
日恵　④四〇、一一三
日永(妙本寺)　①一八、⑤一二〜四
日英　①一二七
日栄
　承教寺日栄　②一一九、一三〇
日詠　③一九七
日延(可観院)　⑤一一〜二
日延(香正寺)　⑤一三
日奥
　日奥聖人　④一三四〜五
日遠
　本台坊日遠　②七二
日穏　①一九九、③一九七、二〇二、二二六
日音
　千光坊日音　③一九七
日恩
　久成坊　④一〇二、一一四
　太輔阿日恩　③一三九
　太輔阿闍梨日恩　③九〇
　大輔公日恩　②七二
　日恩　③一三二、一六九
　阿闍梨日恩　③一二
日我
　進大夫阿闍梨日我　①二九一
　進大夫日我　①二九四
　日我　①二九一、②三〇、三二、四二、四六、七一〜四、一三六、一四三、一五四、一三〇、一、③一一〜一二、一三、四五、一一七、一二九、一三九、二〇一、二二六、二三七〜八、④六三、八七、一一三、⑤一一、一三〜六、二一〜二
　日我上人　②七四、七七、一四二、一七、七一七八、④一三
　妙本寺　③八
　妙本寺日我　②七一、一二六
　要賢坊　②一四
　愚僧　③一二七
日快
　中将公日快　②一三
日戒
　日戒　①一五、一三三
　本光坊　③一六九、二〇一
日凱(鎌倉妙本寺)　③一二七〜八、一九七
日学　③五〇、一六二
日甘
　要俊日甘　②七三

日含　⑤六
日侃
　宰相阿　④四〇
　宰相阿闍梨　②七一、七二、一五四
　宰相阿闍梨日侃　②七二
　日倪　③一三
　日侃　②七一、七二、一七八、三〇一、③一三、九三、一一八〜九、二〇一、二三八、二六八〜九、二七一、④四〇、六三、七九、八六〜八八、一〇二、一一三〜五、一二七、一四二
　日侃上人　③一六八、④九六
　妙本寺行事日侃　②一七七
　妙本寺日侃　②二九五、④八七
　両上　③一六八
日肝
　日肝上人　②一三
日願　①一一〇
日記　①二九四
日耀
　日耀　③一三
　福寿院日耀　②一六一
　日耀　⑤一五、一三
日祇(妙本寺)
　正行坊　②七三
日義(小泉久遠寺)

久遠寺行事日義　②一四三
日義　②七二、⑤一五～六
兵部阿闍梨日義　②七二、⑤一三
兵部卿　⑤二
日義(正覚寺)
　島坊日義　②一〇〇
日義(高照寺)　①一〇六
日義(妙覚寺)
　権律師日義　①一二〇、一二三
　律師日義　①一二二、一二三
　日義　④七〇
日義(上行寺)
　日義聖人　①二八一
日儀(妙本寺)
　要俊日儀　②七三
日顗(本光寺)
　本光寺日顗　②一三三
日曦　⑤七
日久　①一九七
日休　③二一六
日踞
　惣光坊　②七三
　弁公日踞　②七三
日亨　①二八一
日教
　継順房日教　②七三
　常光坊　②七三、③一一八
日敬　⑤七
日行(恵日寺)　②五一
日行(本行寺)
　日行　②七一
　本行寺日行　②一三三
日行(妙本寺)　②七二、③一七〇、二七〇、二七八、④六七
日形(本国寺)　②三五
日形(藻原寺)　⑤三九
日暁
　日暁　②二一八
　山城公　②七二
　仙能坊日暁　②七一
日近
　大乗院日近　②一六一
　出雲公　②七三
日勤
　彼坊主　②一七
　揚林坊　②七四、一七
　揚林坊日勤　②七三
日桑　①一九八
日家　④七〇
日継(本門寺)
　本門寺年行事日継　②一七三
日継(妙本寺)　①二五三、二五六、⑤六、一一～五
日慧(妙本寺)
　日慧　②七二
　隆学房　②七二
日芸
　善生寺日芸　②一三一～一三三
　日芸　②一三三
日迎　①一一七
日迎妻
　妙寿　①一一七
日健
　日健　③三一
　仏性院日健　④七六
日健➡岡本安泰
日顕(藻原寺)　⑤三九
日元
　本東寺日元　①二九〇
日言(本国寺)　②三五
日現(上総)　②四八、五二、五五
日現(定善寺)
　定善寺日現　②七三
日現(大坊)
　日現　②一一九、一二〇
　仏寿院権大僧都法印日現　②一二
　法印日現　②七〇、一二〇
日現(本門寺)　⑤一七
日現(妙興寺)　⑤一七～八
日現(妙厳寺)　③一七一、一九七、二七八、④六七
日源　⑤一五
日源➡板倉日源
日期　④五
日護
　仏寿坊日護　②一三三
日公
　日公大徳　②一九一
日弘(真行坊)
　真行坊日弘　①一一一
　日弘　①一九八
日弘(本土寺)　②一一九
日広(上行寺)
　上行寺日広　①二八二
日広(本国寺)　②三一
日光　⑤六
日幸　③三五
日杲
　日杲　⑤六
　中将日杲　⑤六
　本永寺　①二九一
　本永寺日杲　②一四

日晃
　本納寺日晃　②二一三
日興
　興　③二六九
　日興　②二四二、二九三、③二六九〜七〇、⑤三
　日興上人　③二六七〜八
　白蓮阿闍梨日興　②二九三
日合(妙興寺)
　大受律師日合　②一五八
　大受阿闍梨　②一五八
　但馬公　②一五八
　日受　②一五八
日郷(妙本寺)　①二五三、②二七〇、⑤二一〜三
日国　⑤一一、一五
日厳　③一七三
日在(香取)
　ちつさい　①二九三
　日在　①二九三
日在(妙興寺)　②一五九
日山(池上・比企)
　日山　③一七〇、二七七、④六七
　日山聖人　②二二、五二
日山(妙本寺)
　中納言公日山　②七二
蓮照坊　②七二、③一六九
日自
　六位公日自　②七三
日治
　治部卿日治　②七二
　清蔵坊　②七二
日時　⑤二
日慈　①一五八
日実(日向)　②一五八
日実(本土寺)　①一一〇、②一五八
日寿(妙本寺)　⑤一一、一五
日寿(正覚院)
　権律師日寿　①七
　日寿上人　①七
日寿(妙厳寺)　③一七〇、二七八、④六七
日受➡日合
日授(泉陽坊)
　泉陽坊日授　②七一
日授(福寿坊)
　福寿坊日住　③二七
日収　①二二六
日什
　日什　②二二、⑤五
　日什上人　①二四一
日秀(藻原寺)　⑤三九
日秀(源沢軒)
　源沢軒日秀　②一五
日周　⑤三〜四
日修
　本寿寺日修　②一三
日従(妙浄寺)　⑤八
日住(本土寺)
　日住　④七〇
　本覚寺日住　①九二、②一一八、④七〇
日証　⑤三八
日嘯➡正木頼忠
日純
　日□　④四七
　日純　①二三三、②一五、四八、五二、一一九、③一七二、二七七、④三八、六七
　純師　②一一九、一二〇
日如(法華経寺)
　蓮華坊日如　③二七
日正
　勧乗坊日正　②七三
日昌(本国寺)　②二三
日紹(本国寺)　②二四
日賞(妙厳寺)　①九六、九七
日詔(池上・比企)　③一五七
日詔(妙本寺)
　本行坊日詔　②七二、③二三九
　日詔阿　③二三九
日勝(本国寺)　②二三
日勝(正林坊)
　正林坊日勝　②七三
　日勝　③一五七
日勝(蓮盧防)
　蓮盧防日勝　①一五二
日勝(法華経寺)
　宝蔵坊日勝　③二七
日将(身延久遠寺)
　中将公日将　②七三
日将(法華経寺)
　舜陽坊日将　③二七
日尚
　本覚院日尚　②一三
日証(藻原寺)　④四七、⑤三八
日匠
　太輔阿　⑤三八
　日匠　⑤三八、三九
日定(本土寺)　①一九九
日定(妙本寺)
　大行寺日定　②四二
　日定　②四二
日浄(本国寺)　②三五
日浄(妙本寺)　⑤一五

日浄(要学房)
　要学房日浄　②七三
日乗
　権大僧都本大寺日乗　②三二
　寿慶房日乗　②七三
日常
　大蔵卿日常　②七二
　日常　⑤一五
　惣光坊　③一一八
日場　①一九九
日饒　①一一〇、②一一八
日辰
　本行院日辰　③二二八
日信(妙本寺)　⑤一三
日信(蓮能房)
　蓮能房日信　⑤六
日信(勝妙坊)
　勝妙坊日信　⑤七
日信(安立院)
　安立院日信　①一六二
日真(本国寺)　②三五
日真(日蓮遺文)　④七〇
日進　⑤三
日審　②六五
日親　③五九
日覵　②一五、③三一
日随(日我弟子)
　寿永房日随　②七三
日瑞(本国寺)　②三二
日瑞(本土寺)
　瑞師　②一三〇
　日瑞　①一〇六、一一〇〜一一、一一三、一
　九八、②一一九
日崇　⑤一二〜一三
日是　②一四、⑤一三〜一五
日成　④一一三
日清(妙本寺)　⑤一三
日清(藻原寺)　⑤三九
日清(経東坊)
　経乗坊日清　②一五九
日盛(本寿寺)　⑤二一
日盛(蓮昭寺)
　蓮照寺日盛　②一三三
惺師　③一二七
日晴(本土寺)
　妙泉院日晴　②一一八
日蜆　①二五四
日惺
　惺師　③五〇
　日惺　③一二八、一五七、一七〇、一八四、
　一九三〜一四、一九七、一九九、二〇七、二一
　六、二二六、二七八、④五五、五〇、六七
日精
　日精　⑤一七
　光寿院日精　②七〇
日整　③六二
日税　④一二七
日泉(妙本寺)
　中将公日泉　②七二
　要春坊　②七二、④一〇二
日宣　⑤一二〜一四
日扇(妙蔵寺)
　妙蔵院日扇　②一六一
日扇(薬草院)
　日扇　②一七五、一七六
　薬草院　②一七二
日詮(光福寺)　③一九七
日前　③二二六
日禅(藻原寺)
　日禅聖人　①二〇六、⑤三九
日膳(妙本寺)
　三河(公)日膳　②七一〜一二、七
　四、七七
　善行坊阿闍梨日膳　③二二九、
　二三二
　善行坊日膳　③一二九
　日膳　③一一、一二九
日膳(妙本寺)　②三三、③三二、一三
日膳カ
　九
　本乗寺　③一一八
日像
　日像聖人　②四八
日存
　要行坊日存　③一一九
日体
　妙本寺月行事日体　②一七二
日泰(本興寺)　②二二四
日泰(藻原寺)　①二〇六、⑤三九〜
　四〇
日泰(妙浄寺)　⑤八
日泰(妙満寺)
　日泰　⑤四〜五
　日泰上人　②一七〇
日ちう　③二〇一
日忠　⑤一三
日長(妙本寺)
　三位公日長　②七二
　日長　③二六九、④一〇二
　富士山久遠寺代日長　②二九
　三
　本承坊　②七二
日朝(一乗坊)　①一八
日越

殊勝院日越 ②二三
日調(浄光院) ①二四九
日調(池上・比企)
調師 ②一八
日調 ③一七、二七七、④六七
日調(妙厳寺) ①九六
日調(妙詮寺) ①一五
日珍(妙本寺)
日珍 ③二一四、二六七、二六九、二七一
日珍聖人 ④一四二
蓮台坊 ②三〇〇
日珍(妙本寺)
智俊房日珍 ②七二
日朕
民部卿日朕 ②七三
日陳 ①七
日鎮
日鎮 ②七一、⑤一五
法泉坊日鎮 ②七一
日通
大林坊日通 ②二一
日貞 ①二四九
日逞
学運阿日逞 ②一五
照幡院日逞 ②一三
日逞 ②一二三
日提
刑部卿 ②七三
増円坊日提 ②七二
日提 ②七三、④一〇二、一一三〜四、
⑤一五
日提阿 ④六三
日諦 ④六七
日典
日典 ②一四六、④五四
本国寺日典 ②一二三
日伝(大恵寺) ①一三〇
日伝(妙本寺)
日伝 ③二七〇、④七〇、⑤一二〜四
日伝上人 ②四二
□□ ⑤一四
牛王丸 ⑤一三
日伝(本土寺)
日伝 ①一一〇
伝師 ②一九、一五八
日伝聖人 ②一九
日伝(本国寺) ③一三
日伝➡酒井清伝
日殿 ③九〇
日等(妙典寺)
日□ ③一七六
日等(多古妙興寺) ②一、六五
日堂 ①一二七
日道 ②三三
日仁(妙本寺)
大進公日仁 ②七二
本実坊 ②七二
日任
日任阿闍梨 ②七三
日忍(鷲栖寺)
日忍阿闍梨 ①七
日忍(妙興寺) ②一、六五
日然 ⑤二七、三九
日能
徳蔵院日能 ②二三五
日能 ④七〇
日繁 ②六〇
日不(妙本寺) ③一一八
日負
本照坊日負 ②三三
日福 ①一一〇
日弁
越後公日弁 ①七
日弁 ⑤三八
日保
日保 ④七〇
日保聖人 ①一三一
日暮 ①一九九
日奉
正蔵院日奉 ②一六二
日報(本国寺) ②三五
日万
恵日寺行円坊日万 ②五一
行円坊日万 ②四七
日満(宰相阿) ⑤九
日満(妙浄寺) ⑤九
日満(日我弟子)
教蔵坊日満 ②七三
日満(法鏡坊)
法鏡坊 ③一一八
法鏡坊日満 ②七三
日満(本土寺) ①一一〇
日満(善勝寺) ①一四一
日妙(妙本寺) ⑤六、一五
日妙(藻原寺)
花光院日妙 ②一六一
日妙(妙興寺)
法印日妙 ③一七一
日妙(新福寺)
本光坊日妙 ②五四
日妙(中山法華経寺)
律師日妙 ③二七
日目
日目 ②一四二、一九三、③二六九〜七

〇、⑤三〜五
日上　③二八、⑤二一、二三
日　③二六九
日有(本国寺)　②三五
日祐　⑤三
日涌
　顕本寺日涌　②七三
日湧
　日湧大聖人　②三五
日遊　⑤七
日輿　②三
日要(上行寺)
　心光坊日要　①二八二
日要(満栄寺)
　満栄寺日要　②二三
日要(妙本寺)
　日要　①二三九、②二九三、⑤六、二三
〜四
　日要上人　①二五三、②七一〜二
　愚老　①二三九
日陽(池上・比企)　③二七一、二七
八、④六七
日陽(本国寺)　②三四
日養(妙光寺)　①一〇〇
日養(竜蔵寺)
　日養　②一五〇
　日養上人　②二五八
日楽　①一九九
日流(妙本寺)
　揚円坊日流　②七三
日立
　大実坊日立　②三
日隆
　日隆　②一四八、一九九
　本土寺日隆　②一七三
日慮(妙満寺)
　妙満寺日慮　②二六九
日慮(浄光院)
　権大僧都日慮　①一四、二五
日了(妙本寺)
　観乗坊日了　②四二
日良(大工)
　左衛門日良　①二二七
日輪
　日輪　③二七七、③一七〇、④六七、
⑤一六、一七
　日輪聖人　②四七、五一、七〇
　輪師　②七〇
日蓮
　高祖　④四七
　高祖聖人　③二六八、④七〇
　大聖人　①七、②一九、一五八、③
二一〜二
　日蓮　①二一、二八一、二九〇、②三
二、一四三、二九三、③五〇、一五七、二七
〇、③一九九、二六七〜八、二七〇、⑤
八、一三、八五、一〇一
　日蓮上人　①二三〇、二五二
　日蓮聖人　②一七、二九三、三〇一、
③二六七、二六九、④八六〜七、二三四
　日蓮大聖人　①二二、二八一、②
一五、四七、五一、五五、③三二、二七八
　日蓮大菩薩　②二三、一四八
　蓮師　②二九三
　蓮祖　②一七二
日朗
　日朗　①二一〇、②二三、一五八、③
一五七
　日朗聖人　②四八、五一、五五、③二
七六
　朗師　②二九、一五八
日和
　学乗房日和　⑤三
新田→由良国繁
新田→由良成繁
新田英舎
　新田丹波守英舎　③一五九
新田山　④三九
新田義国
　義国　③三六
新田義重
　源義重　③三二、三四
蜷川国親
　蜷川雅楽助国親　①一九〜二〇
にハはき　①二五八、④六五
二浜→正木輝綱
仁戸名牛尾三郎左衛門→牛尾
三郎左衛門
仁戸名三郎左衛門→牛尾三郎
左衛門
に部入道　①一七六
入道→里見義尭
にようぼう→鶴見信長室
弐郎少輔→露崎弐郎少輔
丹羽徳入
　丹羽山城守　④二六
丹羽宰相→丹羽長重
庭田重保
　蔵人頭右近衛権中将源重保
②六
丹羽長重
　羽柴松任侍従　④二三
　まつとうの侍従　④一八
　小松宰相　④二三

松任侍従丹羽長重　④九〇
松任侍従　④一〇六
丹羽宰相　④一九三
庭掃　④五三
丹羽山城守➡丹羽徳入
忍三郎左衛門尉➡駒場忍三郎
　左衛門尉
にんふ入道　①九七
人誉
　南蓮社人誉　②一五

ぬ

縫右衛門➡鎌須賀縫右衛門
縫殿允(神野寺)　③二三
縫殿丞➡鴾田縫殿丞
縫殿助(里見家臣)　④一〇七
ぬいの助(香取)　②六七
ぬいのてう(香取百姓)　③二
額賀掃部允　③一三
額賀掃部丞　②一六九
額賀長門守➡額賀幹勝
額賀幹勝
　額賀長門守　④五三
　額賀長門守幹勝　④五三
怒賀源太左衛門尉　②二三五、一三
七
沼尻忠久
　前和泉守忠久　①一六
沼四郎左衛門　①一〇一
沼間左門次郎　④一九一

ね

ねか原二郎(香取神官)　①一〇
　二
禰宜(新田野八幡宮)　①一七〇
禰宜(香取神宮)　②一五九
禰宜(鶴谷八幡宮)　④一〇三〜
　四、一六三
禰宜四郎左衛門尉　④九七
禰宜祝(ねきはうり)(香取神
　官)　①二〜三、二三、三〇、三五〜
　六、四〇〜一、四七〜八、五二、五四、六二
　〜三、一四一、一六五、二〇四、二〇九、二
　一、二二五、二二七、二三五〜六、二五七、二
　九九、②一三、八八、④六四〜五
禰子　①六二
根小屋玄蕃允(ママ)　④一六五
根小屋介　④一六六
根本五郎太郎➡根本吉胤
根本正氏
　根本六郎二郎正氏　⑤三七
根本木工助　②二六
根本吉胤
　根本五郎太郎吉胤　⑤三七
根本六郎二郎➡根本正氏
念阿弥　②一八

の

能阿弥(石堂寺)　②一八
能観　⑤三五
能山聚芸
　能山和尚　④三五
濃州➡織田信長
納条五良右衛門　③一五
能鑁
　法印能鑁　④二四五
野口新六
　新六　②一六一
野口彦五郎　②一六一
野里信景
　信景野里三郎　⑤八五
野田➡野田景範
野田➡野田弘朝
野田右馬助　④三四〜五
野田右馬助入道　②五五
野田景範
　野田　②一〇三
野田左衛門大夫➡野田弘朝
野田三郎　③二一〜二
野田氏　③二一、④三九〜三〇
野田忠兵衛　④二〇五
野田弘朝
　野田　②一三〇、一四七
　野田左衛門大夫　②九五
野路悪三郎(のちあく三郎)
　あく三郎　④九六
　のちあく三郎　④五七
野路原次郎　②一三
野路日向守　②一三、②一六〇
能登公(藻原寺)　⑤三九
能登侍従➡前田利政
能登律　④七〇
能登守➡上田長則
能登守➡堀江頼忠
野中➡野中遠江守
野中遠江守
　野中　②七四、③四三
　野中修理亮　②二七
　野中遠江守　③一五、一八五
野平掃部亮　②二七
野平外記　②一九六

野手　⑤九四
のぶあき⬇武田信秋
信秋⬇武田信秋
延家⬇多田延家
信家⬇大曾根信家
信景⬇加藤信景
信雄⬇織田信雄
信貞　④四九、七二
信茂⬇正木信茂
のぶたか⬇武田信隆
信隆⬇武田信隆
信経⬇長崎信経
信時⬇逸見信時
信虎⬇武田信虎
のぶなが　⑤四六
信長⬇織田信長
信長⬇武田信長
信長御父子⬇織田信長・信忠
信広⬇武田信広
信応⬇武田信応
信政⬇武田信政
信光　②二七七
のぶやす⬇後藤信安
登戸判官代　②二三九
野村右衛門兵衛尉　②一四三
野村宗衛門　③八九
則定　③一九
則重　④一三
憲忠⬇上杉憲忠
孝胤⬇千葉孝胤
憲胤⬇本庄憲胤
範胤⬇千葉範胤
則次
　傔杖則次　①一三七、一三八
憲時⬇正木憲時
憲秀⬇松田憲秀
則房
　塙神主則房　①一三七
憲当⬇上杉憲政
憲政⬇上杉憲政
範通⬇深浦範通
孝宗⬇粟飯原孝宗

は

陪亮軒⬇蔭涼軒
梅江斎⬇岡本禅哲
拝志周長
　拝志武太夫周長　①二六八
ハウシ神主　①一四一
芳賀　④五一、二三九
芳賀(興綱)　①二五五
芳賀伊賀守　⑤一
芳賀右衛門尉　④二三六
芳賀左兵衛尉(高勝)　①二〇八
芳賀次郎(高経カ)　④五四
玶和⬇玶和康忠
玶和氏続
　玶賀いよ　④二五
玶和刑部丞⬇玶和康忠
玶和伯耆守⬇玶和康忠
玶和康忠
　玶伯　③二一〇
　玶和　②二五六
　玶和刑部丞　③三三
　玶和伯耆守　③三三九
玶賀いよ⬇玶和氏続
波木井(実長)　②二九三
波木井清長
　波木井六郎入道清長　③二六
九
萩野九郎三郎　②一六
萩野康久
　萩野次郎兵衛康久　④一四四
はぎはら⬇萩原
萩原
　はぎはら　⑤四八
萩原　④一三八
莫海法印　④二三三
白明
　権少僧都白明　④一〇一
箱根別当　⑤一〇〇
箱根別当(北条宗哲カ)　①三〇
二
はさまたけんちやう　②六四
羽三左衛門⬇池田輝政
羽柴会津少将⬇蒲生氏郷
羽柴安芸宰相⬇毛利秀元
羽柴安房侍従⬇里見義康
羽柴伊賀侍従⬇筒井定次
羽柴伊奈侍従⬇京極高知
羽柴越後宰相⬇上杉景勝
羽柴越後中納言⬇上杉景勝
羽柴越中少将⬇前田利長
羽柴江戸中納言⬇徳川秀忠
羽柴大野宰相⬇織田秀雄
羽柴加賀宰相⬇前田利家
羽柴金山侍従⬇森忠政
羽柴河内侍従⬇毛利秀頼
羽柴北庄侍従⬇堀秀治
羽柴岐阜侍従衆⬇織田秀信
羽柴岐阜中納言⬇織田秀信
羽柴京極侍従⬇京極高次
羽柴郡上侍従⬇稲葉貞通

羽柴久留米侍従➡小早川秀包
羽柴小早川侍従➡小早川隆景
羽柴左衛門尉(佐)➡堀秀政
羽柴左近侍従➡前田秀以
羽柴薩摩侍従➡島津忠恒
羽柴薩摩侍従➡島津義弘
羽柴下総守➡滝川雄利
羽柴伊達侍従➡伊達政宗
羽柴丹後少将➡長岡忠興
羽柴筑守(前脱)➡羽柴秀吉
羽柴筑前中納言➡小早川秀秋
羽柴対馬侍従➡宗義智
羽柴出羽侍従➡最上義光
羽柴東郷侍従➡長谷川秀一
羽柴土佐侍従➡長宗我部元親
羽柴能登侍従➡前田利政
羽柴備前宰相➡宇喜多秀家
羽柴常陸侍従➡佐竹義宣
羽柴秀勝
　大柿少将　⑤二五
羽柴秀次
　関白様　④一一七
　中納言　⑤二七
　近江中納言　⑤二四、二五
羽柴秀長
　中納言秀長　④九〇
　みのゝかミ　⑤二八
羽柴秀保
　大和中納言　④一〇六、一一七
羽柴秀吉
　太閤　④二〇〜一
　太閤様　④一一七
　関白　④六
　関白殿　④一五、一九
　関白様　④九、一三、九二
　京都様　④六
　源豊臣朝臣秀吉　④二五
　秀吉　③二八、二〇二〜三、二〇五、④
　　一二三
　上様　④八一、⑤二五
　中納言秀吉　④九〇
　天下　④三
　羽柴筑守(前脱)　⑤二六
　天下様　④三、九、
　殿下様　④七
　西国　③二〇九
羽柴秀頼
　御ひろい　④二〇
　秀頼　④一四八、二七六
羽柴秀頼➡毛利秀頼
羽柴豊後小侍従➡大友吉統
羽柴松任侍従➡丹羽長重
羽柴武蔵守秀忠➡徳川秀忠
羽柴柳川侍従➡立花宗茂
羽柴結城侍従➡結城秀康
羽柴吉田侍従➡池田輝政
羽柴若狭侍従➡木下勝俊
橋本(加茂郷)　②二八
橋本(相模)　②一七三
橋本四郎左衛門　③九
蓮沼対馬守　④五九
ハセ　②二四
ハセカハ(石堂寺)　②二七
長谷川家次
　長谷川右京亮家次　③二一七
長谷川右京助　③六〇、八一、八八、
　④六六
長谷河侍従➡長谷川秀一
長谷川七左➡長谷川長綱
長谷川藤五郎➡長谷川秀一
長谷川長綱
　長谷川七左　④二二五
長谷川隼人　④二七九
長谷川伴右衛門　④二〇〇
長谷川秀一
　長谷川藤五郎　⑤二五
　羽柴東郷侍従　④二二一、⑤三〇
　長谷河侍従　④二一八
　東郷侍従　④一〇七
長谷川正豊
　長谷川左近将監正豊　④一八
　一
ハセ部母　②二六三
畠山右衛門佐　④二三三
畠山上総介　④二三六
畠山重忠
　秩父重忠畠山太郎　⑤六二
畠山重康
　重康　⑤六二
畠山重義
　重義　⑤六二
　重義畠山庄司　⑤六二
はたの源二郎　②二三四
波多野左京亮　③一三五
波多野勝左衛門　④二八一
波多野庄左衛門　④二九〇
幡谷　⑤九八
幡谷越中守
　幡越　③二〇九
　幡谷越中守　③二〇八、二六一
幡谷加賀守　⑤七三
幡谷宮内少輔　⑤七四
幡谷又六郎　⑤七四
幡谷大和守　②一三四

鉢形➡北条氏邦
八蔵内上様　①二六三
八正院殿➡足利義明
蜂須賀あわのかミ➡蜂須賀家政
蜂須賀阿波守(あわのかミ)(家政)　④一〇七、一一八、⑤三〇
蜂須賀阿波守➡蜂須賀至鎮
蜂須賀至鎮
　蜂須賀阿波守　④一三四
八幡➡源義家
八幡出雲　①八六
八幡太郎➡源義家
八幡殿　④八六
八幡山侍従➡京極高次
八郎□□(太郎カ)　①一〇九
八郎　⑤一〇二
八郎➡原八郎
八郎➡上総広常
八郎➡平岩八郎
八郎➡簗田晴助
八郎➡簗田持助
八郎(右)衛門➡香取吉房
八郎右衛門(西門院文書)　④二五
八郎右衛門(長昌寺)　②九一
八郎右衛門➡東胤定
八郎衛門(ゑもん)➡香取吉房
八郎衛門(石堂寺)　②二五
八郎衛門(藻原寺)　②六一
八郎五郎　①一五九、一六六〜一六七、二二
八郎左衛門➡千葉胤安
八郎さへもん➡八郎左衛門
八郎さへもん(高篠)　②六一
八郎左衛門(平蔵郷)
　八郎さへもん　③三八、三三七
八郎左衛門(藻原寺)　②六一
八郎左衛門(谷中稲荷神社)　③五九
八郎左衛門➡安川八郎左衛門
八郎左衛門尉➡長尾八郎左衛門尉
八郎三郎(香取神官)　①二〇二、二三〇、二三三
八郎三郎(高篠)　②六一
八郎四郎(香取神官)　①二二二、二二九
八郎四郎➡武田信応
八郎二郎(高篠)　②六一
八郎太夫　⑤八八
八郎太郎(香取神官)　①四三、五四
八郎太郎(高篠)　②六一
八郎太郎➡武田信隆
八郎母　⑤一〇一
八郎兵衛丞➡木内胤持
八郎兵衛丞➡木内胤成
服部采女正(一忠)　④一一〇、⑤三
塙子　②二七
花輪次郎　②三〇
塙祝(ハなわはうり)(香取神官)　①一二、一三、三五、四〇〜一、四七、五二、五四、六二、一四〇、二〇九、二一一、二一七、二二五〜六、二五七、二九九、②二三、八八、④六五
羽生　④三五
羽生氏親　①一五一、一八七
羽生上総介　①二四五
馬乳久右衛門　④一三五、一八五
馬乳久左衛門　④一八四
は丶➡鶴見信長母
母➡里見忠義母
は丶かへは丶き入道　②三三〇
は丶くら之すけ　②二九
坍伯➡坍和康忠
馬場蔵人　④二七三
馬場篤親
　新介　④二三九
馬場重胤
　重胤馬場八郎　⑤六七、七〇
　重胤　⑤七〇、八三〜四、一〇一
　馬場八郎　⑤七〇、八三
馬場大膳亮　③三二
馬場胤平
　馬場又四郎胤平　⑤九四
馬場胤依
　胤依　⑤七〇
馬場八郎➡馬場重胤
羽部大隅守　③一〇
埴生胤時
　胤時埴生三郎　⑤六三
早川勝□□　④一五四
早川右衛門　④一六九、一九一
早川右衛門尉　③三二四
早川主馬(首)➡早川長政
早川対馬　④一八四
早川長政
　早川主馬　④一一〇
　早川主馬首　⑤三三
早川又七　④一九〇
早川臨斎　④一六九
林越前　②六九

林紀八郎　②二二四
林源衛門
　源衛門　②二二九
　林源衛門　②二二九
林四郎　②二二五
林四郎右衛門尉　②二一〇
林田　④四九
林田玄蕃允➡林田胤俊
林田玄蕃允➡林田安詮
林田清右衛門尉　③一三
林田胤俊
　林田玄蕃允　④四一～二
　林田玄蕃允胤俊　④四一
林田安詮
　玄蕃允安詮　④四九～五〇
　林田玄蕃允　④四九
早新左➡早見新左衛門カ
隼人(常光寺)　②一五七
隼人(長禅寺)　②二六三
隼人佑　⑤一〇
隼人佑➡武田信長
隼人佑➡真田隼人佑
隼人佐➡香取長房
隼人助　③八〇、八五
早野　②一八九
早見新左衛門カ
　早新左　④八二
原氏　③五七、一二九、④五一、一二六、⑤
　三九、六九、七五、八〇、八七、八九
はら(原)　②一九〇
はら大くら母➡原胤長母
はら源三郎　①一七
原➡原胤貞
原➡原胤隆
原➡原胤房
原➡原胤栄
原越前守
　越前守　③一八七
　原越　③五八
　原越前守　③五七、一九八、二〇三
原越➡原越前守
原越後守➡原胤隆
原おいの助➡原親幹
原大➡原邦長
原大炊助➡原親幹
原大炊助➡原邦房
原大炊介➡原吉丸
原大炊助親就➡原親幹
原大蔵➡原胤安
原大蔵丞➡原邦長
原大くらのせうはゝ➡原胤長
　母
原大介➡原吉丸
原上総介➡原胤貞
原上総守　④一七三
原清常
　清常　⑤八三
原宮内太輔➡原邦長
原宮内太輔➡原胤隆
原宮内大輔入道➡原胤隆
原邦胤
　大九郎　⑤一〇三
原邦長
　原大蔵丞　③一九五、二四三、二四四
　原豊前父子　③二〇三
　大蔵　③二〇三
　大蔵丞邦長　③二〇七、二四三～四
　原大　③一八七
原邦房
　原大炊助　③一八八～九、二八二、
　　④九六、一一九
　同大炊助　③一八六～七
　原大炊助邦房　④七三
　原若狭父子　③一八六
　大炊助　③二〇三、一八七
　原大炊　③一八八
　原大炊輔　③一九五、二三一、④二三
　　〇
原玄蕃
　玄蕃　⑤八三
原玄説
　原左京亮玄説　②二四
原佐➡原田種雄
原左京亮　⑤九八
原左近
　左近　④一七三
原佐左衛門➡原田種雄
原式➡原胤栄
原式胤栄➡原胤栄
原式部大夫➡原胤栄
原信濃入道(朗意)　①四九
原志摩守
　原志摩守　③一三一
　志摩守　③一九六
原修理亮　②二四
原修理亮氏女
　氏女　②二四
原十郎➡原胤栄
原上➡原胤貞
原四郎➡原頼常
原次郎左衛門尉　③六六
原四郎右衛門
　四郎右衛門　⑤八三
原弼次

原次郎五郎弼次　①一〇八
原孝景
左京亮　①一二三
原孝景母
院勢　①一二三
原堯頼
原図書助堯頼　②二五
原忠継
忠継　①一九九
原胤家
胤家　⑤八三
原胤和
胤和　⑤八三
原胤清
胤清　②一六、五九、九〇、九四
原胤清　②九〇、⑤八八、九〇〜一、九三〜五、九七
原式部太輔胤清　⑤九三〜五
胤清弥五郎　⑤八八
胤清式部大夫超岳　⑤八三
原式部大夫胤清　②二、⑤一七、七六
原式部大夫平胤清　②九四
平胤清　②九四
原　⑤四一
原胤惟
胤惟　⑤八三、八七
原胤貞
胤貞　②二〇九、二五九、③九一、⑤八三、九一、九四、九七
胤貞上総介震岳　⑤八三
原　②二三六
原胤貞　②一〇〇、⑤九二
原上　②一八四
原上総介　②一六四
原上総介胤貞　②一九五、二一〇
原孫次郎胤貞　②八六
原孫二郎胤貞　⑤七八
小弓　②一七六
上総介　②一六四
牛尾孫次郎胤貞　⑤九四
平胤貞　②二五九、④七二
原胤繁
胤繁　④六一
原胤季
胤季　⑤八三
原胤高
胤高原孫二郎光岳　⑤八三、八八
七
胤高原孫次郎　⑤六七
原越後守胤高　⑤九二
胤高　⑤八三
胤高原孫次郎　⑤六七
胤次　⑤七〇
原胤隆
胤隆　①二六〇、二九四、⑤九二
原　①二七八
原宮内太輔　④二三六、二三八
原宮内大輔入道　①二九四
平胤隆　①三三四
原越後守　⑤八八、九一
原越後守胤隆　⑤七〇、八一
原胤隆　⑤八四、八六
胤隆讃岐守全岳　⑤八三
原胤親
原筑前守胤親　③二六六
貞岳　⑤八八
胤親　⑤八三
胤親原孫二郎貞岳　⑤八三、八八
七
貞学　⑤八八
原胤次
原隼人佐胤次　⑤九四
胤次石見守　⑤八二
胤次　⑤八二
原胤友
胤友左衛門　⑤八二
源三郎尉胤友　①一五二
原胤長
胤長　③二八三
原大蔵丞　③二六
原大蔵丞胤長　③二八四
原豊　③二六五
原豊前　③二二一
原豊前守　③五七、一四九、二〇六、二八四〜五、⑤一〇三
原豊前入道　③二八三
原豊前父子　③二〇三
大くら　③二四六
大蔵丞　②二六七
大蔵丞胤長　③二六五
原豊前守胤長　③二八四
豊前　③二六〇
豊前守胤長　③二八三〜四
原胤長母
はら大くら母　③二四四〜六
原大くらのせうはゝ　③二四
五
原大くらのせつはゝ梅こ　③二四五
原胤長妻
はらうせんのかミ内　③二八
六
原胤位
胤位　⑤八三

原胤広
胤広 ⑤八三、八八
胤広原九郎兵衛 ⑤八三
原胤房
胤房 ①八
前越後守胤房 ①七四
原越後守胤房 ⑤六九、八二
胤房越後守勝岳 ⑤八三
越後 ⑤六九
原 ⑤七〇
原胤安
原大蔵丞胤安 ②一八、一九、⑤
七八、九一、九四
原大蔵 ⑤九一、九五〜六、九八
原胤安祖母
妙孝禅定尼 ②一八
原胤之
刑部少輔 ③一三四
原胤行
原九郎左衛門尉胤行 ⑤九四
原胤善
新左衛門 ⑤八三
原新左衛門胤善善阿弥 ⑤
八三
胤善原新左衛門尉 ⑤八八
原胤義
胤義治部少輔 ⑤八二
胤義 ⑤八三
原胤栄
胤栄 ②二八二、③四五、八〇、一五六、
二〇八、三二一、二九六、③六二、一七四、二
九五、二九七
胤栄十郎式部大輔 ⑤八三
原 ②二六二、三〇三、④三六
原胤栄 ③四二、二九六、④七一
原式 ③三
原式胤栄 ②二八二
原式部大夫 ③五七、一〇五、一六
一、一七一
原式部大夫胤栄 ③九一、⑤五
七
原式部大夫平胤栄 ③三、四
六、⑤八八
原十郎 ②二七〇
式部大夫 ③三九
式部大夫胤栄 ③二九六
臼井 ③七九
原山城守
原田山城守 ④二七三
原親幹
おいの助 ②二六八
原おいの助 ②二六八
原若狭守 ③二一九、一四一、一五五、
二〇三、二五六、二六〇、二八六〜七
原若狭守親幹 ③一七七〜九
原若狭入道 ③二二一
原若狭父子 ③二八六
原大炊助 ②一九七、二三六、二六八、
④二七三
原大炊助親就 ④七三
原田大炊介 ④二七三
若狭守 ③一九六
大炊頭 三三五
大炊助 ②二三五、二六七
御父子 ③二八二
原筑前守 ③一二一、一四八
原常継
常継 ⑤八三、八八
原十郎常継 ⑤八八
原常朝
常朝 ⑤八三
原常安
常安 ⑤八三
原朝胤
朝胤 ①一二四
朝胤淡路守太岳 ⑤八三
原八郎 ①四九
原肥前守 ⑤七
原兵部少輔 ③八〇
原豊前 ⑤八九
原豊前➡原胤長
原豊前守➡原胤長
原豊前父子➡原胤長・邦長
原平左衛門
□平左衛門 ⑤八三
原孫三郎 ③二八六
原孫七 ⑤七三、八八
原孫四郎
孫四郎 ③五八
原孫次郎 ④二七二
原孫二郎➡原基胤
原孫次郎光岳➡原胤高
原孫八郎 ③三三一
原政由
原新次郎政由 ④三〇二
原俣けん二郎 ④六一
原光信 ⑤七
原民部□輔 ①一五二
原基胤
原孫二(次)郎 ①二五五、二七九、
二六五、二八七
孫次郎 ①二九四
基胤孫次郎継岳 ⑤八三
原四郎 ⑤八三

原弥太郎　②二八九
原吉丸
　原吉丸　④二五
　原大介　④二四
　原大炊介　④三一～三
原頼常
　頼常原四郎　⑤六二、八七
　頼常　⑤八三
原頼道
　頼道　⑤八八
原若狭入道➡原親幹
原若狭守➡原親幹
原若狭父子➡原親幹・邦房
原田大炊介➡原親幹
原田山城守➡原山城守
原田種雄
　原佐　④二七
　原佐左衛門　④二七
晴氏➡足利晴氏
はるすけ➡簗田晴助
晴助➡簗田晴助
晴助父子➡簗田晴助・持助
晴朝➡結城晴朝
治胤➡千葉治胤
晴信➡武田晴信
治房➡香取治房
晴光➡大館晴光
範学➡範覚
範覚
　範学　⑤七六～七、七九、八一、八五
　千代童　⑤八六
　範覚　⑤七〇、七九、八二、八六、八九～
　九〇、一〇一～二
　権少僧都範覚　⑤八一
半沢藤右衛門　⑤八六
半助　③四三
半田　①一八四
範笵　②二〇一
万代屋宗安
　そうあん　⑤八

ひ

尾➡松田憲秀
檜垣三郎左衛門尉　③二二
檜垣秀定
　檜垣対馬守秀定　②二七五
東➡佐竹義久
東方彦太夫　④九六
東之上　②二四
東丸➡里見忠義妻
東丸殿➡里見忠義妻
東三(東三室)　⑤三六
引田九郎兵衛老母　②三三
ヒキタ女中　②二四
日暮又左衛門尉　④三
彦衛門　①一六三
彦九郎　④二二五
ひこ五郎(香取神官)　①二五、一
六六
ひこ五郎(高篠)　②一八一
彦(ひこ)五郎➡香取彦五郎
彦五郎(石堂寺)　②一六
彦五郎(大原神社)　②二二五
彦五郎(常灯寺)　①一六四
彦五郎(本土寺)　①一九九
彦五郎➡星野彦五郎
彦左衛門(大原神社)　②二二六
彦左衛門(珠師谷八幡神社)
②二一
彦坂九兵衛光正　④一九一
彦坂小形部(元正)　④二二五
ひこ三ろ(長徳寺)　①一八四
ひこ三郎(高篠)　②一八一
彦三郎(長福寺)　①一九五
彦三郎(本興寺)　②一三三
彦三郎(藻原寺)　②一六一
彦(ひこ)三郎➡香取彦三郎
彦三郎➡小堀彦三郎
彦七　①七、八、九、二六、三五、一六〇
彦七郎　⑤八三
彦七郎➡吉野彦七郎
彦四郎➡塚原彦四郎
彦四郎(香取神官)　①八、九
彦四郎(亀山郷)　①一七四
彦四郎➡星野彦四郎
彦二郎(笹村)　②七五
彦二郎➡松本彦二郎
彦二(次)郎(香取神宮)　①三、
九、三〇、九七、一三五、一五六
彦次郎(本興寺)　②一三三
彦太郎(新蔵寺)　⑤一〇
彦太郎(香取神官)　①一、二七、三
一、四、九七、一一三、一九一
彦太郎(藻原寺)　②一六一
彦太郎(行徳寺)
　ひこたろ　①一八三
肥後守　⑤一〇
ひこ八　①一五三
彦兵衛　②一七七
彦部雅楽頭　③八
彦部豊前守　③二九九
ひこへもん(大原神社)　②二二

ひころく(円盛院) ①六〇
彦六(石堂寺) ②一七
久川(久我)主計助 ②一六一～二
久繁
　宮内少輔久繁 ①二六三
久秀➡松永久秀
土方勘兵衛➡土方雄久
土方雄久
　土方勘兵衛 ⑤三五
土方大和守 ②一五七
飛州➡三木氏
尾州➡大須賀尾張守
尾州➡松田憲秀
ひせ ①三八
肥前 ①一
備前 ①一九二
備前さいしょう➡宇喜多秀家
備前宰相➡宇喜多秀家
備前中納言➡宇喜多秀家
備前守 ③三〇
肥田 ①六〇
ひたち ④一六
常陸公 ⑤三九
常陸中将➡平忠光
常陸守➡山室光勝
常陸大拯➡大掾氏
飛騨守 ③一八八
秀野長(ひちやおさ) ①四七、五
　二、二二一、二二七、二三五、二五七、二九九、
　②二三、八八、④六四
ひちや帳➡秀野長
ひちり➡香取ひちり
末丸➡正木末丸
備中➡里見備中
備中守➡頼長
備中入道➡正木恵門
英明 ①一四
秀忠➡徳川秀忠
秀綱➡小山秀綱
英長 ①一四
秀久
　当四郎兵衛尉秀久法名道林
　③一九二
秀吉(大工)
　(庄)五郎秀吉 ①八二
秀房➡香取秀房
秀吉➡羽柴秀吉
秀義
　左衛門太夫秀義 ⑤七〇
秀頼➡羽柴秀頼
一鍬田豊後守 ③一三
一坪田監物 ④二六六
一坪田監物祖母 ④二六五
一柳伊豆守(直末) ⑤三五
一柳右近太(大)夫(可遊) ④
　二一〇、⑤三一
日向宗立
　玄東斎 ②二六一、二九四、二九五
日根野高吉
日根野織部正(ひねのおりへ)
　(高吉) ④九一、⑤二六
日根野高吉
　日根野織部正
　ひねのおりへ
ひの(香取神官) ①一九
悲母(常灯寺) ①二六四
ひめ➡千葉邦胤妻
姫君 ②二八五
姫君様➡足利島子
ひやうこ助➡名雪ひやうこ助
ひやうごのすけ➡兵庫助
ひやうふのせう入道➡香取光
　長
百首➡正木頼時
百寿丸➡海上百寿丸
兵➡岡本氏元
右兵衛(長昌寺) ②九一
右兵衛(妙見社) ⑤八八
兵衛➡東胤仲
兵衛五郎(妙見社) ⑤七八
兵衛五郎(香取) ②八七
兵衛五郎➡宗胤
兵衛三郎(新蔵寺) ⑤一〇
兵衛三郎(香取神官) ①二三三、
　②八七
兵衛七郎(香取神官) ①九八、一
　五三
兵衛二郎 ⑤七八
兵衛大夫(香取) ②八八
右兵衛尉 ④四四、四七
右兵衛尉(滝山寺) ②六
兵衛房(高篠) ②二八一
兵庫助
　庫 ⑤三五
兵庫➡一櫟兵庫助
兵庫➡多田之兵庫
ひやうごのすけ➡後藤信安
兵庫助➡円城寺兵庫助
兵部阿(沼田寺) ①三八
兵部阿(藻原寺) ⑤三九
兵部卿➡日義
兵部公(亀山郷) ①一七四
兵部丞➡東保元
兵部丞➡東兼常

兵部少輔(新田野八幡宮) ①二七〇、二九五
兵部少輔→上杉房顕
兵部少輔→牛尾兵部少輔
兵部少輔→岡本氏元
兵部少輔→小野兵部少輔
兵部少輔→香取光長
兵部少輔→金親兵部少輔
兵部少輔→里見兵部少輔
兵部少輔→正木時治
兵部介(長昌寺) ②九一
兵部せう→香取光長
兵部大輔→国分兵部大輔
兵部大輔→武田豊信
百馬の太郎(高篠) ②六一
平山新三郎
　同新三郎 ④二七五
平井→上杉憲房
平井→上杉憲政
平岩主計→平岩親吉
平岩親吉
　平岩主計 ④一三八
平岩八郎
　八郎 ②七
平岩秀親
　平岩七郎秀親 ②七
平賀道鑑 ①一六三
平賀吉久
　同吉久 ①一六三
ひら川こうしつ→豊前氏景妻
平川市左右衛門 ④一四四
平川治部左衛門
　治部左衛門 ②一一六
　平川治部左衛門 ②三〇二
平川若狭守 ④八五
平河与四郎 ③九
平木 ②二六三
比良三郎 ①二七〇
比楽治部大輔 ②一八六、二四一
平塚山城守(滝俊) ④一〇三
平野 ⑤八六
平野四郎右衛門尉 ③一八
平野駿河守 ④二六〇
平野太郎左衛門 ②二九四
平野又右衛門 ④一六九
平山愛千代麿 ③三一、六二
平山伊賀守 ②二三五、二三七
平山源左衛門尉 ③七九
平山四郎左衛門 ④二七五
平山帯刀
　同帯刀 ②二三七
　平山帯刀 ②二三五
平山弾正 ②一〇七
平山土佐守 ③二三五
平山治影
　平山助五郎治影 ②二三
広居又五郎 ②二〇七
弘景→加藤弘景
広国→武田広国
広沢定吉
　広沢新左衛門尉藤原定吉
　①二三四
弘重→黒川弘重
広瀬 ①二五五
広田→広田直繁
広田出雲守→広田直繁
広田直繁
　広田 ②二〇三
　広田出雲守 ②二六七
広忠→緒形広忠
広科広綱 ⑤三八
広綱→宇都宮広綱
広常→上総広常
弘連→忍足弘連
広永→本名広永
弘永→本名広永
広則
　治部大輔広則 ④二一
広橋大納言(兼勝) ④一七一
広橋守光
　守□□ ⑤六
弘政→宇部弘政
広光 ④一三四
弘光 ①三八

ふ

布→布川豊島氏カ
武→太田康資
武庵→太田康資
武庵父子→太田康資・資綱
武衛→渋川義鏡
扶盈叟 ④八一
笛大夫 ②八八
富円 ③一五五
深井左衛門尉 ⑤二五
深渕範通
　範通 ⑤三七
　深渕弥次郎 ⑤三七、三九
　深渕弥次郎範通 ⑤三九
深谷→上杉氏憲
深渕弥次郎→深渕範通
府河 ⑤九五
布川豊島氏カ

布　④七
福➡賀藤源左衛門尉娘
福岡聖忠
　福岡聖忠入道　①一
福源庵➡弥阿
福島　②一四三
福島左衛門太夫(正則)　④一〇七、⑤三〇
福寿院　⑤七
福聚寺
　福聚寺禅司　②二六三
福秀坊　⑤八一
フク女➡福女
福女
　フク女　①二六四
　福女　②七
福信　③一三四
福信➡福原信濃守
福田　③二四一
福田民部少輔　③八〇
福千代(海上妙見社)　②七
福千代(常灯寺)　①二六三
福原信濃守　④一四〇
福原善七　④二八五
福満坊　②一六九
福室
　ふくむろ　⑤四九～五〇
　ふくむろたちわきさへもん　⑤四八～四九
　たちわき　⑤五〇
総定➡緒方総定
父子➡小山高朝・秀綱
父子➡里見義堯・義弘
父子➡真田昌幸・信幸
父子➡武田信清・大夫
父子➡北条氏康・氏政
父子➡簗田晴助・持助
藤井　④一八九
藤井美濃御前　④二六〇
藤井田所宗好➡香取宗好
藤井宗好➡香取宗好
藤居➡里見義康妻
藤生紀伊守　③三七
藤氏➡足利藤氏
藤江胤義
　胤義藤江七郎　⑤八五
藤枝五郎右衛門　③八二
藤枝弥八郎　③八二、④五三
藤掛永勝
　藤掛三(参)河守
藤掛三(参)河守(永勝)　④一〇七、⑤三〇
藤倉氏娘➡里見重信妻藤倉氏
藤子　③六二、④六七
藤崎新右衛門尉　③二二
藤沢➡小田氏治
藤代玄蕃允➡藤代政助
藤代ぬいの太郎　②二二七
藤代政助
　藤代玄蕃允　②二六〇
　藤代玄蕃允政助　②二二三
藤田又右衛門　④一〇五、一一一
藤田弥七郎　②九六
富士殿　⑤三
藤野女(海上妙見社)　②八
藤政➡足利藤政
武州➡上杉朝興
富春斎➡簗田高助
藤原顕定➡上杉顕定
藤原朝臣政次➡秋元政次
藤原清承➡糟屋清承
藤原氏　⑤三七
藤原種正
　藤原朝臣種正　③一七八
藤原経元➡甘露寺経元
藤原宣元➡中御門宣元
藤原範綱➡榎沢範綱
藤原秀郷
　俵藤太藤原秀郷　⑤六二
藤原広綱➡宇都宮広綱
藤原房平
　藤原朝臣房平　②二九四
藤原豊前守➡庄司豊前守
藤原政直➡結城政直
藤原光宣　③二三
藤原宗綱➡佐野宗綱
藤原了豊　①二五三
布施　②二八
布施➡布施景尊
布施景尊
　布施　③七一、一二〇
　布美　③二〇
　景尊　③一七五
布施弾正左衛門尉(康能)　②八一
布瀬藤兵衛　②二三四
ふせん(香取神官)　①一五七、二〇五
豊前(氏景カ)　①二八七
豊前➡原胤長
豊前➡宮本豊前
豊前公➡宮本豊前
豊前氏景
　やましろ　②二七三

豊左京亮　②三
豊前左京亮　①二七、②三二、三
　八、一六
豊前山城守　②二〇五、三二、三
　八、一三三、二四〇、二五〇〜一
豊前氏景妻
　ひら川こうしつ　②二七二、二七
　三
豊前守　③三四
豊前守➡岡村豊前守
豊前守➡河田長親
豊前左衛門佐
豊佐　③一四七
豊前左衛門　③七六、一九五、一九
　七、二〇四
豊前左衛門尉　③二一〜二
豊前左京亮➡豊前氏景
豊前孫四郎
　まこ四郎　②二七一、二七二、二七三
豊前孫四郎　②二九七
豊前山城守➡豊前氏景
不染斎➡正木時盛
二見景俊
　二見民部丞　③五
二見民部丞➡二見景俊
不断所　①二六、四二
府中➡大掾慶幹
富津下総守　④三六
部藤土佐守内方
　同御内方　④二四七
部藤土佐守息子　④二四七
部藤兵蔵　④二四七
ふなこし(船越景直)　⑤二九
船橋➡富
符之判官代(香取)　②二四〇
船沢紀伊守　③二七九
不白➡武田信君
府馬　⑤八四
府馬右衛門尉　②二三六
府馬胤則
　弥五郎胤則　②一一三
府馬胤持
　府馬左衛門平胤持　②一一三
府馬胤持・胤則母
　左衛門・弥五郎老母千代
　②一一三
布美➡布施景尊
普門坊　④一四四
古池蔵助
　古池弥□□内蔵助　④一七一
古池弥□□内蔵助➡古池蔵助
古田兵部少輔(重勝)　④一〇七、
　⑤三〇
不破直光
ふわひこ三(不破直光)　⑤二九
文(ふん)三郎祝(はうり)　①
　六六〜七、一二五、一二六、一三〇、二五七、
　②三、八八
分飯司(ふんかいし)　①六二、一
　〇一、一二四〜五、一三九、二五七、二七五、
　②一四、八八、④六四
豊後　④一七〇、⑤三九
豊後侍従➡大友義統
ふんこ殿　①三二八
豊後入道□沙弥　①一九六
分三郎祝　④五一
文次軒　②一八九
文二郎➡平常辰
文次郎➡宮部長熙
文次郎　⑤六〇〜一
文神司　④六五

へ

平右衛門(常光寺)　②一五七
兵右衛門　④一七三
平衛門(細工)　②三三六
平右衛門(正善院)　④一六七
平衛門(大工)　②二六三
平衛門(藻原寺)　②一六一
平右衛門尉　③二八
平九郎➡簗田助清
平家　⑤六四
平五郎　⑤一〇
平三郎(新蔵寺)　⑤一〇
平三郎(飯沼)　②一〇
平三郎(香取神官)　①二七、三一、
　四四
平三郎(高篠)　②一八一
平三郎➡香取平三郎
平氏　⑤六五
平十五郎　①三八
平次郎尉　⑤七三
平四左　③二九七
平二左衛門　②二二一
平十二郎　①三八
平十太郎　①三八
平次太郎(常灯寺)　①二六四
平七➡簗田平七
平七助利➡簗田助利
平所➡幣所
幣所
　幣所　①二、二三、三五、四〇二一、二二
　七、二三五、二五八、二九九

平所　①四〇～一、四七、五二、五四、六
二
幣所祝　②一四、八八
平二郎(香取神官)　①三五、四〇、
一三、一七七、②九五
平二郎➡田中平二郎
平次郎(高篠)　②二八一
平四郎(平蔵郷)　③三二九
平四郎➡簗田助綱
平十郎源鉢　①三八
平三　③二二七
平三三(さふ)郎　①一七四、②七五
平三太郎(香取神官)　①五五
平太二郎(香取神官)　①三、三
〇、三六、四八、六三
平太郎(常光寺)　②一五七
平内五郎(香取神官)　①一六五
平内左衛門後家　④一八六
平内三郎　①二八、三三、三五、四一、四七、
五二、五四
平内三郎入道　①四〇
へいはき　①二六八
幣はき　④五三
平八　①二七、一七九、一八一
兵部大輔➡国分兵部大輔
兵松子　②二六
平六　①三一、三〇、四二
平六左衛門　④九九
平六三郎　①五三、一三三
平六四郎　①七、二六、三五、五三、六二、
一三、一三三、一六五、二〇四、二〇八
平六郎(高篠)　②二八一
逸中➡逸見信時
日置豊前守(忠俊)　④二二六
別所豊後守(吉治)　④二一〇、⑤
三
別当　①一、二四、三五、九五
別当丸➡正木時茂
別之祝　④五二
別符三河守(宗幸)　①九九
別祝➡副祝
部屋子　②一九九
弁意
　弁意　③二二八
　律師弁意　②一一六
弁永　①一九七
弁栄　②二〇
弁海(十穀)　①二二七
弁海(鶴谷八幡神社)
　弁海僧都　②二〇
弁谷➡千葉常胤
弁谷➡千葉胤政
弁慶　③一〇一
弁秀
　弁秀阿闍梨　②二〇
弁誓　②三
弁大僧都　①二三八
弁殿　①二三八
弁芳
　弁芳阿闍梨　②二〇
弁法眼　①二二七
逸見　③九二、一四五
逸見右馬助　③九八、④五四～五五
逸見源三郎　③一
逸見源太郎　④四一
逸見左京亮(祥仙カ)　①二二
逸見左京亮(祥仙子カ)　①一八
九、②四七
逸見式部少輔　③一四五、④三七
逸見祥仙
　逸見山城守　①三〇〇、三〇六
　逸見山城入道　①一九七、三〇二、
三〇五～三〇六
　逸見山城入道祥仙　①一九八
　沙弥祥仙　①一六五
　祥仙　①三〇〇
逸見大夫　④二二七
逸見信時
　逸中　④八六
　逸中信時　④一三、七二
　信時　④八六
逸見山城守➡逸見祥仙
逸見山城入道　②一三五
逸見山城入道➡逸見祥仙
弁瑜　①一九七
弁祐(那古寺)
　弁祐　③二二八
　弁祐阿闍梨　②二〇
　僧都弁祐　②一一六
弁祐(普門寺)
　弁祐　①一六二
弁誉(石堂寺)　②二五

ほ

房➡里見義堯
法阿弥➡千葉邦胤
法阿ミさま➡千葉邦胤
法阿弥陀仏➡千葉貞胤
法阿弥陀仏➡千葉昌胤
法阿弥陀仏➡千葉康胤
法胤丸　②二六三
法円　①六〇
宝衍➡天徳寺宝衍

房王丸➡正木憲時
法学　⑤五
法木右京亮　③一三五
法木出羽　④二六九
宝桂庵　②二五
北源➡北条氏照
宝光院　⑤三五
宝光坊　⑤八一
宝豪良充　②二六一
豊左➡豊前左衛門佐
法西
　興津美作入道　③二七〇
豊左京亮➡豊前氏景
宝山➡木内胤邦
宝山遠中　①一三八
ほうしう衆➡里見義康
宝珠(長禅寺)　②二六三
宝珠院　②二六九
ほうしやう(香取神宮)
　はうしゆう　①一三四
豊州　③二三四
房州➡里見氏
房州➡里見義尭
房州➡里見義豊
房州➡里見義弘
房州➡北条氏邦
房州➡北条氏邦
房州御屋形➡里見義尭
房州ノ御屋形➡里見義尭
房州大守➡里見義尭
房州之先守義豊➡里見義豊
房州両国大守➡里見義尭
法順(妙経寺)　②二六三
芳春院➡季龍周興
北条➡北条氏綱
北条➡北条氏直
北条➡北条氏政
北条➡北条氏
北条有時
　有時相模守　⑤八五
北条氏勝
　氏勝　③一六五
　左衛門大夫　④二五
北条左衛門　⑤二五
北条左衛門大夫　④三九
北条氏邦
　安房守　③二〇九、④一四、三五、⑤
　二三、二六
　氏郡　②二六七
　氏邦　③一八九
　房州　③二〇九
　新太郎　②二六九、⑤一九
　鉢形　③一五〇
　北条氏郡　③一八
北条氏郡➡北条氏邦
北条氏繁
　左衛門大夫　③一四、三六
　左衛門大夫父子　②二一八
　佐太父子　⑤一九
　氏繁　③四八
　善九郎　②一三九
　善九郎康成　②一二一〜三
　北条左衛門大夫氏繁　③五、
　二四
　玉縄　③四
　北右氏繁　③四
北条氏隆
　藤太郎　④二五
北条氏忠
　左衛門佐　③一六一、④二五
北条氏たね(綱成カ)
　ほうぢやうの九郎うぢたね
　⑤四五
北条氏綱
　伊勢新九郎　①一四四
　北新　①一五五
　北条新九郎　①一五九
　北条氏綱　⑤五五、五七〜八
　北条左京の大夫氏綱　⑤五三
　平氏綱　⑤四〇
　左京の大夫氏綱　⑤五四
　こどの　⑤五〇
　御亡父　②二四七
　左京大夫氏綱　①一七九
　氏綱　①一五五、一五九、一六六〜七、三
　〇三、②二三、三七、一一三、一四四、二四六
　〜七、二五六、④三五、⑤五四〜八
　北条　①三〇〇
北条氏照
　源三　②一九三、二〇五、③三一〜五
　源蔵　⑤一九
　源三氏照　②一一九、③一八
　奥州　③一一〇、一六二、一六四、一九三
　〜四、二三五、二三四
　奥州様　③一七四
　氏照　②一八一〜三、二〇七、二一〇、二
　一四、二一九、二二七、二三九、③三、五
　〇、九四、一三八、一四六、一五一、一五三、一
　六二、二二六、二三三
　大石源三　②二四八、二四九
　北源　②一九七、③二、一一
　北条陸奥守　③五四、七一、一二〇、
　④三〇、三一、三四、⑤二六〜七
　北条陸奥守氏照　③一〇二

北条惟時
維時武蔵守　⑤八五
惟時　⑤八四、八五
北条惟持
惟持　⑤八四
北条左衛門➡北条氏勝
北条左衛門大夫➡北条綱成
北条左衛門大夫➡北条氏勝
北条貞時
貞時相模守最勝寺　⑤八五
北条氏
小田原(をたハら)　②八一、八五、一二二、一三八、一五〇、一五五、二六〇、二七一、二七二、二八三、二八七、④二三九
相　②一七四、二四二、二四六～七、二五五～六、二六〇～二、二七八、二九一～二、三〇三、③三九、九四、一〇七、一六四
相州　②二五四、二八六
北条　④二七、二三〇、二三九
北条氏　④六、二六九、⑤七一、八四、一〇三
ほうぢやう　⑤四五～六、四八
南(方)　②八一、一六四、一七八、二四一、三〇五、③六六、七〇、七五、一〇〇、一〇九、一三六、一五九
南陣　②二三
相府　②二六九
太途　③二、八四、二六七
南軍　③一五
南衆　③一六、一九、一八二～三
北条繁盛
繁盛　⑤八四
北条十郎➡北条氏房
北条四郎　⑤八五
北条新九郎➡北条氏綱
北条宗哲
幻庵　②一八、⑤一九
北条高時
高時相模守入道宗鑑　⑤八五
北条為昌
為昌　①一八〇
北条彦九郎　④二三五
北条綱成
孫九郎　②一六
左衛門大夫　③五〇
左衛門大夫綱成　②一三
左衛門大夫父子　②一八
左太父子　⑤一九
北条左衛門大夫　②一六、六九、八四、八七
北条左衛門大夫綱成　②八五、八七
北条上総入道道感　③一四
沙弥道感　③六四
老父　③三四
北条時家
時家　⑤八四
北条時氏
時氏修理之亮　⑤八四
北条時方
時方　⑤八四
北条時包
時包　⑤八四
北条時房
時房相模守　⑤八四
北条時政
時政北条四郎遠江守　⑤八四
北条時宗
時宗相模守法光寺　⑤八五
北条時盛
陸奥守　⑤八五
時盛右京太夫　⑤八五
北条時頼
時頼相模守西明寺　⑤八五
最明寺殿　⑤一〇一
北条直方
直方　⑤八四
北条直重(氏政子)
七郎　④三五
氏政の末子　⑤一〇三
北条直重(氏繁子)
新八郎　④三五
北条長時
長時武蔵守　⑤八四
北条彦九郎➡北条為昌
北条孫次郎➡北条氏秀
北条政時
政時相模守浄王寺　⑤八五
北条政範
政範　⑤八四
北条美濃守氏次➡北条氏規
北条陸奥守➡北条氏照
北条泰時
泰時武蔵守　⑤八四
北条義時
義時左京太夫　⑤八四
武蔵守　⑤八四
北条義房
義房相模守　⑤八五
北条頼時
頼時越前守　⑤八四
宝性(ほうしやう)➡香取弥三

郎妻
法乗院　②一六二
法照院殿➡千葉胤宗
星成院殿➡平常兼
宝乗坊　①一五三
宝槙　②一二八
宝西　②二五
法泉房　①八五
宝泉房　③一二五
法蔵院　②一六二
ほうぢやう➡北条氏
ほうぢやうのしん九郎うぢやす➡北条氏康
放伝　②七
ほうとういん(香取神官)　①七、二六、三五、一三三、二〇五、二〇八
宝塔院(藻原寺)　②一六二
鳳桐寺　②二五一
芳士塚三川　③一二
法葩
　法葩西堂　②一八七
亡父➡井田刑部大輔
亡父➡武田信嗣
亡父➡正木時茂
亡父入道➡井田刑部大輔
法祐　①六〇
宝竜寺玄林斎　③七三
法林
　法林　①一九
　法林禅門　②九一
法蓮(本国寺)　②三四
法蓮➡曾谷法蓮
北源➡北条氏照
北新➡北条氏綱
北陸➡北条氏照
保坂信長
　保坂左京亮信長　④三九、七二
保科甚四郎　④一〇五
星野　②二五
星野右京亮　③三八
星野源四郎
　源四郎　②二三〇
星野信春
　星野右京亮信春　②二三〇
星野彦五郎
　彦五郎　②二三〇
星野彦四郎
　彦四郎　②二三〇
星野孫七郎　③六〇、④六六
保生庵　①三〇二
細河右馬頭　④二三三
細河讃岐守　④二三三
細河聡明丸　④二三三
細野修理➡細野康重
細野康重
　細修理亮康重　④一五七、二〇二、二〇五
　細彦兵衛　④二〇一
　細野修理　④一八三～四、一九二
細彦兵衛➡細野康重
法橋(定尊家臣)　①一
ほつけ堂(香取神官)　①二〇五、二一〇、二一七、二二七
堀田助四郎　④二四五
保土原行藤
　江南斎　③一八三
洞毛大炊助　③九五
堀□忠左衛門➡堀江忠左衛門
堀江大蔵丞　①三〇一
堀江三四郎　④二四七
堀江下総守　①二八三、二八五、三〇一
堀江四郎左衛門　④一六五～六、一六八～九、一七一、一八一、一九一
堀江忠左衛門　④一八二
堀江能登➡堀江頼忠
堀江能登妻女➡堀江頼忠妻
堀江能登守➡堀江頼忠
堀江能登守内女中➡堀江頼忠妻
堀江頼忠
　能登守　④二二四
　堀江能登　④一四九、一八七
　堀江能登守　④一三二、一五二、一五四、二四七、二七八
　堀江能登守頼忠　④一一四
　堀江能登頼忠　④一八九
　堀能　③一三三
　堀能登　④一六四、一九八
　堀能登守　④一八九～九〇
　堀能登頼忠　④一五三、一五九
　頼忠　④一八九
　里見能登守　④二二四
　里見能登守頼□　④二二三
堀江頼忠妻
　堀江能登妻女　④二八九
　堀江能登守内妻女　④二四八
堀尾帯刀➡堀尾吉晴
堀尾帯刀先生➡堀尾吉晴
堀尾吉晴
　堀尾帯刀　④二一八、⑤二五
　堀尾帯刀先生　④二三四
堀口神主(ほりくちかう)　①二五七、②一四、八八、④六四
堀口三郎左衛門　②一六一
ほりくち彦三郎　①一〇一

堀然兵衛　④二〇四
堀親良
　同弟美作守親良　④九〇
堀能➡堀江頼忠
ほりのうちくによし➡堀内国吉
堀之内(駿州かつら山也)➡葛山
堀内河内　④二九七
堀内安房守➡堀内氏善
堀内右衛門□　①二六二
堀内右衛門尉　③二四九
堀内氏虎　②二六九
堀内氏善
　堀内安房守　④二一〇、⑤三三
堀内庄左衛門　④二九三
堀内常□
　堀内土左守常□　①二六二
堀内国吉
　ほりのうちくによし　⑤四一
　くによし　⑤四一
堀能登➡堀江頼忠
堀能登守➡堀江頼忠
堀能登頼忠➡堀江頼忠
堀秀治
　北のしやう侍従　④二一八
　羽柴北庄侍従　④二二
　北庄侍従　④一〇六
　越後侍従　④二四、一二八
堀秀政
　羽柴左衛門尉(佐)　⑤三五
　北庄侍従堀秀政　④九〇
本因坊　②七三
本永寺➡日杲
盆角阿弥　①二三二
本興寺御老母　①八六
本光坊➡式部卿
本佐渡守➡本多正信
本実坊(香取)　①二五四
本実坊➡日仁
本しやう(香取神官)　①一四一、一五七、一七〇、一八九、二二二
本従院　②一六二
本住坊➡前司公
本順　①一一九
本照　②三五
本庄　⑤七六、七七、八一、八七
本城➡北条氏康
本城➡本庄繁長
本庄伊豆➡本庄胤村
本庄伊豆守➡本庄胤村
本庄伊豆母➡本庄胤村母
本庄源五郎　⑤七四
本庄実仍
　本庄美作守　⑤二〇
本乗寺➡日膳ヵ
本庄繁長
　本庄弥二郎　②三五一
　本城　②三五四
　弥次郎　②三五一
本庄次郎➡本庄常高　⑤一〇一
本庄神四郎　⑤一〇一
本庄図書助➡本庄胤知
本庄内匠(助)➡本庄胤村
本庄胤方
　胤方　⑤八四、一〇一
　胤方本庄七郎　⑤六三、八四、一〇〇〜一
本庄胤景
　胤景兵部丞　⑤一〇〇
本庄胤定
　八郎右衛門　⑤八四
　胤定伊賀守　⑤一〇〇〜一
　胤定　⑤八三〜四
本庄胤里
　本庄新六郎胤里　⑤九四
　内膳亮胤里　⑤一〇〇
　胤里伊豆守　⑤一〇〇
本庄胤友
　胤友刑部丞　⑤一〇〇
本庄胤知
　胤知図書助　⑤一〇〇
　本庄図書助　⑤七三〜四
　図書助　⑤七四
本庄胤長
　胤長空印　⑤一〇〇
本庄胤広
　胤広成範　⑤一〇〇
本庄胤村
　胤村　⑤九四、九七、一〇〇
　本庄内匠助　⑤七八、九一
　本庄内匠助胤村　⑤九六
　胤村伊豆守玉意　⑤一〇〇
　本庄伊豆　⑤八六
　本庄伊豆守　⑤九二
　本庄伊豆守胤村　①二六九、⑤九三〜四、九六
本庄胤村母
　本庄伊豆母　⑤九六
本庄胤安
　新六郎胤保　⑤一〇〇
　胤保新六郎　⑤一〇一
　胤安理印　⑤一〇〇
本庄胤保

内膳亮　⑤一〇〇
本庄胤守
新六郎　⑤一〇〇
胤守刑部少輔　⑤一〇〇
本庄胤栄
胤栄性宗　⑤一〇〇
本庄常高
常高　⑤一〇〇
常高本庄左衛門　⑤一〇一
本庄二郎常高　⑤八七
本庄次郎　⑤一〇一
本庄常秀
常秀中務丞　⑤一〇〇
本庄常光
常光　⑤一〇一
常光信濃守　⑤一〇〇
本庄内膳亮　③一三
本庄憲胤
憲胤　⑤一〇〇
本庄盛胤
盛胤七郎　⑤一〇〇
本庄美作守➡本庄実仍
本庄弥二郎➡本庄繁長
本庄弥太郎　⑤七四
本庄大和守　⑤一〇一
本承房(妙本寺)　①八五
本承坊➡日長
本匠房　⑤二四
ほん田中しよ(本多中書)➡本
多忠勝
本田　②一五六
本田藤左衛門　④二八九
本田中務➡本多忠勝
本田中務太輔忠勝➡本多忠勝
本多伊勢守　④九〇
本多上野➡本多正純
本多上野介➡本多正純
本多定勝
本多藤左衛門定勝　④二〇六
本多佐渡守➡本多正信
本多忠勝
本田中務　④二六
本田中務太輔忠勝　④七四
本多中書　⑤二六
ほん田中しよ　⑤二八
本多中書➡本多忠勝
本多藤左衛門(尉)　④二九、二八
〇
本多正純
本多弥八郎　④一三九、一四七
本多上野　④二六
本多上野介　④二〇五
本多上野介正純　④一七一、一七
六
本多正信
本佐渡守　④一八七
本多佐渡守　④一三八、一七七
本多弥八郎➡本多正純
本大坊　④一二四
本台房
本台房　①八五
本大坊　④一〇三、一一二〜三
本堂伊勢守(忠親)　④一〇七、⑤
三〇
本如坊　②二四
本納之上　②二一四
本間
本間　④三九〜一三〇、⑤七二
本間右衛門尉　③二一四
本間右衛門佐　②一三三
本間勘解由左衛門尉　③五三、七
三
本間左衛門大夫　④二二五
本間三右衛門　④二六八
本間式部　④二四八〜五
本間下総守　⑤九九
本間八郎　④二八二、二九一
本間兵庫入道　④二四五
本間兵部御簾中　④二四六
本間政能
政能　①一四五
本間弥次郎　④二八四〜五
本間六郎右衛門　③二二四、二八二、
二八六
本明房　⑤六
本誉坊　②一三

ま

馬洗内蔵助　④二六四
馬洗内蔵助父　④二六四
馬洗内蔵助母
馬洗内蔵母　④二六四
舞木　②一三二
真石➡真田忠増
蒔田　③四四
間板主計助　②二七八
蒔田図書助　③六〇、八一、八八、④六
六
前小屋市右衛門➡前小屋義勝
前小屋義勝
義勝　④二三八
前小屋市右衛門　④二三八
前五郎(大原神社)　②二一五

前田 ①九三
前田石見
　前田石見 ④七六
　田石 ④七六
前田玄以
　民部法印 ④一一七
　民部卿法印 ④一一三
前田利家
　加賀大納言利家 ④一一三
　大納言利家 ④一一三
　加賀中納言 ④一一七
　加賀宰相 ④一六、一〇六～一〇七、一一六、⑤一三
　宰相利家 ④九〇
　利家 ④一七
　羽柴加賀宰相 ⑤二九
前田利長
　羽柴越中少将 ④一一三
　越中宰相利長 ④一一三
前田利政
　越中少将 ④一一八
　能登侍従 ④一一六、一二四
　羽柴能登侍従 ④一一三
　能登侍従 ④一三四
前田秀以
　羽柴左近侍従 ④一一三
まへのたしま➡前野長康
前野但馬守➡前野長康
前野長康
　まへのたしま ④一一八
　前野但馬守 ④一〇八～九、⑤三〇、一三
前原三郎た郎 ①一五八
前原孫次郎 ①一三七
真壁➡真壁氏幹
真壁➡真壁久幹
真壁安芸守➡真壁家幹
真壁安芸守➡真壁久幹
真壁家幹
　真壁安芸守 ②四
真壁氏幹
　真壁 ②二四九
真壁左衛門尉 ④一三七
真壁久幹
　真壁 ②一一八
　真壁安芸守 ②二八〇
真壁兵部大輔 ⑤二
真壁闇礫軒 ③六七
巻島主水助 ③二七九
牧定基
　上座定基 ①一一
　定基 ①一一
　牧定基 ①一一
牧太輔 ④二二七
牧野右馬允（康成） ⑤二五
牧村兵部少輔（利貞） ④一〇七、⑤三〇
馬加➡千葉康胤
孫（まこ）八（香取神官） ①一一、七、一六九、二一一
孫□郎（本興寺） ②一一三
孫右衛門（大原神社） ②一一六
孫衛門（石堂寺） ②二五
孫衛門（大工） ②一一
まこ九郎（香取神官） ①一三五、一四三
孫九郎➡北条綱成
孫五郎➡加藤孫五郎
孫佐衛門（里見家臣） ④八九
孫左衛門（珠師谷八幡神社） ②一一
まこさふ郎（笹村） ②七五
まこ三郎（大原神社） ②一一六
孫（まこ）三郎➡香取直経
孫三郎（石堂寺） ②一六
孫三郎（海上妙見社） ②八
孫三郎（妙見社） ⑤九七
孫三郎（亀山郷） ①一七四
孫三郎（常灯寺） ①一六四
孫三郎➡山室孫三郎
孫三郎妻（常灯寺）
　内方 ①一六四
孫三郎➡原孫三郎
孫三郎母
　総三郎母 ②一三六
孫さへもん（笹村） ②七五
まこ七（大原神社） ②一一六
孫七（酒井政辰家臣） ④五八
孫七（香取神官） ①五四、一一一、一一九、②五
孫七（本土寺） ①一九七
孫七郎（西蓮寺旦那） ①一四四
まこ四郎➡豊前孫四郎
孫四郎（香取神官） ①五五
孫四郎（藻原寺） ②一六一
孫四郎➡海上孫四郎
孫四郎➡原孫四郎
孫四郎➡山室孫四郎
孫二郎（香取神官） ①四三、一九一、一〇二
孫二郎（石堂寺） ②二五
孫二郎➡大須賀孫二郎
孫二郎➡北条氏秀
孫次郎（常灯寺） ①一六三

孫次郎➡大須賀孫二郎
孫次郎➡原基胤
孫次郎入道　④六一
孫四郎母　①六六
まこせ郎(笹村)　②七五
孫太夫(香取神官)　①二、一三、三五、四〇～一、四七、五二、五四、六二、七四、九四、一四〇、二〇九、二一一、二一七、二二五、二二六、二九九、②八八
孫(まこ)太郎(香取神官)　①三、一三、四二～三、六二、七〇、九〇、一二六、一三三、一三四、一七三、一七七、一九一
孫太郎(亀山郷)　①一七四
孫八(亀山郷)　①一七四
孫ひこ三郎　①二七
孫兵衛(石堂寺)　②二五
まこ兵へ(笹村)　②七五
孫(まこ)六➡香取孫六
孫六(亀山郷)　①一七四
孫六(藻原寺)　②一六一
まこ六郎さへもん　②一〇一
正(氏カ)直➡北条氏直
昌察➡板倉昌察
正石➡正木頼房
政氏➡足利政氏
政景➡梶原政景
政勝➡結城政勝
将門➡平将門
まさき十郎➡正木時忠
まさき大ぜんときしげ➡正木時茂(初代)
真崎淡路守➡正木頼時
真崎石見守➡正木頼房
真崎大膳➡正木時茂
正木　④二二八～二三二、二三五
正木➡正木時忠カ
正木➡正木時茂
正木➡正木時盛
正木➡正木憲時
正木安芸守➡正木輝綱
正木淡路➡正木康盛
正木淡路守➡正木時盛
正木淡路守➡正木頼時
正木淡路守御簾中➡正木頼時
　妻
正木伊豆房丸　④三七
正左一右衛門➡正木頼定
正木石見守➡正木頼房
正木恵門
　備中入道　②一四二
正木笈之助➡正木時定
正木大炊助➡正木時定
正木大炊助母➡正木種茂母
正木甲斐守　④二四五、二六九
正木環斎➡正木頼忠
正木久太郎➡正木忠勝カ
正木金太郎➡正木義俊
正木宮内大輔➡正木頼房
正木権五郎➡正木頼忠
正木源五次良　③三三
正木源七郎➡正木康盛
正木源七郎➡正木時盛
正木御子息➡正木輝綱子
正木五郎左衛門　④一八六
正木五郎左衛門妻
　正木五郎左衛門殿内方　④二一九
正木佐市右衛門➡正木頼定
正木左一右衛門➡正木頼定
正木左京亮　③三四
正木左近➡正木時忠
正木左近➡正木直連
正木左近➡正木康長
正木左近➡正木頼忠
正木左近将監➡正木時長カ
正木左近将監日運➡正木時通
正木左近将監時長➡正木頼忠
正木左近太輔簾中➡正木時忠
　妻
正木左近大夫➡正木時忠
正木左近大夫➡正木康長
正木左近太夫➡正木頼忠
正木左近大夫息女➡正木頼忠
　娘
正木左近大夫平邦時➡正木頼
　忠
正木佐助　④一八一
正木実茂
　実茂　②一四
正木実次
　将監　①一九一
　正木左近将監平実次　②九
　正木左近将監実次　④二三六
　道文　④二三六
正木左馬允➡正木康長
正木茂清
　左京亮　②一五一
　正木左京亮平茂清　②一〇五
正木七兵衛　④二四七
正木七郎　④二七二
正木信濃守
　正木信濃　④二六五
　正木信濃守　④二八三
正木十郎➡正木時通

正木助三郎　②二四一
正木善九郎
　正木善九郎　④二七七
　善九郎　④二七一
正木前左近大夫平長時➡正木頼忠
正木大学助　④二四五、二七一
正木大学助➡正木時盛
正木大膳➡正木時茂(初代・二代)
正木大膳➡正木信茂
正木大膳御簾中➡正木時茂妻
正木大膳亮➡正木時茂(初代・二代)
正木大膳亮➡正木憲時
正木大膳亮二男➡正木頼房
正木大膳亮時➡正木時茂(初代)
正木大膳廉中➡正木時茂妻
正木大膳高(亮カ)時□➡正木時茂
正木堯智カ
　正右　④二五五
　堯□　④二五五
正木忠勝
　正木久太郎(忠勝カ)　④二七六
　久太郎　④二七一
正木種成　②二九二
　正木藤太郎　③三六
正木弾正左衛門
　正木弾正　⑤一九
　正木弾正左衛門　④二四五、二七〇～一
　弾正左衛門　④二七二
　正木弾正左衛門尉　④二七一
正木弾正左エ門妻
　正木弾正左エ門御簾中　④二四五
正木弾正妻
　正木弾正殿御簾中　④二四五
正木弾正母
　正木弾正殿老母　④二四五
正木輝綱
　二浜　④九八
　安芸守正木右衛門大夫　④三
　安芸守　④七八、九五、一九〇、二四七
　輝綱　③三四、④九四
　勝山　④三六～三七
　正木安芸守　④七八、九三、九八、二七〇
　地頭　④一〇二
正木輝綱子
　正木御子息　④二四五
正木輝綱娘
　右衛門娘薦野殿簾中　④二四六
正木輝綱母
　安芸守御老母　④二四七
正木藤太郎➡正木種成
正木時定
　正木笈之助　④二七二
　正木大炊助　②二五一
　大炊助　②一八五
　同名大炊助　③五〇
正木時茂母
　正木大炊助母　③一三
正木時茂(二代目)
　御別当　④三七
　別当丸　③二八
　正木弥九郎　④一三八、二〇四、二三〇、二七六
　正木弥九郎時茂　④一四四、一五〇、一五四、
　正木弥九郎平時茂　④一五二
　正弥九郎時茂　④一四〇
　弥九郎　④一五二、二〇四、二三〇
　時茂　④一四〇、一五〇、一五四、一五八、
　大膳様　④一八七
　真崎大膳　④三三
　正木大膳　④二一七～二〇、二七一
　正木大膳亮　④一七五、二七一、⑤九六
　正木大膳亮時茂　④二五一
　正木弥九　④一五九
　大膳　④一八七、二〇三、二〇五、二二八、二三〇
　同名大膳　④二二九
正木時茂(初代)
　時茂　①一八〇、②一一三、一一三～五、一三九、一四一
　正木弥九郎　①二九一
　生順　④三〇、三六～七
　昌順　②一七
　正印　②一三五
　正大　②一三六、一四三、②一八三
　正木　②一二八、一四四、④二二九～三一、一三五
　正木時茂　②一二九、一四〇、④三三六
　正木大膳　④二三〇、二七〇～一、二七六
　正木大官令平時茂　②一〇五

まさき大ぜんときしげ　⑤四九
正木大膳平時茂　②八〇、一〇五
正木大膳亮　②一三〇～一、一四二～三、一五一、④一八八、二三〇、二七一
正木大膳大夫時茂　④二七一
正木大膳亮時　④二六九
正木大膳高(亮カ)時□　④二四
正木大膳亮時茂　④七一
大膳亮時茂　②二〇、一一六、一三五、一四〇～一、④二二八～二三〇
平朝臣正木大膳亮時茂　②二三、九六、④二七一
亡父　②二五四
正木時茂(二代)妻
明室清鑑禅定尼　④一五七
正木大膳御簾中　④二四八、二七〇
正木時茂(初代)妻
正木大膳亮時茂妻女　④二五九
正木時忠
左近太夫　②一五五、③一一九、④二七二
時忠　③四八、五〇
十郎ときたゞ　⑤四九
まさき十郎　⑤五一
十郎　⑤五一～二
正木　③八
正木左近　④二七〇
正木左近大夫　②一〇七、一二六、一七五、一八五、一九三、二〇六～七、二二〇、二二二、二三三、二四四～五、二五三
正木左近大夫時忠　②一二六、二三二、③五〇、④七二、二七一
平時忠　②二三、④七一
正左　③二
りやうまさき　⑤四八
正木時忠妻
正木左近太輔簾中　④二五八
正木時綱
正木時綱　④二七二
正木大膳(ママ)亮時綱　④二七一
正木大膳大夫時綱　④二七〇
正木時国
正木平六　②一八二
正木時治
正木兵部大輔　②一一八、一三〇、④二四八
正木兵部平時治　④二七一
正木弥五郎　②四二、八六、九五
兵部少輔　②一五一
弥五郎　②八一
正木兵庫(時秀)　④二九二
正木時昌
りやうまさき　⑤四八
しやうげんときまさ　⑤四九
正木時通
御息　②一二六
時通　②一八八、③二九
十郎　②一五一、二〇七、二二三、二四四、二四六、③一一九
正木十郎　②一四三
将監十郎　④七二
正木左近将監日運　③一二八
平時通　④四八
日運　③九二
正木時盛
時盛　②二〇〇、④二三二
正木　④二三六
源七郎　②九五、一四〇
正木源七郎　②二〇一、③一一九、④二三六
正木大学助　③二三五、④二六九
大学助時盛　②二〇〇
正木淡路守　③一三五、一三八
淡路守時盛　④二三六
正木不染斉　④二七〇
不染斉　④二七一、二四六
平時盛　④二三六
正木時盛妻
正木不染部(斎)御簾中　④二四六
正木時泰
正木弥九郎　④二五九
正木弥九郎時泰　④二四
弥九郎　②二三五～六
正木長門守　③二三
正木直連
正木左近　④一四九
相州賢息両所　③一二八
菊松　③一〇七
正木入道　④二四六、二七〇
正木信茂
信茂　②一五五、一六六
正木平七　②一六六
正木平七信茂　④二四五、二六九
正木平七平信茂　④七一
同弾正左衛門信茂　④二七一
平信茂　②二五四
正木大膳　④二七三

正木憲時
　憲時　②二二二、③九、一四一
　小田喜　②二八九
　正木弥九郎　②二五二、二五四、二六
　一、③二一九
　正木大膳亮　④二五九
　正大　③五～六、四一、九八、一〇〇、一
　一三、一三九
　正木　③二一、④四六
　正木大膳憲時　④二三〇、二三五
　正木大膳大夫平時重　④二七
　一
　正木大膳範時　④二七一
　正木大膳亮　③二一〇、一四
　正木憲時　③五五
　大膳　③二一九
　大膳亮　③一四一、④一三、二七二
　大膳亮憲時　②三〇七、③三
　房王丸　②一五五
正木憲時妻
　正木弥九郎殿局　④二五九
　道種後室　④二九七
正木未丸
　未丸　②一〇五
正木恵門
　恵門　④二四五
　勝山備中「正木」入道恵門
　④二六九
正木彦五郎➡正木頼忠
正木兵庫➡正木時秀
正木兵部大輔➡正木時治
正木不染斉➡正木時盛
正木不染部(斎)御簾中➡正木
　時盛妻
正木平七➡正木信茂
正木平六郎妻
　正木平六郎殿内方　④二五九
正木孫市　④二八二、二八九、二九三、
正木孫作　④二八六、二九〇
正木通次
　正木大膳通次入道正範　④
　二七〇
正木通綱
　草範　①二二四、④二三五
　大膳亮　①二六二
　平通綱　①一九七、二七四、②二四、
　⑤一〇
　正木大膳大夫平通綱　⑤一〇
正木石見守➡正木頼房
正木美濃守　④二七九
正木民部少輔　④二四六、二七〇
正木弥市　④二八一、二八八、二九二
正木弥九➡正木時茂
正木弥九郎➡正木時茂
正木弥九郎➡正木時泰
正木弥九郎➡正木憲時
正木弥九郎殿局➡正木憲時妻
正木弥五郎➡正木時治
正木弥三郎　④二五九
正木康長
　正木□□□平康長　④二一七
　正木左近　④二一九
　正木左近大夫　④二八～二〇
　正木左馬允　④二〇五
正木康盛
　正木源七郎　④二七
　源七郎　④二七一
　正木淡路　④二九七
正木義俊
　正木金太郎　④二七
　金太郎　④二七一
正木吉晴
　正木淡路守平吉晴　②一〇一
正木頼定
　正左一右衛門　④一七三
　正木佐市右衛門　④二八七、二八九
　四
　正木左一右衛門　④一九七
　正木左一右衛門尉頼定　④
　一九八
正木頼忠
　権五郎　②二〇六、二〇八
　左近将監　③二一八
　左近大夫　④三三、一一三、二三〇
　左近大夫頼忠　③二二八、④四八
　正木環斎　④二七九、二九二
　正木彦五郎　②二二四
　正木権五郎　②二〇八
　正木左近　④二三〇
　正木左近太夫　③一〇一、一四四、
　④三
　正木左近大夫将監　③二二八
　正木左近大夫時忠　④二七三
　正木左近大夫邦時　④二七一
　正木左近大夫平邦時　④四八
　正木左近大夫頼忠　③一八五
　正木前左近大夫平長時　④
　～六
　二四
　正木左近将監　③九三
　正木左近将監時長　③一〇七
　日嘯　④一〇一
　雄峰玄英　④二二四
　頼忠　④四八

左大 ③一七五
正木頼忠娘
正木左近大夫息女 ④二三〇
正木頼忠母
邦時母上 ④二七一
正木頼時
源七郎 ③二三五
真崎淡路守 ④二三三
正淡 ③二二八、④二三
正木薩摩守平頼時 ④一八〇、一九七
正木淡路守 ③二九三、④二七一
正木淡路守頼時 ④一五三
淡路守 ④一八九
百首 ④二三六~七
頼時 ③二三三、④一五三
正木頼時妻
正木淡路守(御)簾中 ④二四八、二七〇
正木頼房
岩見守道俊 ④一八七
真崎石見守 ④二三三
正右 ④二五五
正木宮内大輔 ③二三七、一四二、一七、④六七
正木石見守 ④八四、一五六、一七八
正木石見守頼房 ③二九七
石見守道俊 ④二七一
正木大膳亮二男 ④二七一
正木頼房妻
前石州夫人 ④一五五
正左⬇正木時忠
正左一右衛門⬇正木頼定
正定 ③一九
正神右衛門 ④二〇二
政茂⬇酒井政茂
政助⬇簗田政助
昌純⬇田代昌純
正大⬇正木時茂
正大⬇正木憲時
正大憲時⬇正木憲時
政辰⬇酒井政辰
昌胤⬇千葉昌胤
正淡⬇正木頼時
正恒 ④二三
政俊⬇円城寺政俊
政朝⬇大須賀政朝
政朝⬇結城政朝
正虎⬇楠正虎
政虎⬇上杉謙信
政延⬇宇部政延
政治⬇小田政治
正宗 ④一三三
政宗⬇伊達政宗
正弥九郎時茂⬇正木時茂
政能⬇本間政能
正成 ⑤一〇三
政繁⬇大道寺政繁
昌胤⬇千葉昌胤
政胤⬇飯高政胤
政時⬇北条政時
政範⬇北条将範
将平⬇真田将平
政吉
民部大夫政吉 ①一〇八
増右⬇増田長盛
ました⬇増田長盛
増田⬇増田長盛
増田右衛⬇増田長盛
増田右衛門⬇増田長盛
増田右衛門尉⬇増田長盛
増田右衛門佐(ママ)⬇増田長盛
摩志田清右衛門(大工) ③二七一
増田長盛
ました ④一〇三
右衛門尉 ④二八
増右 ④八一、一一三
増田 ④一二七
増田右衛門 ④一一〇、一二七
増田右衛門尉 ③二二一、④二七、七九、八三、九二、一〇九、一二三、一二三、一六五、二〇九、二七一、⑤三三
増田右衛門尉長盛 ④八〇
増田右衛門佐(ママ) ④二二四
増田右衛 ④七七
長盛 ④一三九~四〇
益子 ②二九
ますころこ ①一八四
増善七郎 ④九六
益田九良右衛門 ③一五
益田九良左衛門 ③一五
益田外記助 ③一五
益田宗六郎 ③一五
又五郎⬇香取又五郎
又三郎(香取神官) ①一二六、一四一、一五七~八、一六一~二、一七〇、一七五~六、一九〇~一、二〇二、二二二
又三郎(常灯寺) ①一六四
又三郎⬇河内又三郎
又三郎入道 ①三
又七 ①一八四

又四郎(鵜澤家文書) ④五七
又四郎(香取神官) ①八、九、三五、四〇、一二四～五、一四三、一六四、一七七、一七八
又四郎➡香取又四郎
又二(次)郎(香取神官) ①三〇、三六、四八、五三、六三、一二三、一二六、一三三、一四一、一五八、一六二、一七〇、一七三、一七六
又次郎(常灯寺) ①二六四
又四郎入道(香取神官) ①一七八
又二郎入道 ①三
又之介➡三浦為春
又八入道➡香取性満
又見(什勝カ) ①九、一三三、二〇四、二〇八
又ミ坊➡什勝
又六(香取神官) ①八、九、一六四
又六(亀山郷) ①一七四
まち ①一八四
馬乳式部大輔 ③三三
町野 ④三九～二三〇
町野淡路守 ①二三八
町野十郎 ⑤五六
町野能登守 ①二六九
町野備州(義俊) ②二二八
町野備中守 ③三三
松石➡松本景繁
松市 ⑤七八
松井範春
　松井藤原範春 ④三〇二
松尾 ③一九二
まつおうな ①二〇七
松ケ島侍従➡蒲生氏郷
松尾憲秀➡松田憲秀
松川美作守 ③一六二
松子(大原神社) ④六六
松子(石堂寺) ②一六～九
松子(大原神社) ②二五、③六〇、六六
松子(亀山郷) ①一七四
松子(巣郷庄) ②二三〇
松子(大慈恩寺) ③八五
松子(長昌寺) ②九一
松子(久吉保) ①一八二
松子(藻原寺) ②一五九
松子右馬介妻 ④二六四
松子主税助 ④二六七
松子母 ①二六四
松子民大夫 ④二六四
松左➡松田憲秀
末(まつ)三郎➡香取末三郎
松女(海上妙見社) ②八
マツ女(常灯寺) ①二六四
松女(常灯寺) ①二六四
松二郎
　□□□ ④六八
松新太郎➡池田光政
松田(相模) ④二二八
松田(一宮) ②二八〇
松田➡松田憲秀
松田□兵衛大夫➡松田康長
松田市兵衛➡松田一兵衛尉
松田一兵衛尉
　松田一兵衛尉 ②二六八、一七五
　松田市兵衛 ②一七六
松田尾張入道➡松田憲秀
松田尾張守➡松田憲秀
松田清秀
　松田兵衛太夫清秀 ④四一
　松田兵衛大夫 ④四一
松田左馬助➡松田憲秀
松田四郎右衛門尉(秀信) ③七二
松田憲秀
　松左 ②一八四、③二八〇
　松左憲秀 ③三
　松田 ②三九、③三六～三七、四六、六三、六五、七五、七九、一三七、一七一～二、二二〇、二二三、二三三、二六一、③二七六、④三五、二三五
　松田左馬助 ②二三四
　松田尾張守 ③一一、一七二、二二〇
　松田尾張入道憲秀 ③一六二
　松尾 ③二六四
　松尾憲秀 ③一四二、二七八
　尾 ③二八〇
　尾張守憲秀 ③一四九
　尾州 ③二九六
松田肥後守➡松田康郷
松田兵衛大夫➡松田清秀
松田康郷
　松田肥後守 ②二〇六
松田康長
　松田□兵衛大夫 ③二二〇
松千代丸➡千葉松千代丸
松平右衛門 ④二〇五
松平右衛門大夫➡松平正綱
松平五郎左衛門➡大須賀忠政
松平新太郎➡池田光政
松平忠利

松平又八　④一三八
松平忠直
　越前少将　④一九三
松平忠政妻
　加納御前様　④一八七
松平武左衛門　③一九三
松平正綱
　松平右衛門大夫　④二〇五
松平又八➡松平忠利
松弾正➡松永久秀
松任侍従➡丹羽長重
まつとうの侍従➡丹羽長重
松戸平四郎　②四八
松永弾正少弼➡松永久秀
松永久秀
　久秀　②一六八、一七〇、一七五～六
　少弼　②一七八
松永弾正少弼　②一六九
松永弾正少久秀　②一六七
松弾正　②一七一
　霜台　②一六九、一七一、一七五～一七八
松野弥十郎　②五四
松間常清
　常清　⑤八五
松本　②八
松本景繁
　松石　②二五八
松本三郎左衛門　②一六一
松本宗久
　宗久　①一九〇
松本宗久　①一九〇
　松本宗久入道　①一九〇
松本内匠　③三〇
松本豊右衛門　④一四一
松本彦二郎
　彦二郎　②一六一
松本部右衛門　④一七三、二〇一
松山弥五郎　②一五
松浦刑部(卿)法印➡松浦鎮信
松浦隆信
　まつらたうか　⑤一八
松浦鎮信
　松浦刑部法印　④一〇八
　松浦刑部卿法印　⑤三一
松次(二)郎丸➡香取松次郎丸
摩尼法坊　②一六九
まへのたしま➡前野長康
摩巻田藤三郎
　摩巻田藤三郎　②一六〇
間宮(高則)　⑤一五
間宮➡間宮綱信
間宮綱信
　間宮　③一〇
　間若　③一七八
間宮豊前守(康俊)　③六四
間宮諸左衛門母　④二六三
間宮康俊
　間宮豊前守
厩橋➡北条高広
眉防永詮　②一九
真里将➡真里谷勝房
麻里満胤
　満胤麻里四郎　⑤八六
まりやつの太郎のぶたか➡武田信隆
真里谷➡武田信隆
真里谷➡武田信嗣
真里谷➡武田信清
真里谷式部大夫➡武田信清
真里谷式部大夫入道恕鑑父子➡武田信清大夫
真里谷大炊頭➡武田義信
真里谷勝房
　真里将　④八四
　真里谷将監勝房　④七二、八五
真里谷紀伊守
　紀伊守　④二六二
真里谷紀伊守息女　④二六三
真里谷紀伊守妻
　紀伊守内方　④二六二
真里谷源助　④二六三
真里谷源三　④二六二
真里谷源太郎　④二九〇
真里谷左衛門　④二九〇
真里谷式部大夫➡武田信応
真里谷将監殿子息　④二六三
真里谷将監妻
　御同人御内義　④二六三
真里谷大学入道➡武田信秋
真里谷恕鑑➡武田信清
真里谷武田氏
　真里谷　④二六一～三
真里谷殿母➡武田信清母
真里谷入道➡武田清嗣
真里谷能登守　④二六三
真里谷信長➡武田信長(真里谷)
真里谷八郎四郎➡武田信応
真里谷八郎太郎➡武田信隆
真里谷弥三郎　④二六三
麻里谷時親
　時親麻里谷八郎　⑤八五
丸新三郎
　新三郎　②二四

丸大膳 ②二三三
丸大膳守 ②二三四
丸大膳殿女中 ②二三三
丸高常
　蔵人佑高常 ②二三三
丸常種
　丸修理亮平常種 ②二六三
丸常益
　伊勢守常益 ①一九三
丸藤左衛門 ②一六一
丸時益
　主計助時益 ①一九三
丸時綱
　丸但馬守時綱 ③二六六
丸主殿助 ②一五九
丸八兵衛 ④一七八
丸道綱 ②二二四
丸光吉
　丸藤衛門光吉 ②一五九
丸弥二郎
　弥二郎 ②一五九
丸弥三
　弥三 ②一五九
丸与右衛門 ④二四八
丸与右衛門内方 ④二四八
丸吉久
　丸七郎左衛門吉久 ②一五九
丸蓮教
　丸□□守法名蓮教 ②二三四
丸石堂常茂
　丸石堂殿平常茂 ②二二四
丸石堂常茂妻
　妙源 ②二二四
丸岩糸時綱
　時綱 ②二二四
丸岩糸豊常
　丸岩糸殿平朝臣豊常 ②二二四
丸右衛門
　右衛門 ②二三三
丸右衛門妻
　右衛門内方 ②二三三
丸右衛門母
　右衛門老母 ②二三三
丸戸右エ門 ④二〇〇
丸三郎衛門 ②一五九
丸成常
丸成常妻
　丸殿平成常 ②二三三
　妙春尼 ②二三三
丸咒師谷常綱
　丸咒師谷殿平朝臣常綱 ②二三三
丸咒師谷常綱妻
　丸咒師谷常種妻妙芳 ②二三三
　妙隆尼 ②二三三
丸咒師谷豊綱
　豊綱 ②二三三
丸咒師谷常種
　常種 ②二三三
丸前田常家
　丸前田平常家 ②二三三
丸前田常家父
　智円 ②二三三
丸前田常家妻
　宮松子 ②二三三
丸前田常家母
　妙蓮 ②二三三
丸宮下常家
　丸宮下殿平常家 ②二二四
丸宮下常近
　常近 ②二二四
万栄➡近藤万栄
間若➡間宮綱信
万➡土岐孝頼
まんき➡土岐為頼
万喜右衛門尉 ④二六三
まん五郎 ④六五
満珠丸➡香取満珠丸
満蔵坊 ③三三三
満大郎 ②八

み

みうせい(香取神宮) ①二三四
三浦 ②二六八、④二三〇、二六一
三浦下野(守)
　三浦下野 ④二六五
　三浦下野守 ④二八三
三浦為名
　為名 ⑤六一
三浦為春
　なかと ④一七七
　ミうらなかと ④二〇八
　三浦長門 ④一七六、一九一
　三浦長門守 ④一七七、二三〇
　三浦定環 ④二〇五
　又之介 ④二三〇
三浦定環➡三浦為春
三浦為次
　為次三浦平太郎 ⑤六一
三浦道寸
　三浦介 ④二二四
ミうらなかと➡三浦為春
三浦長門➡三浦為春

三浦長門守➡三浦為春
三浦介　⑤六二、九
三浦介➡三浦道寸
三浦能登守　③一〇三、一三一、一六六、
　④二六一
三浦能登守父
　御同人父　④二六一
三浦能登守母
　御同人老母　④二六一
三浦半右衛門　④二八三、二九五
三浦平五　②二六五
三浦平五郎　④二九五
三浦平太夫　⑤六一
三浦平太夫➡三浦為名
三浦義明
　義明三浦大輔　⑤六一
三浦良定
　三浦駿河守良定　④二六一
三浦良定父
　三浦駿河守良定父　④二六一
三浦良定母
　御同人悲母　④二六一
三浦義澄
　義澄別当介　⑤六一
三浦義次
　義次六郎庄司　⑤六一

みかこ四郎さへもん　②二二六
みかこ新兵衛
　新兵衛　②二二六
みかこ政次三郎
　政次三郎　②二二六
三上(但馬守)　①二〇七、⑤四〇
三上源五郎　②一七〇
三上但馬守　⑤八二
三川➡遠山三河守
三川守➡遠山三河守
三河守➡武田清嗣
三河守➡結城秀康
御厩別当　①二七一、②三三九
三蔵人佐胤重➡三谷胤重
＊みこえつたふ➡みこへつたふ
　②五
御子大蔵➡御子神大蔵丞
御子神大蔵丞
　御子神大蔵　④一六五～六、一六
　九、一七一、一八九、
　御子大蔵　④一六八
　御子神大蔵丞　④一八二、二九三
御子神下野守➡御子神弘幸
神子神助氏　①九三
御子神彦作　④二九五
御子神弘幸
　御子神下野守　④一四七
　御子神下野守弘幸　④一四七
神子別当(みこへつたう(ふ))
　①三六、四〇、四七、二〇九、二二一、二二七
　～八、二三五、二三六、二五七、二九九、②
　五、一四、八八、④六四
三島香取殿　①四三
実城➡上杉謙信
実城➡千葉胤富
水越二郎左衛門　②二八八
水主木工助　②二三九
水谷　④五一、二二八
水谷勝俊
　下館　③一七四
水谷佐渡守　④二二六
水谷忠右衛門　③二五
ミつのいつミ➡水野忠重
水野重央
　水野対馬守　④一九一
水野忠重
　ミつのいつミ　⑤二九
水野対馬守➡水野重央
水野信元
　水野下野守信元　④九〇
三瀬蔵人佐　②二二一
溝口市兵衛　④二〇二

溝口二郎右衛門　③二三三
溝口秀勝
　ミそくち　⑤二九
　溝口伯耆守秀勝　④九〇
みだい(ひ)どころ➡武田信茂
　妻
御台様　②四九、④二三七
御台様➡足利晴氏妻
御内様➡足利晴氏妻
御台様➡里見義康妻
御台正蓮➡里見義尭妻
三田相次左衛門　②一六三
御手洗水(ミたらし)　①四〇、一
　三〇、一七九、二三三
御手洗(みたらし)小五郎➡香
　取御手洗小五郎
御手洗常珍
　入道常珍　①二三〇
御手洗常珍妻
　妙浄禅尼　①二三〇
御手洗次郎衛門入道➡御手洗
　元常
御手洗常満
　御手洗常満　①二三一
　常満　①一三三、一五三
御手洗元常

元常　①三〇
御手洗次郎衛門入道　①三〇
御手洗水直常
　御手洗水直常　①一〇〇
　御手洗水兵衛四郎直常　①一七、八二
ミたらし直之　①一五一
通田新衛門　②二五
通朝➡江戸通朝
三木氏
　飛州　②三〇六
密蔵人　②二八
密蔵坊　②三六
満胤➡千葉満胤
満胤➡麻里満胤
光長➡香取光長
三成➡石田三成
三橋宗玄
　三橋美作守　③三三
　三橋美作入道　③三三、三四
三美　③三三、三四、三五〜六、一二九〜四〇
三道　③一九九
三橋　③三四
宗玄　③三四
三橋美作入道➡三橋宗玄
三橋美作守➡三橋宗玄
満久
　小別当満久　①一五一、一八七
光秀➡明智光秀
光房➡香取満房
満房　①一五〇
満房➡香取満房
光吉
　河内権守光吉　①一六
　和泉守光吉　①一二
水戸➡江戸忠通
三とうち　②一九七
皆川➡皆川俊宗
皆川➡皆川広照
皆川俊宗
　皆川　②二一〇
皆川広照
　皆川　③一七四、④三六
　皆川山城守　③一〇三、④三三
　皆川又四郎　③七二
皆川又四郎➡皆川広照
皆川山城守➡皆川広照
水無瀬兼成
　水無瀬中納言　③一七四
水無瀬中納言➡水無瀬兼成
南図書頭　③二〇
南彦(ひこ)右衛門(尉)
　南ひこ右衛門　④三〇七〜八
　南彦右衛門　④一六五、三〇四〜一二、三四
　南彦右衛門尉　④一六五
南美作守　④八六、一二一
源　④五四
源(真里谷武田氏カ)　①一六二
源□➡里見義康
源朝臣里見義頼御簾中➡里見義頼妻(龍樹院殿)
源朝臣晴家　②一九四
源朝臣義弘御簾中➡里見義弘妻(祥光院殿)
源朝臣義康御息女➡里見義康娘
源朝臣義通➡里見義通
源氏女➡里見義弘妻
源氏女義広母➡里見義堯妻
源氏女義康母➡里見義頼妻(龍雲院殿)
源堯重➡里見堯重
源梅王丸➡里見梅王丸
源梅鶴丸➡里見忠義
源実堯➡里見実堯
源実房➡里見実房
源重次➡里見重次
源重保➡庭田重保
源氏女梅鶴丸母➡里見忠義母
源重次➡里見重次
源成義➡里見成義
源堯重妻丸氏女➡里見堯重妻
源為頼➡土岐為頼
源為朝
　鎮西八郎為朝　②一一七
源為頼➡土岐為頼
源経基
　経基六孫　①一九〇
源弘重
　山城守源弘重　③一八
源政景➡梶原政景
源道存➡武田氏信
源豊臣朝臣秀吉➡羽柴秀吉
源豊信室➡武田豊信妻
源義家
　義家　③三六、⑤一〇二
　八幡殿　⑤六二
　八幡太郎　④二一
　八幡太郎義家　①一九〇、⑤一〇
源義経

みなもとのよしつね　⑤五一
源義康➡里見義康
源範治　①三六
源民部大輔➡里見実房
源義明➡足利義明
源義昭➡佐竹義昭
源義重➡新田義重
源義堯➡里見義堯
源義継➡里見義頼
源義豊➡里見義豊
源義広➡里見義弘
源義弘➡里見義弘
源義通➡里見義通
源義安➡里見義康
源義康➡里見義康
源義頼➡里見義頼
源頼朝
　右大将家　④一九三
　右兵衛佐頼朝　⑤六三
　佐殿　⑤六四～五
　頼朝　⑤五八、六一、六三、六六、八〇、八七、一〇一、一〇三
皆吉　③二
皆吉修理亮　②九五
嶺刑部　③五三
美濃(石堂寺)　②二八、二九
みの(香取神官)　①一七〇、一七三、一九一、二〇二、二三〇、二三三
ミのゝかミ(美濃守)➡羽柴秀長
美濃守➡井田胤光
美濃守➡太田資正
美濃守➡片野胤定
美濃守➡北条氏規
みの房　②三五～七
蓑勾➡長野業正
箕勾大炊助　②一五一
箕輪➡長野氏業
三幡谷　⑤九四
三平主税助　②一四七
壬生➡壬生義雄
壬生上総介➡壬生義雄
壬生彦次郎　③一四二
壬生義雄
　壬生　④三六、一九三
　壬生上総介　③七二
美房大子　②二六
見益八郎　②一五九
見益弥四郎
　弥四郎　②一五九
三俣清右衛門　③七四
三美➡三橋宗玄
三谷　③二八八、⑤七五～七六、八四、九四
三谷右馬助　③二五一、三〇二～四、⑤九四
三谷蔵人佐　⑤七四
三谷刑部左衛門　③三〇三～四
三谷刑部左衛門尉　③二五二
三谷蔵人➡三谷胤重
三谷蔵人佐➡三谷胤重
三谷下野守　⑤九四
三谷胤重
　三谷蔵人　③二八八
　三谷蔵人佐　③二四九
三谷蔵人佐胤重　③三〇二～三
三谷源左衛門　③三〇二～四
三谷源次左衛門尉　③二五一
三谷小四郎　②一四七
三谷大膳
　大膳　①二七
三谷大膳之亮　⑤七四
三谷胤広
　胤広三谷四郎　⑤六三
三谷主税助
　ちからの助　③三〇四
　三谷主税助　③二五二、三〇二～三
三谷とのもの助　②三二四
三谷孫四郎　⑤七四
三谷民部少輔　③二五〇、三〇二～四
宮➡宇都宮氏
宮内　④三九
宮内右京亮　②三七
宮内新四郎　①二六〇
宮内真直
　宮内修理亮真直　①一六一
宮内清右衛門尉　②二七、一三五、二七〇、二九〇、三〇六
宮内惣衛門尉　②一〇
宮内秀行
　宮内左京亮秀行　②八
宮内孫三郎　②一七五
美珠香都麿　⑤六〇
宮木本間源　①九三
宮城山城守簾中　④二四六
三宅辰助　④二一九～二〇
宮子(大慈恩寺)　③八五
宮子(石堂寺)　②二六
宮子八□子　③八五
宮崎衛門四郎
　衛門四郎　②一六九
宮崎省衛門　②二一
宮崎新衛門　②一六九
宮下刑部大輔➡宮下実重
宮下実重

宮下刑部大輔　①二三四
刑部大輔実重　①二三四
宮下成常
成常　①二六一
宮下神五郎
神五郎　①二三四
宮下常家
常家　①二六一
宮下常定
常定　①二六一
宮下常近
常近　①二六一
宮下常益　①二六一
宮四郎　①三、三〇、三六、四八
宮田　②一八九
宮谷大夫
宮谷大夫　②二四
宮田信光
宮田次郎右衛門尉信光　②一六〇
ミや太郎　①二三
宮中➡宇都宮広綱
宮野大帯左衛門尉　③一五八
宮(之)介(ミやのすけ)　①二三〇、二五七、二七二、②一三、八八、二三九、④五二
宮之助勤　④二五一
宮部継潤
宮部中務法印　④二三
宮部中務法印➡宮部継潤
宮部長熙
ミやへ兵部少　④二八
宮部兵部太夫　④一〇九
宮部兵部少輔　⑤三
ミやへ兵部少➡宮部長熙
宮部兵部少輔➡宮部長熙
宮部兵部太夫➡宮部長熙
宮房　②二三〇
宮孫　②七
深山左京之亮　⑤八三
深山新六
新六　一、二
深山新六　⑤一〇二
深山図書之助　⑤八一
宮松女　①一六五
宮松子➡丸前田常家妻
宮本上野守
宮本上野　④二九〇
宮本上野➡宮本上野守
宮本讃岐　⑤三七
宮本助　⑤三七
宮本出羽　④二八七、二九二
宮本豊前
豊前　⑤三七
豊前公　⑤三七
宮本豊前　⑤三七
みや弥次郎　②二二六
妙□　⑤一〇
妙阿　①三八
妙安(石堂寺)　②二四
妙伊　①三八
妙位　②二五
妙意　①九八
妙印　②二六～九
妙因　②二四～二五
妙胤(石堂寺)　②二九
妙胤(本土寺)　①一九九
妙永(長昌寺)
妙永禅尼　②九一
妙永(本国寺)　②二四、二五
妙永➡桑原右京亮祖母
妙永(石堂寺)　②二八
妙永(長狭)　④二四七
妙栄(石堂寺)　②二三、二五、二七
妙栄(寺台)　③一三五
妙栄(常灯寺)　①一六三
妙栄(本国寺)　②二四～二五
妙栄➡加世新衛門妻
妙叡　②三
明円　①一四
妙円(石堂寺)　②二四～五、二八
妙円(常灯寺)　①一六三
妙円(大福寺)　①一一〇
妙円(本国寺)　②二四～五
妙掟尼　①八六
妙音　②二七、二九
妙花　②二七
妙海(石堂寺)　②二四～六
妙海(大正寺)　②四
妙開　②二四～五
妙覚(藻原寺)
妙覚律師　②一六二
妙岳　①一八二
明岳
明岳首座　①一三七～八、一五一～二
妙覚(本国寺)　②二五
妙感(石堂寺)　②二三
妙鶴　②二九
妙観(浄泉寺)
妙観禅尼　②九三
妙観(石堂寺)　②二三、二五、二八
妙観(沼田寺)　①三八
妙願　②二四～二五

妙義(石堂寺) ②二四
妙儀(本国寺) ②三五
妙久(大龍寺)
　妙久禅尼 ①一五九
妙久(石堂寺) ②二三、二八
妙及 ②三四
妙玖 ①二六四
妙鏡 ①二七〇、②二三、二四、二六、二八
妙教 ②二三～五
妙行(本国寺) ②三四～五
妙行(妙経寺) ②六三
妙玉(常灯寺) ①二六四
妙玉(本国寺) ②三五
妙金(石堂寺) ②二四、二六、二七、二八、二九
妙金(大覚寺) ①六五
妙金(沼田寺) ①三八
妙謹 ②三五
妙薫(石堂寺) ②二九
妙薫(常灯寺) ①二六二
妙形 ②三四
妙挂 ②二八
妙経(本国寺) ②三四、三五
妙経坊 ③一一八
妙慶(長徳寺)
　妙慶禅尼 ①一八三
妙慶(石堂寺) ②二三、二五、二七
妙慶(本国寺) ②三五
妙慶尼(大慈恩寺) ③八五
妙芸➡酒井胤治母
妙月 ②三三
妙見
　円雲坊 ②三五
　円雲坊妙見 ②三五
妙元 ②二五、二七～八
妙言(沼田寺) ①三八
妙言(本国寺) ②三五
明源 ②二六
妙源(石堂寺) ②二五、二六
妙源(本国寺) ②三三
妙源(南無谷) ④四〇
妙源➡丸石堂常茂妻
妙厳(石堂寺) ②二五
妙厳(香取) ①一四一
妙厳(妙興寺) ②六五
妙光(石堂寺) ②二三～四、二八
妙光(本国寺) ②三四
妙弘(石堂寺) ②二五
妙弘(沼田寺) ①三八
妙香(石堂寺) ②二五～六、二九
妙高 ②二五
妙孝➡原胤安祖母
妙幸 ②三三
妙香(本国寺) ②三五
妙光院殿➡里見義堯妻
妙弘寺
　竹際妙弘寺 ②一五九
妙光寺別当 ⑤三七
妙西(大覚寺) ①六五
妙西(沼田寺) ①三八
妙西➡河崎雅楽助妻
妙在 ②三四
妙珊
　妙珊 ①一三七～八、一五二、一八七
　平氏女妙珊 ①一三七
妙讃 ②二八～二九
妙山
　妙山女 ①一九九
明室清鑑禅定尼➡正木時茂室
妙寿(足利高基所縁) ①二五五
妙寿(里見家中) ④二四八
妙寿(常光寺)
　妙寿禅尼 ②一五七
妙寿(本国寺) ②三五
妙寿➡日迎妻
妙秀(石堂寺) ②二五～七、二九
妙秀(覚為子) ②八七
妙秀(高徳寺) ①一四七
妙秀(常灯寺) ①二六四
妙秀(大覚寺) ①六五
妙秀(沼田寺) ①三八
妙秀(本国寺) ②三四
妙修 ⑤三
妙十 ②三三
妙従 ②三五
名守丸 ②三
妙俊(石堂寺) ②二四
妙俊(本国寺) ②三五
妙春(長福寺) ①一九六
妙春禅尼(加藤家) ①二五四
妙春(石堂寺) ②二五～七
妙順(石堂寺) ②二四、二七
妙順(円盛院) ①六〇
妙順(妙経寺) ②六三
妙俊禅定尼➡重田新兵衛妻
妙春尼➡丸成常妻
妙松 ②二四
妙証 ②三三
妙照(石堂寺) ②二三、二五、二八
妙照(本国寺) ②三三、三四
妙常 ②三五
妙定 ②三五
妙浄(本国寺) ②三四、三五
妙浄(本土寺)

妙浄女　①一九九
妙浄禅尼➡御手洗常珍妻
妙浄寺　②一九九
妙心(石堂寺)　②二三、二五～七、二九
妙心(新田野八幡宮)
　妙心尼　①二七〇
妙心(常灯寺)　①二六四
妙心(大覚寺)　①六四
妙心(大正寺)
　妙心禅尼　②四
妙心(沼田寺)　①二八
妙信(石堂寺)　②二五
妙信(本国寺)　②二三、二四、三五
妙真(常灯寺)
　蓮蔵房妙真　①二六三
妙真(石堂寺)　②二六
妙真(円盛院)　①六〇
妙進　②二四、三五
妙心禅尼(大慈恩寺)　③九二
妙性(石堂寺)　②二二、二四～七
妙栖　②二四
妙正(石堂寺)　②二七、二八
妙正(本国寺)　②二五
妙成　②二四～五
妙西(新蔵寺)　⑤一〇
妙西(石堂寺)　②二五
妙牲　②二五、二八
妙性(大覚寺)　①六五
妙性(本国寺)　②二四
妙清(石堂寺)　②二四、二六～七
妙清(香取)　①八三
妙清(里見家中)　④二四六
妙清(本国寺)　②二四～五
妙盛　②三
妙聖　②二五
妙勢　②三五
妙説　②二六
妙澄尼　③八五
妙然　①三四
妙せん(香取神官)
　めうせん　①四四
　妙せん　①三
妙千(本国寺)　②二四
妙仙(常灯寺)　①二六三
妙仙(新蔵寺)　⑤一〇
妙仙(石堂寺)　②二七～八
妙仙(本国寺)　②二三、三五
妙泉(石堂寺)　②二五～九
妙泉(大慈恩寺)
　妙泉禅尼　①二六一
妙泉(本国寺)　②三五
妙全(石堂寺)　②二九
妙善(石堂寺)　②二五～六、二八
妙善(大山不動)　③三三〇
妙善(高篠)　②二六一
妙善(長徳寺)
　妙善禅尼　①六四
妙善(沼田寺)　①二八
妙善(本国寺)　②二三～四
妙泉寺　①六五
妙双(本国寺)　②二四
妙蔵寺　②一六九
妙蔵坊(藻原寺)　②一六二
妙存(本国寺)　②三五
妙台(本国寺)　②二五
名代➡宇都宮忠綱
妙体➡須藤和泉守娘
妙智(本国寺)　②二三～四
妙仲(新蔵寺)　⑤一〇
妙仲(新福寺)
　妙仲禅尼　①二六一
　妙仲禅定尼　①二六一
妙仲(石堂寺)　②二八～九
妙忠　②三五
妙芧　②二六
妙長(本国寺)　②二四～五
妙長禅尼　③六六
妙珍(新福寺)　①二七二
妙珍(石堂寺)　②二三、二五
妙珍(沼田寺)　①二八
妙珍(本国寺)　②二五
妙椿　②二六
妙貞(常灯寺)
　右京進妙貞　①二六二
妙貞(沼田寺)　①二八
妙伝　②二五
妙道　②二四
妙得　②三五
妙徳(本国寺)　②三三～四
妙徳(大覚寺)　①六四
明徳　①二八
妙頓　②二四
妙如(福満寺)
　妙如禅定尼　①五一
妙如(本国寺)　②二四
妙仁　②二四～五
妙忍(常灯寺)　①二六二、二六四
妙忍(本国寺)　②二三～五
妙念　②二五～六
妙奠　②二六
妙蓮　②二四
妙伴
　めうはん　②二五

妙伴　①二九
妙範(石堂寺)　②二七
妙範(本国寺)　②三五
命婦(鶴岡八幡宮)　④一〇三～
　四、一六三
命婦(ミやうふ)(香取神宮)
　④一〇三～四、一六三
妙法(大慈恩寺)
　妙法　③八五
　妙法禅尼　①二八一
妙法(石堂寺)　②二五
妙芳(石堂寺)　②二七、二八、二九
妙法(長徳寺)
　妙法禅尼　①二八三
妙法(本国寺)　②三三、三五
妙芳➡丸咒師谷常種妻
妙房　①三三
妙本　②三三～六
妙本寺➡日我
妙満　②三四
妙門　②三五
妙弥　②二五
妙薬　②二七
妙祐(石堂寺)　②三三、二五、二七、二
　九
妙祐(名打ち村)　②二八二
妙祐(本国寺)　②三三～三四
妙ゆふ(香取)
　めやうゆふ　①四八
妙用　②三六
妙要　②三五
妙陽　②三四
妙養　②三四～五
妙楽
　妙楽大師　②四七
妙立　②二四～五
妙隆(石堂寺)　②二七～八
妙隆(沼田寺)　①三八
妙隆(本国寺)　②三五
妙隆➡丸咒師谷常綱妻
妙隆尼➡丸咒師谷綱常妻
妙了　②二五、二七
妙林(石堂寺)　②二六、二八
妙林(本国寺)　②三五
妙蓮(石堂寺)　②三三、二七～九
妙蓮(円盛院)　①六〇
妙蓮➡丸前田常家母
妙蓮尼(大慈恩寺)　③八五
妙蓮坊➡但馬公
民部(香取神官)　①三〇
民部➡木村民部丞
民部阿(長禅寺)　②二六三
民部卿あね　③二一八
民部卿法印➡前田玄以
民部卿丸➡千葉親胤
民部五郎　⑤七六
民部四郎　⑤七六
民部大輔➡里見実房
民部大輔➡国分直胤
民部太輔➡里見民部太輔
民部法印➡前田玄以
民部丸　⑤九一

む

向井甚之助　④二九〇
麦菜　①九五
麦米　①三四
武蔵　③二〇二
武蔵守➡北条義時
武射胤隆
　胤隆武射七郎　⑤六三
むしろ　①二五八
ムシロ　④五二～三
娘➡足利島子
六崎胤幹
　胤幹六崎六郎　⑤六三
陸奥守➡北条時盛
陸奥守➡平良文
陸奥守➡北条氏照
宗胤
　兵衛五郎　①一五〇、二六〇
　兵衛五郎宗胤　①一五〇
宗胤➡千田宗胤
宗種➡館宗胤
宗信侯室➡武田宗信妻
宗秀➡海上宗秀
宗平➡中村宗平
宗広　①一九八
宗政
　宗政右馬助　③三七一
むねもり➡平宗盛
宗幸　④二六六
宗吉➡香取宗吉
村井吉兵衛　④二一七
村岡五郎➡平良文
村岡二郎➡平忠頼
村岡四郎忠光➡平忠光
村岡平太夫忠道➡平忠通
村岡陸奥守良文➡平良文
村上　④二三〇
村上助左衛門　④二八六
村上助三郎➡村上胤遠
村上すわう➡村上義明

村上胤遠
　村助　③三七
　村助胤遠　③三九
　村上助三郎　③三七、三九、七三、一〇三、一四八
村上綱清
　村上綱清　②一三四
　村上民部大輔　②一三三、一六四、二六〇
　民部大輔綱清　②一三三
　民部大輔紹(綱)清　④七二
村上民部大輔➡村上綱清
村上天皇　①二九〇
村上義明
　むらかみ　⑤二八
　村上すわう　④一二八
　村上周防守義明　④九〇
村雲　④二三四
村左衛門　④一九八
村助➡村上胤遠
村助胤遠➡村上胤遠
村田源右衛門
　村田源□　②一二三
村田左衛門　②二六
村田四郎三郎　②二六
村田駿河守　④二六六
村田駿河守姫君　④二六七
村山伊賀守　③二四九
村山采女　②二五五
村山将監　②二一

め

めいしゅん(祖慶伯父)　②一〇一
明勝院　⑤八一
明了(石堂寺)　②二八
明林旭公
　明林旭公首座　①二五五
めうしん
　あまめうしん　①二四〇
めうせん➡妙せん
めうはん➡妙伴
めやうゆふ➡妙ゆふ
めん道(たう)(香取神官)　①一六四、一七七、一九二、二〇二

も

毛利　④一六
毛利➡北条高広
毛利壱岐➡毛利吉成
毛利壱岐守➡毛利吉成
毛利宰相➡毛利輝元
毛利宰相➡毛利秀元
毛利重政
　毛利兵橘　⑤三三、一一〇
毛利輝元
　あきのさいしゃう　④一一七
　あきの宰相　⑤三
　安芸宰相　④一〇八、⑤三
　安芸中納言　④一三三
　羽柴安芸宰相　⑤三
　毛利宰相　④九一
　毛利　⑤二四
毛利秀元
　羽柴安芸宰相　④一一三
　毛利宰相　④一三三
毛利秀頼
　羽柴河内侍従　④一〇六
　河内侍従羽柴秀頼　④九〇
毛利兵橘➡毛利重政
毛利吉成
　毛利壱岐　④七七
　毛利壱岐守　④一〇八、⑤三一
最上侍従➡最上義光
最上義光
　出羽の侍従　④一一八
　羽柴出羽侍従　④一二一、⑤二九
　最上侍従　④一九三
　山県出羽侍従　④一〇六
　出羽侍従義光　④九〇
　出羽侍従　④九二、一〇七
目➡日目
木衛門　④五七
木工左衛門➡香取胤定
木食➡木食応其
木食応其
　興山上人　④八三
　木食　④八三
　木食上人　④二一〜二三
もくしき矢田　④一二
目上➡日目
目蔵
　目蔵上人　①二六八
目代(もくたい)(香取神官)
　①一〜二、二四、九五、二〇六、二二〇、二五七、②八八、九四、④六五
もさへもん　③六〇
木工助➡里見政成
持氏➡足利持氏
持国　②二九四
持助➡簗田持助
持助➡簗田持助(二代目)

持助父子➡簗田晴助・持助
持田尾張守　③三四
持月三郎衛門　②一六〇
持秀➡海上持秀
茂木上総介　②二六六、二六七
茂木式部大夫➡茂木持知
茂木筑後守　④二七
茂木持知
　茂木式部大夫　①七一
元景
　弾正左衛門元景　①九三
元辰　③三
基胤➡原基胤
基頼　⑤五六
元常➡御手洗元常
本名胤秀
　本名肥後守　④八六
　本名肥後守胤秀　④七二
本名丹後守　④二四五
本名綱秀
　本名式部丞綱秀　②二一六
　本名式部丞平朝臣綱秀　②
　二一六
本名肥後守➡本名広永
本名広永
　本名肥後守広永　④九五、一四七
　本名肥後守　③三四
　本名肥後守弘永　②三〇二、③
　二一八、④一〇〇
　本名肥後守　④八七、九四～五
元通　③三三
元吉雅楽助　②二一六
元吉大炊助　①一七五
元吉九郎兵衛　②二一六
元吉三郎兵衛　②二一六
本吉伊勢　②二一六
本吉貞人
　本吉与七郎　②七五
　本吉与七郎貞人　②六二
本吉新右衛門
　新右衛門　②二一六
本吉道貴
　道貴　②七五
本吉与七郎➡本吉貞久
基頼➡足利基頼
物忌(ものいミ)　①五六、七〇、一二
　七、一二七、②八八、④五一、六五
ものまふし➡香取氏久
物もうかた
　物まうかた　①一三三
　物申　①六、②八九
物申祝　①六、②三九、④五二
物申祝➡香取氏久
物申祝中臣➡香取氏久
藻原成之
　藻原左衛門成之　①一〇六
籾子　②六
百寿丸➡海上百寿丸
桃井左衛門督　④三一六
守□□➡広橋守光
盛氏➡蘆名盛氏
盛監物　③一
盛定　②三〇〇、④三三
盛繁　③二九
森下丹波　④二九〇
森新左衛門　②二四
森田　④一六
森内匠助　②八二
森忠政
　金山の侍従　④二一八
　羽柴金山侍従　④三一
　金山侍従森忠政　④九〇
　金山侍従　④一〇六
盛近➡香取盛近
森寺弥右衛門　④二一六
森戸但馬　④二六五
盛胤➡本庄盛胤
盛長➡安達盛長
盛信➡飯篠盛信
盛秀➡山崎盛秀
盛房➡大中臣盛房
森伯耆　④二八九
森杢之助　④八六
森弥五郎　②二五四
守矢頼真
　諏方神長　②一
　諏方神長宮内少輔　②二
茂林　②三
師　④三八
茂呂右衛門佐　③五三
師胤➡遠山方師胤
師胤➡相馬師胤
師常➡長北師常
師出羽守　③三三
師豊昌
　師出羽守豊昌　②一七四
師通昌
　出羽守通昌　師　④三八
師時➡神崎師時
毛呂又十郎➡毛呂康秀カ
毛呂康秀カ
　毛呂又十郎　④三六
門伝(石堂寺)　②一五
主水頭　④一七八

や

弥阿
　福源庵　②三
　辺見軒弥阿　②三
矢安➡矢野安芸守
弥右衛門　④八九
屋形➡上杉謙信
屋形➡上杉憲房
屋形➡上杉憲政
屋形➡里見義堯
屋形➡里見義弘
屋形➡千葉邦胤
屋形➡千葉氏
屋形➡千葉胤富
屋形➡里見義康
屋形➡北条氏政
屋形➡北条氏康
館➡小田氏治
館➡長尾顕長
館九郎右衛門➡館宗胤
屋形様　⑤七二、七三、七五～六、七九～八〇、八二～五、八六～八、九一～五、九九
屋形様➡足利政氏
屋形様➡佐竹義宣
屋形様➡里見忠義
屋形様➡里見義堯
屋形様➡里見義弘
屋形様➡里見義康
屋形様➡千葉邦胤
屋形様➡千葉輔胤
屋形様➡千葉胤富
屋形様➡北条氏政
施薬院(全宗)　③三三
薬草院➡日扇
弥九郎　⑤七八
弥九郎➡正木時茂
弥九郎➡正木時泰
やこき　①一三三、一三四
弥五郎(香取)
　弥五郎　①一九〇、一三三
　弥三郎　①一五五
弥五郎➡牛尾胤直
弥五郎➡北条景広
弥五郎➡直満
弥五郎➡正木時治
弥五郎母(加茂郷)　②二九
弥左衛門(大慈恩寺)　③八五
弥三郎(妙見社)　⑤八八、一〇二
弥三郎(香取神官)　①九七、一一三、一二三、一二六、一二八、一三一、一四六、一七二、一七五、④六二
弥三郎(常光寺)　②一七七
弥三郎(不動寺)　②二八八
弥三郎➡香取弥三郎
＊弥三郎➡弥五郎　①一五五
弥三郎太夫　⑤八八
弥三郎入道　①一三四、一三五、一四三
谷沢貞儀
　谷沢丹波守貞儀　③二九五、④七二
　谷沢丹波守　③一三四
谷沢丹波守➡谷沢貞儀
与二ゑもん➡与次衛門
ヤシキ　①二、六～七、三五、四〇～四一、四七、五二、五四、六二、九五
弥七(香取)　①一四四、一五九
弥七(亀山郷)　①一七四
弥七入道(香取神官)　①一二三
弥十郎(鍛冶)(那古寺)　③三二
弥十郎➡佐保田弥十郎
弥四良(吉保村)　④一六九
弥四郎(長禅寺)　②二六三
弥四良➡加藤弥四郎
弥四郎➡香取弥四郎
弥四郎➡見益弥四郎
弥二郎(香取)　④六二
弥二郎(妙見社)　⑤一〇二
弥二郎➡香取慶尊
弥二郎➡香取弥二郎
弥二郎➡香取弥二郎(案主)
弥二郎➡丸弥二郎
弥次良(笠森寺)　③二〇一
弥次郎➡上野弥次郎
弥次郎➡本庄繁長
安詮➡林田安詮
安右衛門　④一七八
安川源次郎　②一六一
安川源太左衛門
　源太左衛門　②一六〇
安川玄蕃允　②一六〇
安川五郎左衛門
　五郎左衛門　②一六〇
安川八郎左衛門
　八郎左衛門　②一六〇
安河妙浄　①一〇〇
康成➡北条氏繁
安次郎
　雑色安次郎　⑤六四
安田(里見家臣)　③三三
安田(石堂寺)　②二五、④二四五

安田(ママ)又助➡安西又助
安田□斗助
　同□斗助　③三三
安田市正　④一八三
安田近江守➡安田慶安
安田近江守　③二五四
安田大炊助　③二三四
安田慶安
　安田近江守　②三〇七、③四二、一六四
　近江守沙弥慶安　②三〇七
安田駿河守
　同駿川守　③二三四
安田摂津守　④一四四
安田弾正忠　④四五
泰胤　①二八
康胤➡千葉康胤
泰胤➡土気泰胤
泰胤➡大竹泰胤
安田彦九郎　④二八〇、二八八
安田広秀
　安田与太郎　②一四一、二六五
　安田与太郎広秀　②二三三
　与太郎　②二六五
安田与太郎➡安田広秀
康次　④二三二
康次➡宇部康次
泰嗣　①二八
泰常➡東泰常
泰時➡北条泰時
康俊➡里見康俊
泰範➡今川泰範
康治➡酒井康治
安吉
　和泉守安吉　③二〇七
弥三(酒井政辰家臣)　④五八
弥三➡丸弥三
八十内藤六郎　②二二六、③一二
やた川(香取神官)　①二三、二九
弥太二郎　①三四
弥太太郎　①三五
弥太郎　①六、八～九、二六、三五、九七、一三四、一六四、一七七
屋津大学助　④二六六
八剱左門　②一九五
弥藤二(次)郎　①一、九六、一五七、二三〇
弥富大方妙勝　①一八
簗右氏助➡簗田氏助
簗大蔵丞　③五三
柳川侍従➡立花宗茂
柳川筑後守　③一五
柳原　③六二
やなた　④三五
簗田　④一三二
簗田(やなた)➡簗田晴助
やなた➡簗田持助(二代目)
簗田➡簗田持助(初代)
簗田➡簗田持助(二代目)
簗田右➡簗田助実
簗田右衛門尉
　う衛門尉　②七六
簗田氏助
　簗右氏助　②五四
　簗田平治郎氏助　②五四
簗田雅楽助➡篠田雅楽助
簗田右馬助➡簗田助実
簗田越後守➡簗田助長
簗田近江守➡簗田基良ヵ
簗田河内守➡簗田成助
簗田河内守➡簗田持助(初代)
簗田清助
　右馬尉清助　②四五
　簗田右馬允清助　②四四
　簗田伯耆守清助　②五三
簗田蔵人
　蔵人　③一五二
簗田五郎　⑤五
簗田五郎
　五郎　①一四五
簗田成助
　中務大輔成助　①九九
　簗田河内守　①一四六、④二三〇
簗田下野守➡簗田助孝
簗田助清
　平九郎　②一五一
簗田助実
　右馬助　③七六、一五二、一六六
　簗田右　③一二
　簗田右馬助　③三三
簗田助孝
　下野守　②一五一、③五一、一一〇、④一～二
　同名下野　③一〇二
　簗田下野守　③一四六
簗田助綱
　平四郎　②一五一
簗田助縄
　安誉　③二五八
　助縄　③二五八、二六〇、二六四、④二一
簗田助利
　平七助利　④一～二
簗田助長

人名索引

簗田越後守 ①五
簗田前越後守助長 ①六
簗田助良
右京亮 ②一五一、二三六、③一六六
近江守 ③一四六、一四八、一五三
簗田洗心斎➡簗田晴助
簗田洗心斎道忠➡簗田晴助
簗田高助
高助 ①三七、二四一、二九四、三〇五、②三、五六～五八
中務大輔高助 ①二五〇、三〇五、②二、五七～五八
道珊 ②四三～四四
富春斎 ②五三
平高助 ①二〇八、二三三、②五六～七
簗田中務大輔 ②三、二二、二三、三七、五五、五七
簗田中務大輔高助 ①三〇六、②二、五七
簗田八郎 ①二一八
簗田八郎平高助 ①二三三
簗田平高助 ②五六
簗田経助
経助 ③六
簗田中務少輔(成助子カ) ①二三
簗田中務少輔➡簗田持助
簗田中務大輔➡簗田高助
やなた中務大輔➡簗田晴助
簗田中務大輔入道➡簗田晴助
簗田中務太輔➡簗田晴助
簗田中務太輔➡簗田持助(二代目)
簗田中務太輔 ④二二五
簗田八郎➡簗田高助
簗田八郎➡簗田持助(二代目)
簗田晴助
はるすけ ②七五
やなたはるすけ ②七六
やなた中務大輔 ②七六
持助父子 ②二二九
晴助 ②五三、六一、九三、一〇八、一一〇、一一八、一三七、一四六、一五〇、一五三、一五五、一九一、一九八、二一九～二二〇、二二五九、二九一、③一
晴助父子 ②一五〇、二三〇、③一四六、一五一
洗心斎 ②一七六、二八七、③九七、一四九、④一五
洗心斎道忠 ②二四三、二八七、③二
中書 ②二二九
中書御父子 ②二二九
中務 ②一〇九、一一〇
中務大輔 ②一一三、一一八、一二二
中務大輔晴助 ②一四六、一四九、一九二
中務入道 ②二二九
中務入道晴助 ②一九一、二五九
八郎 ②四四、四五
父子 ②二三〇
平晴助 ②四四
簗中 ②一四八、二四七、二五三、③一七、④二三八
簗中父子 ②二五三
簗田(やなた) ②七六、八一、一一一、一五一、二〇三、二四九、③四
簗田洗心斎 ③一〇三、④一七
簗田洗心斎道忠 ④一七
簗田中務大輔 ②六一、六九、七〇、七一、九三～九六、一〇八、一一〇～一一一、一四〇、一五〇、一五三、一六五、一八〇、一八三、一九三～四、二〇一、二二八、二五三～二五五、二八〇、二九〇、④二二九、二三八
簗田中務大輔
簗田中務大輔入道 ②二三〇
簗田父子 ③一
簗田父子➡簗田晴助・持助
簗田平七
平七 ①二一一、二四一
簗田政助
政助 ①二〇一
大炊頭 ①二一八
大炊頭政助 ①二〇〇
平右京亮政助 ①一七二
平政助 ①一八七
簗田大炊頭政助 ①二〇〇
簗田持助(初代)
持助 ①一一
前河内守持助 ①四六、一一一、一三
簗田 ①三八、七六
簗田河内守 ①七〇
簗田中務少輔 ①四九
簗田持助(二代目)
持助 ②一九〇、一九五、二二三、二二八～二〇、二四三～四、二五八、二六五、二八六、③一〇、三〇、一八六
持助父子 ②二二九
晴助父子 ②一五〇、二三〇
中務大輔持助 ③一九四
中書御父子 ②二二九

八郎　②二一九、二二八、二四二、二八六
　〜二八七
八郎持助　②二五九、二八七、③一一
父子　②二三〇
簗中父子　②二五三、③一六
簗田　②二三三、二五七、③二四、一八
　五、二七九
簗田中務太輔　③五六、七七、九
　五、一〇四、一三八、一四八、一五一〜四
簗田八郎　②二三〇〜一、二六七、二
　七九〜八〇、二八四、二八九、二九五〜六、
　③四七、五一
やなた　④三六
持助　③一〇、三〇、一八六
中務太(大)輔　③九七、一一〇
八郎持助　③一一
簗中父子　③一六
簗田　③二四、一八五、二七九
簗田中務太輔殿　③一四八
簗田八郎　③四七、五一
簗田父子　③一
簗八　③一六
簗田基良カ　④五六
簗中父子➡簗田晴助・持助
　(二代目)
簗中➡簗田晴助
簗八➡簗田持助(二代目)
矢野　④二二八
矢野安芸守カ
　矢安　③六九
弥八虎子　③八五
弥八郎　②二一八
弥兵衛　②一六
弥平五郎　①一七二
弥平三郎
　源平三郎　①二一九
　弥平三郎　①九七、二一九
や平四郎　①一二六
弥平二(次)郎　①二一九、二三三
弥へもん➡鈴木弥衛門
山井勘解由　②一五七
山井土左守　②一五七
山内一豊
　山うちつしま　④二一八
山県出羽侍従➡最上義光
山角紀伊守➡山角定勝
山角刑部左衛門尉➡山角定勝
山角刑部左衛門尉　③三四
山角上野➡山角康定
山角定勝
　山角刑部左衛門尉　②一八六
　山角紀伊守　③八四、二三三、二八六
　〜七、二九二、③二一一、二三二、二八八、
　二九九
　山角紀伊守定勝　③二八五
　山紀　③三〇一
山角弥十郎　②一八一
山角康定
　山角上野　④三五
山川犬寿丸　③五三
山河兵部少(輔脱カ)　⑤二
山紀➡山角定勝
山橘➡山中長俊
山橘内長俊➡山中長俊
山口越後守　③四一、八七、九六
山口源六兵衛　③八八
山口七郎左衛門　③三
山口妙永　⑤一〇
山倉播摩守　④二七五
山さき源七➡山崎胤長
山崎　⑤八一
山崎➡山崎盛秀
山崎堅家(片家)
　山崎志摩守　④一七
山崎志摩守➡山崎堅家
山崎秀仙
　専柳斎　③一六、一七
山崎胤長
　胤長　①一〇一
　山さき源七　①一〇一
山崎弾正忠　③一二
山崎民部少輔　⑤九〇
山崎盛秀
　山崎　②七七
　盛秀　②七七
山下小四郎　③一九一
やましろ➡豊前氏景
山城守➡大伴時信
山城公➡日行
山太➡山本正次
山台能登娘　④二六五
山田宮内太輔　③五四
山田けんはん　③三八
山田五郎衛門　②二四
山田五郎兵へ　④二一〇
山田内匠助　③一五
山田弾正忠　②三〇五
山田藤五郎　③二三〇
山田豊前　④二四五
山多清七郎　②二六八
大和　①八五
大和寺
　神主太和守　③一〇三、一四七
大和守➡石毛定幹

大和守➡直江景綱
大和太郎　②一五
大和中納言➡羽柴秀保
山名　④二六
山中伊賀守　③二六〇
山中大炊助　④三五
山中橘内➡山中長俊
山中清右衛門(尉)　④三〇三、三〇
五〜三一四
山中宗衛門　③一五
山中藤七　②一〇八
山中長俊
　山橘　④八一
　山橘内長俊　④七七
　山中山城守　④一一九
　山中橘内　④二七、八四、一二
　山中橋内長俊　④八四
山中康豊
　修理亮　②一七四
山中山城守➡山中長俊
山なし孫八郎　②三七
山梨　⑤九四
山梨➡山梨主税之助
山梨薩摩　⑤七六
山梨主税之助
　山梨　⑤七四
　山梨主税之助　⑤七四
山梨孫九郎　④八三〜四
月見里　③三三
山名法眼　①六五
ヤマ内(香取神官)　①五五
山うちつしま➡山内一豊
山内　④三五、三九、三一〜三三
山内➡上杉憲政
山内殿➡上杉景勝
山内殿➡上杉謙信
山内殿➡上杉憲房
山辺成高
　山辺郡司寺太郎成高　⑤六四
山孫➡山吉豊守
山孫豊守➡山吉豊守
山村綱広
　綱広　②三〇四
山室　⑤九四
山室➡山室勝清
山室➡山室孫四郎
山室安芸守　②一八七、二一八
山室伊勢守
　伊勢守　②一八七
山室氏勝
　山室越中守　②二三六
　山室越中守源朝臣氏勝　②
二一八
　山室円(遠)城寺越中守氏勝
　②一九九、二一七
　山室孫四郎氏勝　②二三六、④
七三
山室氏勝妻
　山室越中守源朝臣氏勝内上
　②二一八
山室氏俊
　山室勘解由左衛門尉源氏俊
　④七三
山室氏朝
　入道飛騨守氏朝　②二一八
山室越中守➡山室氏勝
山室勘解由左衛門尉
　勘解由左衛門尉　②二一八
山室勘解由左衛門尉妻
　勘解由左衛門尉内上　②二一
八
山室勝清
　山室　②四七
　山室治部少輔　②一五一
　治部少輔勝清　②一五一、④七三
山室宮内少輔➡山室朝保ヵ
山室左京亮　②二一八
山室式部卿
　式部卿　②二一八、二三六
山室治部少輔➡山室勝清
山室常隆
　山室飛騨守常隆公　②二三七
山室朝保
　山室宮内少輔　④五四
　山室宮内少輔源朝保　④七二
山室常陸守➡山室光勝
山室常陸守内上➡山室光勝妻
山室兵部丞　③一二
山室孫三郎
　孫三郎　④五三
山室孫四郎
　孫四郎　④五三
山室孫四郎
　山室孫四郎　⑤七四
　山室　⑤七四
山室光勝
　源朝臣山室常陸守光勝　②
二一七
　山室常陸守　②二一七、二一八
　常陸守　②一八七
山室光勝妻
　山室常陸守内上　②二一八
山本　③六八、④二三九、二四七
山本家次

山本太郎左衛門尉　①二六〇
山太　③六九
山本信濃守　②二七四、③二一九
山本信濃入道　②二七四
信濃入道　③六五
山本伊与守　③二二一、二七八
山本越前守　④三三
山本宮内太夫　④一八三〜四
山本内蔵之介　⑤二〇
山本五郎兵衛尉　③五五
山本権之助　④六五〜六、二九二
山本左衛門太郎➡山本正直
山本信濃入道➡山本家次
山本信濃守➡山本家次
山本新七郎➡山本正次
山本清七　④二七八
山本太郎左衛門➡山本正次
山本太郎左衛門尉➡山本家次
山本太郎左衛門尉➡山本正次
山本彦三郎　⑤三三
山本藤吉　②一八一
山本正次
　山本新七郎　②二七三、二七五
　新七郎　②二七三〜四
　山本太郎左衛門　③六五
　山本太郎左衛門尉　③六八

山本正直
　山本左衛門太郎　②二〇九
山本宗久
　山本無辺斎宗久　⑤三三
山もり治部　④二〇三
山々細　④五三
山吉豊守
　山よしまこ二郎　②二九六
　山吉孫次(二)郎　②二四九、二五一
　九、二六六
山孫　②二六五
　山孫豊守　②二五五
山よしまこ二郎➡山吉豊守
山吉孫次郎➡山吉豊守
弥ミ　④一八七
佚路□　①六五
弥六(香取神官)　①二〇、一四一
弥六(高篠)　②二八一

ゆ

湯浅源三郎　⑤九四
湯浅三郎左衛門　①九、②一八八
湯浅孫二郎　⑤三九
ゆあミ➡友阿弥
唯上　①九

唯我➡里見義堯
油井検杖　④五一
唯善　①八、九、一二、一三、二〇四、二一〇
唯念　①二、一三、三五、四〇、四一、四七、五
　二、五四、六二、二二一、二二七、二三五、二九
　九
結妙阿　⑤六
祐□
　阿闍梨祐□　①一九五
宥
　宥　④一八七
　拙僧　④一八五〜六
宥□　⑤一〇
友阿弥
　ゆあミ　⑤一九
祐阿弥　①一三三
祐意
　東性院祐意　③九二
　祐意十穀　①一三三
祐威　②一五
宥意　③二一七、二六三
有胤　④二七四
祐印
　大夫阿祐印　①一九四
祐恵
　宰相公実名祐恵　③四九

宥恵
　東仙寺宥恵別当　②七
宥永
　宝積寺宥永　③四八
宥栄　③二一八
祐遠　①一一
祐海
　祐海阿波利　①二八四
宥覚(妙見社)
　宥覚　⑤六三、八一
　権大僧都法印宥覚　⑤八〇
宥覚(那古寺)
　宥覚法印　②二一六
　僧都宥覚　③二一九
宥寛　②一八一
宥鑑
　法印宥鑑　④二四
　宥鑑　③一〇
祐巌　①六五
ゆうきせう〳〵➡結城秀康
ゆうきの少将➡結城秀康
結城
　結城　②九七、③七四、④二二八、二三
　九、

結
　ゆうき　⑤九九
結城⬇結城晴朝
結城⬇結城政勝
結城氏広
　氏広　①七三
　七郎　①七三
結城宰相⬇結城秀康
結城左衛門督⬇結城政勝
結城左衛門督　④二三五
結城少将⬇結城秀康
結城少将秀康⬇結城秀康
結城晴朝
　結城　②一二八、二〇二、二〇七、③一八、二三、四三、四八、五三、七四、七六、九九、④一六、⑤二六～七
　晴朝　②一八六、二〇六、二三八、二四一
結城秀康
　羽柴結城侍従　④二二
　ゆうきの少将　④一二八
　ゆうきせう〱　⑤二八
　結城少将　④一〇六
　結城少将秀康　④九〇
　結城宰相　④一三三
　三河守　④一三八
結城政勝
　結城　②八九、九五～九六
　結城左衛門督　②九八
　結城政勝　②八五、八九
　左衛門督政勝　②九八
　政勝　②八七
結城政朝
　政朝　①二四六
結城政直
　藤原政直　②二七七
宥挙(那古寺)　③二二九
宥鏡
　宥鏡少僧都　①一五五
祐鏡
　別当辰栄院祐鏡　③四六
結城六郎⬇小山高朝
祐慶　②二七
祐賢　②三
宥賢
　宥賢法橋　①二八一
祐源
　比丘祐源　①二八一
　祐源和尚　①二八一
宥源　③二二八
祐光
　西蔵坊祐光　③一二五
　祐光阿波利　①二八四
宥次　①一九七
祐寿　⑤一七
宥授
　宥授法印　③五二
祐秀
　祐秀法印　①一七八
宥秀
　権少僧都宥秀　②一一六
祐春
　権少僧都祐春　①一七八
宥照　④二七四
宥定　①一五三
宥乗　④二七四
融眘
　融眘法印　②一四九
祐心　②四二
祐信
　祐信禅尼　①五〇
祐真　③四九
宥信
　観照院宥信　②八
宥真　②二八一
祐清(石堂寺)　②二五
祐清(普門寺)　②二六一
宥清
　宥清法印　③五一
有仙　①六五
祐仙　①六五
祐蔵　①二二八
宥蔵　④二七四
祐尊
　右京阿闍梨祐尊　①六五
宥泰　②二四
祐朝
　祐朝　①六五
宥朝
　権大僧都宥朝　②二八一
祐珍(石堂寺)　②二七
祐珍⬇武田信嗣妻
祐貞　①二二八
祐伝
　権大僧都祐伝　②二九五
　祐伝　①六五
宥伝　②三〇
宥灯　④二七四
祐恕
　沙弥祐恕　②二八
祐伯　①八一
祐範　①一二九
宥範
　大僧都宥範法印　②一一五、一三〇
　宥範法印　②一九二、③一一五

惣持院宥範法印　②二〇
宥範　②六
祐鑁　①一七八
祐弼　①六三
宥弁(弘明寺)　①一六二
宥弁(釈迦堂)　④二七四
宥弁(那古寺)
　律師宥弁　②一一六、③二二八
　宥弁　①一九七
雄峰玄英⬇正木頼忠
宥誉
　宥誉律師　②六
行⬇勝行遠
行□⬇勝行遠
由木忠安
　由木紀伊守忠安　②三〇二
之胤⬇国分之胤
雪下殿　④二三一、⑤一〇〇
雪下殿⬇足利義明
雪下門跡　④二一七
之房⬇香取之房
遊行一御寮　④二三〇
遊行上人　④二三〇、二三四
行吉　①六、五四
由良秋田城介⬇由良国繁
由良刑部太輔⬇由良国繁
由良刑部父子⬇由良成繁・国繁
由良国繁
　刑部太輔　③三七
　由羅　④三六
　新田　③九八～九、一五〇、一八三
　由良刑部太輔　③二〇、五五
　由良刑部父子　③五三
　由良秋田城介　③一二一、一四八
由良信濃守⬇由良成繁
由良成繁
　由良　③四三
　横瀬雅楽助　②一九二～三
　成繁　①一六一、②一九三
　横瀬　②二〇三、三〇五、③一八、⑤一九
　信濃守成繁　②二六五
　新田　②二一〇
　由良刑部父子　③五三
　由良信濃守　③五五、一〇三
　由良　③二二八
由羅⬇由良国繁
油利　④一〇七
油利五人衆　⑤三〇
ユワイ⬇岩井
ゆわせ十郎⬇岩瀬十郎
ゆわふち　①二〇四、二〇八

よ

揚安斎⬇里見揚安斎
養雲軒　①三〇一、三〇二
養運斎　③一六六
揚円坊　④六三
要害
　ゆうかひ　②五
ようかい七郎左衛門入道⬇香取七郎左衛門入道
ようかいのおかた　①一八五
要賢　②七三
要賢坊⬇日我
養謙斎⬇田代養謙斎
陽山叟穀　①八五
養珠院
　おまんさま　④三一〇
　養珠院　④三一〇
養樹之奥方⬇大須賀政氏妻
揚順房　②七三
要春坊⬇日泉
永仙院⬇足利晴氏
養泉坊　②一二三
揚林坊⬇日謹
ようろこけんきう　①二五八、④六四
与右衛門⬇丸与右衛門
与五右衛門尉　③六
横小路近江守息女　④二四七
横小路左衛門大夫⬇里見実堯
　④二五〇
横小路将監　④六二、二九〇
横小路図書助源堯重⬇里見堯重
横須賀左衛門大夫　②二四七
横須賀殿　④三一四
横瀬⬇由良成繁
横瀬雅楽助⬇由良成繁
横瀬景繁
　横瀬新六郎　①一二三、②五七
　景繁　①二四四
　左衛門佐　①二四四
横瀬左衛門大夫⬇横瀬泰繁
横瀬新六郎⬇横瀬景繁
横瀬泰繁
　横瀬左衛門大夫　④一二六
横田大蔵　③一四六
横田左京亮　③一八六
横田下総入道　⑤一七
横田治部少輔　③一三九

横田藤四郎　②二五一
横田信胤
　信胤横田太郎　⑤八五
横田彦四郎　②一〇九、一一八
横田孫七郎　③一一
横地勝吉
　横地左近大夫勝吉　③一八九
横浜茂勝
　よこはまミんふ　⑤二九
よこはまミんふ➡横浜茂勝
横肥(横田氏)　②二六七
横堀桜丞　②六一
与五郎➡香取宗師
横山　②一二八
横山正善
　横山磐見守正善　①一八二
与五郎(称名寺大工)　⑤三五
与五郎➡香取宗師
与五郎➡香取与五郎
与左衛門➡市東与左衛門
与ささへもん　②二一六
与三郎(大原神社)　②二一六
与三郎(香取神官)　①二二三
与三郎(宮内文書)　②二〇六
与三兵へ　④五七
義□➡里見義豊
義明➡足利義明
義明➡三浦義明
義昭➡佐竹義昭
よし家　④一三三
吉家　③六七
義家➡源義家
吉衛(大慈恩寺)　③八五
義氏➡足利義氏
良生　⑤九九
良生➡平良生
吉江忠景
　吉江中務少輔　⑤二〇
吉江中務少輔➡吉江忠景
与次衛門
　与二ゑもん　④一六七
吉岡　⑤九四
吉岡求之
　吉岡源左衛門尉求之　①一三
五
吉岡小五郎母　②二一八
吉岡カ治部　④二六四
吉岡主殿　④二六四
吉岡縫之助　④二六五
吉岡隼人
　吉罡隼人　④二六五
吉岡隼人伯母　④二六五
義勝➡前小屋義勝
良門➡平良門
良兼➡平良兼
義国➡新田義国
吉佐太郎➡吉田清長
義実　③二三
義実➡里見義実
義重➡佐竹義重
義繁
　丹後守義繁　②八二
義重次男➡蘆名義広
吉佐➡香取吉佐
義澄➡三浦義澄
よし田侍従➡池田輝政
吉田和泉守　②一四七
吉田出雲守　②一七八
吉田右馬助　②一五一
吉田外記　④八四
吉田清長
　吉佐太郎　④九六、一一八
　吉田佐太郎　④一一九～一二〇、一二七
四
　吉田佐太郎清長　④七三
吉田治右衛門➡吉田治衛門尉
吉(よし)田治右衛門(尉)　④
三〇三～三〇七、三〇九～三一四
吉田信濃守　④二四五
吉田下野守➡吉田正林
吉田主膳　④二六六
吉田正林
　吉田下野入道　②一六六
　吉田下野守　②九五
　吉田下野入道沙弥正林　②
一三五
　吉田下野入道正林　④七三
吉田新右衛門　④二六五
吉田新右衛門尉　④一五九
吉田藤右衛門　②一〇八
吉田半十郎　④九一
吉田又四郎　④二三六
吉田与市　④二六五
よしたか➡里見義堯
義高➡里見義堯
義堯➡里見義堯
義堯内貞室➡里見義堯妻
義堯御父子➡里見義堯・義弘
義堯父子➡里見義堯・義弘
義堯内貞室➡里見義堯妻
与七(香取神官)　①二二三、二三〇
与七(常灯寺)　①二六四
与七兵衛　②二八一
与七郎　④一七一

与七郎(清和市場)　②九九
与七郎⬇上代与七郎
吉付直吉　①一五三
義次⬇三浦義次
義継⬇里見義継
良経⬇平良経
義時左京太夫⬇北条義時
義豊⬇里見義豊
義直⬇一色義直
義成⬇土岐義成
義成公親父⬇土岐義成父
吉里　④二三八
吉野源五郎　③九五
吉野五郎衛門　②九一
吉野佐渡守　③一八八
よしのぬいのすけ　④二
吉野縫殿助　③二七九
吉野信家
　吉野五郎左衛門信家　②一五九
吉野隼人　④二〇〇
吉野彦七郎
　彦七郎　③九五
吉野みつけ　②一八二
吉野六郎左衛門　③九五
吉信⬇武田吉信
義信⬇武田義信
義宣⬇佐竹義宣
吉信侯室⬇武田吉信妻
吉徳　①一六
吉久
　吉久　④一三三
　九郎左衛門吉久　②一三
吉久⬇平賀吉久
義久⬇佐竹義久
吉広　④一三三
良広⬇平良広
義広⬇里見義弘
義弘⬇里見義弘
義弘御父子⬇里見義堯・義弘
義弘公長女⬇里見義弘長女
義弘父子⬇里見義堯・義弘
吉房⬇香取吉房
義房⬇北条義房
良文⬇平良文
義通⬇里見義通
吉光　④一三
義光⬇最上義光
良将⬇平良将
義宗⬇杉本義宗
良望親王　⑤一五九、一八四
義元⬇今川義元
義康⬇里見義康
義康老母⬇里見義頼妻
義康母⬇里見義頼妻(龍雲院殿)
義康老母⬇里見義康妻(龍雲院殿)
義頼⬇里見義頼
義頼老母⬇里見義弘妻
よ四郎(高篠)　②二八一
与四郎(香取)　④九九、一七〇～一、
与四郎(常灯寺)　①二六三
与四郎(東国府)　②一九四
与四郎(東国)
与二郎(香取神官)　①二二三、二〇、二三三
与二良(笹村)　②一七五
吉原猪子
　猪子　②一五九
吉原検校(よしハらけんちやう)　①二二〇、二五七、二七〇、②一三、八八
吉原玄蕃助　②七九、八五～六
吉原宗右衛門　②二二六
吉原彦次郎　②一五九
吉(よし)原六郎衛門　①一九五
与三衛門(藻原寺)　②一六一
与蔵大方　①八三
与た□□道　①一三
余田蔵之助　③一七
依田下総⬇依田康信
依田新七　④一九一
依田信蕃
　芦田　⑤一六
依田康信
　依田下総　④一五
よたれ　①一五三
よ太郎(高篠)　②二八一
与太郎(香取神官)　①二二一、二九
与太郎⬇安田広秀
米井　⑤一九四
米子(大慈恩寺)　③八五
米沢侍従⬇伊達政宗
米沢中納言⬇上杉景勝
米沢勘兵衛⬇米津田政
米津田政
　米沢勘兵衛　④一九二
与八⬇香取与八
頼淳⬇足利頼淳
頼貞　③三四
頼忠⬇堀江頼忠
頼忠⬇正木頼忠
頼常⬇原頼常

頼胤➡千葉頼胤
頼時➡正木頼時
頼時➡北条頼時
頼朝➡源頼朝
頼長
　備中守　④四五
　備中守頼長　④四五
頼道➡原頼道
頼光　③三
頼元➡岡本頼元
与六丞　②六三

ら

来あミ　①九七
頼吽房　③三四
頼栄　③三三
頼雅
　法印頼雅　④二四七
　宝生院実号頼雅　③一八八
　頼雅　④五六
頼覚　②九二
頼憲
　頼憲律師　②一一六
　権大僧都頼憲　③二一八
頼俊
　律師頼俊　①一一八
頼真
　権少僧都頼真　②一五七
頼深
　僧都頼深　③二一九
頼盛
　法印頼盛　④二四七
頼泉　①一九七
頼仙坊　④一四四
頼長
　法印頼長　④二四四
頼誉
　頼誉法印　②二一六
　律師頼誉　③二一九
楽臣　②二四

り

りう□夫➡龍大夫
りうせん院➡里見義康
りうたゆふ➡龍大夫
利慶　②二六
りけん　①三、三〇、四八、六三
理公　⑤三九
里斎(りさい)　④七四、一二七
理左衛門　①二八七
利俊　①三三
利俊房　②七三
利勝院　⑤八一
りやうきやく(香取神官)
　りやくきやく　①二一九
りやうまさき➡両正木
龍雲院殿➡里見義頼妻(龍雲院殿)
竜円
　吉祥坊竜円　①一七五
竜王➡足利義淳
隆学房➡日慧
龍閑　③八五
竜崎　②三〇〇、④三三〇
竜崎➡土岐胤倫カ
竜崎掃部頭　④二七〇
竜崎下総守　③三二四
竜崎内匠助　④三三五
竜崎縫殿殿　③八
竜崎兵庫　④二九〇
竜崎平次郎　④二四五
竜崎弥七➡竜崎弥七郎
竜崎弥七郎
　竜崎弥七　④二八八
　竜崎弥七郎　④二八四
竜崎六郎　④二八八
隆山正盛
　隆山正盛大和尚　④二六五
龍珠院　⑤八一
竜州朔和尚　②八〇
竜寿氏女　①三五、一五〇、二九六
竜樹菩薩　④一九六
竜大夫
　りう大夫　③二四五～二四六、二八六
　りうたゆふ　③二四四
　龍大夫　④一七三
　龍大(太)夫　①二七六、②二八五～六、三〇一、③二四三～二四四、二六〇、二八三～二八五、二九一、④四一～三、四九～五〇、一八九、一九五～六、④一四二、一八四
隆珍　①二六
両上様➡足利政氏・高基
亮恵　②二一四
良栄
　権律師良栄　①一六二
良円
　沙弥良円　①二三六
亮海　②一四二
良賢　①三三
りようくわん大しん　⑤一〇二
両公方様➡足利政氏

両公方様⬇足利高基
良鉗　④二〇〇
良珖
　権大僧都良珖法印　①一七一
両酒井　⑤八、九五
両酒井⬇酒井胤治・胤敏
両酒井⬇酒井胤治・政辰
両酒井⬇酒井康治・政辰
了山宗源　④四四
両上⬇日我・日侃
良秀(上総二宮社)
　阿闍梨良秀　①二三六
良秀(福満寺)　①五一
涼順
　大覚坊涼順　①六五
良真　①一五三
亮清　②二
了泉　①二二八
了仙　②二八
良僧　①一四三
両代官　④五二〜三
両人⬇佐野為綱・小曾根胤盛
頌忍　⑤五
良弁(大山寺)
　良弁上人　②三〇七
良弁(大山寺)　⑤一〇三
了本　①二六四
りやうまさき⬇正木時茂・時昌・時忠
両屋形⬇里見義堯・義弘
良宥　③七七
良雄
　権大僧都良雄　②六八
輪覚⬇千葉勝胤
林香　②二七
臨江斎⬇里村紹巴
臨斎妻子名跡二男　④二九〇
輪師⬇日輪

れ

令蓀　①三三
蓮鑑　①二二六
蓮教(日我弟子)
　三位公蓮教　②七三
蓮教(本国寺)　②三三〜四
蓮行坊　③二〇一〜二
蓮華坊　②一六二
蓮現坊　②七二
連香　①一、三四
蓮花光院殿　⑤七〇
蓮師⬇日蓮
蓮性
　比丘尼蓮性　①二三六
蓮乗院(千葉寺)　⑤七四、七七
蓮乗院(藻原寺)　②一六二
蓮照坊(相山家史料)　③二一七
蓮照坊⬇日山
蓮照房(妙本寺)　②七三
蓮乗坊　⑤八一
蓮祖⬇日蓮
蓮台坊⬇日珍
蓮珍
　信女蓮珍　②一四三
蓮忍　⑤六
蓮要坊　②七三

ろ

朗師⬇日朗
老体⬇岡本安泰
老父⬇岡本元悦
老父⬇小田氏治
老父⬇武田信秋
老父⬇北条綱成
老母⬇海上胤秀母
老母⬇酒井胤治母
老母⬇角田刑部老母
鹿苑院　④二三三
六郷左衛門　④二三三
六郷左衛門大夫　①二四
六左衛門　④一七三
録(六)司代(ろくしたい)⬇香取慶安
録(六)司代⬇香取慶海
録(六)司代⬇香取吉房
録(六)司代⬇香取慶尊
録(六)司代⬇香取慶満
録司代
　録司代　①二、七、九、一三、二五七、②一四、二三九
禄子代　④五二
録司代(ろくしたい)⬇香取小八
六次第⬇録司代
録(六)司代慶安⬇香取慶安
録司代後家
　後家　①五五
　録司代後家　①五五
六了　②二七
六郎(石堂寺)　②二九
六郎(武田家)　④二五一
六郎(引田薬師堂)　②一七
六郎衛門　②二七八、③八九

六郎神主(かう)　①二五七、②一三、六八、④六四
六郎五郎　①五五、二三
六郎左衛門(厳島神社)　②二七七
六郎左衛門(小工)　⑤一〇
六郎左衛門(巣郷庄)　②三〇
六郎左衛門(真倉村)　④一六五
六郎左衛門尉(中山法華経寺)　③二七
六郎三郎　①六、一二、四一、八七〜八八、九四、一三三、一七〇、一九〇〜一九一、二〇三、二〇四、二二三
六郎三郎入道　①五四
六郎さへもん入道　②一〇一
六郎四郎　①六、三三、一九一
六郎二(次)郎(香取神官)　①九五、一〇五、一二五、一五七、②九四
六郎二郎(高篠)　②一八一
六郎次郎(藻原寺)　②一六一
六郎太郎　①一三五、一四三
六郎殿　①七六
六郎兵衛　①一六三
六郎祝(はうり)　①五四、五五、七〇、一一三、一五七、②一三、八八、④六四
六郎➡太田資綱カ
六ろせう　①一六四
路こんの神　②一四七

わ

若君様➡足利政氏
若君様➡足利義氏
若君様➡足利頼淳
若狭守➡原親幹
若狭の侍従➡木下勝俊
若さま➡足利義氏
若菜平衛門内方　②三四
若林理右衛門　④一二
若久与七　①一四八
若久　②一九四、二二六、二九九、④六五
若房(石堂寺)　②二七
若房(常灯寺)　①一六四
若松　①一六四
わきさか中書➡脇坂安治
脇坂中書➡脇坂安治
脇坂中務少輔➡脇坂安治
脇坂安治
　わきさか中書　④一一八
　脇坂中書　⑤二五
　脇坂中務少輔　④一一〇、⑤三三
脇鷹(高)祝　②八八、④五二
分部左京亮➡分部光嘉
分部光嘉
　分部左京亮　④一三
わ三郎　②二六
和田(相模)　②二八
和田(千葉家臣)　②二六七
和田➡和田大蔵丞
和田➡和田信業
和田伊賀守　②二〇
和田越前守　④一二、一三、一二四、一四八
和田大蔵　①二七
和田大蔵丞　⑤七四
　和田　⑤七四
和田教順
　和田教順覚阿弥陀仏　②二一
和田左衛門尉　③二四八、三〇三
和田甚丸　④二八〇、二八九
和田帯刀　④一三
和田信業
　和田　④三六
和田弥五郎
　藤原和田弥五郎　②二二一
　和田弥五郎　②二一〇
綿内　④三一
綿内左衛門助　③七七
綿内左衛門助妻
　菊寿　③七七
渡辺(臼井家臣)　⑤九四
渡辺(石堂寺)　②二五
渡辺右衛門尉　③二六九
渡辺厳二郎　①一五三
渡辺主計助　①二〇
渡辺小三郎
　小三郎　②一六二
渡辺甚九郎　②二八
渡辺神左衛門尉　②一六二
渡辺新兵衛尉　①二四五
渡辺たてわき助　②一六二
渡辺長
　弾正忠長　①七七
　渡辺弾正忠長　①七七、七八
渡辺縫殿助
　綿延縫殿助　⑤四
渡辺信茂
　渡辺右衛門尉信茂　②一七九
渡辺孫八郎　②一八九
渡辺与作　②九九
渡部与次右衛門　④一二八
綿延縫殿助➡渡辺縫殿助
和田部利左衛門　①二八八

蕨　⑤九四
蕨➡渋川

を

ヲアヒ　④二四三～二四四
□□(花輪カ)丹波守　④二六四
□□➡日伝
□□□➡松二郎
□□庵　⑤一〇
□氏➡喜連川頼氏
□衛門殿➡鵜澤一衛門カ
□川守➡遠山三河守
□左衛門➡市東与左衛門
□佐衛門➡市東与佐衛門カ
□左衛門➡市東与左衛門カ
□尉　⑤一〇
□(宇)都宮➡宇都宮国綱
□平左衛門➡原平左衛門
□和天皇➡清和天皇

戦国遺文　房総編＊**地名索引**

あ

会津〈会津若松市〉③七〇、一〇〇、一八二、二六二、④二三九
相浜村〈館山市〉④三〇〇、三二一
粟飯原〈未詳〉⑤六二
相根塚〈香取市〉②二三
相根村（青根村）〈香取市〉①八〜九、一〇三、一八六、二三八、二五二
青木〈富津市〉③四三
青木村〈南房総市〉③二六一、三〇七、④二三五、二五四、二九五
青木村〈未詳（香取郡カ）〉②三〇四
青野ケ原〈大垣市青野〉④二七五
青見原〈横芝光町〉①二九二
青谷〈阿見町〉⑤三
赤岩新宿〈吉川市〉③二五八
明石村〈南房総市〉②一八七、④二八一、三一〇
赤須村〈常陸太田市〉④一七五
絳根郷〈未詳（海上郡）〉⑤八七〜六
秋田〈秋田市〉④一九三
秋庭郷〈横浜市戸塚区〉⑤三
明間城〈安中市秋間〉②一三
秋元郷〈君津市〉②六四、九八、一五
秋元荘〈君津市〉③二〇八五、二九四、③二三、二三四、④二五六
秋山村〈市川市〉①一八
麻井郷〈市原市〉②一三
浅貝〈湯沢町〉②一七四
浅草〈東京都台東区〉③一五五、⑤五七
浅草川〈東京都〉⑤五四
朝夷南〈南房総市〉④二四六
朝平南郷〈南房総市〉④七八
朝平南山〈南房総市〉③一〇四
朝比奈村〈南房総市北朝夷・南朝夷〉④二八九
足利〈足利市〉②一三〇、③一五、一八、七二、一〇二、一二二、一八九、⑤二一〇
足利庄〈足利市〉①五、④二六三、⑤一
足利領〈足利市〉④二二五
足柄城〈南足柄市〉⑤二四
阿地戸〈小山市網戸〉②一六六
蘆名郷〈横須賀市〉②五八
網代（網代宿）〈野田市〉③二一、二七、六二、二七八
麻生〈栄町〉③九八
足高〈つくばみらい市〉③三五
あたいのやと〈未詳（鎌倉内）〉①六五
熱海〈熱海市〉③二八五
温塩〈喜多方市熱塩〉③一九
吾妻〈木更津市〉③四四
あつまり村〈草津市〉④一〇一
姉崎〈袖ケ浦市〉②六三、③八〇
穴津〈津市〉④九〇
畔蒜庄（畔蒜）〈君津市〉①一七四、二三九、②七四、八〇、二七七、⑤六
安布里村〈館山市〉④三〇一、三一一
天津（天津村）〈鴨川市〉②一五八、③三、④三八、一二七、一八三、二七八、二九一、三〇六
天津良村〈鴨川市天面〉④二七九、三〇七
天羽庄〈富津市〉⑤六五
天羽郡〈富津市〉①一九三、②三、一〇、二三七、④七二、二四九、二六〇
雨尾〈成田市津富浦字雨郷〉②三〇五
新井〈未詳（鋸南町カ）〉③一九一
荒井〈富津市〉③四三
新井浦〈館山市〉④一四四
新井町（新井）〈館山市〉④一三二、一四二、一六六、一九九、二四七
あらゐ〈横芝光町新井〉③三〇四
有木〈市原市〉③五六、一〇四
有馬〈神戸市〉④八一
アリミチ〈未詳（日向カ）〉②七二
有吉郷〈木更津市〉③一三
粟倉村〈君津市〉②二四
安房州〈千葉県〉③二九二
粟戸村〈鴨川市粟斗〉④二七八、三〇六
安房国（安房）〈千葉県〉②九二、一五二、一五八、三〇七、③一一七〜

九、④一七、二三、一一五、一九四〜六、二〇二、二〇四、二五〇、⑤一九、六一、六三、一〇三
安東(安東村)〈館山市〉 ④九三、一八四、一九九、二九七、三一〇
安馬谷村(久保安馬谷)〈南房総市〉 ④二六九、三〇三
安楽寺郷〈市川市〉 ①二五二

い

飯□〈未詳(下総国)〉 ①二六八
飯倉郷〈匝瑳市〉 ③六〇
飯田〈香取市岡飯田・下飯田〉 ②二一四
いいつ嶋〈坂東市下出島〉 ③三三
いいつみ〈加須市飯積〉 ③三
飯土井沼〈未詳(下総中村の内)〉 ④二七五
飯沼村〈館山市〉 ④二八、一六二、二四四、三三三
飯沼村(飯沼)〈銚子市〉 ①一六、六〜七、②一〇、③四九
いかう山〈未詳〉 ⑤九七
壱岐〈長崎県〉 ④二一六
居倉村〈南房総市〉 ④二六一、三一九
池上〈東京都大田区〉 ②一二、七〇、一二八〜一三〇、一七六、③一九七、二六九、⑤一六〜一七
池田打墨村〈鴨川市〉 ④三〇五
池田郷〈千葉市〉 ②五五、六三、⑤六七、七〇、九二
池田郷〈鴨川市〉 ③一二三、一三七
池田村(池田)〈鴨川市〉 ④三〇、一四二、二〇三、二四七、二九〇
池之内村(池内村)〈南房総市池之内〉 ②一八七、④九三、二六三、三一〇
池袋〈東金市〉 ②四八
池和田城(いけはた城)〈市原市〉 ④三一、三三〜四
池和田村(池和田)〈市原市〉 ①一七八、一九四〜五、②九八、一〇〇、一〇九、③六五
砂井〈古河市〉 ③二
石神村〈南房総市〉 ④二六一、三一四
石川村〈石岡市〉 ④一七六
石切山〈横浜市〉 ⑤三六
石塚〈宮崎市カ〉 ②七二
石塚〈未詳(安房)〉 ⑤六
石出〈銚子市〉 ②二二、二三四
石堂原村〈南房総市〉 ④三〇一、三〇三
石堂村〈南房総市〉 ④三〇一、三〇三
伊篠北方村〈酒々井町〉 ①一四九、二〇一
石橋山〈小田原市〉 ⑤六三
伊豆〈静岡県〉 ②三七、二五六、二六七、③九四、④三五、六一、⑤四〇、五三、五八、一〇三
伊豆浦〈静岡県〉 ②三三
伊豆口〈静岡県〉 ③一〇九
五十鈴川〈伊勢市〉 ④一七六
和泉〈大阪府〉 ④四〇
泉河(泉川)〈旭市〉 ②一六三、③四八〜九
夷隅郡〈いすみ市〉 ①一六一
泉郷〈柏市〉 ①五一
泉郷〈市原市〉 ②一三三
泉郷〈鴨川市〉 ③一二三
泉田〈境町西泉田〉 ③二
泉田郷〈境町西泉田〉 ②二八
泉村〈鴨川市和泉〉 ④二〇三、二九七、三〇五
出雲国〈島根県〉 ④一七六
伊勢国(伊勢)〈三重県〉 ②二八五、③一四三〜五、二八三〜四、二八六、④四〇〜一、四三、四九〜五〇、一七六
磯辺郷〈古河市〉 ②一一八
磯村〈鴨川市〉 ②七三、一七七、④二七二、④二九八、三〇六
井谷〈未詳(鋸南町カ)〉 ②二五
板鼻〈安中市〉 ④一七、二〇五
いたや(板谷)〈いすみ市〉 ③一二三、一二七
板屋〈未詳〉 ①九九
市井原村〈鋸南町〉 ④二九二、三〇八
市川〈鴨川市〉 ④一五四
市川〈東京都(河川名)〉 ⑤五四
市河(市川)〈市川市〉 ②二、一六五、一八〇、二三三、二五〇、④二七三、⑤一
市野□(市野々カ)〈千葉市〉 ③二一〇
一原〈匝瑳市市野原〉 ③三〇四
一宮〈一宮町〉 ②二二〇、③三六、五〇、一一九、一五七、④二一四
一宮〈寒川町〉 ⑤三

一宮城〈一宮町〉 ④三、二四、二七二～三
一宮城カ〈一宮町（一宮庄）〉 ③六四
一宮庄（一宮之荘）〈一宮町〉 ①一六二、②二九二、④二二、⑤三七
市場村〈君津市（本文は□□□村だが、神社名により推定）〉 ②九八
市原郡〈市原市〉 ①一九、④一〇二
市原庄〈市原市〉 ①一九、④一九
一部村〈南房総市〉 ④二七九、三一〇
五日市場〈船橋市〉 ③二九八
一心院谷〈高野町〉 ④二四〇
出野尾村〈館山市〉 ④三〇〇、三一二
井戸〈館山市〉 ③六八
井戸庭（井戸場）〈香取市〉 ①三、四五～六、五二、五五、五七～八、六三、八七、九一、九三、九五、一四八、一五四、一五八～六〇、一六二、一七二、一七五、一八〇～一、二三二、二四一～二、二六六～七、二九二、②三八、七七～八、九一
伊戸村〈館山市〉 ①二八、④二九八、三一一
イト山〈多古町井戸山〉 ①一四五
いなを〈坂東市稲尾〉 ③二一
いなけ（稲毛）〈千葉市〉 ⑤九七
稲毛庄〈川崎市〉 ①七四
伊奈佐郡（引佐郡）〈浜松市〉 ④一九一
因幡〈鳥取県〉 ④二九～二〇
因幡山〈岐阜市〉 ②二四五
稲村〈館山市〉 ④二七、二九、二六〇、二八六、三三二
稲荷山〈未詳〉 ②二六七
伊南庄〈大原町など〉 ①三三〇、②五、一九八、二六一、④六九
犬石村〈館山市〉 ④二八
犬石村（本文は犬名村）〈館山市〉 ④二九六、三二一
犬掛村〈南房総市〉 ②二五、④二六九、三〇七
井野〈佐倉市〉 ③五一～二
伊能（伊能郷）〈成田市〉 ②三〇、三〇四
亥鼻（井の鼻、猪鼻）〈千葉市〉 ⑤八二、八七
いの村（井野村）〈南房総市〉 ④八〇、二七、一八三、二九四、三〇九
飯櫃村（飯櫃・飯櫃庄）〈芝山町〉 ②一九九、二二一、二二七～八、④二六三
伊北〈いすみ市〉 ①九二、③一九七、二三六、④七〇
伊北庄（伊保庄）〈いすみ市〉 ①九六、一〇六、一三一、②七〇、一五八、④七〇、⑤一六、六五
いほう田（伊保田）〈いすみ市〉 ③一二三
今宿町〈小田原市〉 ②二〇八
今土〈市原市今富〉 ③四四
弥富〈佐倉市〉 ⑤九八
不入計〈南房総市〉 ①一四六
不入斗村〈南房総市〉 ④二九七、三〇七
岩井〈富山町〉 ①一四六、④二四五～六
いわ井（岩井）〈坂東市〉 ③二一～二
岩井郷（岩井）〈南房総市〉 ④一四六、一八〇、一九七
岩糸村〈南房総市〉 ④二七六、三一〇四
岩井袋村〈鋸南町〉 ④二八〇、三一〇八
岩ケ崎（岩ケ崎城）〈香取市〉 ③一七九、④二七
岩城〈いわき市〉 ③六七、一八二
岩坂〈富津市〉 ②二三七
岩下城〈東吾妻町〉 ②一三一
岩瀬〈須賀川市〉 ③一〇〇、④一三九
岩瀬〈松戸市〉 ⑤八九
岩付（岩付城）〈さいたま市〉 ①一四五、②一六五、一八〇、一八五、一九〇、二一三、二四一、二四四、二五〇、二五四、二五七、③四、一九、一九四、④二五、四八、⑤一九、二六～七
岩付口〈さいたま市〉 ②一九五、③三、④五九
岩な〈野田市〉 ③二一
岩部〈香取市〉 ①六八
岩室〈未詳〉 ①五六
岩廻田〈御宿町岩和田〉 ③一八五
印西十六郷〈印西市〉 ⑤九七
印西外郷〈印西市〉 ③一四九
印西庄（印西）〈印西市〉 ①一七五、②二三二、二八二～三、③五七
因州〈鳥取県〉 ④二一七～八
印東〈佐倉市など〉 ⑤九七

印東庄〈佐倉市など〉①一一〇、一四九、②一九七、③五七、④一一
印旛郡〈佐倉市など〉②八、一九七

う

上田〈湯沢町〉③九九
上田庄〈南魚沼市〉②一七四、一九六
殖竹郷〈未詳(足立郡)〉⑤二
上野〈未詳〉④一八一
上野郷〈勝浦市〉①一二、②一五八、③一三〇、一三五、一三七、一四二～三
上野郷〈未詳(上総)〉⑤六七
上野ノ郷〈未詳(上総)〉⑤六一、一〇三
浮島〈未詳(鋸南町カ)〉②七四、一二五
宇佐郡〈大分県〉③二六、④七六
宇治〈宇治市〉③二六四、二八四
牛谷〈古河市東牛谷・西牛谷〉③三
牛久〈牛久市〉③二二五、二三五、二四〇、二五六、二六五、二七四、二九七、④六
宇志村〈浜松市〉④一九〇
臼井〈佐倉市〉②三八、一六五、一八九、二〇四～七、二三四、二五〇、③六、七九、一五五～六、一七二、一九八、二九五、④一五、三六、五九、二七二～三、⑤二一、七八、九一、九四
臼井〈安中市〉⑤六六
臼井十二郷〈佐倉市〉⑤九七
臼井城〈佐倉市〉①七七、③三、四五～六、二九七、④三一～二、三四、三六
臼井庄〈佐倉市〉①一七五、②一二二、③三、四五～六、五七
臼杵〈臼杵市〉⑤二
臼栗村〈成田市〉②三〇四
兎田〈横芝光町〉①二七
宇田村〈南房総市〉④二八七、三〇三
内あわ(内安房)〈千葉県〉②一六、③六八
内浦(内浦村)〈鴨川市〉④二二八、一四二、二九四、二九七、三〇五、三〇七
内田〈未詳(市原市カ)〉③一九七
内田郷〈市原市〉①一九五
打墨村(池田打墨村)〈鴨川市〉④二九八、三〇五
宇都宮〈宇都宮市〉①二八一、③五～六、④二八、七四、七七、一三七、一三九
宇津保〈君津市平山字坪〉②二三〇
宇都保〈君津市〉④八八
うとうはら(宇筒原)〈いすみ市〉③一二三
内遠野村〈鴨川市〉④二九七、三〇三
海上〈銚子市〉③四九、一六一、一六八、④三九、二七二～四、⑤一〇一
海上郡(銚子市など)②六六～八、一九九、④九六
海上郷〈銚子市〉②二四二
海上庄〈銚子市〉②一四八、⑤八七～八
海上堀内〈銚子市〉①一六一、②七
海上本庄〈銚子市〉③四九
宇原〈勝浦市〉③一三七
厩橋(まやはし)〈前橋市〉②一七四、一七八、一八〇、三〇五、③二、六、五六～七、一五〇、一七四、二〇三、④三六
厩橋城〈前橋市〉③一九
浦賀(南浦賀)〈横須賀市〉②八〇、一〇四、一一八、③六八
浦之郷〈未詳(南房総市カ)〉③二九三
宇和子山〈境町大歩〉③二九三
宇和後(宇和子)〈境町大歩〉②二一八

え

永代村〈館山市〉④二七、三一二
江川〈木更津市〉③四四
江河村〈木更津市〉③三八
江田村(江田)〈館山市〉③二六八、④二九六、三一〇
越(越後・越国・越州)〈新潟県〉②二〇三、二〇五、二五五、二六五、二八七、三〇六、③四、一七、一五八～九、二〇六、二四〇、④三、二七四、⑤一、一九～二〇、二六
越前〈福井県〉②一二、三〇六、④一九三
江月村〈鋸南町〉④八一、三〇八
越甲〈新潟県・山梨県〉②二六七、三〇五
越相〈新潟県・神奈川県〉②二五五～六、二六一
越中〈富山県〉②九一、③五六～

七、一五九
越府(在府)〈上越市〉 ②一三三、一九三、二五一～三、二五六、二六一、③一、六、一一、五五、④三
江戸〈東京都〉 ②一一九～二〇、一四四、一八〇、一八七、一八九、二五〇、二八三、③一四八、一五五、④一七、三五、一二〇、一五六、一七三、一八七、一九六、一九八、二一〇一～二、二〇五、二〇九、二一六～二〇、二二四、二四八、二七三、二七五
江戸崎〈稲敷市〉 ③二八一、④六
江戸崎城〈稲敷市〉 ④三
江戸城(中城)〈東京都〉 ①二五五、②九七、一一九、一七九、二四五、二五一、二五七、③一四一、二四一、④一七、三五、一二五、⑤五三～四
榎沢郷〈いすみ市〉 ①二三〇
榎本〈栃木市〉 ③九四、⑤三
江之本城(江本城)〈栃木市〉 ④三〇、三三、三四
荏原郡〈東京都大田区など〉 ④三一～二
海老島〈筑西市〉 ②九七、二四八～九
海老敷村(海老式村)〈南房総市〉 ④二七七、三〇九
江見村〈鴨川市〉 ④七九、一九七、三〇三
遠州〈静岡県〉 ②二〇三、③二〇六、二〇九、二一七

お

生尾村〈匝瑳市〉 ④二
追野〈香取市〉 ①一一三、②五
奥羽〈東北地方〉 ⑤五九
逢坂〈大津市〉 ⑤四七
奥州〈東北地方〉 ②一二三、一二八、③一五〇、二〇六、④一四、八一、一三七、二七五、⑤二六～七
大網〈大網白里町〉 ①一八二、②二六〇
大網郷〈大網白里町〉 ②三三、一四五
大網村(大網)〈館山市〉 ④一六四、一八〇、三〇〇、三二二
大井川〈静岡県〉 ④七七
大井五反目村〈南房総市〉 ④三〇三
大井本郷村〈南房総市〉 ④三〇一、三〇三
大井村〈南房総市〉 ④九三、二九二
大井村(太井村)〈館山市〉 ④八一、一四四、三一〇
大柿城〈大垣市〉 ④二八
大学口村〈南房総市〉 ④二九二、三一〇
大上郷〈睦沢町〉 ①一一七
大賀村〈館山市〉 ④一八三
大帷村〈鋸南町大帷子〉 ④一六二、一七二、二九六、三〇八
大川村(大河村)〈南房総市〉 ④二七九、三〇二
大口村〈未詳(内田郷内、市原市カ)〉 ①一九五
大蔵村〈鉾田市〉 ④一四九
大坂〈大阪市〉 ④二一九、二七六、⑤一二五
大坂口〈大阪市〉 ④二一九
大さき〈坂東市大崎〉 ③三三
大崎村〈浜松市〉 ④一九〇
大作村〈館山市〉 ④一八二、三二二
大椎〈千葉市〉 ⑤六三、六七、七五、一〇三
大椎郷〈千葉市〉 ②二〇五
大篠塚➡篠塚
大島城〈多古町島〉 ①七
大島台〈つくば市〉 ②九五
大須賀(大須賀分領)〈成田市〉 ③二六二、④二〇、⑤一〇一
大須賀保〈成田市〉 ①二四
大隅(国)〈鹿児島県〉 ③二一七、④七六
太田(大田)〈常陸太田市〉 ②二六一、③九九～一〇〇、一一三、一二三、一三六、一五九、一六四、④三、六、二二九、二三九
太田(大田)〈旭市〉 ②二六三～四、③四九、④二七二、二七五
大台〈芝山町〉 ②二七五、④二七六
大台城〈芝山町〉 ④三三、三四
大滝〈未詳〉 ⑤八三
大竹〈成田市〉 ②二一五
太田庄〈武蔵〉 ①一九
大津〈南房総市〉 ③八
大槻郷〈香取市〉 ①一四五
大坪〈市原市〉 ①二五八、③二
大坪〈木更津市〉 ③一七三
大津村〈南房総市〉 ④二八四、三〇九
大戸〈市原市〉 ③二七一
大戸河〈香取市〉 ②一五
大戸川〈香取市〉 ③三二
大戸庄(大戸)〈香取市〉 ①一

四、六三、六七〜八、七六〜七、一一四、一一七、一二〇、一五九、二一四、二二一、二二四、二二九、二三五、二五一、二七五、②三八、四八、六四、③一九
大友〈東庄町〉 ⑤六二、六七、一〇三
大戸六ケ村（大戸庄六ケ村）〈香取市〉 ④一八、二〇〜一
大生瀬村〈大子町〉 ④二二五
大貫村〈南房総市〉 ④一三〇、二七七、三〇四
大野〈いすみ市〉 ③一九七
大野郷（大野）〈市川市〉 ①三四、二五二、⑤八九〜九〇
大庭〈藤沢市〉 ⑤六一
大はし〈未詳（香取市カ）〉 ①九七、一三四
大橋宿〈未詳（江戸内、東京都）〉 ②二四五
大畠村〈香取市〉 ①二、六、一三、一七、二二〜三、二九、三四〜六、四〇〜二、四七、五一、五三、六二、七〇、一三四、一四〇、一六四〜五、二〇五、二〇八〜一一、二一五〜八、二二五〜七、二九九
大幡村（小幡村）〈鴨川市〉 ④三〇五
大原〈君津市〉 ③六〇
粟船郷〈鎌倉市大船〉 ③二二九
大船津〈鹿嶋市〉 ①一三七〜八
大堀〈富津市〉 ③四三
大見〈伊豆市〉 ②一六
大峰（大峯）〈奈良県天川村〉 ③二三二、二五八、二六三、二八〇
大宮〈秩父市〉 ⑤六一、六七
大室村〈成田市〉 ②三〇五
大森〈印西市〉 ②二二
大谷口〈坂東市大谷口〉 ③二二
大山〈古河市〉 ③二〇
太山〈鴨川市〉 ④一三〇
大谷村〈浜松市〉 ④一九〇
大和田（大わた）〈古河市〉 ③三、二一〇
岡田村〈館山市〉 ④一五九、一六三、一八三、一九四、三二二
岡台〈銚子市岡野台〉 ②七
岡本（岡本村）〈南房総市〉 ①二八四、②一四二、二二八、二三五、二三七、二九、③六九、九八、一一〇、一三二、一五〇、二〇四、二三六、二三九〜四〇、④一一、一三七、一七九、二二八、二三五、二四四〜六、二七〇、二九六、三〇七
岡本城〈南房総市〉 ④三一〜四、七五
岡本村〈浜松市〉 ④一九〇
小川村〈南房総市〉 ④二七八、三〇五
息栖村〈神栖市〉 ④一五四、一八六
奥津〈勝浦市〉 ①一〇六、一二〇
興津城（おつ木の城）〈勝浦市〉 ③一二、④三五
興津村（興津城）〈勝浦市〉 ①二二、③一二三、一三七、一四二、④七〇
沖名〈香取市〉 ①一三五、一四三、一七七
荻原〈本文は萩原、いすみ市〉 ③二三七
荻原郷〈いすみ市〉 ②二六一
奥口〈福島県〉 ③一、四、一二、④二二八
奥下総 ③二六一、二八五
小倉〈未詳〉 ②二二三
小栗〈筑西市〉 ②九七、④二七四
小栗城〈筑西市〉 ⑤一
越生〈越生町〉 ③二三九
小坂郡〈鎌倉市〉 ②五八
刑部郡〈長柄町〉 ①一一〇、⑤二八
刑部郷〈長柄町〉 ⑤二八
おさかべの庄（刑部庄）〈長南町〉 ④三
尾崎曲輪〈富津市〉 ②七九
小沢村〈長南町〉 ②六〇
小沢要害〈未詳〉 ①一四七
忍城（忍）〈行田市〉 ③一八、④一四、二五、二七、三五、⑤二六〜七
小曽根〈足利市〉 ④二二五
小田〈つくば市〉 ②八九、九七、一七五、一八〇、二〇三、二四八〜九、二五三、二七〇、③六七、一三一〜三
小田喜（お多喜・小滝・小田喜城・大田喜・小多喜・大多喜）〈大多喜町〉 ②一六六、二八九、③五、一九、一二三、一二八〜九、一四三〜四、一七五、④一三、一四七、二二〇、二五八〜九、二七〇〜三、⑤一九、四五
小田喜城〈大多喜町〉 ④三三、三五、二五一
小田口〈つくば市〉 ②九五、一八〇、③一八五
小田城〈つくば市〉 ③六七、④三
小田原（当府・参府・小田原城）〈小田原市〉 ②三、八一、八九、一一三、一二四、一二八、一二九、一四三、一七八、一八〇、二〇四、二〇八、二一九〜二二、二二三、二二八、二三三、二五〇、二

五四～五、二六〇～一、二七一、二七三、二八三、二八七、三〇三、③三七、一〇七、一六二、一七四、一七六、一九三、二〇九、二三三、二四〇～一、二五五、二六一、二六四、二八七、二九六、三〇一、④一、六、八、一四、二三、二五、二七、三五、五三、七四、二三五、二三九、二六九、二七三、⑤二四、二六～七
おちい山〈千葉市〉 ⑤九七
大戸神領〈香取市〉 ④六三
乙浜村〈南房総市〉 ④二八〇、三二〇
小戸村〈南房総市〉 ④二八七、三二〇
小名木山〈四街道市〉 ⑤九七
小野〈厚木市〉 ⑤三
小野村〈常陸大宮市〉 ④一七五～六
小野村(小野城)〈香取市〉 ①七三、七四、七六、七八～九、一〇一～二、一〇四、一一二、二七〇、②四九、一三〇、一四六、④二七五
おはた(小幡)〈鴨川市〉 ③二一
小幡谷〈甘楽町〉 ②一六五
小浜〈小浜市〉 ①五〇
小原〈多古町カ〉 ③五九
小櫃〈君津市〉 ②六七、一〇二
小見川(小見河)〈香取市〉 ①二三八、②一五五、二二六、二三一、二八三、④五三、二一九、二七五
小見川城〈香取市〉 ④二七三
小見郷(小見)〈香取市〉 ③一五五、⑤一〇三
重須〈富士宮市〉 ②七二
思川〈古河市など〉 ③三三
親井〈野田市カ〉 ③三
小山之下郷〈小山市〉 ②一五三
小山〈小山市〉 ②一六六、二四一、二二五一、③五～六、一五、一八、四七、九八～九、一九三
を山〈坂東市小山〉 ③三
小山口〈小山市〉 ③九四
小山城〈小山市〉 ④三〇、三三、三四
小山田保〈町田市〉 ⑤二～三
生実〈千葉市〉 ①三〇〇、②二四、二七〇、④一八、二八、⑤七六、八六
小弓(大弓・小弓城)〈千葉市〉 ①二六六、②一七六、二七一～二、④九、五四、七七、二七三、二七五、⑤五四、五六～八、七六、八九～九一、九六、九八、一〇二
小弓下〈千葉市〉 ③一三七
織幡〈香取市〉 ①三九、七二、七四、七六、一〇一～二、一〇四、二七〇、②六七、③二九
尾張(尾州)〈愛知県〉 ④一〇一
小堤村〈横芝光町〉 ⑤一六
恩本〈未詳(長狭郡)〉 ④二四

か

甲斐〈山梨県〉 ②二四六～七、二五五～六、三〇五、③九八～九、一二三、一二九、一三三～四、一三六、一四〇、一四三、一五〇、一五八、④三三〇、二七四
貝から塚〈未詳(千葉市貝塚カ)〉 ⑤八九
かいすか(貝渚・貝須賀)〈鴨川市〉 ③一三〇、④七九、一五六、一七三、二七九、三〇六
貝塚〈匝瑳市〉 ③三〇四
貝塚〈千葉市〉 ⑤八九
海発村〈南房総市〉 ④三〇一、三一三
貝原塚〈龍ケ崎市〉 ②一五
貝渕〈君津市貝淵(賀恵淵)または木更津市貝淵〉 ④二四六
海北郡〈市原市〉 ①一八二、②一七
加賀〈石川県〉 ③五六～七、一五九
加賀名村〈館山市〉 ④二八二、三一三
懸川〈掛川市〉 ②二五四、④七七
籠遍田〈匝瑳市籠部田〉 ③四九
葛西〈東京都葛飾区〉 ②八〇～一、一七九、二四四、③五〇、八四、④三八
葛西庄〈東京都〉 ②八四
葛西城〈東京都葛飾区〉 ②二五〇、⑤四〇
葛西新宿〈東京都葛飾区〉 ③一五五
風戸郷〈市原市〉 ②一三
笠名村〈館山市〉 ④二八二、三一三
風早庄〈松戸市〉 ①一〇六、一一一、③一八〇、④七三、⑤七
笠森〈長南町〉 ③二四、④三三
鹿嶋(鹿島)〈鹿嶋市〉 ①一〇八、②二二六、④二〇五、二七三、⑤一〇一
鹿島郡〈鹿嶋市など〉 ④一四九、一五七、一六〇
鹿島郷〈佐倉市〉 ②一九七
鹿島城〈佐倉市〉 ⑤一〇三
鹿島領〈鹿嶋市津賀〉 ④八五

上代〈東庄町〉 ②二二四、④二七二
梶路郷〈市原市〉 ②一二三
柏崎〈柏崎市〉 ②一九三
春日井郡〈春日井市など〉 ④一四八
上総・上総国〈千葉県〉 ①二七二～三、二七五、二八五、②四、四二、八七、九一～二、一二三、一三五、一四〇～一、一五一、二三〇～二、二六二、二八二、三〇七、③六～七、六七、九七、一〇八、一六一、一九三～四、二〇七、二五三、二八八、④一三、二三～四、七〇、七二、八七～八、九二、一一五、一九四～五、二三三、二四一～二、二五三、二七三、⑤一九、二七、五四～五、五七、六三～五、九二、一〇三
上総口〈千葉県〉 ②二八二
加曽利〈千葉市〉 ⑤九九
加曽利山〈千葉市〉 ⑤九七
かただ〈古河市上片田・下片田〉 ③二二
片野〈石岡市〉 ③六七
かた山〈坂東市神田山〉 ③三三
勝栗村〈一宮市〉 ④一四九
かち山城(勝山城)〈南房総市〉 ④三三～四
勝浦〈勝浦市〉 ①二八八、②一〇、二二、二四、③一五六、一二八、④四八、二五七
勝浦城(かつらの城)〈勝浦市〉 ④三三、三五、二三〇、二七二
葛飾郡(勝鹿郡)〈東京都葛飾区など〉 ①八、一二一、二六九、②八、⑤七、九二
勝海(勝見)〈睦沢町勝見〉 ③六四、④二五二
かつみ城〈睦沢町〉 ④三二、三三～四
賀津村〈袖ケ浦市勝〉 ①二八七
勝山〈鋸南町〉 ④九八～九、二三六～七、二四六～七、二六九～七〇
勝山城➡かち山城
桂〈茂原市〉 ①二二八
河東〈利根川東側カ〉 ③七五
加戸村〈館山市〉 ④二八二、三三三
香取〈香取市〉 ①一四、三三～三、七五、一三九、一四五、一四九～五〇、一八六、二三一、二三八、二五三、二六一、二七二、二七八、二九八、②六二、六六、④一七五
香取郡〈香取市〉 ①一二一、一三七、一五二、一五九、二二四、二三四、二三五、二五一、②八、四八、一四八、③一一三、一一五、一七九、④二二、七二、⑤一一
香取庄〈香取市〉 ①一〇三、②一三四
香取神領拾弐ケ村(香取郡拾弐ケ村)〈香取市〉 ④一八、二二
神野尾谷村〈南房総市金尾谷〉 ④二八一、三〇九
神奈川(神奈河)〈横浜市神奈川区〉 ②七〇、一一七、⑤一六
金窪(大島村内)〈香取市〉 ①六六、一一五、一二六、一三九、④五二、六〇
金町郷〈東京都葛飾区〉 ②一五六
神余(神余村)〈館山市〉 ④二四八、二九八、三三一
神余郷〈館山市〉 ③二八八
金丸〈香取市〉 ②一二二、二八四
金谷〈富津市〉 ②七三、八九、一二五、③六九、④二四五～六
金屋〈木更津市矢名〉 ①一
金屋〈未詳(一宮庄内)〉 ①一六二
金谷口〈千葉市〉 ②一八九
かなや郷〈富津市カ〉 ②一六
かなや城(金谷実城)〈富津市〉 ④三三、⑤二二
金山〈鴨川市〉 ③一一九、④一七三、二四四～五
金山〈太田市〉 ③一五、一八
金山城〈鴨川市打墨〉 ④二七一～二
金山谷〈鴨川市金山〉 ④二〇〇
加沼〈鹿沼市〉 ③二三四
金沢(金沢郷)〈横浜市〉 ②二〇九、二一七、二七八、③七五、二四一、⑤五七
金沢の城〈横手市〉 ⑤一〇二
鏑木〈旭市〉 ②二八三
かぶらき城〈旭市〉 ④三三～四
鎌倉(上倉)〈鎌倉市〉 ①六五、一二九、一四八、一七八、三三八、②三、三八、五八、一〇四、一一八、一二三、一二四、一三八、一四四、一六〇、一七八、一八六、二〇〇、二〇九、二二七、二三〇、二三四、二六一、二七八、③九、五〇、五四、七三、一〇五、一二八、一四三、一九三、二六三、二六七、④七四、八六～七、九四、一〇〇、一二六、一三三、八、⑤五一、五四～五、五八、六一、六三、六六～七、八〇、一〇二～三
鎌滝〈君津市〉 ③二〇八
釜沼村〈鴨川市〉 ④一六二、二八七、三〇六

上いいつ嶋〈坂東市上出島〉 ③三
上飯津島郷〈坂東市〉 ②三四、③三
上大野〈古河市大野〉 ③三
上刑部村〈浜松市〉 ④一九〇
上方〈未詳(上総)〉 ②六
上方〈近畿地方〉 ③一五〇、二六二、④一三九
上口(かミのくち)〈近畿地方〉 ③一五八、二〇一
上口〈古河より上流〉 ②一二
上国井村〈水戸市〉 ④一七六
上郷〈未詳〉 ③一一九
神坂村〈倉吉市〉 ④二二〇
上幸嶋〈古河市・坂東市〉 ①二三、③一二
上幸嶋郷〈坂東市〉 ②一四一
紙舗(かミしき)〈大多喜町紙敷〉 ③一二三、一二七
神島〈未詳〉 ⑤九四、一〇三
上畠〈未詳(成田市カ)〉 ②三〇五
上吹入村〈芝山町〉 ①一〇四
上前田村〈南房総市〉 ④二八〇、三〇四
上町〈館山市新井〉 ④一七三
上三川〈上三川町〉 ③七六
上村〈鴨川市〉 ②七四、一七七
かむね〈いすみ市鴨根カ〉 ①二四一
亀ケ原村(亀が原村)〈館山市〉 ④二八〇、三〇九
亀山郷(亀山)〈君津市〉 ①一七四、②七四、二三〇、二三四、二七七、③八四、一二六、一三三
蒲生〈君津市釜生〉 ③八四～六
加茂郷〈南房総市〉 ③一四四
賀茂郷(加茂郷・賀茂郡)〈芝山町〉 ①一〇四、②一九九、二七、二三六
鴨根郷〈いすみ市〉 ④六八～九
かもの山〈未詳(市原市加茂カ)〉 ⑤九七
賀茂村〈南房総市加茂〉 ④二九七、三〇三
かやたかう〈香取市〉 ①一九三
かやた丁〈香取市〉 ①一七三
返田村(辺田)〈香取市〉 ①三、一七、三〇、三五～六、四八、六三、六七、一三三、一五三、一六七、②一二二、二九七、④六四
萱野〈未詳(大網白里町カ)〉 ④二七四
栢橋郷〈市原市〉 ②八〇
栢間本郷〈久喜市〉 ⑤三
花洛〈京都市〉 ④二三四
烏田郷〈木更津市〉 ③七七
唐津〈唐津市〉 ④三一～二
かり宿〈坂東市借宿〉 ③三
川居村(川井村)〈南房総市川合〉 ④二九一、三〇四
河内〈群馬県(利根川の内)〉 ②二六、③八
河内〈未詳〉 ④一八七
河内➡河州
河上大河村〈鋸南町(穂園郷内)〉 ①二八
河口〈旭市〉 ②二六四
川口村〈南房総市〉 ④二七七、三〇四
河越(川越)〈川越市〉 ①九九、二八九、②七六、一四四、③一八三、④一七、三五、⑤一九
河越城〈川越市〉 ②二六～七、⑤五四
河崎〈市原市〉 ③四四
河嶋城〈未詳(海上郡)〉 ④一七二
川代村〈鴨川市〉 ④二八六、三〇五
河田郷〈市原市〉 ②一八八
川田村〈南房総市〉 ④二八一、三〇九
河田村〈未詳(足立郡)〉 ⑤二
河妻〈五霞町〉 ③二
川戸村〈南房総市〉 ④二七六、三〇四
川名〈富津市〉 ③四三
河名〈館山市〉 ③六八
川名村(北郡)〈館山市〉 ④三〇八
川名村(山下郡)〈館山市西川名〉 ④二八一、三二一
河原〈市川市〉 ②二六六
川藤郷(河藤郷)〈吉川市〉 ②七〇、③二五八
川村郡(河村郡)〈倉吉市〉 ④二五
河原田〈小山市〉 ②一五三
瓦田郷〈下野〉 ①三
河中嶋〈長野市〉 ③一五九
関左〈関東地方〉 ②一九二、③九一
咸昌城〈朝鮮〉 ④一一〇
関東(関) ①四、七〇、一九八、②三七、

六一、七〇、一二八、一四〇、一五〇、一六〇、
一六五、一七六、一八九、二〇〇〜一、二一〇
五、二四八、二五四、二五七、二六七、二七六、
③二、一七、二〇、七〇、一三三、二〇一、二
六二、④二、一九、二四、七〇、八三、一三
六、二二八、二三三〜四、二七三〜四、⑤
一一、一二七、六二、七二
関東州　②四
関東道　③一〇五、一九二
関東八ケ国　①三〇四、⑤二七
関東八州　④五
関八州　④二、一九五、⑤六

き

木浦〈未詳〉　④二六六
菊間〈市原市〉　④一九、⑤七〇〜一
菊間郷〈市原市〉　③一七五
崎西郡〈加須市〉　⑤二〜三
奇西城〈加須市〉　③一九
木佐良津郷〈木更津市〉　①一一
二、③四八、一二二、⑤三六、三九
岸名〈香取市〉　①一二六、一七三、一九
一、二〇二、二三三
紀州〈和歌山県〉　②八五、二二八、
④二二〇
北朝平南(北朝平南村)〈南房
総市〉　④八八、一三四、三〇四
北方〈三重県北部〉　①二〇〇
北片岡村〈館山市〉　④二九三、三
〇
北□河田村〈未詳(長狭郡
内カ)〉　④二六
北川名村〈館山市〉　④二九三
北口〈北関東〉　②三
北郡(北之郡)　①一七、一一八、一四
六、二五三、二九〇、②四三、七一、一五四、
④七八、八〇、八六〜七、九四、九六、一〇
〇、一二九、一三一、一三五、一六一〜三、一
六五、一八〇、一八三、一九七、二四四、二七六
〜八一、二八三〜四、二八八〜九、二九一
〜七、三〇一、三〇七〜八
北筋〈未詳〉　③三〇一
北野村〈倉吉市〉　④二二四
北原村〈浜松市〉　④一九〇
北原山〈鴨川市〉　④一七三
木田見〈川崎市〉　①七四
北竜村〈館山市〉　④二八三、三二一
吉保村〈鴨川市〉　④一三五、一六九、
一八三
吉穂(吉穂郷・吉穂村)〈鴨川
市吉保村〉　①一三〇、③一三
七、二九二、④一三五、一六九、一八三、④
二七一、二九八、三〇五
木積(木つみ)〈匝瑳市木積〉
①二四九、③三〇三
喜連川〈さくら市〉　②一九九、④
七七、一一
喜連川口〈さくら市〉　④八三
木内庄〈香取市〉　①一三八、③一五
五
吉備村〈未詳(丸郡)〉　④三〇三
岐阜〈岐阜市〉　④一三八
木フハケ〈未詳〉　③一四七
木まかす〈野田市木間ケ瀬〉
③二
金海城〈朝鮮〉　④一一〇、⑤一三
きやうす村〈未詳〉　②二八八
九州　②七二、一四二、一九九、③一二七、
④四〇、六三、一〇二、一三九、⑤六、一
二、一四、一六、二二、二四
京〈京都市〉　②七〇、二六四、③一五
五、④一七三、⑤一六、二五、五八、六六、
八三
京都〈京都市〉　②一四五、一七六、③
七〇、一五八、一八三、二八〇、二九二、④
三、六、八二、九八、一二七、二三六、二三四、
二三八、⑤一、一八、二三、五八
行徳(行徳庄)〈市川市〉　③二七七
清澄〈鴨川市〉　③二二四
きりの木(桐木)〈坂東市〉　③
二三
桐生〈桐生市〉　③四、三八

く

くくいと〈坂東市鵠戸〉　③一三
公郷〈横須賀市〉　②一七二〜三
公郷寺方〈横須賀市〉　②一七二
〜三
久慈郡〈大子町など〉　④一七六、
二二五
久士崎村〈成田市〉　②三〇四
串浜〈勝浦市〉　②五一
久私村〈南房総市〉　④二七七
久枝村(本文は久松村)〈南房
総市〉　④三〇八
九十九里〈旭市〉　③二七七
葛原村〈香取市〉　①七二、七四
葛間〈木更津市〉　③四四
楠見〈館山市〉　③六八
楠見新井町〈館山市〉　④一六六
目楚〈朝鮮〉　④一〇七
久津見村〈南房総市沓見〉　④

二七、三〇四
国吉〈いすみ市〉②六〇
くの(久野)〈小田原市〉④三五
久能(くのう)〈古河市久能〉③二、五九
久保安馬谷村〈南房総市〉④三〇二
久保郷(窪郷)〈南房総市〉①二二八、②一〇五、③一〇四、一一三
窪田〈袖ケ浦市〉②二七〇、③六七
窪田山〈袖ケ浦市〉②二七〇
久保村〈南房総市〉④二八、一六二、三〇〇
久米群(郡)〈倉吉市〉④二二一、二一四
倉内〈沼田市〉②二〇一、二六七、③九六～九八、二五四
倉賀野〈高崎市〉②一七四、③一五〇
久良岐郡〈横浜市〉①一六二、③一六五
蔵曲輪〈古河市〉③一七六
倉崎〈日光市〉③三三四
蔵玉〈君津市〉①六〇
蔵波〈袖ケ浦市〉③六八
倉吉〈倉吉市〉④二二一
栗橋〈五霞町〉③一八、二三、五〇、九九～一〇〇、一一〇、一三九、一七六
栗橋城〈五霞町〉④三〇、三二、三四
栗原六ケ郷〈船橋市〉③五七
くり山〈坂東市栗山〉③二二
久留里〈富津市〉①二九七、②二九、一三三、一七三、一七八、二三九、二四三、二五五、二九九、③五、一〇〇、一一九、一三五、一七五、④二五〇、二五九、二六一、二七〇
久留里城〈君津市〉④三三、三五
久留里向郷〈君津市〉③二六二
群馬郡〈前橋市など〉⑤五九～六〇、六七、七〇

け

毛儀谷原村〈南房総市〉④二八〇、三〇八
花竜寺村(華蔵寺)〈浜松市日比沢村〉④一九〇
検見川〈千葉市〉⑤五六
見物村(本文にケンスズとルビあり)〈館山市〉④二九三

こ

小栗〈未詳〉④二七四
こい〈市原市五井〉④一九
小池郷〈芝山町〉②二二一
小泉〈富士宮市〉②二九四～九五、③二六九～七〇、⑤二一
こいつミ〈坂東市小泉〉③三三
小糸(孤糸郷・小糸城)〈君津市〉①一六二、③二〇八、④二五五～六
こいと城〈君津市〉④三三～四
古井名沼〈栃木市・佐野市越名沼〉③一五
甲越〈山梨県・新潟県〉②二五四、③九八
香五ケ村〈館山市香〉④三二一
コウサカノ要害〈未詳〉①二〇七、⑤三九
神崎(神崎庄)〈神崎町〉①二七五、②三九
甲州〈山梨県〉②二五二、二五五～六、③二、一三八、一六〇、④二七五、⑤三二、五四
河州〈大阪府〉①一九六
江州〈滋賀県〉③七〇、九二、一三六
甲信〈山梨県・長野県〉②一六五
上野(野)〈群馬県〉②二六九、③一九、五六～七、九八、一五〇、一八二、⑤二七、五四、五九、一〇三
甲相(相甲)〈山梨県・神奈川県〉②一七四、二五三、二六〇、二八七、二九一～二、③九四、一〇七、一四
高蔵寺村〈春日井市〉④一四八
こう田〈坂東市幸田〉③三三
河田〈一宮市・各務原市〉④一三八
こうたて(幸館)〈五霞町〉③二二
国府津〈小田原市〉③三三
公津〈成田市〉④一〇五、⑤八三、八八、九四
郷戸〈岐阜市合渡〉④一三八
合戸村〈南房総市〉④一三一、二七七、三〇八
護法戸村〈南房総市合戸〉④一八〇、一九七
国府台(高野台・甲之台・鴻台)〈市川市〉①三〇六、②一八二～三、一九〇、二五六、③二四二、④

二七、⑤九、五三〜八、八九
甲府〈甲府市〉 ③一〇九、一二三、一三九〜四〇、一四三、一五九、一六九、④三二九
高野〈守谷市〉 ①二八九
高麗〈朝鮮〉 ④一〇四
小浦村〈南房総市〉 ④一五九、一六三、一八三、二五四、三〇八
郡郷〈東庄町〉 ②二二
郡山郷〈古河市〉 ①一七二
古河〈古河市〉 ②八一、九二、一〇八〜九、一二一、一五〇、一九五、二三三、二三七〜八、二四〇、二四三、二七〇〜一、③二、一九〜二〇、八九、九八〜一〇〇、一二〇、一四七〜八、一五二、一七六、④七四、七六〜七、八一、⑤五四、五六
古河口〈古河市〉 ③二一〇
古河城〈古河市〉 ①二一四、二一七、②五五、一一〇、一四八、一六〇、③二三、四七、九四、九七
小金(金)〈松戸市〉 ②一四六、一五六、一八一、一九〇、二〇三〜四、二〇六、二四三、二五四、二八三、③一〇、一四二、一八〇、二九一、④二、三六、四四、七三、一三七、⑤八八、九〇
小金口(金口)〈松戸市〉 ②一九〇、二〇三、二四
こかね城〈松戸市〉 ④三一〜二、三四、⑤八六
米河(粉河)〈紀の川市〉 ②二八、三六
五木〈野田市〉 ③二
小くつわ郷〈茂原市小轡〉 ①一六二
国府(武蔵)〈府中市〉 ⑤一
国分郷〈市川市〉 ②一八一
国府之城〈未詳〉 ③一二六
国分村〈館山市〉 ④二七七、三三三
コクホ〈未詳(鹿島の内カ)〉 ④二七三
九日市場〈船橋市〉 ②一三
小笹〈未詳(海上郡カ)〉 ④二七四
古敷屋〈市原市〉 ③一三七
腰越浦〈鎌倉市〉 ②一三九
腰越村〈館山市〉 ④二七七、三三三
小島〈倉敷市〉 ⑤六五
五十倉村〈南房総市〉 ④二七六、三〇五
ごしょ〈市原市五所〉 ④一九
小薗村〈綾瀬市〉 ③一三二
こたへ〈未詳(下河辺庄河辺の内)〉 ③二
小玉村〈未詳(武蔵)〉 ⑤二
五反目村〈南房総市〉 ④一八二、三〇二、三〇三
金東村〈鴨川市〉 ④二九二、三〇六
小机(こつくへ)〈横浜市〉 ①九八、②二三
小堤〈古河市〉 ③二二
忽戸村〈南房総市〉 ④二七八、三〇四
古都〈朝鮮〉 ④一〇八〜九、⑤二一〜二
小中台〈千葉市〉 ⑤八二
小西〈大網白里町〉 ⑤七
小沼村〈館山市〉 ④二七七、三三二
古畑村〈鴨川市〉 ④二七七、二九五、三〇六〜七
小幡村〈鴨川市古畑〉 ④二九五、三〇五
小原村(北郡)〈館山市〉 ④二七八、三〇九
小原村(長狭郡)〈鴨川市〉 ④二〇三、二八六、三〇六
こふくろさか〈鎌倉市〉 ①二二八
五部〈古河市〉 ③二
小保田村〈鋸南町〉 ④二七九、三〇八
駒井〈草津市〉 ④一〇一
小町村(小町)〈鴨川市〉 ③二二四、④二九七、三〇五
小松原〈鴨川市〉 ③一二、④二四
駒場〈足利市〉 ④二六二
駒はね〈坂東市駒跿〉 ③二三
駒場村〈浜松市〉 ④一九〇
小湊(古湊・□みなと)〈鴨川市〉 ②七〇、七四、一六二、③一九、一七〇、④二七、⑤二一、一七
小湊寺村〈南房総市〉 ④二四
小南〈東庄町〉 ②二七〇
小向村〈南房総市〉 ④二八七、三〇三
米根井〈未詳〉 ④二七二
薦口村〈館山市古茂口〉 ④二七八、三一〇
小諸〈小諸市〉 ③一五九、一六二
小谷田〈未詳(市原市小谷田カ)〉 ④二七三
五覧田〈みどり市〉 ③三七
小井土〈香取市〉 ④六四

さ

在家〈坂東市〉 ③二一
西国 ③二〇九、④二二一、⑤一四、二六
堺〈堺市〉 ②七〇、七三、一一七、一四二、④四〇、一四、⑤六、一六、二五
さか井(酒井)〈坂東市境〉 ③二二、二五
堺郷〈未詳〉 ①一六二
堺根原(境根原・境根)〈柏市〉 ①一〇三、④一七三、⑤三
酒井村(坂井村)〈館山市坂井〉 ④一八二、三三二
坂田〈横芝光町〉 ①二七
坂足村〈館山市〉 ④一八三、三三三
坂戸〈袖ケ浦市〉 ②二三
酒直〈栄町〉 ③九八
相模〈神奈川県〉 ①一九七、②三七、二五六、二八七、③一六四、一八二、④二二、⑤四〇、五三、五八、一〇三
坂本〈未詳〉 ③一六
酒匂〈小田原市〉 ②二三
さくさ辺(作草部)〈千葉市〉 ⑤九〇、九七
昨田〈いすみ市作田〉 ③一三七
佐久間(郷・村)〈鋸南町〉 ④一一五〜六、一二八〜九、一四二、一六二、二四四、二四七、二九五、三〇二、三〇七
佐久米村〈浜松市〉 ④一九〇
佐倉(作倉)〈酒々井町〉 ①一三五、②九〇、一九七、二五〇、二七五、二八五、③五〇、五二〜三、五七、七二、一六〇、一六四、一六八、二〇三、二〇九、二二一、二二三、二三四、二四一、二四三〜五、二六〇〜一、二八二、二八四〜五、二八七、二九八、④三五、四〇〜三、四九、一〇五、一三四、一三九、一七二〜三、⑤一八、七一〜二、七六、八〇、九一、九六〜八、一〇二〜三
桜井〈銚子市〉 ②二二五
佐倉城〈佐倉市〉 ③一七五、二九七、④三一〜二、三四、⑤八八
桜田〈東京都千代田区〉 ④二一九
桜田〈成田市〉 ③九二
佐倉領〈佐倉市〉 ③三五
篠生名〈鋸南町〉 ③一九一
篠籠〈木更津市〉 ④一七五
笹子(笹子城)〈木更津市〉 ⑤四一〜二、四四〜五、四八、五三
笹村〈君津市〉 ①一七四、②一七四
篠本郷〈横芝光町〉 ②二、③二七
左島(佐島村)〈横須賀市〉 ②二、五九
幸嶋〈坂東市〉 ③一五三
幸嶋口〈坂東市〉 ③四、一七
幸嶋郡〈坂東市〉 ②八、③五
佐是郡(作是郡・佐是郷)〈市原市〉 ①一八、一四三、一七八、一九四〜五、②一八八、③一七一
佐田村〈鹿嶋市〉 ④一五六〜七、一六三、一八二
さつさ〈未詳〉 ⑤九七
さつさ川(笹川)〈東庄町〉 ②二二六、三〇六、④一一九
薩州〈鹿児島県〉 ①二二一
薩多(薩埵山)〈静岡市〉 ②二五〇〜一、二五五、二五八
実倉(真倉)(真倉村)〈館山市真倉〉 ④一〇四、一六一、一六五、二四五、二四八、二九九、三一三
真名倉郷〈館山市〉 ①二二八、三一七
佐貫市場浦〈富津市〉 ①二九七
佐貫郷(佐貫・佐貫城)〈富津市〉 ①一九三、②三、一六四、一六六、一八七、一八九、二〇九、二四七、三〇〇、③五〇、六四、六八、一〇八、一一〇、一一四、一一七、一一九、一三五、一五一、一七五、一八三、二六五、二七六、二九五、④三一〜四、四五、七一、一九四、二四九、二五九〜六一、二七〇、⑤四、一九、五一
佐貫庄〈館林市〉 ①二〇
佐野〈佐野市〉 ②二六七、③一六、一八
佐野〈館山市カ〉 ④二七〇
佐野台〈未詳〉 ②二七
佐野村〈鴨川市〉 ④一七六、三〇六
佐野村〈館山市〉 ④一八二、三三三
寒川〈千葉市〉 ⑤六九
さりハか台〈未詳〉 ⑤九〇
猿が股〈東京都葛飾区〉 ⑤五四
猿田山〈銚子市〉 ④一七三
申橋〈大月市〉 ①二八
猿又〈未詳〉 ⑤八二
さる山〈坂東市猿山〉 ③二四
猿山村〈成田市〉 ②三〇五
佐和山〈彦根市〉 ④一三八
佐原〈香取市〉 ①五、五五、六九、八〇、八四、八七〜八、九〇、九三、一三九〜四〇、一五四、一六六、一七〇、一七三、一七七、一八〇、一八七、二〇二、二二一、二三九、二四一、二四六、二九二、②六二、六六、八

八、③一七九、④五二、⑤一〇三
佐原宿〈香取市〉 ①一五九、一九二
佐原村〈香取市〉 ①一二七、三一、四四、一二六、一六二、一六四、二二二、二二九～二〇、二三三
三ケ尾〈野田市〉 ③二二
三川〈旭市〉 ②一九八、二九〇
三川浦〈旭市〉 ①二〇一
三国〈安房・上総・下総〉 ④二四二
三途台(台)〈長南町〉 ①一二九、③二一四、二三一、二七六、二九四、④二五
山王山(三王山)〈五霞町〉 ②一〇九、二五九、③一八、六二、二三六
三内〈未詳〉 ②二二三
三宮〈未詳〉 ③一六

し

椎木〈いすみ市〉 ④二六六～七
椎崎(城)〈山武市〉 ②一八四、④二七五、⑤九四
椎崎領〈山武市〉 ②二八
椎嶋城〈未詳〉 ④二七二
椎津(椎津郷・椎津城)〈市原市〉 ①二四五、二八九、②二三二、二五〇、③二四四、二五六、二六二、④二五六、⑤一九
椎名〈千葉市〉 ②二三〇
塩竃〈塩釜市〉 ②二一八、二三六
塩沢〈南魚沼市〉 ②一九六
塩原〈那須塩原市〉 ③一八三
塩見村〈館山市〉 ④二八〇
鹿渡〈四街道市〉 ⑤九七
信太荘〈阿見町など〉 ⑤三
七条〈京都市〉 ①一六八
志津〈佐倉市〉 ⑤九四
知手村〈鹿嶋市〉 ④一六三、一八二
志とり〈坂東市志鳥〉 ③二二
品川宿〈東京都品川区〉 ⑤六六
信濃口〈長野県境〉 ⑤三
篠塚〈佐倉市大篠塚〉 ⑤五、七二、八四、九二
篠部〈富津市〉 ③四三
しのわら(篠原)〈香取市〉 ②二九一
柴〈横浜市金沢区〉 ⑤三六
柴崎〈横芝光町〉 ①一九二
柴崎〈未詳(香取市カ)〉 ①五二
柴崎〈銚子市〉 ④九六
柴崎〈未詳(下河辺庄河辺の内)〉 ③二二、二四
柴田〈成田市〉 ②三〇五
芝原〈長南町〉 ④二六一
柴原郷〈鴨川市〉 ③四八
柴原村〈鋸南町〉 ②四二
柴村〈南房総市〉 ④一七九、三〇三
柴村〈成田市カ〉 ②三〇五
渋川〈未詳(上総国内)〉 ①一六
渋河〈未詳(渋川市カ)〉 ⑤六
渋河〈未詳(千葉市)〉 ⑤六五
島〈多古町〉 ②一〇〇
島河原〈平塚市〉 ⑤一
島郷〈栗橋町〉 ①二〇一、②五八
島郷〈市原市〉 ②一三三
志摩城〈多古町〉 ⑤一
嶋村〈未詳(越生町)〉 ③一二九
清水村〈館山市〉 ④一二九、一四五、二一四、三二二
下総(国)〈千葉県〉 ①一八三、二八九、②四二、一一四、一二三、一三五、一五一、一五八、三二一～二、一四二、二四五、二五三、二六二、二八六、三〇三、③九七、一三一、一三七、一四〇、二五四、二五六、二六一、二九三、三〇〇、④六、一二、一四、七三、一一五、二四一～二、二七〇、二七三、⑤一九、三二～三、二七、五四～五、五七、六二、六四、七〇、一〇三
下金山〈成田市〉 ①二〇一
下郡〈未詳(上総国内カ)〉 ③二八
下郷〈未詳(下総)〉 ③二九
下河辺〈三郷市など〉 ③三
下川辺郷〈古河市〉 ③九一
下河辺野方庄〈古河市〉 ①一七一
下佐久間村〈鋸南町〉 ④二七六、三〇八
下幸嶋〈坂東市〉 ③二三、一七六
下田城〈下田市〉 ⑤五
下館(下たて)〈筑西市〉 ②二四一、③一七四
下野(下)〈栃木県〉 ③一九、五六～七、九八、④二四、⑤二七、五四、一〇三
下つま〈下妻市〉 ②二四一、二五四、③一七四
下長谷村〈旭市下永井カ〉 ③四八～九、④二七二
下堀込村〈南房総市〉 ④二七八、三〇九
下前田村〈南房総市〉 ④二八〇、三〇四
下矢部郷〈町田市〉 ⑤三

宿原村〈君津市〉①一六〇
珠師谷村〈南房総市〉④二九九、三〇三
造細郷(請西)〈木更津市〉①二一、③七七
上州〈群馬県〉②一八、一三三、二二〇、二二七、二六九、二九一、③一六四、一七四、一八三、二八五 ⑤一〜二、三三
常州〈茨城県〉②八五、一八五、二三六、③七六、一七五、④二六四
常州口〈茨城県〉②八九
上州口〈群馬県〉②一七三、二〇七、③九九、⑤三三
庄内十六郷〈未詳(下河辺庄)〉④一〇
常府〈石岡市〉④三五
少輔城〈久喜市〉③一九
蜀江〈中国〉③二一六
白井本郷〈香取市〉③一二三
白川(白河)〈白河市〉②九七、③六七
白川口〈白河市〉③六六
白子村〈南房総市〉④二七六、三〇四
白坂村(白浜)〈南房総市〉④二八一、三〇九
白須賀村〈南房総市〉④二八一、三〇五
白浜村〈南房総市〉①二六四、④二九八、三〇二
白間津村(白間戸村)〈南房総市〉①二八、④二八〇、三〇二〜六
白羽村〈常陸太田市〉④一七五
白井〈渋川市〉⑤一九
城山〈香取市〉③二六六
信越〈長野県・新潟県〉③七〇
新加納〈各務原市〉④一三八
新宮堀内〈新宮市〉②二六九
信州(信濃)〈長野県〉②一八五、二五五〜六、三〇六、③九八、一五〇、一五八〜九、一六四、二〇六、④七六、二七四、⑤一、二六
新宿〈香取市カ〉②二三四
新地〈未詳〉③一九六
新地(新地城)〈未詳〉③六八、一四一
新府城〈韮崎市〉③一四〇
新府中〈韮崎市〉③一六〇
新府要害〈韮崎市〉③一六〇

す

末□(利カ)郷〈君津市〉⑤九
周防国〈山口県〉④七六
須賀〈旭市〉②一三五、一九七
スカヤ〈いすみ市須賀谷〉④二七六
杉賀畑〈未詳〉③一九二
杉田〈横浜市磯子区〉②二二
助崎〈成田市〉②三〇五、③二六五
介崎領〈成田市〉②二七五、③二七七
すけのや〈坂東市菅谷〉③二二
菅生庄(須合庄・巣郷庄)〈木更津市〉①一、二八、二二三、二九、②一七一、三三〇、③一七三
周西郡(須西郡)〈君津市・富津市〉②二〇〇、③一〇五
周西庄〈君津市・富津市〉②一〇一
豆州〈静岡県〉②二七〇、③九四〜五、一〇七、一〇九、一三一、一三六、一四二
周集郡〈周淮郡〉④一八三、二五六
周東〈木更津市〉④二九
周東郡〈木更津市〉①二三〇、②四六、六四、八二、九八、一五五〜六、二一九四、③二〇八、二二三、二三四、⑤二、九
周東庄〈木更津市〉③七七
砂窪〈川越市〉②三七
砂塚〈未詳(土浦市宍塚カ)〉③六七
須之崎〈館山市洲崎〉③六八〜九
洲崎村〈館山市〉④二八〇、三二三
隅田川〈東京都〉⑤五四
洲宮村〈館山市〉④二七七、三二三
住吉〈大阪市住吉区〉④七六
駿河(駿州)〈静岡県〉①二六八、②二四六〜七、③九四、一五〇、一五八、④九九、二〇六、二〇八、二一九〜二〇、二三〇、二七三、⑤五四
摺子森村(摺須森村)〈南房総市石豆森〉④二八一、三〇五
諏訪田(須和田)〈市川市〉②二八六、③二四〇、④八
駿甲〈静岡県・山梨県〉②二五四
駿州〈静岡県〉①二六八、②二五一、二六九、二九二、③一四七
駿府〈静岡市〉④七七、二一七〜八

せ

成敗畑〈未詳〉④二五
関ヶ原〈関ケ原町〉④二七五
関戸〈古河市〉③三
関戸村〈成田市〉①三四
関戸村〈香取市〉②六四
関本〈南足柄市〉②三〇
関宿〈野田市〉①二四七、②六一、一〇八～九、一一一、一四六、一九一、二二九～二一〇、二三三、二四一、二四四、二四八～九、二五一、二五四、二八六、③一、二、五、一一、一四～九、二三～四、二七、四七、五〇、六二、二二一、二二九、二四〇、二七九、二八二、二九五、④四五、五九、一〇五、一一一～二
関宿口〈野田市〉②二五一
関宿城〈古河市〉②一〇八～一〇、一四三、③一〇、④三〇、三一、三四
摂州〈兵庫県・大阪府〉④七六
瀬戸村〈浜松市〉④一九〇
瀬戸村〈南房総市〉④二七六、三〇四
千田〈長南町〉②二七
千台村〈南房総市千代〉④一六八、二六八、三〇九
千田村〈南房総市〉④二七八、三〇二
千津島村〈小田原市〉①二二
仙波〈川越市〉②二九二
仙北〈仙北市〉⑤一〇二
せんほん(千本)〈君津市〉③一一九

そ

草花〈草加市〉②二三
相甲(神奈川県・山梨県)②二八七、③一〇七、⑤一八
相甲➡甲相
匝瑳郡〈匝瑳市〉②八、③六〇、④二
匝瑳郷〈匝瑳市〉③二九三
匝瑳庄〈匝瑳市・旭市〉③四九、④二
そうしや(総社)〈前橋市〉⑤一九
そうじや〈市原市惣社〉④一九
総州〈千葉県〉①五、一七一、二四六、二五四、三〇五、②二〇一、③五、一九、八九、一〇九、一二八、二六二
相州〈神奈川県〉②九三、二八六、③五五、一三三、一三一、一三六～七、二三八、④三八、二七一、⑤四五
早田〈未詳(日向カ)〉②七三
相府〈小田原市〉②二六九、③一五八、二〇九、④六
総武〈千葉県・東京都〉③一
総房〈千葉県〉②七一、一二五、一四二、⑤一五
相房〈神奈川県・千葉県〉②一四一、③一〇七
相馬〈柏市など〉①一九六、二〇〇、②九五、一五四、二三三、二三三、二四〇～一、③六七、八九、一三四、⑤六一
相馬口〈柏市など〉②四〇
相馬郡〈柏市など〉②八、③一〇一、⑤一七
相馬要害〈守谷市〉②三二一、三七、二七六
相馬六十六郷〈柏市など〉①二〇〇
曽俄野〈千葉市〉③一三七、⑤六四
底倉〈箱根町〉③九五
そとかけ浦〈一宮町〉③二〇〇
園村〈館山市〉④二九一、三三二
曽比郷〈小田原市〉①二二
染谷河〈未詳(群馬郡)〉⑤五九～六〇
曽谷郷(曽谷)〈市川市〉①三二、②一五八
曽呂(曽呂村)〈鴨川市〉④二四八、二九七、三〇五
曽呂郷〈鴨川市〉④九六

た

田井〈未詳〉①二四七
大金〈君津市〉②一三四
台宿〈野田市〉③六二、一七八
大神宮(太神宮村)〈館山市〉④二七〇、④二九三、三一一
大日本国 ③二九二、④七〇
大福寺村〈浜松市〉④一九〇
大福田〈五霞町〉③二
大扶桑朝〈日本〉④六七
大里村(大利村)〈鴨川市大里〉④一六二、二七六、三〇一、三〇七
高井村〈館山市〉④二九二、三三二
高坂〈東松山市〉①一四五
高崎〈高崎市〉④一七三
高師(高師郷)〈茂原市〉②一八、一六二

高篠〈千葉市高品〉②二六一、⑤七三、九六
高須山〈未詳(千葉市カ)〉⑤九七
高根〈長生村〉②一八六、③六四、一三七、④二
高滝〈市原市〉③二七二、④二六〇
高幡〈日野市〉⑤一
高松城〈岡山市〉④一六
高谷〈袖ケ浦市〉②九六、一五三、一五五、二二〇、二七七、③五六、一一四、④二八～九
高柳郷〈木更津市〉③九九、⑤三六
高山〈藤岡市〉②一六五
滝〈未詳(長狭郡)〉④二四五
滝川村(瀧川村)〈館山市〉④二二三、二三三
滝口(滝口村))瀧之口村)〈南房総市〉④二四五、二九八、三二一
滝田村(滝田)〈南房総市〉④九九、二四六、二九五、三〇七
滝口〈袖ケ浦市〉②四三
滝原村(滝之原村)〈南房総市〉④二九四、三〇五
滝山〈八王子市〉②二五七
滝山〈鴨川市〉④二五
滝山城(竹山城)〈八王子市〉④三〇、三一、三四
宅頭郷〈未詳(上総)〉②九六
竹際村〈君津市カ〉⑤九
竹之内村(竹内村)〈南房総市〉④二六〇、三〇七
竹原郷〈館山市〉③一三七
竹原村〈館山市〉④二七八、三二一
竹元〈未詳(横芝光町)〉①二九二
多胡(多古)〈多古町〉②一八四、③五九、④一七六
多胡城〈多古町〉⑤一
田崎村〈那珂市〉④一七五～六
只木村〈浜松市〉④一九〇
只木山〈足利市〉⑤一～二
多多久郷〈横浜市南区〉①一六二
多田村〈香取市〉①二六、一七一、二二八、二七五、③一五八
多々良庄〈南房総市〉③二六一
田多良村(多田良村)〈南房総市〉④二八〇、三〇七
竜田〈奈良県三郷町〉⑤二五
龍口〈藤沢市〉③一一
館林〈館林市〉②一六五、③一五一、九、九六～九、一八三、④三六
館山〈館山市〉③一三六、④八二、一九六、二四七～八
たハら(田原城)〈秦野市〉④三五
多部田〈千葉市〉⑤九七
玉垣島〈未詳(三重県北部)〉①一〇〇
田馬郷〈東金市〉⑤三
玉縄〈鎌倉市〉①一二八、③四、④二三五
玉なわ(玉縄城)〈鎌倉市〉④三五、一三五、⑤二五
田村〈未詳(山下郡)〉④二四五
田村〈平塚市〉⑤六一
田谷村〈鹿嶋市〉④一六〇
丹後国〈京都府〉②二五
壇浦〈下関市〉⑤六五
丹波国(丹波)〈京都府〉④二〇一

ち

筑前〈福岡県〉④一三三
千田〈多古町〉⑤六二～三
千田庄〈多古町〉①七、一四五、②八六、③九一、⑤二
秩父〈秩父市〉②二五七、⑤六一
秩父郡〈秩父市〉⑤六七
千葉〈千葉市〉①二六九、④四二、⑤六二～六、六八～七〇、七二～三、七五、八〇、八九～九二、九五、九六～九、一〇二～三
千葉郡〈千葉市〉②八
千葉庄〈千葉市〉②二〇、五五、六三、③五七、⑤六六～七、七〇、九二
千町庄〈いすみ市〉①二四、一三七、一三二、④七二
椆宇村〈市原市〉①一八二
中国〈中国地方〉②七三、④八六～七、一三九、⑤二四
長南郷(長南)〈長南町〉①二二九、二八一、②六〇、一〇四、一〇九、一六〇、二七七、二九二、③六五、一一三、④二五、二六、二五三～四
長南芝原〈長南町〉④二六一
長南城〈長南町〉②一六八、④三一、一三三～四、二五三～四、⑤三
長南本宿〈長南町〉②二六〇
長保郡〈長柄町〉③二六二
長北郡〈長柄町〉②一五九、一六七

鎮西〈九州地方〉 ③二九二

つ

築地〈潮来市〉 ②七〇、⑤一六
津比地郷〈市原市〉 ②一三
杖取〈未詳(香取市カ)〉 ①一六九、二二八
津賀〈鹿嶋市〉 ③八二、一〇八
塚崎郷〈坂東市〉 ②二四三
つくい(津久井城)〈相模原市〉 ④三五
津久井村〈横須賀市〉 ④七
筑紫〈九州〉 ③三六、二五八、④八六～八、九九、一一三
つゝき村〈浜松市都築〉 ④一九〇
作屋〈印西市作谷〉 ②一三
つくろふミ城(造海城)〈富津市〉 ④三三～四
土浦〈土浦市〉 ③一六七、二六五
つゝ□村〈浜松市津々崎カ〉 ④一九〇
綱島村(綱島村)〈茂原市〉 ②六〇
角折村〈鹿嶋市〉 ④一六〇
津宮村(津宮)〈香取市〉 ①四、六、二三、四一、四三、五四、六九、九〇、一〇五、一〇八、一一三、一二四、一二七、一三三、一五〇、二〇四、二一〇～一、二二三、二二九
椿〈木更津市〉 ①二一九
津富良郷〈成田市〉 ②三〇四
つり村〈浜松市釣〉 ④一九〇
鶴か城(鶴賀城)〈いすみ市〉 ④三二、三三～四

て

手賀〈柏市〉 ③二六六
手取村〈南房総市〉 ④二八三、三〇七
寺門村〈鴨川市〉 ④二八二、三〇七
てらく〈坂東市寺久〉 ③三三
寺崎〈佐倉市〉 ⑤八五
寺さこ〈未詳〉 ③二〇一
寺迫〈都農町カ〉 ②七二
寺台〈成田市〉 ③一三五、⑤九四
寺山〈未詳〉 ②一三四、⑤六四
寺山〈千葉市東寺山〉 ⑤九九
出羽〈秋田県など〉 ⑤二六～七
天子岳〈未詳〉 ③一六九
天神山〈富津市〉 ②一〇四、③四三
天王台〈君津市〉 ③一三三
天命〈佐野市〉 ②四五、⑤一～二

と

土肥〈真鶴町など〉 ⑤六三
東海道 ④二五四、⑤一〇〇
東海路 ③二〇八
東金〈東金市〉 ②四六、一七六、二六四、③三五～七、六二、一七五、二七八、④一四、三六
とうかね城〈東金市〉 ④三二、三三～四
東関〈東関東〉 ②一四二
東国 ③一五〇、二六九、④九、一四七、⑤一五、二六
東西 ③一五
東条庄〈龍ケ崎市など〉 ②一五
東条村〈鴨川市〉 ④二九七、三〇五
遠江〈静岡県〉 ②二五
東庄(東之庄)〈東庄町〉 ②三八、二六七、③一七七、一七九
塔ノ辻〈鎌倉市〉 ⑤三五
東八州〈関東地方〉 ③一五〇、④一八、⑤五四～五
遠山方〈成田市〉 ②三〇五
遠□庄〈下総国〉 ①二五八
戸川村〈南房総市〉 ④二八三、三〇九
鴇崎〈香取市〉 ①一六八、二六六
常葉村〈鎌倉市〉 ⑤三
戸倉城〈清水町〉 ③一四三
とくら山〈未詳〉 ③二八〇
土気〈千葉市〉 ②一三、一六〇、一七六、一八九～九〇、二六〇、二八九、③三五～七、四六、二九、④一四、三六、五八
土気郡〈千葉市〉 ①一八二、②一四五、二六〇、⑤三八
土気城〈千葉市〉 ②一八九、③一三、④三二、三三～四
常代村〈君津市〉 ②二〇〇、③一〇五
常葉田(常世田)〈銚子市常世田〉 ③四九
戸崎〈君津市〉 ③一一六
戸崎郷〈三郷市戸ケ崎〉 ③一五六
とちき城〈栃木市〉 ④三三
鳥取〈鳥取市〉 ④一六
利根川 ②一一、一七八、一八〇、二五七、③五、一五、一八～九、二八五
都於郡〈西都市〉 ②七二

戸張〈古河市水海〉③四
富江〈流山市〉②一九四、③三
とみ下〈匝瑳市富下〉③三〇三
とみた(城)〈栃木市〉④三
とみ田(富田)〈坂東市〉③三
富田郷〈山武市〉④九
富田台〈香取市〉②一三四
富屋〈桜川市富谷〉②九七
豊田郡〈下妻市など〉②八
虎見郷(東良見郷)〈一宮町東浪見〉③一四三、二〇〇
鳥居(鳥居村)〈鴨川市天津村〉④一八三、一九一

な

名打村(本文は名折村)〈白井市〉②九〇、二六二
長井〈未詳〉④二九
中尾(中尾城)〈木更津市〉⑤四四、四八、五三
中川〈東京都〉⑤五四
長窪(長久保・中窪)〈長泉町〉②二六、七二、二四七、③八六
中郡(那賀郡)〈常陸大宮市など〉④一六六
なかさ(長狭・長狭村)〈鴨川市〉②二三、③一八、二四、二八八、④二六、一八五、二〇〇、二四四～五、二四七
長崎〈流山市〉②二七一
長崎〈未詳〉⑤七一、八〇
長作〈千葉市〉⑤九七
長狭口〈鴨川市〉②七四
長狭郡(長瀬郡)〈鴨川市〉②一五八、③四八、一九二、④七九、一二六、一二八、一三〇、一三五、一四二、一五六、一六一、一七九、一八二～三、二〇三、二七一、二七六～九、二八二、二八五～七、二九〇～二、二九七～八、三〇五～六
長狭十二郷〈鴨川市〉③一一九
長狭庄〈鴨川市〉②八六、③九～一〇、一二七
中さと〈香取市〉①一三
中里〈野田市〉③二一
中里村〈館山市〉④六二、三三
長狭村〈鴨川市〉③二四
中さわ〈富里市中沢〉③三〇四
中沢郷(中沢之郷)〈鎌ケ谷市〉①一四、一二四、一五一
長沢村〈横須賀市〉④七
長沢村〈常陸大宮市〉④一六六
中島〈木更津市〉③四四
中島〈未詳(上総)〉⑤七七
中島(中嶋村)〈君津市〉②二八、③七五、一二五、一三三、一三四
中嶋郷〈木更津市〉④四四
中島郷〈未詳(伊豆)〉⑤一七
長須賀町〈館山市〉④一六六
長洲郷〈坂東市〉③一五四
中田〈未詳〉③五一
長田(長田村)〈館山市〉②七五、④一九九
中台〈横芝光町〉①一七七
中塚〈未詳(鋸南町カ)〉②二五
長塚〈銚子市〉②二二五
中津美村〈君津市〉②一〇一
中戸〈野田市〉②一九一
中野〈千葉市〉⑤六九
中野村〈成田市〉②三〇五、④二六六
長浜〈横浜市金沢区〉⑤三五
中原〈いすみ市〉③二〇〇
中ひうか(中日向)〈宮崎県〉③一一七、一一九
長峰〈千葉市〉⑤九七
中村〈多古町〉①二五二、⑤一一～二
中村〈未詳(下総)〉④二七五
中村〈南房総市中〉④二八〇、三一〇
中村郷〈未詳〉②六〇
なかや〈坂東市長谷〉②二四、③三
長谷〈旭市下永井カ〉④二七三
中山(中山村)〈市川市〉①一三七、②一七、一七六、二三三、二四九、③二七五
長良(長良川)〈岐阜県〉③二八一
なこ(那古・那古村)〈館山市〉④八〇、一五九、一六三、二八八、三〇九
名護屋〈鎮西町〉④九〇～一、一〇三
なこや(奈古屋)〈伊豆の国市〉①一二八
南城〈成田市南敷〉②二〇五
那須〈那須塩原市〉③六六
那須口〈那須塩原市〉①一二七、②一七五
那瀬村〈横浜市戸塚区〉⑤三
名都借(那都借)〈流山市〉①二六六、二七一

夏見〈船橋市〉①二九五
奈戸郷〈成田市〉②三〇四
七井戸〈未詳（本文に市原郡とあるが、長生郡に同名村あり）〉④一〇一
七沢〈厚木市〉⑤三
波太村〈鴨川市〉④一九一、一九四～五
名間井郷〈小山市〉②七〇
南無谷村（なむや）〈南房総市〉④四〇、二七六、三〇九
行方〈行方市〉③二三〇
行方郡〈行方市〉④一七六、二二九
行河（滑河村）〈成田市〉①二三四、②三〇四、③一八六
南目川〈勝浦市浜行川〉③三七
なやの山〈未詳〉⑤九七
奈良〈奈良市〉⑤五八
奈良林村〈鴨川市〉④一七九、一八〇、二八五、三〇六
名良輪〈袖ケ浦市奈良輪〉③四四
成川村〈鴨川市〉④二七七、三〇六
成田〈熊谷市〉①二三七、二五七
成井村〈かすみがうら市〉④一七六
成戸〈成東町〉④二六四、⑤九四
鳴戸領〈成東町〉③五七
南郷〈未詳（下総）〉②二七一
南条庄〈匝瑳市〉③六〇、④二一
南条村（南条）〈館山市〉④一三〇、一六四、二四七、三〇〇、三一一
南都〈奈良市〉①一五四、②三〇七
なんま（南摩城）〈鹿沼市〉④三

に

新市場〈香取市〉①一三〇、一四〇、②一四九
新田嶋〈未詳〉④六三
新田村〈芝山町新井田〉②二一、③一八二
新治郡〈かすみがうら市など〉④一七六
丹生村〈南房総市〉④二九三、三〇九
二賀浦村（仁加浦村）〈南房総市仁我浦〉④二九一、三〇五
西荒井〈館山市〉③五〇
西イつミ田〈坂東市西泉田〉③二四
西雲富村〈成田市〉②三〇四
西上総〈千葉県〉③五〇、一〇〇
西川〈富津市〉③四三
西口〈未詳〉③一〇〇、一四三、⑤三三
西郡〈相州〉④三三
西塩子村〈常陸大宮市〉④一七五～六
西上州（西上野）〈群馬県〉②一七四、一七八、一八〇、一八五、二五七、二六九、③一五〇
西筋〈上総〉②二七〇
西長田村〈館山市〉④一六二、二九九、三一〇
仁科郷〈西伊豆町〉②一四四
西之谷〈南房総市滝田〉④二四六
西宮〈西宮市〉④七六
西野村〈茂原市〉①一六二
西畑（郷）〈大多喜町〉③一三七、一五九、一七一、④六七
西原村（西原）〈南房総市〉②六三、④二七六、三〇四
西船橋〈船橋市〉②一三
日域 ③一八七
日光〈日光市〉③二三四
日光山〈日光市〉⑤一
新田〈太田市〉②二三、二六二、③六、一五、一九、三七、九八～九、一三六、一五〇、一八三
新田〈未詳〉⑤七一
新田山〈太田市〉④三九
仁戸名〈千葉市〉⑤八九
新部村（新部・新部崎）〈香取市〉①四、七、二五、三五、三九、一三五、一二三、一三三、一六〇、二〇四、二〇八、二八〇
二宮〈前橋市〉⑤三
二宮庄〈茂原市〉②四九
二浜（二浜村）〈鋸南町勝山〉④九八、一四六、一七六、三〇八
弐部村〈南房総市二部〉④二七七、三〇八
日本 ④一六
日本国 ②一六三、一九〇、三〇一、③二〇八、二二五
韮崎〈韮崎市〉③一四〇
韮山（韮山城）〈伊豆の国市〉①二三八、②二七三、⑤二六
仁礼〈古河市〉③二一〇
丹羽郡〈一宮市・犬山市など〉④一四八

ぬ

鵺代村〈浜松市〉④一九〇
ぬかた〈君津市額田〉③二九四
怒賀利谷〈鴨川市滑谷カ〉①二二
ぬかり屋村〈鴨川市滑谷〉④二七八、三〇六
沼田〈君津市〉①三八、②二六一
布沢〈未詳〉③一六九
栃木市
沼〈館山市〉④九二
沼尾村〈鹿嶋市〉④一六〇
沼(沼尻)〈栃木市〉③一六、一八二
沼田〈沼田市〉②一七四、二四四、二六一、③四、三七、七六、九九、一七四、二〇六
沼田〈未詳〉⑤八八
沼田城〈沼田市〉②一三、③二〇六
沼田庄〈沼田市〉②一三、③二〇六
沼津〈沼津市〉③九四、⑤二四
沼之郷〈館山市〉③一八二
沼村〈館山市〉④一六一、二九九、三一
沼村〈南房総市〉④二七六、三〇四

ね

根小屋〈未詳〉①二四七
根小屋〈富津市〉②七九
根本村〈常陸太田市〉④一七五～六
根本村〈南房総市〉④二八〇、三一

の

野方〈下河辺庄内、古河市〉③三
濃州〈岐阜県〉②三〇六
野地村〈浜松市〉④一九〇
野尻〈鴨川市〉③二八八
野尻宿〈銚子市〉②一三六
野尻村〈鴨川市〉④二九八、三〇六
野田〈野田市〉③二七
野田〈千葉市〉④二七五
野手〈匝瑳市〉③一三五、④二七四
能登〈石川県〉③五六～七、一五九
野中〈旭市〉②一九八、二六三～四
野名郷〈木更津市〉③一七三
野日村〈横須賀市野比〉④七
登戸〈大畠村内、香取市香取周辺〉①一七、二〇九、二二六、②三九
野呂〈千葉市〉②一五八、③四〇

は

萩原〈一宮市〉④一三八
伯州〈鳥取県〉④二二一、二二七～八
筥根〈箱根町〉②二一四、⑤二四
箱根山〈箱根町〉④二五、⑤二五～六
波佐間浦〈館山市〉④一四一
波佐間村〈館山市〉④二八〇、三一
走水台〈横須賀市〉③六八
蓮谷花〈高野町〉④六六
長谷郷〈鎌倉市〉②一六〇
端沢〈木更津市畑沢〉③四三
畑宿原村〈未詳〉②一六〇
畑村〈館山市〉④三〇〇、三一〇
はたや(幡谷)〈加須市〉③二三、一二五
八王子(八王寺城)〈八王子市〉②二五七、④三五、⑤二六～七
鉢形〈寄居町〉③九八、一五〇、④一七、二三五、⑤二六
鉢形城〈寄居町〉③一五、一八、④一四、一七
羽津〈四日市市〉①二〇〇
八崎〈つくば市〉③三五
八州〈関東〉②一四四、一八六、③一八七、④一四、⑤四〇
八甫〈久喜市〉③五九
花崎〈加須市〉③四
花園村〈南房総市〉④二七九、三〇
花園村〈未詳(群馬郡)〉⑤五九～六〇、六七、七〇
はなふさ村(花房村)〈鴨川市〉④七九、二七八、三〇六
はなわ〈未詳〉①一四八
羽生村〈小美玉市〉④一七六
植生(羽生)〈羽生市〉②二五七、二九七、③四、一八～二〇、二二
羽生口〈羽生市〉②一四二
羽継原〈館林市〉①二〇
埴生郷〈栄町〉③九八
埴生郡〈長南町・大多喜町など〉①九六、②八
埴生拾五郷〈栄町〉③九八、一〇四

埴生庄〈成田市・栄町〉 ③二五七、一三五
埴生庄(本文は直生庄)〈長南町〉 ②六〇、③一三五
浜〈いすみ市〉 ①一三三、②一二二
浜荻〈鴨川市〉 ③三、一一九
浜田村(浜田)〈館山市〉 ④二四五、二七、三二二
浜名〈静岡県〉 ④一七
浜名郡〈浜松市〉 ④一九〇
浜野郷〈千葉市〉 ③四八
浜村〈未詳〉 ①二〇六
浜村〈千葉市〉 ②一八四、⑤三九
咸昌城〈朝鮮〉 ④一一〇、⑤三三
早尾〈利根町〉 ②一三二
早川〈小田原市〉 ⑤二五
早田〈未詳(宮崎県カ)〉 ②七二
早物村(本文は早揚村)〈館山市〉 ④八二
早船郷〈山武市〉 ②一三八
早三南庄〈南房総市〉 ②一〇五
原郷〈千葉市〉 ⑤六八
原村〈南房総市〉 ④二九五、三〇七
針谷郷〈長柄町〉 ⑤三八
治田〈未詳〉 ②二七七
番匠免〈三郷市〉 ③三三
半谷〈坂東市〉 ③三三
万田〈館山市坂田〉 ③六九
坂田浦〈館山市〉 ④一四一
坂田村〈館山市〉 ④二八〇、三二一

ひ

ヒエ田越〈未詳(鎌倉市)〉 ⑤三五
日笠〈君津市東日笠〉 ②一五五～六
東海上〈海上郡東部、銚子市など〉 ③一六八、④三九
東表〈佐倉領など〉 ③二二、二三三
東上総〈千葉県〉 ③一三七
東口 ②二六五、③一四五、二三四、⑤三三
東国府村〈館山市〉 ④一一八、一三一、一六二、一六九
東上州〈群馬県〉 ③四
東筋〈関東東部〉 ③一五〇
東寺山〈千葉市〉 ⑤九七、九九
東長田村(長田村)〈館山市〉 ④二九九、三一〇
日笠之畑〈君津市東日笠〉 ②一五五～六
東真木村〈浜松市〉 ④一九〇
東村〈一宮庄内〉 ②二九二
東山〈京都市〉 ⑤六六
東山大仏〈京都市〉 ④二一四
比企谷(曳谷)〈鎌倉市〉 ②七〇、一三八、一七六、③一二八、④四七、⑤六～七、三八
引田〈市原市〉 ②一七、一三三
引田〈いすみ市〉 ③一九七
久方村〈匝瑳市〉 ③二八八、三〇三
久吉保〈市原市〉 ①一八二
菱形小倉峰〈未詳〉 ④七六
ひし田〈芝山町〉 ②一八三
飛州〈岐阜県〉 ②三〇六
常陸〈茨城県〉 ①一三二、②九二、一三五、二五〇、③九八、一六一、④一七、二七三、⑤二七、六一、一〇三
常陸口〈茨城県〉 ③三四
常陸国〈茨城県〉 ②九二、④二四、一二五、二七三
一鍬田〈多古町〉 ②二三六
一坪田村〈成田市〉 ②三〇四
壱松郷〈長生村一ツ松〉 ③一三七
人見(仁見)〈君津市〉 ⑤六二、六七
日之本 ③一五〇、⑤五四
日比沢村〈浜松市〉 ④一九〇
百首(ひやくしゆ)〈富津市〉 ③四三、一一九、二九三、④二三六～七、二四六、二七〇
日向〈宮崎県〉 ①二九一、②一四三、③一二八、一二九、一六九、⑤六、一一
兵庫〈神戸市〉 ⑤一〇一
平井〈藤岡市〉 ④二三四、⑤六〇
平磯村〈南房総市〉 ④二七九、三〇四
平岡村〈未詳(安房国平郡)〉 ③一九二
平賀〈印西市〉 ③一五六
平賀(平賀郷)〈松戸市〉 ①六八、一〇六、一二一、一九六～九、②一一八～二〇、一五八、一六七～九、一七一～二、二〇三、⑤七
平川〈東京都千代田区〉 ②二七二～三
平木〈匝瑳市〉 ②二六三
平蔵郷〈市原市〉 ③一三七、一三九、二三七
平沢郷〈大多喜町〉 ③一七二、④六七
平沢畑〈大多喜町〉 ①九六

平塚郷〈白井市〉②九〇、一八二
平塚村〈鴨川市〉④一八二、二九八、三〇六
平沼〈吉川市〉②二五八
平沼郷〈吉川市〉①二〇二、②二五八
比良村〈名古屋市〉④一四九
平山〈千葉市〉⑤六八、七〇～二、八〇
□山村〈浜松市平山カ〉④一九〇
蛭沼〈前橋市〉⑤三
ひれかさき〈松戸市鰭ケ崎〉④二
広岡村〈浜松市〉④一九〇
広瀬村〈館山市〉④一六〇、二八八、三三二

ふ

深沢〈御殿場市〉③一三
深沢〈鎌倉市〉⑤三
深那郷〈南房総市〉③一九三
深名村〈南房総市〉②三〇四、④一五九、二六四、二八四、三〇九
深谷〈深谷市〉②二五七、③一五一、五〇
深谷城〈深谷市〉③一八、②一六五
府河郷（布川・布河・府川）〈利根町〉②二三、③八〇、一〇二、一三五、一三三、二六六、④七、三六
布河庄〈利根町〉④五
ふ川城（ふかわ城・深川城）〈利根町〉④三二、三四
福岡城〈匝瑳市〉④二七四～五
釜山〈朝鮮〉④一九、⑤三一～三
釜山城〈朝鮮〉④一一〇
富士〈富士宮市〉②一四、七二、一三九～三〇、一四二、二九三、二九五、三〇一、③四、八六、九〇、一一七、二〇一、二二一、二六七～七〇、④八七、一〇二、一一四、⑤二一～六
藤岡〈栃木市〉②二三三、③一八二～三
藤沢〈藤沢市〉②二二、④二二八
藤沢〈土浦市〉④三
富士山（富山）②七二、一四二、一九三、③一六九、⑤六、三五～六
富士下方〈富士宮市〉②一九二
藤田〈未詳〉①一五〇
藤田〈寄居町〉②二五七
藤田郷〈寄居町〉⑤六〇、六七
伏見〈京都市〉④一一六～七、一三一～二、一九八
武州〈東京都など〉①一四、②一三三、一六五、一八五、二五二、二七九、二九七、③一九、一〇九、一六二、⑤一～二、三一～三
武上〈東京都・群馬県〉②八一、一一二
藤原村〈館山市〉④二八二、三三二
布施郷〈いすみ市〉②五
豊前国〈大分県・福岡県〉②一九、③二三六、④一六
富川村〈鴨川市〉④二七一
扶桑〈日本〉④六七
武相〈神奈川県・東京都〉②一四、③五六
扶桑六十州〈日本〉①三〇四
二子村〈館山市〉④二八二、三三二
二浜〈鋸南町〉④九八
二俣〈浜松市〉②三〇三
府中〈石岡市〉②二四九
府中〈市川市〉②二六六、③三四
府中〈南房総市〉③九、五〇、一六三、④二四
符中（府中）〈市原市府中〉④一九、⑤八八、九一
府中〈静岡市〉⑤七
府中〈前橋市〉⑤五九～六〇、六七
富津（風渡）〈富津市〉③七五、⑤三六
富津浦〈富津市〉②二〇八
太尾村〈鴨川市〉④一八三、二七九、三〇六
ふなかた〈野田市〉③二
船形（舟形村・舟方村）〈館山市〉④一〇三、一九五、三〇八
舟木（舟木郷）〈銚子市〉②三四、③四九、④七、⑤八七
舟子〈厚木市〉⑤三
舟こし〈多古町〉②九〇
舟橋（船橋・船橋郷）〈船橋市〉①一七五、②一〇四、二〇五、二三四、二六八、二九一、③五七、七八、一八〇、二九〇、二九八、④五
舟橋両宿〈船橋市〉④八
舟橋六郷〈船橋市〉②三〇七
分倍河原〈府中市〉⑤一
ふま（府馬）〈香取市〉④一一九
古山村〈神崎町〉②三〇四
豊後国〈豊後〉〈大分県〉③二九二

へ

平郡〈鋸南町〉③一九二
部久里郡〈南房総市〉①二九七
平久里郷(平久里)〈南房総市〉③九〇、一三六、④一〇〇
平久里谷〈富山町〉①一九二
平久里村(平九里村)〈南房総市〉④一二八、一六二、二九六、三〇九
平館村〈南房総市〉④二九九、三〇三
へたむら〈坂東市辺田〉③三三
へひうか城〈未詳(いすみ市カ)〉④三二、三三～四
蛇園〈旭市〉②一六三
返田〈千葉市〉⑤八九

ほ

房越〈千葉県・新潟県〉③四一
宝貝村〈館山市〉④二八一、三二二
伯耆〈鳥取県〉④二〇六、二一九
房州〈千葉県〉①一六七、一九七、②五、五八、八〇、一二九、一三五、一四二、一五一、一七三、一八〇、二五七、二六二、二六五、二六九、二八六～七、二九三、二九五～六、③二、六～七、九、一二、六四～五、六六七、七〇、七五、九七、一一七、一二八～九、一六七、一七六、一八二、二二六、二三八、二六二、二六九～七一、二八八、二九二～三、④九、一三、一七、二二～三、三六、七一、八〇、八七～八、九九、一〇六、一〇九、一六一、一九一、一九五、二二一、二二七～二二、二二四～八、二三五～六、二四〇～三、二七三、⑤六、一四～五、四〇
房州口〈千葉県〉②一三六、③三四
宝珠花〈野田市東宝珠花〉③二
北条(北条郷)(北条村)〈館山市〉③五〇、一二五、④七八、一六三、④二七〇、三〇〇、三一一
北条郷〈倉吉市〉④二二一～二
北条庄(匝瑳北条)〈匝瑳市〉②八六、③九一
北条町〈館山市〉④一三三、一六七
房総〈千葉県〉②八四、八七、九八、一〇五～六、一五四、一八四、二五三、二五五、二九六、③七、六六、七〇、一二三、一二八、一四四、一九七、④一三、二四九～五〇
房相(相房)〈千葉県・神奈川県〉②八四、二四六～七、二九一～二、三〇三、③三九、一〇七、一九七、④一三
房総両国(房総両州)〈千葉県〉③七〇、二〇四、二三六
法免郷〈市川市〉①二五二
奉免村(奉兌村)〈市原市〉①一四三
房陽〈千葉県〉④二四三
鉾田〈鉾田市〉③二三八
ほそしま(細嶋)〈日向市〉③二一九
細野村〈鴨川市〉④二七七、三〇六
穂田郷(穂田・保田)〈鋸南町〉①一二八、二九二、②四二、一七四、③一一八、④七八、八二、九八、三〇八
穂田村本郷〈鋸南町〉④二七九
法華村〈未詳〉②一五〇
北国〈北陸地方〉⑤三五～六
堀内(堀之内、堀内村)〈銚子市〉②六～七、一九九、④九六
堀内郷〈未詳(土解郡)〉⑤三八
堀口〈香取市〉④六四
堀込村〈南房総市上堀〉④二八三、三〇九
堀籠〈香取市〉②六〇
堀込〈千葉市〉⑤六四
堀之内〈千葉市〉⑤六四、七二～七三、七六、七八、九九
本郷(大井本郷)〈南房総市〉④一八二
本郷〈菅生庄の内、木更津市〉①一六
本庄郷〈銚子市〉⑤八七、一〇一
ボンタ〈未詳〉④七二
本納〈茂原市〉①一七一、②一二四、二三四、③三四、三七
本府中〈甲府市〉③一六〇
本牧郷〈横浜市中区〉③四七～八

ま

前窪〈富津市〉②二二三
前橋〈古河市・五霞町前林〉③二二
前林村〈成田市〉②三〇五
真門村〈鴨川市〉④二七九、三〇三
真壁〈桜川市〉①二三四
間釜〈久喜市〉③二七九
摩河耶村〈浜松市〉④一九〇
真木田村(槙田村)〈南房総市牧田〉④二七七、三〇四

牧野村(牧野)〈香取市〉 ①一四、六三、七九、八六、一一四、一一七～八、一二〇、二二四、二五一、②四九～五〇、六四
馬加〈千葉市〉 ⑤六六、七〇、七三
正木(正木村)〈館山市〉 ④九四、一二八、一六一～二、一六六、二九六、三〇九
増間村〈南房総市〉 ④二九六、三〇七
またて〈坂東市馬立〉 ③三
町田郷〈市原市〉 ②一三三
松井田〈安中市〉 ③二四一、④一四、一七
松井田城〈安中市〉 ④三、⑤二六
松岡村〈館山市〉 ④二八二、三二二
松尾寺村〈鴨川市〉 ④二七七、三〇六
松岸〈銚子市〉 ③四九
末子〈成田市〉 ①一二四
柗子(松子)城〈成田市〉 ④二六
松子村〈成田市〉 ④二六五、二六九
松崎郷〈佐倉市〉 ①二〇一
松沢〈旭市〉 ①一三五
松田村〈南房総市〉 ④二七六、三〇四
松渡(松戸・松渡城)〈松戸市〉 ①四九、②二五〇、③二〇九、⑤八九
松戸の台〈松戸市〉 ⑤五四、五八
松原瀬〈各務原市〉 ④一二八
松丸村〈市川市〉 ①二二四、二五一
松山〈吉見町〉 ②一六五、一七八、二五五、二五七、③一八、一八三、④一四、三五
真鶴〈真鶴町〉 ⑤六三
嶋破〈未詳〉 ④二七六
馬橋〈松戸市〉 ③九五
真間〈市川市〉 ①八、一〇、一三八、三〇〇、②二、一七六、③二九一
真弓村〈常陸太田市〉 ④一七五～六
真里窪宿〈木更津市〉 ③一〇八
真里谷(真里谷郷)〈木更津市〉 ①一九三、二〇七、二二八、二三九、③二二七、一七四、④三〇、二六一～三、二七二
丸〈南房総市〉 ②二四、③一一三、④九三
丸三ケ村〈南房総市〉 ③二三九
丸郡(丸郡保)(丸ノ郡)〈南房総市〉 ②二三、六三、④七九、一三〇、一三四、一六二、一八二、二七六、二七八～八一、二八七、二八九、二九一、二九四、二九七～三〇二、三〇四
丸庄〈南房総市〉 ①二九七
丸本郷村(丸本郷)〈南房総市〉 ④八八、九三、九七、一〇〇、二〇一、三〇三
万騎(万喜・万喜城・万木城)〈いすみ市〉 ①一八一～二、②一九八、③二七、四一、五〇、一一九、一二一、一七二、④三一、三三～四、七二、七四、一六二～三、⑤六一

み

三浦〈三浦市〉 ①二九一、②二二、八〇、③八、④三五、⑤五〇、六一
三浦郡〈三浦市など〉 ②五八
三河〈愛知県〉 ③一六四
三木〈三木市〉 ④一六
御子神村〈南房総市〉 ④二七九、三〇四
御坂(三坂)〈笛吹市〉 ③一六一
三坂峠〈笛吹市〉 ③一六一
三坂村〈南房総市〉 ④二九四、三〇九
三崎〈三浦市〉 ③九、④一三
三崎庄〈銚子市〉 ②七、二六三、③四九、④九六
三島〈三島市〉 ②二四五、二五八
御庄村(御荘村)(本文は御座村)〈南房総市〉 ④二九六、三一〇
水懸村〈成田市〉 ②三〇四
水玉村〈館山市〉 ④二九七、三一〇
水喰〈大畠村内、香取市新市場〉 ①三、一四〇、二〇八
水海〈古河市〉 ②一九、一二二、一二九～二〇、③一、四、一三、九七、一五〇、一九四、④一
水海城(水見城)〈古河市水海〉 ③六、④三〇、三三、三四
三ケ日村〈浜松市〉 ④一九〇
三ほり〈野田市三ツ堀〉 ③二
三叉〈未詳(足立郡)〉 ⑤六六
みなかミやつ〈未詳(上総)〉 ③一二四
皆川城〈栃木市〉 ④三
南朝平南村〈南房総市〉 ④二七八、三〇四
南片岡村〈館山市〉 ④二八一、三一〇
南郷〈未詳〉 ②二七一
南筋〈未詳〉 ③一〇九

南相馬郡〈柏市など〉 ①五一
南竜村〈館山市〉 ④八八、一二八、二九三、三二
南脇村〈浜松市〉 ④一九〇
峰岡城〈鴨川市〉 ④二七二
峰上(嶺上・峯上)〈富津市〉 ①二八一、二九七、②三、七九、一四〇、一四七、二四六～七、⑤五一
嶺下郷〈富津市〉 ②一〇、一三七
嶺村〈南房総市〉 ④二八〇、三〇四
美濃〈岐阜県〉 ③一七八
三直郷〈君津市〉 ⑤二
簑崎〈未詳(平井のうち)〉 ⑤六〇
身延〈身延市〉 ①二〇六、②一七六、③二六九
身延山〈身延町〉 ③二六九
箕輪〈高崎市〉 ③九八、一五〇、⑤一九
みのわ郷〈君津市カ〉 ②一六
三原郡〈荏原郡の誤記カ〉 ④二三一～二
三原郷(三原・三原城)〈南房総市〉 ②二九、③五〇、④二四四、④二七二
三原村〈南房総市〉 ④二七六、三〇
三春〈三春町〉 ③一八二
壬生〈壬生町〉 ②二四一、③三三四
三船山〈君津市〉 ②二三〇～一
三俣郷〈大多喜町〉 ③一五九
ミむら〈坂東市三村〉 ③三三
三村〈つくば市〉 ②二四八
宮城郡〈仙台市〉 ②二八
宮城村〈館山市〉 ④一七八、三三二
宮窪〈未詳(千葉市カ)〉 ⑤八九
宮窪郷〈市川市〉 ①三四、一五二
都〈京都市〉 ⑤六三、六六、八三
宮谷〈大網白里町〉 ②三三、一四四、二六〇
宮下村〈南房総市〉 ③八六、④二九七、三〇三
宮野木〈千葉市〉 ③二二〇
宮原〈市原市〉 ④二六三
宮前下町〈小田原市〉 ②二〇八
宮本〈東庄町〉 ②一四七
宮本村〈香取市〉 ①七六
宮本村〈南房総市〉 ④二八〇、三〇七
宮谷〈未詳(鋸南町カ)〉 ②二二五

む

向郷〈利根川北岸〉 ②二六八、三〇六
向地〈上総・下総〉 ②二七三～四、③四七、六八、一八五
向地〈相模〉 ③一七～八
向古河〈加須市〉 ③三
武射(武作)〈山武市〉 ①一〇四、②三八、⑤九七
武射郡〈山武市〉 ②一九、二二〇、二七、③一八一、④二五七
武蔵(武)〈東京都など〉 ②八一、二五六、二六九、③一九、九八、一八二、二九三、④二二、二七三、⑤二七、四〇、五三、五八、一〇三
むしろうち〈坂東市筵打〉 ③三
陸奥〈東北地方〉 ⑤七二
六崎〈佐倉市〉 ①一二〇、⑤九八
六浦〈横浜市金沢区〉 ⑤三四～五
村岡〈藤沢市〉 ⑤六一、六七、一〇三
靶岡〈未詳〉 ③一三〇
村上〈市原市〉 ④一九
村上城〈市原市〉 ⑤一九
紫野〈京都市〉 ③九五

め

目黒郷〈未詳(上総)〉 ②九六
目沼〈館山市〉 ③一三
布沼村〈館山市〉 ④一七七、三三二
目吹〈野田市〉 ③二
目吹城〈野田市〉 ②一五三
布良村〈館山市〉 ④三〇〇、三三一

も

望東郡〈市原市〉 ①三九、②八〇
真浦村〈南房総市〉 ④一七七、二七六、三〇五
最上〈佐倉市〉 ③五二
本折村(本織村)〈南房総市本織〉 ②一八七、④二九
本織村〈南房総市〉 ④一二九、一三五、一四五、一八六、二八四、三一〇
本柏〈山武市〉 ②三八
本香村〈館山市香〉 ④一八三
本桜〈酒々井町〉 ④一
本須賀〈山武市〉 ③一三七

本名村〈鋸南町〉 ④一九四、二九一、三〇八
茂名村〈館山市〉 ④二七七、三三二
物木村〈印西市〉 ②三〇四
藻原(郷)(茂原)〈茂原市〉 ①二〇六、②一五九、一六二、一六七、一七九、二七三、③三四、三六、六三、一一五、⑤三八〜九
森下城〈昭和村〉 ③二〇六
守谷名〈未詳(香取市)〉 ①一〇一
森戸〈銚子市〉 ②二二四
守屋〈勝浦市〉 ③一三七
森屋(森谷)〈守谷市〉 ②二二八
森山城(森山)〈香取市〉 ②二三四、③二〇三、二五三、二五六、二六〇、二八六、④二七三
文間〈利根町〉 ②一二三

や

八色村〈鴨川市〉 ④二九一、三〇六
やか井〈古河市谷貝〉 ③二一
八木〈銚子市〉 ③四九、④二七三
八木沼〈未詳〉 ①一五
柳橋〈古河市〉 ③一一〇
矢切〈松戸市〉 ②二二一
柳渡(泉郷内)〈柏市〉 ①一五一
野州〈群馬県〉 ②一八五、③一八二〜三
矢指浜〈旭市〉 ①二〇一
矢田〈未詳〉 ②六〇
矢田郷(谷田)〈市原市〉 ①一八、一七九
矢田山村〈成田市津富良〉 ②三〇五
谷中〈匝瑳市・横芝光町〉 ③三〇三
谷中郷(谷中)〈市川市〉 ②一七、⑤八九
屋中村〈市川市〉 ①八
谷中村〈横芝光町〉 ③六〇
矢名郷(野谷郷)〈木更津市〉 ①一、③一七三
矢作〈香取市〉 ②一五、④八五
矢作〈坂東市〉 ③三
矢作城〈香取市〉 ①七六、③八二、④三二、三三〜四、三六
山内荘〈鎌倉市・横浜市〉 ⑤二一〜三
山荻村〈館山市〉 ④一六四、二七八
山川(山河)〈結城市〉 ②二四一、③五六
やまき〈市原市山木〉 ④一九
山口〈山口市〉 ②七三
山口〈成田市〉 ②二六七
山倉〈市原市山倉カ〉 ④二七四
山くわ〈匝瑳市山桑〉 ③三〇三
山崎郷〈鎌倉市〉 ⑤二
山崎郷〈町田市〉 ⑤二
山崎之城〈未詳(香取市カ)〉 ①八二、一八一
山崎山〈佐倉市カ〉 ②二六八
山下村(北郡)〈南房総市〉 ④二九三、三〇九
山城(城州)〈京都府〉 ②二三、④一〇一
山太〈古河市山田〉 ③二一
山田〈印旛町〉 ②二六七
山田〈印西市〉 ③一五六
山中〈富津市〉 ②七四
山中〈未詳〉 ④四五
山中城〈三島市〉 ⑤二四、二七
山梨〈四街道市〉 ⑤九七
山名村〈南房総市〉 ④二七八、三一二
山名山下郷〈南房総市〉 ①二一八
山根郷〈長柄町〉 ③二六二
山野辺村(山辺)〈香取市〉 ①六七、七八、一三二、②一四五
山辺郡〈東金市など〉 ①一六二、⑤六四
山辺庄〈東金市など〉 ②六〇、一九九
山辺保〈東金市〉 ⑤三
山下郡〈館山市〉 ④二七〜三〇、一四五、一六〇〜四、一八〇、一八四、二〇九、二四五、二七〇、二七六〜八、二八〇〜三、二八六、二八八、二九一〜六、二九八〜三〇一、三一〇〜一
山本村〈館山市山本〉 ①二二一、④二七八、三一〇
谷向村〈南房総市〉 ④二七七、三一〇
山荻村(山萩村)〈館山市〉 ④二七八、三一〇
八幡〈市川市〉 ②一八一、⑤八九
八幡郷(八幡)〈市原市〉 ③一三四、④一九、⑤六八
八幡宿〈市原市〉 ⑤八八
八幡庄〈市川市〉 ①八、一〇、一三八、一三三、三〇〇、②一七
八幡原〈茂原市〉 ②六〇

八幡村〈館山市〉 ④一三、一五九、一六三、二九五～六、三二一

ゆ

由井〈八王子市〉 ②二五七
結城〈結城市〉 ②九七、二四一、二五一、③七四、④九〇、一〇六、一一八、一二一、一一三
結城〈千葉市〉 ⑤六四、六九、八三、九一、九六
結城郡〈結城市〉 ②八
結城野〈千葉市〉 ⑤六五
結城の浦〈千葉市〉 ⑤九七
結城御厨〈結城市〉 ⑤一
結城要害〈結城市〉 ①七一
湯江〈君津市〉 ②三三
ゆさか(湯坂)郷〈山武市〉 ②二〇二
油利〈由利本荘市〉 ④一〇七

よ

八日市〈八王子市〉 ②二五七
八日市場〈匝瑳市〉 ③一九三、④二、二四、五八、一〇五、一一二、二七二、二七四～五
八日市場領〈匝瑳市〉 ④一〇四、一一
丁古村〈香取市〉 ①一、三四、四五、七一、九〇、九五、一一三～四、一三一、一五五～七、一六九、一七九、一八九、二〇五、二二三、二三〇、②二九七、④六四
与倉村(与蔵)〈香取市〉 ①八三、一五九、二三五、②四八
横宇〈大島村内、香取市香取付近〉 ①二、六、一三、二九、四二、六二、七〇、一三四、二〇四、二一〇、二二七、二二七
横尾村〈鴨川市〉 ④一八二、二九七、三〇五
横渚村〈鴨川市〉 ④二七、三〇六
横田(横田郷)〈袖ケ浦市〉 ③三八、八五、一〇八、一一〇
横根〈旭市〉 ②一九八
横根郷〈旭市〉 ②二六三
横根村〈鋸南町〉 ④二七九、三〇七
横山〈未詳〉 ①二四七
横山村〈成田市〉 ②三〇四
吉井村〈南房総市〉 ④二九一、三〇七
よしうの城〈勝浦市〉 ④三三
吉尾〈勝浦市〉 ③一三
吉岡〈未詳〉 ③三〇
吉川郷(吉川)〈吉川市〉 ②二五八、④二
吉川宿〈吉川市〉 ③二九～三〇
吉倉村〈成田市〉 ①二五〇
吉田郷〈匝瑳市〉 ③二八
吉野〈吉野町〉 ⑤二五
吉橋郷〈八千代市〉 ③五七
吉浜(村)〈鋸南町〉 ①一一、一八、二三九、②七一、一四一、一五四、一七四、二三三、二七四、③八、一一八、一六七～八、一九一、二七四、二七九、④七八～九、八六～七、九四～六、九八、一〇〇、一二九、一六二、一六五、二七九、三〇八
吉浜郷〈鋸南町〉 ②七一
吉原村〈香取市〉 ①五四、六九、③一五八
吉見口〈吉見町〉 ①九九
吉原〈香取市〉 ①三三、一一三、一五三、二三〇、二七〇、二九五、②一三、③三一
吉原〈富士市〉 ②二四七
米本〈八千代市〉 ⑤九七
米沢〈米沢市〉 ④一九三
米沢〈南房総市〉 ④二九一、三〇七
頼政口〈古河市〉 ③一七六

り

竜崎村〈鋸南町龍島〉 ④二七六
両大井村〈南房総市〉 ④一八二
れう嶋(猟島・龍嶋村)〈鋸南町〉 ③一六八、④三〇八
両総〈千葉県・茨城県〉 ②一九三、二六一、③一八二、一八七、⑤四〇
両総州〈千葉県・茨城県〉 ②三〇一
両野州〈栃木県・群馬県〉 ③一二三、一七五

れ

蓮花谷(蓮谷花)〈髙野町〉 ②四〇、一〇四、④六六

ろ

呂久川〈瑞穂市(揖斐川の異称)〉 ④一三八
六手郷〈君津市〉 ①一二〇

わ

和歌之浦〈和歌山市〉 ②二六
若林(わか林)〈坂東市〉 ③二
一、一五四
若御子〈北杜市〉 ③一六〇
枠島郷〈倉吉市〉 ④二四
鷲巣〈茂原市〉 ①七
鷲谷〈柏市〉 ④八五
和田〈高崎市〉 ②一八〇、⑤一九
和田〈未詳(佐是郡内、市原市カ)〉 ①一九五
和田島〈伊豆の国市〉 ②二七四
和田村〈南房総市〉 ④二七八、三〇五
和田村〈未詳(市原市カ)〉 ③三〇
度会〈伊勢市〉 ④七六
蕨〈四街道市〉 ①二四七、一五五
蕨〈蕨市〉 ④三〇

読み不詳

生河郷〈足利市〉 ①五
入野〈未詳〉 ②二三

あ

赤城大明神〈群馬県〉 ①三八
愛宕山〈南房総市〉 ③一〇八、一二二、④一六二、一六六、二九九
愛宕山〈野田市〉 ③二四〇
愛宕山〈君津市〉 ③二六二
愛宕山〈未詳〉 ②一二三
愛宕山（愛宕山威徳院）〈京都市〉 ③二八〇
天照大神宮〈船橋市〉 ①一七五、②二〇五、二八九、二九八、③二九〇
天之宮〈未詳〉 ③二七四～五
阿弥陀堂〈香取郡〉 ③八〇
安国寺〈市川市〉 ①一三三
安国寺〈鴨川市〉 ④二九七
安養院〈古河市〉 ③二三
安養寺（八木安養寺）〈銚子市〉 ③四九
安楽寺〈長狭金山〉 ④二四五

い

飯香岡八幡宮〈市原市〉 ①三〇
飯富宮〈袖ケ浦市〉 ①二八四、③五二、④二二五
飯富神社（飯富宮社）〈袖ケ浦市〉 ①二八
意月庵〈南房総市白浜町〉 ④二八
石堂寺〈南房総市丸山町〉 ②二三、一〇二、③二二六、④二一一、三〇一
伊豆権現〈熱海市〉 ②三、二二、六一、一〇八、一四〇、二二九～二〇、二七六、③二二五
伊勢大神宮〈三重県伊勢市〉 ③二八四～五、④四二
伊勢天正（照）大神宮〈伊勢〉 ④四一
稲荷大明神（中村稲荷大明神）〈匝瑳市〉 ③六〇、⑤一六
今宮〈鴨川市〉 ①一三〇

う

引接寺〈未詳〉 ①一六三
雲龍寺〈未詳〉 ②二二六

え

永興寺〈未詳〉 ②二四
叡山〈京都府・滋賀県〉 ④二七三
永正寺〈未詳〉 ②二四〇
栄福寺〈未詳〉 ①八二
恵光院〈鎌倉市〉 ③五四、③七三
恵光院〈匝瑳市〉 ④二七五
恵日寺〈勝浦市〉 ②五一
円覚寺〈鎌倉市〉 ①一〇、一二九、二二七～八、④二三四、⑤五八
―雲頂庵〈鎌倉市〉 ③六三
―黄梅院〈鎌倉市〉 ①一〇、⑤二三
―正続院〈鎌倉市〉 ①一〇
―続燈庵〈鎌倉市〉 ②一八七
円勝院〈未詳〉 ④二九八
円乗寺〈未詳〉 ⑤九七
円照坊〈安房岩井〉 ④二四五
円蔵院〈南房総市千倉町〉 ①二六五、九七、③二七三、④七八、一四六、一九四、二八九、三〇〇
円長寺〈未詳〉 ④二七四～五
円通寺〈未詳〉 ②二六
円通寺〈成田市〉 ②八五
円天寺〈未詳〉 ③一五六
円如寺〈君津市〉 ③一〇七、③一九八
円福寺（飯沼山円福寺）〈海上町〉 ①二五三、二八七、②二〇、③四九
円（閻）魔堂〈鎌倉市〉 ①三八
閻魔堂〈未詳〉 ④二九一
円明院〈南房総市〉 ④八八、一三〇、二八九
延命院〈未詳〉 ③八五
延命寺（高谷延命寺）〈袖ケ浦市〉 ②六三、一二九、一五五、二二〇、二七七、③五九、一一四、④二八～九
延命寺〈南房総市〉 ②一八七、二八五、③五〇、二三六、二六一、二七三、④九二～三、一三九、一五八、一八九、一九一～二、一九四、二〇〇、二八四、二九四
延命寺〈未詳〉 ③二三

お

玉子社(東庄玉子社)〈未詳〉③一七、③一九

王子大明神〈未詳〉②一三八

王子大明神〈未詳〉②一六四

大井大明神社〈館山市〉③一八七、④九六、一八四、一九九～二〇〇、二〇九、二九三

往生院観音院(高野山)③一〇

大須賀大明神〈成田市〉②三〇

大寺〈君津市〉②三〇

大戸社〈佐原市〉①三〇七

大原大明神社〈君津市〉②二五、③六〇、④六六

大峰〈奈良県〉③二五八

大宮権現〈未詳〉②一六四

大山寺(高蔵山大山寺)〈鴨川市〉②一四二、③四二、四八、二四、④二六、一三〇、二九五、二九八、⑤一〇三

御狩大明神〈木更津市〉②八二

奥之坊(長狭滝)④二四五

遠(恩)本寺〈鴨川市〉②七四、④一二二、二八五

か

海岸寺〈山武市〉②二〇二

海厳寺(海岸寺)〈横浜市〉⑤三五

海禅寺〈南房総市富浦町〉④二九六

海蔵寺〈館山市〉④七八、二九六

海隣寺〈佐倉市〉③一六三、⑤五三

覚園寺〈鎌倉市〉③七三

笠森寺(大悲山笠森寺)〈長南町〉②一三、③二一四

鹿島大神宮〈鹿嶋市〉④一五六、一六三、二〇四、二二三

月行寺〈鎌倉市〉②三九

賀津宮〈袖ケ浦市〉①三三六

香取社〈香取市〉①五、八、一〇、一六、二一、二四、三三、三七、四五～六、五五、五七～九、七一、七三～四、八〇～一、八四～五、八六～九、九四、一〇三、一一六、一四八、一五六、一六一、一六五、一六六、一八七、二二四、二三九、二四三、二六八、二七〇、二九二、②二二、一三〇、一四六、④一九、二四、三九、四八、⑤三三

香取大神宮〈香取市〉①二七五、②一三、二二、四五、八八、一三四、④一九五一

香取大明神〈香取市〉①一九四、六、二六九、二七一、②二一、六九、一三九、二〇一、二五九、⑤三二、九九

香取又見大明神〈香取市〉①八四

賀茂明神〈南房総市丸山町〉④二九七

願器寺〈未詳〉④一九二

観地寺〈下総国〉④二七二

管天寺〈佐原市〉④八五

岩田寺〈君津市〉③六一、八一、八八、④六七

甘棠院〈久喜市〉③二五

観徳寺〈未詳〉①一八〇

観音(とまき観音)〈香取市〉①一九〇

観音院〈未詳〉④五二

観音寺〈古河市〉③一四七

観音寺〈鋸南町〉①二九二、④七八

観音寺〈未詳〉②二六三

観音寺〈未詳〉④一四七

観音堂〈香取市〉②四八

観音堂(吉原聖観音堂)③一五八

下長谷観音堂〈未詳〉④二七二

観音堂(称名寺観音堂)〈未詳〉③四九

観福寺〈香取市〉①六三、一一四、一一八、二二〇、二二四、二三四～五、二四七、二五一、②三九、四九～五〇、六四～五

観妙寺〈横須賀市〉②五八

観明寺〈一宮町〉②一八八、③二五四、④二四

き

吉祥院〈未詳〉④二九九

吉祥寺〈野田市〉③四〇、六九、一〇一、一二六

吉祥寺〈千葉県〉⑤七一

吉祥禅寺(法雲山吉祥禅寺)〈下総国相馬郡〉⑤一七

吉祥寺(江戸吉祥寺)〈江戸〉③一四八

吉保八幡宮〈鴨川市〉③二九二

休耕庵〈鎌倉市〉⑤三

行元寺〈いすみ市〉②二四、一九八、二六一

教念寺〈新座市〉④二三四

く

久遠寺(富士山久遠寺)〈富士宮市小泉〉 ①二五三、②七二、一四三、二九二～五、三〇〇、③八六、九〇、二六八～七一、④八七、九九、一〇二、二一四、⑤二一～六
久遠寺(身延山久遠寺)〈身延町〉 ②一七六、二九二～四、③二五、二六八～九、④四七、二一四
孔子尾山〈丹波国〉 ④一〇一
久成院(小松原久成院)〈鴨川市〉 ④二一四
弘(求)法寺〈市川市真間〉 ①八、二三八、二八〇、二八八、三〇〇、②二七六、二四九、③四二、一三六、二九一
—法華堂(真間法華堂)〈市川市〉 ①一〇
熊野三所権現〈未詳〉 ②二六九
弘明寺〈横浜市〉 ①一六二

け

桂林禅寺〈松戸市〉 ③一八〇、二九一～二
月輪院〈鎌倉市〉 ③一二一、一四七、④二二八
乾亨院〈未詳〉 ④二三四
源慶院〈館山市〉 ④一九二、三〇一
源慶寺〈未詳〉 ④三〇〇
建長寺〈鎌倉市〉 ④二三七、二三四
顕徳寺〈富津市〉 ②七四
賢徳寺〈未詳〉 ③二七
見徳寺〈匝瑳市〉 ④二、④二二、二四
顕本寺〈宮崎県〉 ②七三、③一一七
顕明院〈未詳〉 ④二九

こ

小網寺〈館山市〉 ④二四七、三〇〇
光阿弥陀寺〈未詳〉 ②二六
高国寺〈未詳〉 ④六三
光厳寺〈未詳〉 ①二六三、④九九、一三五
光厳寺〈南房総市富浦町〉 ③二六一、④一九四、二九五
光厳寺〈未詳〉 ④一二五
香春庵〈未詳〉 ①一六〇
香正寺〈筑前国〉 ⑤一一～二
興禅寺〈未詳〉 ④二九五
高蔵山(大山寺)〈鴨川市〉 ③二三〇
広倉寺〈未詳〉 ①二〇一
幸蔵寺〈銚子市〉 ③四九
光徳院〈館山市〉 ④二九九
広徳寺〈未詳〉 ③二九一
光福寺〈匝瑳市〉 ④二
光福寺〈香取市〉 ①六三、一六二、二六六、③一六三～四
光福寺〈いすみ市〉 ③一七二～三、一八四、一九三、一九七、二二六、二五五、二九七、④二九、四七、五〇、⑤一六～七
光福寺〈未詳〉 ④四五
光明院〈鎌倉市〉 ④一五六
光明院〈未詳〉 ④二九五
光明寺〈山武市〉 ④九、⑤一八
光明寺〈未詳〉 ②二四
光明寺〈未詳〉 ②二六三
高野山(高野山金剛峯寺)〈高野町〉 ①二二四、②一〇四、一二七、二三四、二三七、二七五、③六～七、五七～八、一六一、一七二、二〇三～八、二七五、二八三、二八九、二九五、④三二、二三、三九、四五、四七、六六、一二四、一五〇～一、一三五、二四〇、⑤五
—安養院(高野山) ②一四二
—一心院④ 二三五～六、二四〇
—西明院(高野山) ②一四二
—西門院(高野山) ②六四、六六、一一三、一三五～六、一四〇～二、一五二、一五四、一六八、一九六、二三三、二三六、二四八、二五九、③六～八、一六一、二〇二～三、二〇六、二〇八、二五三、二六五、二七六、二八〇～一、二八九～九〇、二九五～六、④九、二二～三、二三～三、二八、三九、四九、五一、五四～五、七四、八二～六、八九、一〇二、一一七、一二四～五、一二七、一三一、一四〇、一四八、一五〇～二、一五九、一六三、一九八、二九四
—下之坊(高野山) ③二〇四～五
—舜教院(高野山) ④二三五
—舜教院(高野山一心院之内舜教院)〈高野山〉 ①二二四
—成慶院(高野山) ②一四二
—高室院(高野山) ①二九八、②一三六、一四一
—万知(智)院(高野山) ②一五四、③六～七、④二三五
—一心院谷妙音院(高野山) ④二四〇
高野寺〈高野町〉 ③五七
粉河寺〈紀の川市〉 ②八五

国分寺〈未詳〉 ③一九〇、③一九一
極楽寺〈鎌倉市〉 ②一九二、④三三二、二三四、⑤三六
極楽法寺〈未詳〉 ⑤五
牛頭天王〈富津市〉 ②三七
牛頭天王宮〈未詳〉 ③一四
五大院(高野山) ②一四二
小松寺〈南房総市千倉町〉 ④七八、一三〇
護摩堂〈足利市〉 ③一八九
護摩堂〈横浜市〉 ⑤三六
護摩堂〈館山市〉 ④一五九、一六三、三〇〇
小湊寺〈鴨川市〉 ④二九四、二九七、三〇七
金光院〈未詳〉 ②五九
金剛王院〈箱根〉 ②一四五
金剛寺〈未詳〉 ③一九三
金剛授寺(北斗山金剛授寺)〈未詳〉 ①二六九、⑤七〇、七三、八〇～二、九三、一〇〇、一〇三
金剛宝寺〈香取市〉 ①三三七
金台寺〈未詳〉 ④三〇〇
根本寺(真間山根本寺)〈市川市〉 ①八
根本寺〈鹿嶋市〉 ①一三七、一三八、一五一～二、一八七～八、③二二一、④二〇二
根本中堂(延暦寺)〈大津市〉 ③二八四
金蓮寺〈京都市〉 ④三二四

さ

西願寺〈市原市〉 ①一四八
西行寺〈木更津市〉 ②一二六
西光寺〈未詳〉 ①六五
正木西光寺〈館山市〉 ④九四
西光寺〈匝瑳市〉 ②二、③二九三、④五〇
財光寺(定善寺)〈日向市〉 ⑤六
最上宝珠院〈佐倉市〉 ②一一四、③五二
最福寺〈東金市〉 ②六〇、一一三
西福寺〈鴨川市〉 ②二四三、④一九一～二、一九四、二九一
西法寺〈未詳〉 ③二二三
猿田山〈下総国カ〉 ④一七三
三所大明神〈未詳〉 ②九、⑤四
三途台〈長南町〉 ③二二四、二三一、二七六、④二五
山王〈館山市〉 ④三〇〇

し

慈恩院〈未詳〉 ④一九二
慈願寺〈南房総市〉 ②六三
自性院〈未詳〉 ②一六三
地蔵院〈横浜市〉 ⑤三五～六
七星山〈上野国〉 ⑤
実相院〈未詳〉 ④一三四
実蔵院〈未詳〉 ③四六
実相寺〈茂原市〉 ②一六二
実相寺〈未詳〉 ①一六七、①一六八
芝山観音〈芝山町〉 ③二八四
渋河観音〈未詳〉 ①一六
持仏堂〈未詳〉 ④九四、二九六、二九九
自末寺〈未詳〉 ④一四五
釈迦堂〈未詳〉 ④一七四
釈蔵院〈市原市〉 ④一一五
乗(重)国寺〈古河市〉 ②一五～六、一四一
宗徳寺〈未詳〉 ⑤
十二所権現〈市原市〉 ①一八
鷲栖寺〈茂原市〉 ①七
種徳寺〈香取市〉 ①一三八
種徳寺〈未詳〉 ①一八七
寿楽寺〈未詳〉 ④二九七
珠林寺〈南房総市白浜町〉 ④二九八
春光院〈未詳〉 ④一九二
勝胤寺〈佐倉市〉 ①一四二、②八九
清音寺〈常陸国〉 ④三八～九
正覚寺〈未詳〉 ②三八
勝願寺〈古河市〉 ②一八、③三三
聖観音堂(吉原聖観音堂)〈香取市〉 ③一五八
上行寺(広□山上行寺)〈いすみ市〉 ①二八二
上行寺〈勝浦市〉 ②一七
承教寺〈武蔵国カ〉 ②一八～二〇
浄行寺〈佐倉市〉 ③一九八
勝光院〈未詳〉 ④三三四
浄光院〈市川市〉 ①一五、三四、二四九、二五一～二
照光寺〈木更津市〉 ③七七
常光寺〈南房総市富浦町〉 ④一八五、二八四
浄光寺〈南房総市〉 ④一六四
荘厳院〈鎌倉市〉 ③一三九、④三八
成就院〈鴨川市〉 ③九～一〇、④一三〇、二九一

杖珠院〈南房総市白浜町〉④一九二、二九八
清浄光寺〈藤沢市〉④二六八、三一四
正真庵(空山正真庵)〈市原市〉②八〇
正善院〈南房総市富浦町〉③一〇〇、一〇八、一一三、一七五、二三三、二五四、二六三、④七六、一六八、一七一、二九五～六、三〇一
定善寺〈日向市〉②七三、③二一七、二〇一
常善寺〈南房総市富浦町〉④二八四
松虫寺〈印西市〉③一九二
勝長寿院〈鎌倉市〉⑤一
沼田寺〈君津市〉①三八
常灯寺〈未詳〉①二六三
正徳寺〈市原市〉①一九四
浄土寺(大戸川浄土寺)〈佐原市〉③二二
浄土寺〈香取市〉②二五
称念寺(千田称念寺)〈長南町〉②二七
勝福寺(滑河山勝福寺)〈未詳〉③一八六
勝福寺〈未詳〉④二六六
勝福寺(行河山勝福寺)〈成田市〉①三四
昌福寺〈未詳〉①一二、一八七
勝福寺〈鴨川市〉⑤一〇
勝福寺〈未詳〉②二五
正法院〈未詳〉②一三
正法寺(小西正法寺)〈大網白里町〉⑤七
正法寺(北方羽津正法寺)〈未詳〉①一三
勝明寺〈未詳〉②一一
称名寺〈未詳〉①二六三
称名寺(新田称名寺)〈芝山町〉②一一
浄妙寺(中村浄妙寺)〈多古町〉①一五三
浄妙寺〈未詳〉③六三
松栗寺〈未詳〉①一〇四
浄滝寺〈武蔵国神奈河〉⑤一六
心願寺〈鴨川市〉④一五六、二七一
真行寺(□□山真行寺)〈未詳〉③一八一
神宮寺(大通)〈未詳〉①一七一
神宮寺〈成田市〉①二〇一
神宮寺〈未詳〉④一六三
神宮寺(息栖神宮寺)〈神栖市〉④一五四、一八八
新光寺〈旭市〉③四九
真光寺〈町田市〉⑤三
神向寺〈常陸国カ〉④二〇一
真常禅寺〈いすみ市〉②二五
真蔵坊(新井真蔵坊)〈未詳〉④二四七
新蔵寺(神河山真蔵寺)〈未詳〉⑤一〇
真如寺〈木更津市〉①二九七、③二二六、④三〇
真野寺〈未詳〉④二八、一六二、三〇一
新福寺・新寺(神徳山新福寺)〈香取市〉①三二、一三九、一四九～五〇、一九二、二三九～三〇、二三二、二三七～八、二四一～二、二四九、二六一、二七二、二八〇、二九八～九、②二五、一三四、一四六、二二一、二三四、③一五八、一三六、二六〇、④六〇、七一
新福寺観音堂〈香取市〉①一〇、一四、二一、二三～四、四三、一四五
真福寺〈未詳〉①二六三
真福寺〈勝浦市〉②五四
神野寺(神野寺鹿野山)〈君津市〉②六四、③七三、一〇九、一三三、一三三、一三四、④二二、二九
鹿野寺④一八三
真楽寺〈未詳〉④一九二、二九九

す

瑞心坊〈未詳〉④二二七
瑞泉寺〈鎌倉市〉④二三四
杉本〈未詳〉④一六二、二九九
洲ノ崎明神〈館山市〉④二九六
洲ノ宮明神〈館山市〉④二九六
諏訪社(嶺上諏訪社)〈富津市〉②三
諏訪上下明神社宮〈未詳〉②一〇二
諏訪大明神社〈木更津市〉②九八
須和田神社〈市川市〉④八
諏訪明神〈未詳〉④三〇一

せ

成願寺〈君津市〉②二六八
勢国寺〈未詳〉⑤九一
清澄寺(千光山清澄寺)〈鴨川

市〉 ①二六八、③九、一二一、一二三、④三二〜三、三八、八〇、一二四、一二五、二、一八三、二三〇、二七一、二九四、⑤一〇一
清澄山〈鴨川市〉 ②一〇九
是性寺〈相模国〉 ④七一
善叡寺〈未詳〉 ①一〇六
善応院〈芝山町〉 ②二一七
仙渓院〈館山市〉 ④二九九〜三〇〇
千光院〈古河市〉 ③三三、一四六、一四七
千光院〈安房国〉 ④二九九
禅興寺〈鎌倉市〉 ①二〇一、②二三八、④二二七
新善光寺〈横芝光町〉 ②二
禅写寺〈南房総市丸山町〉 ④二九九
善春房〈未詳〉 ④二九六
善生寺〈千葉市〉 ②一二三、一七二、⑤六
清水寺(鴨根清水寺)〈いすみ市〉 ④六八〜九
泉水寺〈未詳〉 ②二四
浅草寺〈台東区〉 ①一五八
千灯院〈未詳〉 ④三〇〇
仙波之中院〈川越市〉 ②二九二
専福寺〈未詳〉 ②五六
泉福寺〈館山市〉 ④三〇〇
善明院(治田善明院)〈未詳〉 ②二七七
専竜寺〈未詳〉 ③一〇四

そ

藻原寺(常在山妙光寺)〈茂原市〉 ①一〇〇、二〇七、二四、②一五九、一六七、一七九、二七三、③三四、三六〜七、一一五、二七六、④四七、⑤三八〜九
宗源寺〈横須賀市〉 ②一四〇
惣(総・宗)持院(岩室宗持院)〈館山市〉 ①五六、④九二、一六一、一九四、二九九
総社大明神〈未詳〉 ①二四七
相承院〈鎌倉市〉 ①三〇一
総泉寺〈台東区〉 ①二六二
惣大社〈南房総市〉 ③八六
惣代七社大明神〈未詳〉 ⑤七三、七八、八二、八六、九八
惣代明神〈未詳〉 ③二六六
総寧寺〈野田市〉 ③三二、一三六、二九四〜五、④四五
息災寺(七星山息災寺)〈上野国〉 ⑤六〇、六七、七〇、七二、七五、七六〜九、九三
曽場鷹大明神〈未詳〉 ⑤
尊光院〈千葉市〉 ②六三、一八四、③二八八

た

大応寺〈未詳〉 ①一、三四、九五、一〇八、一五七、一六八、二〇五
大岳院〈倉吉市〉 ④二一〇
大覚寺〈千葉市〉 ①六四
大覚寺〈未詳〉 ②一九二
大巌院〈館山市〉 ④三〇〇
大巌寺〈千葉市〉 ③六一、④一八、二六
大行寺〈鋸南町〉 ①八五、②四二
大恵寺〈安房国〉 ④二七四
大恵寺(常澄山大恵寺)〈いすみ市〉 ①二三〇
大厳院(仏法山大厳院)〈館山市大網〉 ④一六四、一八〇
大慈恩寺(雲富山大慈恩寺)〈成田市〉 ②三〇四、③八四、九二
大神宮(安房神社カ)〈未詳〉 ④二二〜三、二〇〇〜一
大神宮明神〈未詳〉 ④二九八
大勢院〈未詳〉 ④一三五、一五四、一九二
大石寺〈富士宮市〉 ③二六九〜七〇、⑤二二
大山寺〈伊勢原市〉 ②三〇七
大泉坊〈吉川市〉 ③二五八、二六四
岱叟院〈安房国〉 ④二三六
胎蔵寺〈長柄町〉 ④二二五
大通院〈未詳〉 ④一九二
大般寺〈未詳〉 ④一八六
大福寺〈佐倉市〉 ①一一〇
大仏頂寺〈未詳〉 ④三九
大宝院〈横浜市〉 ⑤三四〜六
大明神〈未詳〉 ③三九
大明神(生尾山)〈匝瑳市〉 ④二
大明神(坂戸大明神)〈木更津市〉 ③二三五
大龍禅寺(宝雲山大龍禅寺)〈香取市〉 ①八三、一五九、二三五、二五三、②四八、③五二
大林寺〈長南町〉 ②六〇
大林寺〈市原市〉 ③三〇

大琳寺〈未詳〉 ②六一
高滝社〈市原市〉 ③二七一
高良大明神〈未詳〉 ②四一
滝口之大明神〈未詳〉 ②四三、④二九八
滝之不動堂〈君津市〉 ③八四、③八六
滝不動〈南房総市富浦町カ〉 ④九五
武内大明神〈未詳〉 ②四〇
誕生寺〈鴨川市〉 ③一七〇、④一五四、二二七、二九七、⑤一六

ち

知恩院〈安房国〉 ④九八、④二九五
知恩寺〈館山市〉 ④一九二、二〇〇、二八八
千葉寺〈千葉市〉 ①六五、②五五、③五八、⑤六四、六七、六九、七三、八九
中生院〈高野山〉 ②一四二
長安山〈未詳〉 ②二七五、一八三、④二八八
長安寺（富川山長安寺）〈鴨川市〉 ④一三五、一六八、一九二、二七一
長慶寺〈鴨川市〉 ④二九七
長谷寺（椿長谷寺）〈木更津市〉 ①一一九
長谷寺（請西長谷寺）〈木更津市〉 ③七七
長杖寺〈未詳〉 ④一九二
長寿寺〈未詳〉 ④二三四
長昌寺〈未詳〉 ④一九二
長勝寺〈佐倉市〉 ①二三五
長勝（寺）〈鎌倉市〉 ⑤三五
長仙寺〈未詳〉 ④二八四
長泉寺〈南房総市富浦町〉 ④二九五
長禅寺〈旭市〉 ②二六三、②二六四
長伝寺〈安中市〉 ④一七七
長徳院〈未詳〉 ①二五三
長徳寺〈佐倉市〉 ②一九七
長福寺（平野山長福寺）〈長南町〉 ①二二九、一七八、③二九四、④二五
長福寺（夏見山長福寺）〈船橋市〉 ①一九五
長福寺〈館山市〉 ①二九五、④二九九
長福寺（富岡山長福寺）〈千葉市〉 ②三〇
長養院〈安房国〉 ④二三四
長楽寺〈館山市〉 ④三〇一

つ

津梁院〈未詳〉 ③二九
鶴岡〈鎌倉市〉 ①二五九、二九七、④三八、⑤五八
鶴嶺八幡宮〈富津市〉 ①一九三
鶴谷八幡宮〈館山市〉 ①二九〇、三〇三、②一七、③一五、二三五、④五六、七六、一〇三、一六六

て

天安護国禅寺〈君津市〉 ③三〇八
天気寺〈市原市〉 ①一九五
天神社〈未詳〉 ③二一七
天徳院〈未詳〉 ②二七
天満宮〈未詳〉 ④二二八、一六二
天満天宮〈倉吉市〉 ④二二四
天満天神〈未詳〉 ⑤

と

等覚寺（高篠等覚寺）〈未詳〉 ②二八一
東慶寺〈鎌倉市〉 ③二六四～五
高光院〈長南町〉 ③二二四
東光寺〈未詳〉 ①七三、二三一
東光寺（川田山東光寺）〈君津市〉 ②二〇〇、③一〇五
道種院〈鴨川市〉 ④一六九
道椎（性）院〈未詳〉 ④二九八
東照院（中田東照院）〈未詳〉 ③五一
東昌寺（山王山東昌寺）〈五霞町〉 ②六六、③三六、④三五
東泉寺（万年山東泉寺）〈南房総市〉 ②一〇四
東禅寺〈木更津市〉 ③一二一
東禅寺〈松戸市〉 ③一六五、一八二、二四一
東長寺〈未詳〉 ②二四
東陽院〈未詳〉 ③三一
徳蔵院〈未詳〉 ④二九六
徳蔵寺（常陸山徳蔵寺）〈未詳〉 ②三五、三三七
戸くら新寺〈未詳〉 ④一五六
年之宮〈館山市〉 ④一六四、三〇〇
富大明神〈未詳〉 ①六一
富之観音〈南房総市富山町〉

④二六九

な

那古寺(補陀山那古寺)〈館山市〉①二〇六、二九〇、三〇三、②一〇五、③五〇、一一四～五、④三七、五六、八〇、一三一、一五九、一六三～四、一八五～七、二三一、二六八
那古八幡〈館山市〉④一八五

に

日運寺〈南房総市丸山町〉③一四四
日光山〈日光市〉⑤一
二宮社〈茂原市〉①三一六
日本寺〈鋸南町〉③二四一、④一八八～九、二九一

ね

根来寺〈和歌山県岩出町〉③二〇五
念仏寺〈龍ケ崎市〉②一五

の

能満寺〈上総国〉⑤三六

は

莫越山社〈南房総市〉③八六、④二〇〇
白山権現〈未詳〉①一四六、②一〇
箱根〈箱根町〉①三〇一
箱根権現〈箱根町〉②三、一三、六一、一〇八、一四〇、二三九～二四〇、二七六、③三二五
幡大明神(本納幡大明神)〈茂原市〉①三七一
八幡社〈未詳〉④九一
鑁阿寺〈足利市〉①三〇五、③五三、七二、一〇二、一一三、一四六、一九九
—千手院〈足利市〉①三〇三、②二〇四、③五三、七二、一〇二、一二二
—不動院〈足利市〉③一九九
—宝珠院〈足利市〉①二〇〇

ひ

毘沙門堂(佐原毘沙門堂)〈佐原市〉①五五
毘沙門堂(津宮毘沙門堂)〈香取市〉①六九
毘沙門堂(佐原宿橋本毘沙門堂)〈香取市〉①一九二

ふ

福生寺〈館山市〉④三〇〇
福泉寺〈鉾田市〉④一四九
福善寺〈匝瑳市〉③一九三
福智寺〈芝山町〉②二三六
福満寺〈未詳〉④八六、一三一
福満寺〈未詳〉⑤八三
福満寺〈柏市〉①五一
普光寺〈未詳〉①一四九
富士浅間〈未詳〉②二七六
富士浅間〈下総国戸崎郷〉③一五六
付属寺(富波山付属寺)〈君津市〉①一二〇
府中六所宮〈市川市〉②二六六、③三四
不動堂(塚原不動堂)〈君津市〉②二六八
船橋宮中〈船橋市〉③二九〇
普門院〈館山市〉④二九五
普門寺〈未詳〉①一六二

へ

遍照院〈長狭岡本〉④二四五

ほ

報恩寺〈未詳〉③五四、七二
宝光院(香取宝光院)〈香取市〉①三三七
宝光院〈横浜市〉⑤三五
宝光院〈未詳〉③八五
法興寺〈いすみ市〉①二四、三三二、二五六
宝光寺〈未詳〉①二七四
宝光寺〈鴨川市〉④二九七
報国寺〈鎌倉市〉⑤三
法(宝)珠庵〈鎌倉市〉②二四五
宝珠院〈下総国〉②一六九、②二四三

宝珠院〈南房総市〉③九、二六三、③二二八、④一六二、一九一～二、二三四、二五四～六
法住寺(大井法住寺)〈未詳〉②一四九
芳春院〈未詳〉③二五
宝昌院〈未詳〉④一九二
室(宝)城寺〈未詳〉②一八七、二二七～八
北条八幡〈鳥取県北栄町〉④二二
宝泉寺〈未詳〉⑤一七
宝蔵寺(吉保山宝蔵寺)〈鴨川市〉③二二七
宝蔵坊〈未詳〉①一四四
宝幢院〈未詳〉⑤六四
鳳桐寺〈古河市〉②二五一、③二二
宝龍寺〈君津市〉③七三
宝龍寺〈安房国カ〉④一九四
法蓮寺(法輪山法蓮寺)〈未詳〉③五〇
宝蓮寺〈奥州塩竈〉②三六
法華経寺(正中山法華経寺)〈市川市〉①二七、②一七、二八六、一八一、一八六、二二七、③二七、九一、二四二、二七五、④五四
妙蓮山法華経寺〈市川市〉①二七、②一七、②一八
法華寺(中山法華経寺)〈市川市〉①二四九
法華寺〈市川市〉①七
法花寺〈安房国〉④二五五
本永寺〈宮崎県〉①二九一、⑤六
本覚院〈安房国〉④一九四、二九六
本覚寺〈鎌倉市〉②一〇四、二一八
本覚寺〈京都〉④七〇、⑤一六
本覚坊〈下総国〉③四四
本願寺(引田本願寺)〈いすみ市〉②二二三、③三四～五、四八
本行寺〈千葉市〉②二一三、③三四
本行寺(長寿山本行寺)〈勝浦市〉③一五六
本興寺〈尼崎市〉①八五～六
本興寺(法華山本興寺)〈鎌倉市〉②二二四
本光寺〈未詳〉②二三
本国寺〈大網白里町〉②三二、三四、一二三、一四五、一七二、二六〇
本寿寺〈未詳〉⑤二～二
本寿寺〈千葉市〉②二一二、③一三
本乗院〈未詳〉③一二六
本乗寺〈富津市〉②七一～三、七七、③四六、一一八、二二八、二三一、④一二、二二三
本大寺〈未詳〉②三三
本伝寺(内田本伝寺)〈未詳〉③一九七
本土寺(平賀長谷山本土寺)〈松戸市〉①六六、六八、一〇六、一一一、一一八～二〇、②一四八、一六七～七二、一七五、二〇三、③四四、一七三、⑤七
本妙寺〈市川市〉①一三〇、二五四、②一七六、④四六
本門寺(池上本門寺)〈大田区〉②一七三、一七六、③一九七、⑤一六
本門寺(西山本門寺)〈富士宮市〉③一九九、⑤一一、一五
本門寺(富士山(北山)本門寺)〈富士宮市〉③八六、九〇、一六九
本龍寺〈木更津市〉②六一、③一一七
本立寺(ふなめ)〈木更津市〉③一四〇
本蓮寺〈館山市〉④一九九
本蓮寺(図子山本蓮寺)〈宮崎県新富町〉③一一七

ま

牧野辻坊〈香取市〉①八五
又見大明神〈未詳〉①二四〇
真里支天社〈富津市〉②九三
満栄寺〈未詳〉②二三
満蔵寺〈市原市〉①一四三
万満寺〈松戸市〉③九五、④一九

み

三島権現〈三島市〉②一四〇
三島神社(三島大明神)〈古河市〉①一七一
三島大明神〈古河市〉②三、七七
三島大明神〈三島市〉①一七一、②六一、一〇八、二二九～三〇、二七六、③二二五
三島明神(神)〈下総国〉①二四〇
密護院〈安房佐久間〉④二四七
密厳院〈鋸南町〉④一六二、二九五
妙□寺大日堂〈睦沢町〉①二二七

妙音院〈館山市〉 ③二六八、④二九〇、二四、二六八～九
妙覚寺(広栄山妙覚寺)〈勝浦市〉 ④七〇、七六
妙覚寺〈勝浦市〉 ①一〇六、一二〇～一
妙鏡寺〈未詳〉 ③三五
妙経寺(一乗山妙経寺)〈未詳〉 ②六三
妙見(堀内妙見)〈未詳〉 ②六～七、⑤七二～三、七六、七九、八一～二、八六～七、九三、九五、九七
妙見宮〈佐倉市〉 ⑤九八
妙顕寺〈鋸南町〉 ②七一～二
妙見寺〈未詳〉 ①六五
妙見寺〈未詳〉 ⑤八一
妙見社〈千葉市〉 ③二八
妙見堂〈君津市〉 ②二九四
妙見堂〈佐倉市〉 ③三、③四五～六
妙光院〈未詳〉 ①二四一
妙光院〈未詳〉 ④一四五
妙光寺(妙印山・本覚山妙光寺)〈多古町〉 ①七、②一〇〇、一七六、③五九、④五〇
妙光寺〈未詳〉 ④四五
妙興寺〈千葉市〉 ③四一
妙興寺(正円山妙興寺)〈多古町〉 ①七、②三〇三
妙光寺〈潮来市〉 ②七〇、一五九、⑤一六
妙光寺〈未詳〉 ④六二
妙光寺 ⑤三七～四〇
妙弘寺(竹際妙弘寺)〈君津市〉 ②一五九
妙国寺〈品川区〉 ①二六二
妙谷(国)寺〈日向市〉 ④四〇
妙秀寺〈備後国〉 ⑤一五
明星院〈未詳〉 ③四四
妙勝寺〈富津市〉 ②七三～四
妙勝寺〈未詳〉 ①二五二
妙浄寺(竹際妙浄寺)〈君津市〉 ①一五九、⑤九
妙泉院(高師妙泉院)〈茂原市〉 ②二一八
妙泉寺(大蔵山妙泉寺)〈木更津市〉 ①三九、一九二、②六七、一〇二、一三四、二〇九、二三九～三〇、二六五
妙詮寺〈いすみ市〉 ①一五、一三三、②一六、二二、③八、一九三
妙蔵寺〈未詳〉 ②一六九
明通寺〈小浜市〉 ①四九～五〇
妙田寺〈未詳〉 ②二一八～二〇
妙法寺〈堺市〉 ⑤一六
妙法寺〈未詳〉 ③二三
妙法坊〈未詳〉 ①二六〇
妙本寺(中谷山妙本寺)〈鋸南町〉 ①二、一八、四四、一三九、一九〇、二五三、二八〇、二九〇～一、二九四、②一四、三〇、六九、七一～二、七四、八六、一二六、一四一～二、一五四、一七三～四、一七七、二〇〇、二三三、二九五、三〇〇～三〇一、③七六、八六、一二二、一二九、一三二、一六七～八、一九一、二二六、二三三、二六八、二七〇～一、二七九、④二二、四四～五、八〇、八二、八六～七、九四～六、九八～一〇〇、一二三、一二五～六、一二六、二二九～一三〇、一四二、一六二、一六六、一六七、一八九、二九五～六、二九九、⑤六、一一～一六、二三
妙本寺(長豊山妙本寺)〈鎌倉市〉 ②一二三、一七二、一七六、③一二八、⑤一六
妙本寺(広谷山妙本寺)〈未詳〉 ①二八二
妙本寺〈未詳〉 ④四七
妙満寺〈京都市〉 ②一六七～七二

む

無量光寺〈相模原市〉 ②三二
無量寺〈市原市〉 ⑤六八

や

薬師(引田薬師)〈市原市〉 ②一七
薬師堂(坂中薬師堂)〈市原市〉 ②一八
薬師堂(泉河薬師堂)〈未詳〉 ②六三
薬師本尊堂〈未詳〉 ④一八二
山神宮〈君津市〉 ①一七四
山神社〈君津市〉 ②七五
山之宮〈未詳〉 ④二九

よ

永安寺〈鎌倉市〉 ④三四
永福寺〈木更津市〉 ③一三

ら

頼継寺〈利根町〉 ②一三一～二、④七
頼光寺〈下総国〉 ④二三七
来迎寺〈未詳〉 ⑤九〇
来福寺〈館山市〉 ④一八五、二九九

り

立法寺〈未詳〉 ①二六八
龍渕禅寺〈館山市〉 ①二二一、④一九二、一九六
龍角寺〈成田市〉 ②一二五、③九八、一〇四
龍厳寺〈鴨川市〉 ④一四七
楞厳寺〈長狭池田〉 ④二四七
竜喜寺〈未詳〉 ④五九、④一九二
竜慶寺〈未詳〉 ④二九八
龍華寺〈横浜市〉 ②二七八
龍源寺〈未詳〉 ②二四〇、二四一
龍興山〈未詳〉 ①一四七
龍光寺〈鴨川市〉 ③二一
龍泉庵〈未詳〉 ①一九六
瀧山寺（飛龍山瀧山寺）〈未詳〉 ②六
龍蔵院〈未詳〉 ④二七四
龍蔵権現〈未詳〉 ⑤六九、七三、九六
龍蔵寺（法華山龍蔵寺）〈勝浦市〉 ②一五〇、一五八
龍蔵寺〈木更津市〉 ③一三三
林光院〈安房国〉 ④二九六
林詳寺〈市原市〉 ③三〇、③三一

れ

嶺根寺〈東金市〉 ②四六
蓮花寺〈横浜市〉 ⑤三五～六
蓮華寺（妙法山蓮華寺）〈未詳〉 ④一六四
蓮済寺〈未詳〉 ①二二六
蓮照寺〈大網白里町〉 ②一二、③二三五
蓮昌寺〈小田原市〉 ③一九三
蓮蔵房〈未詳〉 ①二六三

ろ

六所大明神〈武蔵国〉 ②二二
六所大明神〈船橋市〉 ③二九〇

わ

若宮社（亀山八幡神社）〈富津市〉 ③八八

黒田基樹（くろだ　もとき）
昭和四十年、東京都世田谷区に生まれる。平成元年、早稲田大学教育学部社会科卒業。平成二十年、駿河台大学法学部教授。博士（日本史学）。著書『戦国大名北条氏の領国支配』『戦国大名と外様国衆』『戦国大名領国の支配構造』『中近世移行期の大名権力と村落』『戦国期の債務と徳政』『戦国大名の危機管理』『百姓から見た戦国大名』など。

佐藤博信（さとう　ひろのぶ）
昭和二十一年、新潟県新発田市に生まれる。昭和四十四年、早稲田大学第一文学部史学科卒業。昭和五十五年、千葉大学人文学部助教授。現在、同大学名誉教授。文学博士。著書『古河公方足利氏の研究』『中世東国の支配構造』『続中世東国の支配構造』『江戸湾をめぐる中世』『中世東国日蓮宗寺院の研究』『越後中世史の世界』『中世東国足利・北条氏の研究』『中世東国の権力と構造』など。

滝川恒昭（たきがわ　つねあき）
昭和三十一年、千葉県館山市に生まれる。平成十一年、國學院大學大学院博士前期課程修了。現在、千葉県立船橋二和高等学校教諭。著書『千葉県の歴史　通史編中世』（共著）、『房総里見氏文書集』（共著）など。

盛本昌広（もりもと　まさひろ）
昭和三十三年、神奈川県横浜市に生まれる。昭和五十七年、慶應大学文学部史学科卒業。文学博士。著書『日本中世の贈与と負担』『松平家忠日記』『贈答と宴会の中世』『軍需物資から見た戦国合戦』『中近世の山野河海と資源管理』『中世南関東の港湾都市と流通』『戦国合戦の舞台裏』『草と木が語る日本の中世』など。

戦国遺文　房総編　補遺

二〇一六年二月一〇日　初版印刷
二〇一六年二月二〇日　初版発行

編　者　黒田基樹・佐藤博信
　　　　滝川恒昭・盛本昌広
発行者　大　橋　信　夫
印刷所　亜細亜印刷株式会社
製本所　渡辺製本株式会社

発行所　株式会社　**東京堂出版**
東京都千代田区神田神保町一―一七（〒一〇一―〇〇五一）
電話　〇三―三二三三―三七四一　振替〇〇一三〇―七―二七〇

ISBN978-4-490-30724-5 C3321

http://www.tokyodoshuppan.com